W0403613

Paketdiagramm

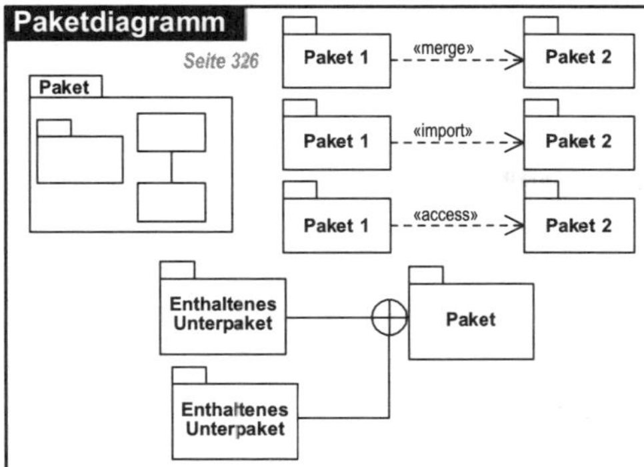

gramm

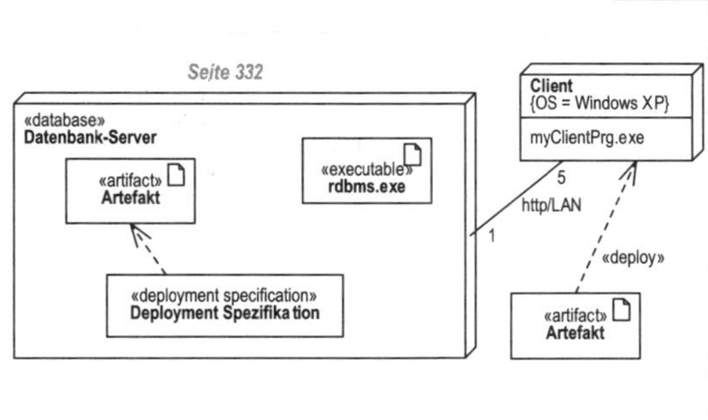

Komponentendiagramm

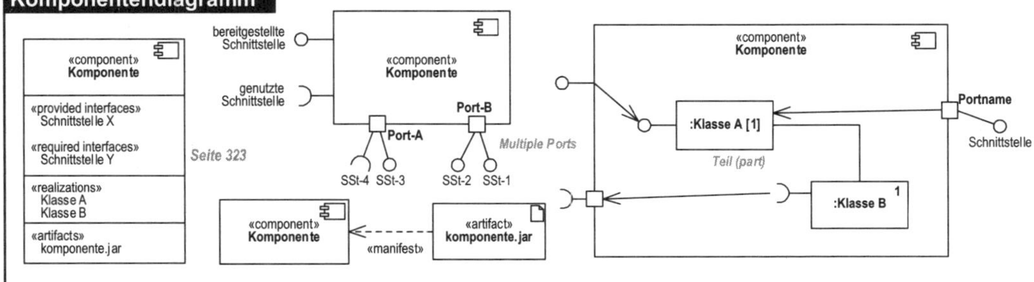

Zustandsdiagramm

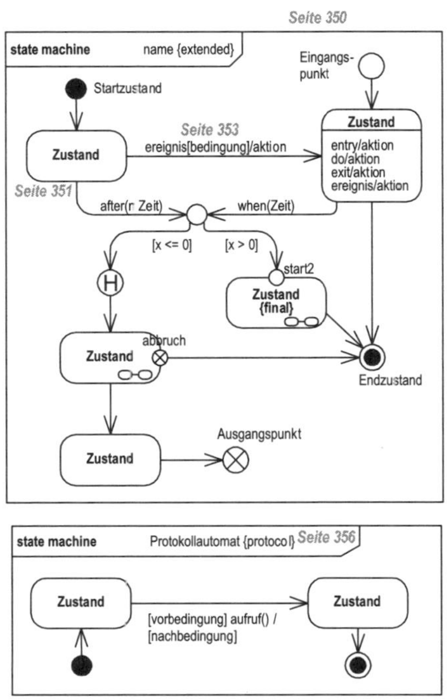

Kommunikationsdiagramm

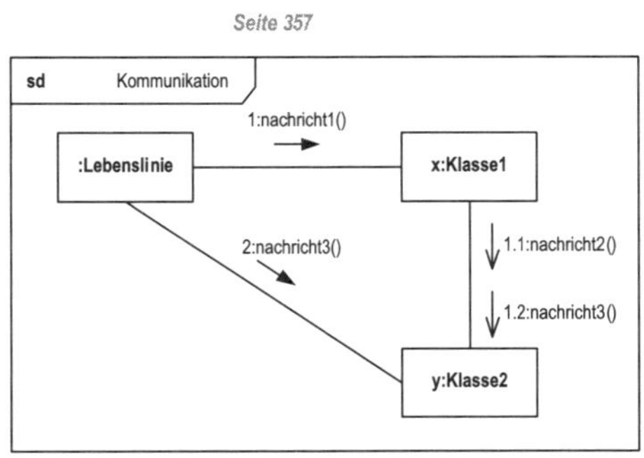

Zeitdiagramm

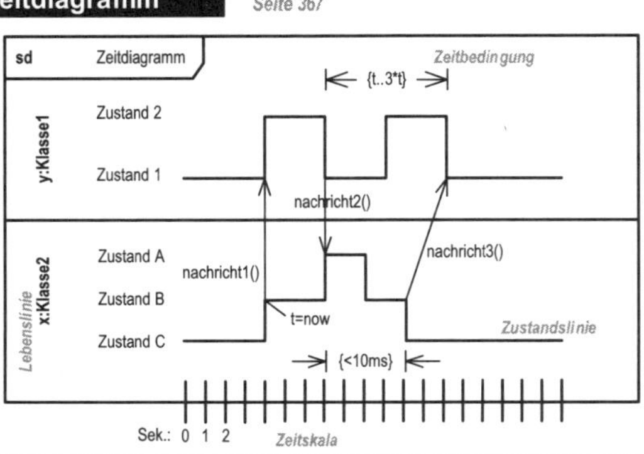

Aktuelle Fassung, Info und Download: http://www.oose.de/uml

Analyse und Design mit UML 2.3

Objektorientierte Softwareentwicklung

von
Bernd Oestereich

unter Mitarbeit von Stefan Bremer

9., aktualisierte und erweiterte Auflage

Oldenbourg Verlag München

Dipl.-Ing. Bernd Oestereich ist Gründer und Geschäftsführer der oose Innovative Informatik GmbH, einem Unternehmen, das auf Training, Coaching und Beratung im Bereich Individualsoftwareentwicklung spezialisiert ist.
E-Mail: Bernd.Oestereich@oose.de
Internet: www.oose.de

Dipl. Wirt.-Inf. Stefan Bremer ist Trainer und Berater für Analyse, Design, Geschäftsprozessmodellierung und Qualitätssicherung bei der oose Innovative Informatik GmbH.
E-Mail: Stefan.Bremer@oose.de
Internet: www.oose.de

Bibliografische Information der Deutschen Nationalbibliothek

Die Deutsche Nationalbibliothek verzeichnet diese Publikation in der Deutschen Nationalbibliografie; detaillierte bibliografische Daten sind im Internet über <http://dnb.d-nb.de> abrufbar.

Rosenheimer Straße 145, D-81671 München
Telefon: (089) 45051-0
oldenbourg.de

Lektorat: Dr. Margit Roth
Herstellung: Anna Grosser
Coverentwurf: Kochan & Partner, München
Illustration: Stefan Westphal
Satz: Bernd Oestereich und Stefan Bremer
Gedruckt auf säure- und chlorfreiem Papier
Gesamtherstellung: Druckhaus „Thomas Müntzer" GmbH, Bad Langensalza

ISBN 978-3-486-58855-2

Inhaltsüberblick

Zielgruppen des Buches

Unwichtige Details überlassen Sie anderen, denn Sie haben genug zu tun. Sie beabsichtigen nicht, selbst objektorientierte Systemanalyse oder Realisierung zu betreiben, interessieren sich aber für moderne Technologien und sind unter Umständen an Entscheidungen für ihren Praxiseinsatz beteiligt. Überfliegen Sie die Kapitel Analyse und Design und folgen Sie bei Interesse dem einen oder anderen Querverweis.

Wie man Software entwickelt, wissen Sie aus langjähriger eigener Praxis. Die UML hat aus Ihrer Sicht mittlerweile eine gewisse Reife erreicht. Sie möchten die praxisrelevanten Neuerungen der UML 2.x kennen lernen, kritisch betrachten und sehen, wie sich die UML methodisch in Projekten anwenden lässt. Lesen oder überfliegen Sie die Kapitel Analyse und Design und folgen Sie allen interessanten Querverweisen zu den UML-Grundlagen.

Die Realisierung objektorientierter Software ist seit langem Ihre tägliche Arbeit. Ihr Interesse richtet sich verstärkt auch auf die Analyse und das Design und die neuesten Entwicklungen im Bereich der OO-Methodik und UML. Lesen Sie die Kapitel Analyse und Design und beachten Sie im Kapitel UML-Grundlagen die Hinweise auf UML 2.x.

Sie interessieren sich für Softwareentwicklung und verfügen ansatzweise auch über eigene Erfahrungen. Die Begriffe der objektorientierten Methodik und der UML sind Ihnen teilweise bekannt, was Ihnen aber fehlt, ist eine umfassende und systematische Einführung ins Thema. Lesen Sie die Einführung, das Anfänger-Kapitel und die Kapitel Analyse und Design. Folgen Sie den Querverweisen zu den UML-Grundlagen zur Vertiefung.

Vorwort

Haben Sie noch die Zeit, sich auf viele hundert Seiten fachlicher Abhandlungen einzulassen? Lesen Sie ein Buch noch von Deckel zu Deckel? Aber Sie möchten auch keines von diesen substanzarmen, aufgeblähten Instant-Büchern? Selbst vom Leid solcher Bücher geplagt, möchte ich mich hier um ein nicht allzu umfangreiches, praxisbezogenes und auf jeden Fall gut lesbares Buch bemühen.

Aufbau
Lesemöglichkeiten

Das Buch ist modular aufgebaut, d.h. die einzelnen Abschnitte sind didaktisch möglichst autark und über Querverweise (direkte Seitenangabe) miteinander verbunden. Dadurch haben Sie die Möglichkeit, von vorne nach hinten, kreuz & quer oder überspringend zu lesen. Sehr zügig erarbeiten Sie sich den Stoff, wenn Sie die Kapitel Analyse und Design durchlesen und bedarfsweise den Querverweisen nachgehen, um einzelne Themen in den Grundlagen nachzuschlagen und zu vertiefen.

UML

Sie erfahren in diesem Buch komprimiert alles Wichtige über die *Unified Modeling Language* (UML 2.3), deren Notation und Semantik der aktuelle Standard in der objektorientierten Modellierung ist. Dennoch ist dieses Buch vor allem eine Einführung in die objektorientierte Analyse und in das objektorientierte Design. Die Darstellung der UML-Grundlagen findet im Kontext allgemeiner Fragestellungen und Diskussionen zur objektorientierten Softwareentwicklung statt. Dadurch enthält dieses Buch viele aus der Praxis kommende, kritische Anmerkungen zur UML.

Die diesem Buch zugrunde liegende anwendungsfallgetriebene, architekturzentrierte und agil-iterative Entwicklungsmethode ist angelehnt an den Unified Process und den Object Engineering Process (OEP) und auf die Entwicklung sozial eingebetteter betrieblicher Informationssysteme ausgerichtet.

Kritik

Kritik und Anregungen zu diesem Buch nehme ich sehr gerne entgegen. Schreiben Sie mir eine E-Mail (boe@oose.de) oder besuchen Sie die Internetseiten meiner Firma (www.oose.de).

Dankeschön!

Für ihre Mithilfe an diesem Buch möchte ich mich bei allen Freunden und Kollegen bedanken, ganz besonders bei den im Impressum angeführten Personen. Außerdem möchte ich den LeserInnen der vorigen Auflagen und den TeilnehmerInnen meiner Seminare für ihre Anregungen und kritischen Anmerkungen danken.

Bernd Oestereich

Änderungen gegenüber der 8. Auflage

Die Unterschiede zwischen UML 2.1 und der nun aktuellen Version 2.3 liegen vor allem im Bereich des Metamodells sowie in Spezifikationsdetails. In der UML 2.2 ist ein neues Diagramm hinzugefügt worden.

In der 9. Auflage wurden viele Verbesserungen und Erweiterungen vorgenommen, einige Kapitel neu hinzugenommen und andere teilweise stark überarbeitet, sowie zwischenzeitlich erkannte Fehler und Mängel beseitigt.

Inhaltsverzeichnis

Phantasie ist wichtiger als Wissen
Albert Einstein

1 Einführung

In diesem Abschnitt werden die besonderen Merkmale der objektorientierten Softwareentwicklung und der UML, ihre Historie sowie die Unterschiede zu den alten Ansätzen erörtert.

1.1 Objektorientierte Softwareentwicklung

Extrakt

- Softwareentwicklung wird technisch und sozial immer komplexer.

Einen Spaten zum Blumenumtopfen einzusetzen ist so fehl am Platz wie ein Teelöffel zum Ausheben einer Baugrube. Auf das richtige Werkzeug und die richtige Methode kommt es an.

Die Ansprüche steigen

Softwareentwicklung wird zwar immer komplexer – aber auch immer faszinierender. Zum einen gehören Softwaresysteme zu den komplexesten von Menschen geschaffenen Systemen, zum anderen wird (anspruchsvolle) Softwareentwicklung nie langweilig – sie erfordert viel: Kreativität, Präzision, Lernfähigkeit und die Bereitschaft, immer wieder neue Sachverhalte zu durchdringen und intelligent zu strukturieren, effektiv zu kommunizieren (im Entwicklungsteam untereinander, mit dem Auftraggeber, den Anwendern u.a.), Kenntnisse und Erfahrungen im Umgang mit Vorgehensweisen, Methoden, Techniken und Werkzeugen, den souveränen Umgang mit offenen Fragen, halb ausgegorenen Vorstellungen und so weiter.

Wie Analyse und Design betrieben werden sollten, darüber gibt es sehr unterschiedliche Auffassungen, was sich in entsprechenden Vorgehensmodellen und Methoden widerspiegelt. Von sehr formalen oder schwergewichtigen Ansätzen wie V-Modell oder Rational Unfied Process (RUP) bis zu sehr pragmatischen oder einfachen Ansätzen wie beispielsweise Extreme Programming (XP), Scrum und APM.

In dem vorliegenden Buch finden Sie einen Mittelweg, der sich an agiler Modellierung orientiert, ohne jedoch eine systematische und auch für größere Projekte und Organisationen praktizierbare Analyse- und Designmethodik aufzugeben.

Konzeptionelle Stabilität vs. Weiterentwicklung

Technische Komplexität. Software wird nie ganz fertig. Es bleibt immer noch etwas zu ändern, zu verbessern. Und wenn Änderungen nicht zwingend notwendig sind, bleiben sie oft trotzdem wünschenswert – so lange, bis das Programm wieder aus dem Verkehr gezogen wird. Eine Vielzahl von Änderungen und Erweiterungen bewirkt natürlich, dass sich das Programm immer mehr vom ursprünglichen Konzept entfernt. Gerade wenn das Programm erfolgreich ist und deswegen ständig weiterentwickelt wird, besteht diese Gefahr.

Refactoring

Aus diesen Gründen ist es sinnvoll, sich nach geeigneten Methoden umzusehen, die die Komplexität beherrschbar machen, den Zerfallsprozess zumindest verzögern und trotz strukturzersetzender Änderungen und Weiterentwicklungen dabei helfen, die Qualität und Zuverlässigkeit der Software aufrechtzuerhalten. Hier gibt es zwei sich ergänzende Ansätze, die regelmäßige Restrukturierung (Refactoring) und die Abstraktion.

Eine neue Denkweise

Die Geschichte der Softwareentwicklung ist eine kontinuierliche Steigerung der Abstraktionen – vom Bitmuster über Makrobefehle, Prozeduren, abstrakte Datentypen zu Objekten, Rahmenwerken, Entwurfsmustern, Komponenten, generativen Verfahren bis hin zur modellgetriebenen Architektur (MDA). Die Objektorientierung bildet hier seit Anfang der 1990er Jahre eine Basistechnologie. Die im Vergleich zu prozeduralen Ansätzen wesentlich höheren Abstraktionsmöglichkeiten der Objektorientierung gründen sich dabei nicht nur einfach auf eine Verbesserung und Weiterentwicklung der klassischen Methoden, sie begründet auch eine neue Denkweise.

Die anfangs verbreitete Vorstellung, mit Objektorientierung wird Softwareentwicklung einfacher, schneller und günstiger hat sich sehr bald als naiv herausgestellt. Stattdessen brachte die Objektorientierung viele neue herausfordernde Lern- und Erfahrungsfelder hervor. So ist es in mehrschichtigen objektorientierten Architekturen gängig, viele verschiedene Arten von Klassen zu unterscheiden, beispielsweise Entities, Controller, Use-Case-Controller, Workflow-Controller, Datentransferobjekte, Proxies usw.

Kommunikation steht im Mittelpunkt

Soziale Komplexität. Die weit verbreitete Ansicht, Softwareentwicklung sei in erster Linie eine technische Aufgabe, entpuppt sich bei näherer Betrachtung des Entwicklungsprozesses als die halbe Wahrheit. Softwareentwicklung ist auch ein komplexer sozialer Prozess. Die entscheidenden Gründe hierfür liegen darin, dass die Entwicklung von Software ein sehr personenbezogener Vorgang ist, bei dem immer mehr auch psychologisches, linguistisches und erkenntnistheoretisches Wissen sowie kommunikative und soziale Fähigkeiten wichtig sind. Dazu gehören Fähigkeiten zur Moderation, zum Umgang mit Konflikten, ebenso wie Verhandlungstechniken [Vigenschow2009] . Viele Softwaresysteme sind in ein soziales Umfeld eingebettet, d.h. in eine Organisation mit Menschen – solchen Systemen (im Gegensatz zu technischen u.ä. Systemen) gilt die Aufmerksamkeit dieses Buches.

Sowohl für die ExpertInnen im Anwendungsbereich, als auch für die im Entwicklungsteam gilt: je spezialisierter, desto schwerer ist er oder sie zu verstehen. Das richtige gegenseitige Verstehen ist aber die Grundlage erfolgreicher Entwicklungsarbeit. Im Laufe eines Projektes entstehen Modelle der Anwendungswelt und der zu entwickelnden Software – die meisten davon finden sich in den Köpfen der beteiligten Personen. Die in einem Projekt entstehenden Dokumentationen entsprechen maximal der Spitze eines Eisberges. Weil viel mehr in den Köpfen der EntwicklerInnen steckt, als in einer Dokumentation erscheinen könnte, ist der Konsens über die gesamten Zusammenhänge unentbehrlich.

Die Kommunikation, d.h. der Austausch dieser in den Köpfen vorhandenen Modelle, des Wissens und der Erfahrungen steht damit im Mittelpunkt. Da Software mehr als andere technische Systeme mit menschlichen Abstraktionen durchsetzt ist, gleicht sie in ihrer Komplexität, ihren Tücken und Eigenheiten auch eher menschlichen als typisch technischen Organisationsstrukturen.

1.2 Die Historie

Extrakt

- Wie kam es zur Objektorientierung und zur UML?
- In welchem historischen Kontext stehen die UML und objektorientierte Entwicklungsmethoden?

Am Anfang war Smalltalk: Xerox PARC

Die Idee der Objektorientierung ist über 30 Jahre alt und fast ebenso lange liegt die Entwicklung objektorientierter Programmiersprachen zurück, die in Abb. 1.2-1 gezeigt wird. Hervorzuheben ist hier der Entwicklungspfad von Smalltalk, der ersten umfassenden und kommerziell verfügbaren objektorientierten Entwicklungsumgebung. Die Smalltalk-Entwickler am Xerox Palo Alto Research Center (Xerox PARC) haben alle wesentlichen objektorientierten Konstrukte erfunden, adaptiert, zusammengeführt und zur Reife geführt. Auch jüngere Sprachen wie Java und C# beinhalten kaum weitere Grundkonzepte (vielleicht mit Ausnahme des Interface-Konzeptes). Insofern kann Smalltalk, auch wenn die Sprache heute nicht mehr populär ist, als Referenz für Objektorientierung angesehen werden.

OO-Methodengurus der ersten Stunde

Während es auch seit den 1970er Jahren Publikationen zur objektorientierten Programmierung gibt, erschienen die ersten Bücher über objektorientierte Analyse- und Designmethoden erst Anfang der 1990er Jahre, siehe auch

Abb. 1.3-1: Historische Entwicklung der (⇨22). Zu den ersten Autoren gehören Adele Goldberg, Grady Booch, Peter Coad, Edward Yourdon, James Rumbaugh, Bertrand Meyer, Rebecca Wirfs-Brock, Sally Shlaer, Stephen Mellor, James Martin, James Odell, Brian Henderson-Sellers, Ivar Jacobson und Donald Firesmith. Viele der Methoden dieser Autoren sind auf bestimmte Anwendungsbereiche spezialisiert und begrenzt.

Die Methoden von Grady Booch und James Rumbaugh haben sich Anfang der 90er Jahre zu den deutlich beliebtesten entwickelt. Die OMT (Object Modeling Technique) von Rumbaugh war dabei eher an die strukturierten Methoden angelehnt. 1995 begannen Booch und Rumbaugh, ihre Methoden zur *Unified Method* (UM) zusammenzuführen.

Die *Unified Method* wurde jedoch schon bald in *Unified Modeling Language (UML)* umbenannt, was auch eine angemessenere Bezeichnung darstellte, weil es sich im Wesentlichen nur um die Vereinheitlichung der grafischen Darstellung und Semantik der Modellierungselemente handelte, jedoch keine

Methodik beschrieben wurde. *Modeling Language* ist hauptsächlich eine vornehmere Umschreibung für *Notation*.

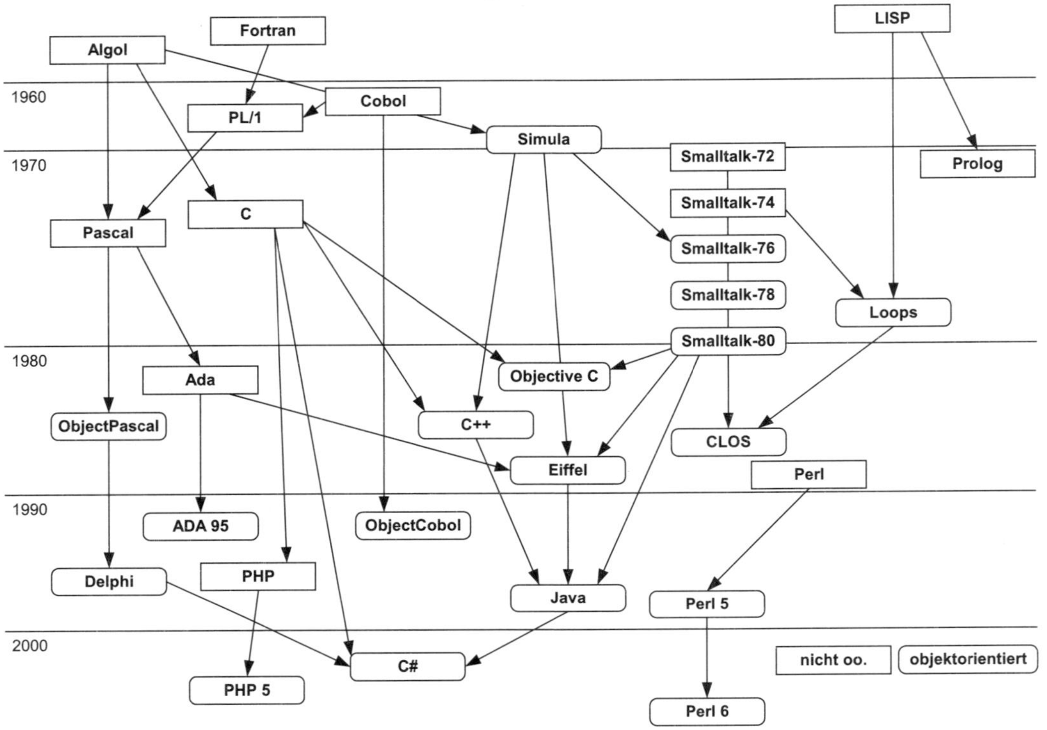

Abb. 1.2-1: Historische Entwicklung objektorientierter Programmiersprachen

Die Amigos

Kurze Zeit später stieß auch Ivar Jacobson dazu, so dass die von ihm geprägten Use Cases (dt. Anwendungsfälle) integriert wurden. Die drei nannten sich fortan „Amigos".

SysML

Im Laufe der Zeit erweiterte sich das Einsatzgebiet der UML und die Vorteile der Stereotypisierung halfen an vielen Stellen, UML auch in anderen Fachgebieten einzusetzen. Für Projekte, bei denen verschiedene Ingenieursdisziplinen gemeinsam an der Lösung einer Aufgabe arbeiten stellte sich aber heraus, dass die UML nur bediungt geeignet ist und es wurde eine eigene Sprache für die Modellierung von Systemen erarbeitet und unter dem Namen SysML im Jahre 2005 in der Version 0.9 verfasst und durch die OMG verwaltet und vorangetrieben wurde. Aktuell ist die Version 1.1, in die Teile der in UML vorgenommenen Änderungen einflossen und dem zwei neue Diagramme, das Anforderungsdiagramm und das Parameterdiagramm hinzugefügt wurden [Weilkiens2008].

Zertifizierung

Um sowohl den Anwendern der UML, als auch den Firmen Sicherheit zu geben, dass ein gewisser Qualifizierungsgrad im Verständnis der UML erreicht wurde, führte die OMG ein dreistufiges Zertifizierungsprogramm ein.

Die drei Stufen sind *Fundamental*, *Intermediate* sowie *Advanced*, sie bauen aufeinander auf und richten sich an verschiedene Anwendungsbreiche.

Der Fundamental-Stufe ist für Entwickler, Analytiker und Designer, die die UML kennenlernen und erste Projekte mit Unterstützung von UML modellieren und entwickeln möchten.

Die Intermediate-Stufe ist für erweiterten Projekteinsatz, bei dem viele eigene Stereotypen benötigt werden und über das Grundverständnis der Anwendung der UML hinausgeht.

Die Advanced-Stufe dient den Tool-Herstellern und den Menschen, die die UML weiterentwickeln, als Grundlage.

1.3 Notationen, Methoden, Vorgehensmodelle und Co.

Extrakt

- Beschreibung, was eine Methode ist
- Unterschiede zwischen Methode, Methodologie und Vorgehenmodellen

Eine **Methode** ist ein einzelnes Verfahren und beschreibt eine Vorgehensweise für einen bestimmten Anwendungsbereich. Bespielsweise kann die Beschreibung von Anforderungen mit Hilfe von Anwendungsfällen als Methode bezeichnet werden. Die Beschreibung von Anforderungen mit Hilfe von Testfällen wäre eine andere Methode. Irrtümlicherweise werden Notationen manchmal auch als Methode bezeichnet, beispielsweise die UML. Erst die Beschreibung, wie die UML anzuwenden ist, wäre eine Methode. Dementsprechend wird in diesem Buch eine Methode zur Anwendung der UML dargestellt. Scrum, APM oder XP sind Beispiele für Projektmanagementmethoden.

Eine **Notation** ist eine Sammlung bzw. Vereinbarung von bestimmten textuellen oder grafischen Symbolen, mit denen bestimmte Gegenstände oder Konzepte repräsentiert werden sollen. Beispielsweise enthält die UML ein Element, mit dem das Konzept der Klasse repräsentiert werden kann.

Eine **Methodik** ist die Lehre von der Anwendung einer Methode.

Eine **Methodologie** ist die theoretische Reflexion über Methoden eines Fachgebiets.

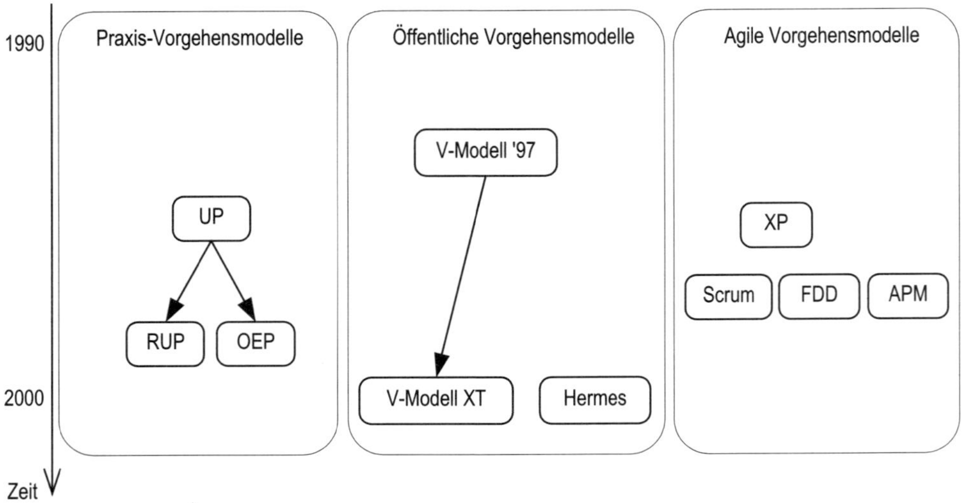

Abb. 1.3-1: Historische Entwicklung der Vorgehensmodelle

Ein **Vorgehensmodell** hingegen beschreibt die Abwicklung eines Entwicklungsvorhabens und orientiert sich dabei zumeist am Lebenszyklus des Vorhabens bzw. zu erstellenden Produktes. Vorgehensmodelle sind mehr oder weniger strukturierte Beschreibungen und Sammlungen von Aktivitäten, Ergebnissen, Beteiligten, Organisations-, Entscheidungs-, Berichts- und Verantwortungsstrukturen, Werkzeugen/Hilfsmitteln, Best- oder Good-Practices, Richtlinien, Standards, Mustern (z.B. Formulare) und Beispielen.

Insofern können Vorgehensmodelle wiederum Methoden beinhalten und stellen eine oder mehrere Methodiken dar. Sie beinhalten aber üblicherweise mehr als nur eine Methodensammlung.

Das **V-Modell XT** [V-ModellXT] beschreibt beispielsweise die vertragliche Zusammenarbeit und Abgrenzung der Verantwortlichkeiten von Auftragnehmer und Auftraggeber entlang des Lebenszyklus eines Projektes. Es enthält aber zusätzlich auch die Beschreibungen, was ein Anwendungsfall ist und wie das Konzept des Anwendungsfalles eingesezt werden kann oder soll.

Ein **Reifegradmodell** stellt Forderungen an ein Vorgehensmodell, um die Qualität des Prozesses zu bewerten. Es dient vorrangig der Bestimmung von Verbesserungsmaßnahmen.

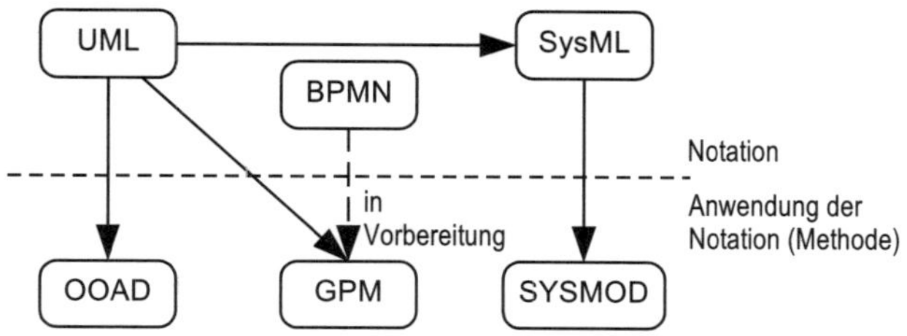

Abb. 1.3-2: Die OOAD-basierten Methoden von oose

Die OOAD-Methode ist die in diesem Buch beschriebene. Die GPM-Methode ist hiermit verwandt. Während OOAD auf die Entwicklung von Software abzielt, bezieht sich GPM auf die Geschäftsprozesse unabhängig davon, ob sie softwareseitig unterstützt werden oder nicht. GPM ist beschrieben in dem Buch „objektorientierte GPM mit der UML" [Oestereich2003a].

Eine Ergänzung um BPMN (Business Process Modeling Language Notation) ist in Vorbereitung ([WeissGrass2009]). BPMN

SYSMOD ist eine Methode zum Ansatz der SysML (Systems Modeling Language), d.h. für die Entwicklung von Systemen (Hard- und Software) ([Weilkiens2008]). SYSMOD

1.4 Die Unified Modeling Language

Extrakt

- Historie und historischer Kontext der UML
- Wer ist verantwortlich für die UML?
- Neuerungen der UML 2.2 und 2.3

Weil die Notationen von Booch, Rumbaugh und Jacobson bereits sehr populär waren und einen hohen Marktanteil hatten, bildete die Zusammenführung zur *Unified Modeling Language (UML)* einen Quasi-Standard. Schließlich wurde 1997 die UML in der Version 1.1 bei der Object Management Group (OMG) zur Standardisierung eingereicht und akzeptiert. Seitdem erfolgt die Weiterentwicklung der UML durch die OMG. Später hat auch ISO die UML als Standard akzeptiert [ISO/IEC 19501]. Booch, Rumbaugh, Jacobson

Die UML-Versionen 1.2 – 1.5 enthielten jeweils einige Korrekturen und Erweiterungen. Die Version 2.0 stellt eine grundsätzliche Überarbeitung der UML dar. Die Spezifikation, das Metamodell und der Abdeckungsumfang wurden weitgehend neu konzipiert. Im Juni 2003 wurden entsprechende Einreichungen zur UML 2.0 von der OMG abschließend ausgewählt und angenommen. Danach folgte ein Prozess mit kleineren Korrekturen, Ergänzungen OMG und Verbesserungen der Anfang 2006 in die Version 2.1 mündete. Im Jahre 2008 wurde die UML-Spezifikation 2.2 freigegeben. Anfang 2010 wird es die Version 2.3 sein, deren Vorabspezifikation uns vorlag und die Grundlage für das Buch bildete.

Aktuelle Informationen hierzu finden Sie unter http://www.omg.org/uml/ oder unter http://www.oose.de/uml.

Die UML ist in erster Linie die Beschreibung einer einheitlichen Notation und Semantik sowie die Definition eines Metamodells. Die Beschreibung einer Entwicklungsmethode gehört nicht direkt dazu, sie wurde von den Amigos erst Anfang 1999 mit der Publikation des Buches *The Unified Software Development Process* [Jacobson1999], dem so genannten *Unified Process* nachgeliefert. Während UML der Standard als Notation geworden ist, ist der Unified Process heute jedoch nur eines von vielen Vorgehensmodellen.

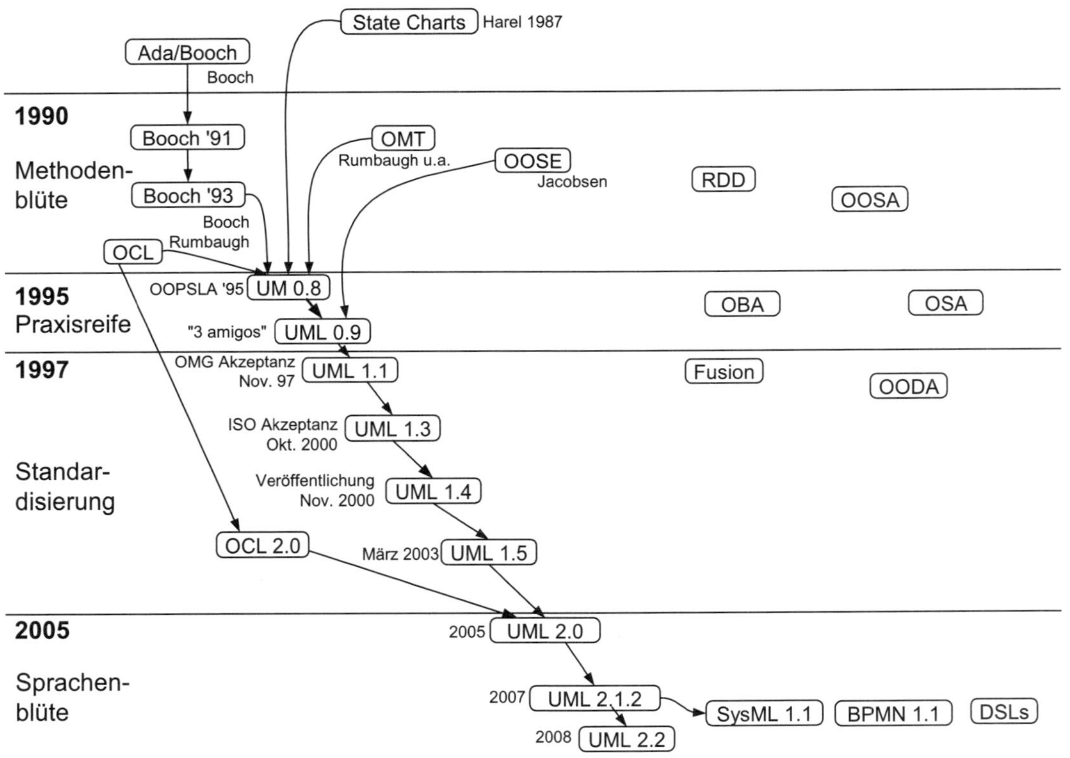

Abb. 1.4-1: Historische Entwicklung der UML

Die UML ist sehr vielfältig und integriert auch interessante Ideen und Konzepte anderer Autoren. Neben den Gedanken von Booch, Rumbaugh und Jacobson finden sich zum Beispiel auch die von Harel [Harel1987] (Zustandsdiagramme) oder Cook [Cook2004] (OCL, Object Constraint Language) wieder. Die neueren Versionen der UML, besonders ab 2.x, sind kaum noch durch die ursprünglichen Initiatoren geprägt, sondern haben viele andere Ideengeber und Mitarbeiter.

Die Grundkonzepte objektorientierter Softwareentwicklungsmethodik sind ausgereift und bewähren sich in der Praxis. Andererseits bietet gerade die UML einen beachtlichen Detailreichtum und ist daher durchaus mit Bedacht anzuwenden. War die UML 1.x schon an vielen Stellen überladen, so ist die Spezifikation der UML 2.x umfangreicher denn je.

Erdrückende Vielfalt?

Die Vielfalt der Beschreibungsmöglichkeiten wirkt häufig erdrückend, ein tieferes Verständnis für die UML-Konstrukte in allen Facetten erfordert einigen Aufwand. In einer ersten Annäherung kann man sich deshalb auf die grundlegenden Elemente beschränken.

Einige Konzepte sind zudem nur für spezielle oder sehr detaillierte Sachverhalte relevant. Hier richtet sich die Wahl der entsprechenden Elemente nach der Art der Anwendung (Informationssystem, technisches System, Echtzeitanwendung u.Ä.) und nach der angestrebten Beschreibungs- und Detaillierungstiefe.

XP, AM, Scrum, Crystal

Die Notationen zur objektorientierten Modellierung sind dank der UML also weitgehend konvergiert. Andererseits existieren unabhängig von der Notation verschiedene Methoden, beispielsweise der Unified Process ([Jacobson1999]), Extreme Programming ([Beck2000]), Geschäftsprozessmodellierung mit BPMN & Co. ([OestereichWeiss2007]), Scrum ([Pichler2007]) und Crystal ([Cockburn2001]), die sich teilweise sehr deutlich voneinander absetzen.

Neuerungen in der UML 2.2 und 2.3

Die wichtigste Neuerung in der UML 2.2 war die Einführung des Profildiagramms, das es erlaubt, bei Verwendung von ein oder mehreren Profilen die Abhängigkeiten darzustellen. Nicht nur auf Ebene der Verwendung ganzer Pakete, sondern auch auf der Ebene einzelner Modellelemente des zu verwendenden Profils. Die Version 2.3 beinhaltet größtenteils interne Änderungen und Überarbeirungen.

In dem vorliegenden Buch ist in den Kapiteln Analyse und Design ein Vorgehen beschrieben, das sich am *Object Engineering Process (OEP)* ([OEP2], [Oestereich1999]) orientiert. Der OEP ist eine spezielle praxisbewährte und konkrete Ausprägung des *Unified Process*. Eine andere konkrete Ausprägung des Unified Process ist der *Rational Unified Process (RUP)* [Kruchten1998], der ein maßgeschneidertes Vorgehen für die Werkzeuge der Firma IBM/Rational darstellt (Rose, Requisite Pro etc.). Nähere Informationen zum OEP finden Sie unter http://www.oose.de/oep und zum RUP unter http://www.rational.com/rup.

1.5 Ganzheitliche Herangehensweise

Extrakt

- Die andere Denkweise der Objektorientierung.

UML und die auf ihr basierenden Methoden können nicht blindlings angewendet werden. Dem Menschen fällt es schwer, in Systemen und Netzwerken zu denken. Das Denken in einzelnen Kausalketten liegt ihm näher.[1]

In der Systemtheorie wird die Wirklichkeit als ein Netzwerk verstanden: Die einzelnen Sachverhalte und Phänomene werden nicht mehr auf ihre Einzelteile reduziert, sondern sie werden als integriertes Ganzes betrachtet, bei dem die einzelnen Komponenten miteinander verbunden sind und Abhängigkeiten zwischen ihnen bestehen (ganzheitliches Denken).

Bei der objektorientierten Softwareentwicklung werden nicht nur Daten und Funktionen beschrieben, sondern auch ihr Zusammenhang sowie die Beziehungen zu ihrer Umwelt, d.h. zu anderen Daten- und Funktionseinheiten lassen sich differenziert definieren. Diese Definitionen von Wechselbeziehungen und Abhängigkeiten sind im objektorientierten Modell immer dort vorhanden und gegenwärtig, wo es sie zu berücksichtigen gilt (von der Analyse bis zur Codierung) und man ihnen die entsprechende Verantwortung zuschreibt. Dies macht die Arbeit einfacher und ermöglicht es, einen höheren Komplexitätsgrad zu bewältigen.

Evolution

Durchgängige Modellrepräsentation. Die methodische Durchgängigkeit wird unter anderem deutlich, wenn wir Anfang und Ende des Entwicklungsprozesses gegenüberstellen. Am Anfang steht zum Beispiel folgender Dialog mit den AnwenderInnen:

EntwicklerIn: *„Was ist euch wichtig?"*
AnwenderIn: *„Der Kunde."*
EntwicklerIn: *„Was ist denn ein Kunde, welche Merkmale sind für euch relevant?"*
AnwenderIn: *„Der Kunde hat einen Namen, eine Anschrift und eine Bonität, die wir überprüfen."*

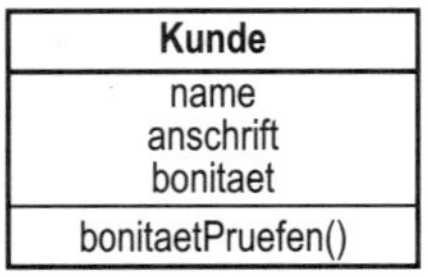

Abb. 1.5-1: Kunde als Klasse in UML

[1] Siehe [Dörner1989].

Am Ende des Prozesses steht eine Klasse, die in Java codiert (vereinfacht) wie folgt aussieht:

```
class Kunde {
  String      name;
  Anschrift   anschrift;
  Bonitaet    bonitaet;

  public void bonitaetPruefen() {
    ...
  }
}
```

Abb. 1.5-2: Kunde als Klasse in Java

Der ganzheitliche und an der menschlichen Wahrnehmung orientierte Ansatz, wie er von den maßgeblichen Begründern der Objektorientierung (im Xerox PARC) von Anfang an verfolgt wurde, wird an vielen Stellen deutlich:

- Das Klassenkonzept begünstigt die Entwicklung von Softwareeinheiten, die nicht einer speziellen Anwendung, sondern einem speziellen Konzept bzw. einer bestimmten Idee von Realität dienen und die als solche in verschiedenen Kontexten und somit auch verschiedenen Anwendungen operieren können.
- Die Welt der objektorientierten Softwareentwicklung ist eine bilderreiche Welt: Begriffe wie Vererbung, Botschaftsaustausch, das Werkzeug-Material-Leitbild usw. belegen die Metaphorik[2] und deuten die ontologischen[3] Grundprinzipien an.
- Die Symbole der grafischen Benutzeroberflächen wie Mülleimer, Drucker, Lupe, Ordner, Pinsel, Schere und so weiter tun ein Übriges und ermöglichen den BenutzerInnen ein anschauliches und intuitives Handeln.
- Objektorientierte grafische Benutzeroberflächen verhelfen zu einer einheitlichen Bildschirmorganisation und zu Bedienungsstandards, sie leiten die ApplikationsentwicklerInnen an, diese Standards zu übernehmen und ihr Look-&-Feel nachzuahmen.

[2] Bzw. Bildhaftigkeit, Anschaulichkeit.
[3] Ontologie ist die Lehre vom Seienden und seinen Prinzipien, Strukturen und Gesetzmäßigkeiten.

➔Abstraktionsmittel (von Nicolai Josuttis)

Programmierung ist die Tätigkeit, Sachverhalte in einem Computer abzubilden. Bei der Beschreibung der Sachverhalte muss abstrahiert werden. Die für das Problem nicht relevanten Dinge werden weggelassen. Ansonsten würde man jedesmal bei Bits und Quarks landen.

Die Fähigkeit, Dinge durch Abstraktion sinnvoll zu beschreiben, verwenden wir auch im täglichen Leben. Dabei gibt es zwei verschiedene Arten der Abstrahierung:

Teile/Ganzes-Beziehung (*Hat-eine*-Beziehung)

Die Teile/Ganzes-Beziehung fasst mehrere Einzelteile zu einem Objekt zusammen. Ein Objekt *besteht aus* Teilen. Beispiel:

Ein Auto *besteht aus* Motor, Karosserie, Sitzen, Lenkrad, Rädern etc.

Man sagt: *„Da hinten fährt ein Auto"* anstatt: *„Da hinten fahren ein Motor mit einer Karosserie mit einem Lenkrad und vier Rädern"*.

In Programmiersprachen gibt es dafür Strukturen.

Oberbegriff-Beziehung (*Ist-ein*-Beziehung)

Die Oberbegriff-Beziehung fasst mehrere Arten oder Varianten von Objekten unter einem Begriff zusammen. Ein Objekt *ist eine* besondere Variante. Beispiel:

Ein Cabriolet *ist ein* Auto. Ein Auto *ist ein* Fahrzeug.

Man sagt: *„Da hinten fahren drei Autos"* anstatt: *„Da hinten fahren ein Cabriolet, ein Kombi und eine Limousine"*.

Dieses Abstraktionsmittel wird in den nicht-objektorientierten Programmiersprachen nicht unterstützt.

1.6 Weiterführende Literatur

OO-Notationen und -Methoden der ersten Stunde:

[Booch1986]
G. Booch: *Software Engineering with Ada*. Benjamin/Cummings, Redwood City, 1986.

[Booch1994]
G. Booch: *Object-oriented analysis and design with applications*, 2nd ed., Benjamin/Cummings, Redwood City, 1994 (1st ed 1991). Deutsche Ausgabe: *Objektorientierte Analyse und Design; Mit praktischen Anwendungsbeispielen*. Addison-Wesley, Bonn, 1994.

[CoadYourdon1991a]
P. Coad, E. Yourdon: *Object-Oriented Analysis* (2nd ed.). Prentice-Hall, Englewood Cliffs, 1991.

[CoadYourdon1991b]
P. Coad, E. Yourdon: *Object-Oriented Design.* Prentice-Hall, Englewood Cliffs, 1991.

[Coleman1993]
D. Coleman, P. Arnold, S. Bodorff, C. Dollin, H. Gilchrist: *Object Oriented Development: The Fusion Method.* Prentice Hall, 1993.

[Dahl1966]
O.-J. Dahl, K. Nygaard: *Simula, an Algol-based simulation language.* Communications of the ACM, 9(9), 1966.

[Goldberg1982]
A. Goldberg: *The Smalltalk-80 System Release Process.* Xerox 1982.

[Goldberg1983]
A. Goldberg, D. Robson: *Smalltalk-80: The Language and its Implementation.* Addison-Wesley, Reading, 1993.

[Goldberg1995]
A Goldberg, K. S. Rubin: *Succeeding with Objects, Design Frameworks for Project Management.* Addison-Wesley, Reading, 1995.

[Graham1997]
I. Graham, B. Henderson-Sellers, H. Younessi: *The OPEN Process Specification.* Addison Wesley (ACM Press), 1997.

[Harel1987]
D. Harel: *Statecharts: A Visual Formalism for Complex Systems*, in: Science of Computer Programming 8, 1987, S. 231ff.

[Jacobson1992]
I. Jacobson, M. Christerson, P. Jonsson, G. Övergaard: *Object-Oriented Software Engineering, A Use Case Driven Approach.* Addison-Wesley, Workingham, 1992.

[Martin1992]
J. Martin, J. Odell: *Object-Oriented Analysis & Design.* Prentice-Hall, Englewood Cliffs, 1992.

[Meyer1988]
B. Meyer: *Object-Oriented Software Construction.* Prentice Hall, Englewood Cliffs, 1988. Deutsche Ausgabe: *Objektorientierte Softwareentwicklung.* Hanser, München, 1988.

[Rumbaugh1991]
Rumbaugh, J., Blaha, M., Premerlani, W., Eddy, F., Lorenson, W.: *Object-Oriented Modelling and Design.* Prentice-Hall, Englewood Cliffs, 1991. Deutsche Ausgabe: *Objektorientiertes Modellieren und Entwerfen.* Hanser, München, 1993.

[ShlaerMellor1991]
S. Shlaer, S. J. Mellor: *Object Lifecycles – Modelling the World in States.* Prentice-Hall, Englewood Cliffs, 1991. Deutsche Ausgabe: *Objektorientierte Systemanalyse, Ein Modell der Welt in Daten,* Haser, London, 1996.

[Wirfs-Brock1990]
R. Wirfs-Brock, B. Wilkerson, L. Wiener: *Designing Object-Oriented Software.* Prentice Hall, Englewood Cliffs, 1990. Deutsche Ausgabe: *Objektorientiertes Software-Design*, Hanser, München, 1993.

UML-Primärliteratur und UML-Infos:

[Booch2005]
G. Booch, J. Rumbaugh, I. Jacobson: *The Unified Modeling Language User Guide.* 2nd Edition, Addison-Wesley, 2005, Erstauflage 1998

[Jacobson2005]
I. Jacobson, G. Booch, J. Rumbaugh: *The Unified Software Development Process.* 2nd Edition, Addison-Wesley, 2005, Erstauflage 1998.

[oose]
oose GmbH: *UML-Informationen, UML-Glossar, UML-Notationsübersicht*, http://www.oose.de/uml.

[Rumbaugh2004]
J. Rumbaugh, I. Jacobson, G. Booch: *The Unified Modeling Language Reference Manual.* 2nd Edition, Addison-Wesley, 2004, Erstauflage 1999.

[UML1.0]
J. Rumbaugh, I. Jacobson, G. Booch: *The Unified Modeling Language, Documentation Set 1.0.* Rational Software Corporation, Santa Clara, 1997.

[UML1.1]
J. Rumbaugh, I. Jacobson, G. Booch: *The Unified Modeling Language, Documentation Set 1.1a6.* Rational Software Corporation, Santa Clara, 1997.

[UML1.2]
OMG UML Revision Task Force: *OMG UML 1.2*, 1998.

[UML1.3], [UML1.4], [UML1.5], [UML2.0], [UML2.1], [UML2.2]
OMG Unified Modeling Language, 1999 – 2009, http://www.omg.org/uml

[Weilkiens2006]
T. Weilkiens, B. Oestereich: *UML 2-Zertifizierung (Fundamental, Intermediate), Test-Vorbereitung zum OMG Certified UML Professional*, dpunkt.Verlag, Heidelberg, 2006.

UML-basierte Vorgehensmodelle:

[Jacobson1999]
I. Jacobson, G. Booch, J. Rumbaugh: *The Unified Software Development Process.* Addison-Wesley Longman, Reading, 1999.

[Kruchten2003]
P. Kruchten: *The Rational Unified Process, An Introduction.* Addison-Wesley, Longman, 2003.

[OEP2006]
Bernd Oestereich, Claudia Schröder, Markus Klink, Guido Zockoll; *oose Engineering Process*, dpunkt.Verlag, Heidelberg, 2006.

[Oestereich2003a]
Bernd Oestereich, Christian Weiss, Claudia Schröder, Tim Weilkiens: *Objektorientierte Geschäftsprozessmodellierung mit der UML*, dpunkt.Verlag, Heidelberg, 2003.

[Weilkiens2008]
Tim Weilkiens: *Systems Engineering mit SysML/UML*, dpunkt.Verlag, Heidelberg, 2008.

Agile Entwicklungsmethoden:

[Highsmith2002]
J. Highsmith: *Agile Software Development Ecosystems*, Addison-Wesley, 2002.

[Ambler2002]
S. W. Ambler: *Agile Modeling*, John Wiley & Sons,2002.

[Cockburn2001]
A. Cockburn: *Agile Software Development*, Addison-Wesley, 2001. In Deutsch: *Agile Software-Entwicklung*, Mitp-Verlag, 2003.

[Eckstein2004]
J. Eckstein: *Agile Software Entwicklung im Großen: Ein Eintauchen in die Untiefen erfolgreicher Projekte*, dpunkt.Verlag, Heidelberg, 2004. In Englisch: *Agile Software Development in the Large: Diving into the Deep*, Dorset House, New York, 2004.

[Beck2000]
K. Beck, M. Fowler: *Planning Extreme Programming*, Addison-Wesley, 2000.

[Schwaber2001]
K. Schwaber, M. Beedle: *Agile Software Development with Scrum*, Prentice Hall, 2001.

[OestereichWeiss2007]
Bernd Oestereich und Christian Weiss: *APM - Agiles Projektmanagement*, dpunkt.Verlag, Heidelberg, 2007.

[Pichler2007]
Roman Pichler: *Scrum - Agiles Projektmanagement erfolgreich einsetzen*, dpunkt.Verlag, Heidelberg, 2007.

Sonstige Literatur:

[Chen1976]
P. Chen: *The Entity-Relationship Model, Toward a Unified View of Data*, ACM Transactions on Database Systems, Vol. 1, 1976.

[Dörner1989]
D. Dörner: *Die Logik des Mißlingens. Strategisches Denken in komplexen Situationen*, Rowohlt Verlag, Reinbek, 1989.

[Habermas1987]
J. Habermas: *Theorie des kommunikativen Handelns*, 2 Bd., 4. Aufl., Suhrkamp, Frankfurt, 1987.

[McMenamin1984]
S. M. McMenamin, J. F. Palmer: *Essential System Analysis*, Prentice Hall, Englewood Cliffs, 1984. Deutsche Ausgabe: *Strukturierte Systemanalyse*, Hanser, München, 1988.

[Quibeldey-Cirkel1994]
K. Quibeldey-Cirkel: *Paradigmenwechsel im Software-Engineering: Auf dem Weg zu objektorientierten Weltmodellen*, in: Softwaretechnik-Trends 2/1994, S. 47ff.

[Raasch1993]
J. Raasch: *Systementwicklung mit Strukturierten Methoden*, 3. Auflage, Hanser, München, 1993.

Der einzige Weg, der zum Wissen führt, ist Tätigkeit.
Georg Bernard Shaw

2 Grundkonzepte der Objektorientierung

Hier findet sich eine einfache Einführung in die Grundbegriffe der Objektorientierung.

Wichtige Prinzipien der Objektorientierung

- *Das Objekt-Klassen-Prinzip* ⇨34
  Eine Klasse beschreibt die Struktur und das Verhalten einer Menge gleichartiger Objekte. Ein Objekt ist eine zur Ausführungszeit vorhandene und für ihre Variablen (Attribute) Speicher bereitstellende Instanz, die sich entsprechend dem Protokoll ihrer Klasse verhält.
- *Das Kapselungsprinzip* ⇨36
  Klassen fassen Attribute und Operationen zu einer Einheit zusammen. Attribute sind nur indirekt über die Operationen der Klasse zugänglich.
- *Das Objekt-Identitäts-Prinzip* ⇨38
  Jedes Objekt ist per Definition unabhängig von seinen konkreten Attributwerten von allen anderen Objekten eindeutig zu unterscheiden.
- *Das Kohärenzprinzip (auch: Kohäsionsprinzip)* ⇨39
  Jede Klasse soll für genau einen (sachlogischen) Aspekt des Gesamtsystems verantwortlich sein. Die in diesem Verantwortlichkeitsbereich liegenden Eigenschaften sollen in einer einzelnen Klasse zusammengefasst sein und nicht auf verschiedene Klassen aufgeteilt werden. Außerdem soll eine Klasse keine Eigenschaften enthalten, die nicht zu diesem Verantwortlichkeitsbereich gehören.
- *Das Demeter-Gesetz* ⇨41
  Die Minimierung der Kommunikation zwischen Klassen und die Reduzierung von Abhängigkeiten zwischen Klassen.
- *Das Vererbungsprinzip*
  bzw. das Generalisierungs-Spezialisierungs-Prinzip ⇨44
  Klassen können Spezialisierungen anderer Klassen darstellen, d.h. Klassen können hierarchisch angeordnet werden, übernehmen („erben") dabei die Eigenschaften der ihnen übergeordneten Klassen und können diese bedarfsweise spezialisieren („überschreiben"), aber nicht eliminieren.
- *Das Substitutionsprinzip* ⇨44
  Objekte von Unterklassen müssen jederzeit anstelle von Objekten ihrer Oberklasse(n) eingesetzt werden können.
- *Die Vererbungswarnung* ⇨44
  Vermeide Vererbung, wenn es Alternativen gibt.
- *Das Objekt-Verantwortlichkeitsprinzip* ⇨46
  Jedes Objekt – und nur dieses – ist für seine Eigenschaften selbst verantwortlich.
- Das *Zusicherungs-Verantwortlichkeitsprinzip* ⇨50
  Eine Unterklasse soll keine Zusicherungen auf Eigenschaften einer Oberklasse enthalten.
- *Das Prinzip abstrakter Klassen* ⇨53
  Zur Beschreibung abstrakter Sachverhalte werden abstrakte Klassen verwendet, von denen grundsätzlich keine konkreten Exemplare erzeugt werden können, die dann aber weiter spezialisiert werden.
- *Das Nachrichtenaustauschprinzip* ⇨58
  Objekte sind eigenständige Einheiten, deren Zusammenarbeit und Interaktionen mit Hilfe von Nachrichten bewerkstelligt wird, die sich die Objekte untereinander zusenden.
- *Das Polymorphie-Prinzip* ⇨64
  Polymorphie heißt, dass eine Operation sich (in unterschiedlichen Klassen) unterschiedlich verhalten kann. Es gibt zwei Arten der Polymorphie: statische Polymorphie (Überladung) und dynamische Polymorphie.

2.1 Grundidee der Objektorientierung

Extrakt

- Warum haben es Anfänger häufig leichter mit der Objektorientierung?
- Was ist die Grundidee der Objektorientierung?

DV-Anfänger haben es leichter

Die Grundzüge der Objektorientierung sind mit wenigen Beispielen erläutert. Auch KHVs[4] finden einen schnellen Einstieg ins Thema. Neulinge finden meistens sogar einen einfacheren Zugang als erfahrene Informatiker. Während die Profis sich von ihren bewährten und liebgewonnenen Daten-, Funktions-, Prozessmodellen und Ähnlichem nicht so richtig trennen können und stets versuchen, die neuen Ideen auf die eingefahrenen Denkgleise zu setzen, können Einsteiger ganz unbeschwert die Objektorientierung als eine leicht zugängliche Herangehensweise kennen lernen.

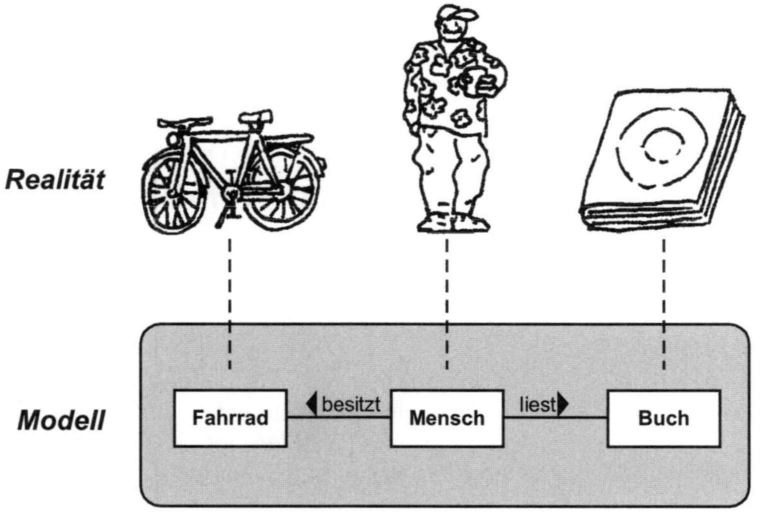

Abb. 2.1-1: Komplexe Realitäten werden durch abstrakte Modelle einfacher handhabbar

Komplexität durch abstrakte Modelle verringern

Die Objektorientierung heißt Objektorientierung, weil diese Methode die in der realen Welt vorkommenden Gegenstände als Objekte ansieht. Ein Telefon ist ebenso ein Objekt wie ein Fahrrad, ein Mensch oder eine Versicherungspolice. Und diese Objekte setzen sich wiederum aus anderen Objekten zusammen, nämlich aus Schrauben, Rädern, Ohren, Beitragstarifen und so weiter. Die in der realen Welt vorkommenden Objekte können natürlich ziemlich kompliziert aufgebaut sein und uns kognitive[5] Probleme bereiten. Ein komplexes Objekt, wie zum Beispiel ein Mensch, kann von uns nur noch

[4] Kinder, Hausfrauen/-männer, Vorstände.
[5] Die Erkenntnis betreffend.

vereinfacht wahrgenommen werden. Die groben Äußerlichkeiten eines Menschen wie Arme, Hals und Ohren erfassen wir auf Anhieb, sofern wir detailliertere Bestandteile wie Blutkörperchen oder Nervenaustrittspunkte vernachlässigen.

Eisenbahn spielen

Im Alltag vereinfachen wir in unserem Denken die Objekte – wir arbeiten bereits als Kinder mit Modellen. Als Junge habe ich gemeinsam mit meinem Vater mit der Eisenbahn gespielt. Mit keiner echten Eisenbahn; die Lok, die Waggons und die Bahnübergänge waren maßstabsgetreue Abbildungen der Wirklichkeit: es war eine Modelleisenbahn. In der Softwareentwicklung wird im Grunde nichts anderes gemacht: die real vorkommenden Gegenstände werden auf wenige, in der jeweiligen Situation bedeutsamen Eigenschaften reduziert. Statt mit echten Objekten wird mit Symbolen gearbeitet. Die Eigenschaften und Zusammensetzungen der Objekte entsprechen nur sehr grob den realen Gegebenheiten, es werden lediglich die Aspekte im Modell berücksichtigt, die zur Erfüllung einer bestimmten Aufgabe zweckdienlich sind.

So wird zum Beispiel in einem Lohnabrechnungssystem ein Mitarbeiter auf seine Steuerklasse, Krankenversicherungsnummer usw. reduziert, im firmeninternen Telefonverzeichnis hingegen auf Position, Organisationseinheit und Apparatnummer.

2.2 Klassen, Objekte, Instanzen, Exemplare & Co.

Extrakt

- *Das Objekt-Klassen-Prinzip*
  Eine Klasse beschreibt die Struktur und das Verhalten einer Menge gleichartiger Objekte. Ein Objekt ist eine zur Ausführungszeit vorhandene und für ihre Instanzvariablen Speicher allokierende Instanz, die sich entsprechend dem Protokoll ihrer Klasse verhält.

Klasse = Bauplan gleichartiger Objekte

Eine Kuh macht Muh – viele Kühe machen Mühe. Diese alte Bauernweisheit wird in der Objektorientierung beherzigt. Die in der realen Welt vorkommenden Gegenstände werden daher nicht nur auf ihre wichtigsten, modellrelevanten Eigenschaften beschränkt, es werden außerdem auch gleichartige Objekte zusammengefasst.

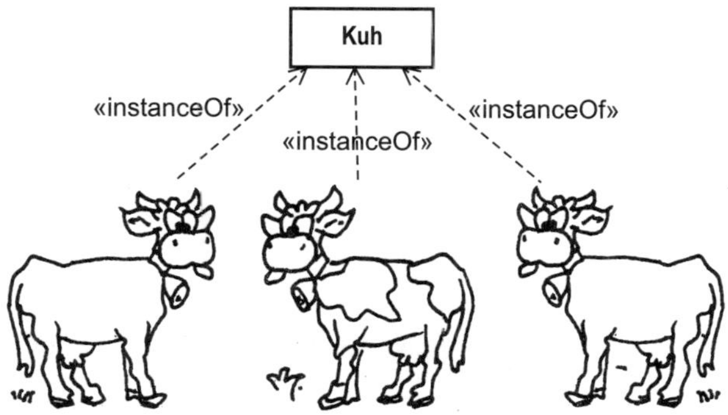

Abb. 2.2-1: Objekte v.l.n.r.: Elsa Euter, Vera Vollmilch und Anja v. d. Alm

Die im Modell zu berücksichtigenden Objekte werden nicht alle individuell konzipiert. Für gleichartige Objekte wird lediglich ein Bauplan erstellt, der in der Objektorientierung *Klasse* genannt wird. Mit Hilfe dieser Klasse werden dann die konkreten Objekte erzeugt.

Die drei Kühe Elsa, Vera und Anja sind alle nach dem Vorbild der Klasse *Kuh* entstanden.

In diesem Buch werden Klassen und Objekte nach der Notation der Unified Modeling Language (UML) dargestellt, d.h. als Rechtecke. Zur Unterscheidung von Klassen und Objekten wird bei Objekten der Name unterstrichen.

Abb. 2.2-2: Notation von Klasse und Objekt

Klassen ⇨274
Objekte ⇨280

In der deutschsprachigen Literatur zum Thema Objektorientierung wird häufig von *Instanzen* und von *Instantiierung* gesprochen. Bei Instanz denkt man natürlich sofort an eine juristische Instanz. In der Objektorientierung ist mit Instanz nichts anderes gemeint als ein Objekt. Ein weiteres Synonym für Objekt ist *Exemplar*. Der Begriff *Instanz* entsteht eigentlich nur aufgrund einer sträflichen[6] oder zumindest ungenauen Übersetzung. Das englische Wort *instance* meint nämlich eigentlich soviel wie das deutsche *Exemplar*.

Instanz
Objekt
Exemplar

Wenn man die Objekt-Klassen-Beziehung (*Exemplarbeziehung*, *Instanzbeziehung*) beschreiben möchte, gibt man in der Notation eines Objektes nach dem Objektnamen getrennt durch einen Doppelpunkt den Klassennamen an oder zeichnet einen gestrichelten Pfeil vom Objekt zur Klasse mit dem Hinweis «instanceOf». Siehe Abb. 2.2-2.

[6] aber leider nicht strafbaren [...].

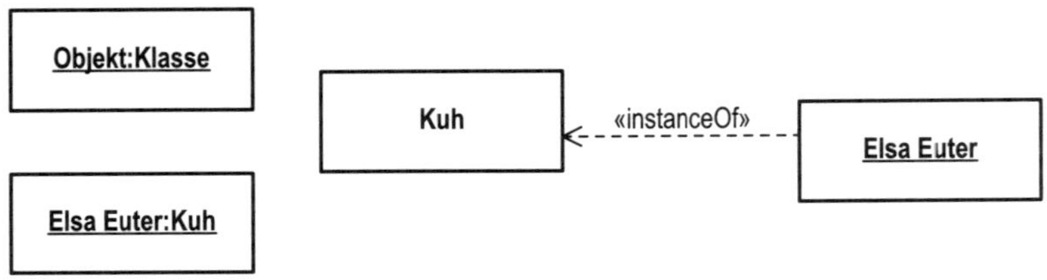

Abb. 2.2-3: Notation und Beispiele der Exemplarbeziehung

Im Falle von Elsa Euter würde dies gelesen als „Elsa Euter ist ein Exemplar der Klasse Kuh".

2.3 Attribute, Operationen, Zusicherungen, Beziehungen

Extrakt

- *Das Kapselungsprinzip*
  Klassen fassen Attribute und Operationen zu einer Einheit zusammen. Attribute sind nur indirekt über die Operationen der Klasse zugänglich.

Eigenschaften von Klassen und Objekten

Zusammen mit Klassen und Objekten wurde auf den vorigen Seiten unter anderem auch von deren *Eigenschaften* gesprochen. Was genau ist darunter eigentlich zu verstehen? Was sind die bedeutsamen Eigenschaften einer Klasse? Folgende Aspekte müssen berücksichtigt werden:

⇨281

- *Attribute*
  Attribute beschreiben die Struktur der Objekte: ihre Bestandteile und die in ihnen enthaltenen Informationen bzw. Daten.

⇨285
vgl. Glossar ⇨382

- *Operationen*
  Operationen beschreiben das Verhalten der Objekte. Der Begriff *Operation* ist zwar verbreitet, manchmal wird statt dessen aber auch synonym von *Services* oder *Methoden* oder fälschlicherweise von *Prozeduren* oder *Funktionen* gesprochen.

⇨369

- *Zusicherungen*
  Die Bedingungen, Voraussetzungen und Regeln, die die Objekte erfüllen müssen, werden *Zusicherungen* genannt.

Beziehungen ⇨298

- *Beziehungen*
  Die Beziehungen, die eine Klasse zu anderen Klassen hat (Vererbungsbeziehungen, Assoziationen u.Ä.).

Beispiel

Zu den Eigenschaften eines Kreises, den wir auf einem Bildschirm darstellen wollen, gehören beispielsweise:

- *Attribute*:
  sein Radius und seine Position auf dem Bildschirm (x, y).
- *Operationen*:
  die Möglichkeit, ihn anzuzeigen, zu entfernen, zu verschieben und den Radius zu verändern.
- *Zusicherungen*:
  der Radius darf nicht negativ und nicht null sein (radius > 0).
- *Beziehungen*:
  In diesem einfachen Beispiel hat der Kreis keine Beziehungen.

Wie werden Zusicherungen im Programmcode repräsentiert?

Operationen können wahlweise über *Parameter* verfügen. Beispielsweise wird beim Setzen eines neuen Radius der Parameter *neuerRadius* mitgegeben. Die Parameter werden in runden Klammern dem Operationsnamen angefügt. Auch Operationen ohne Parameter werden mit Klammern versehen. Dadurch sind sie von den Attributen zu unterscheiden. Zusicherungen werden in geschweifte Klammern gesetzt.

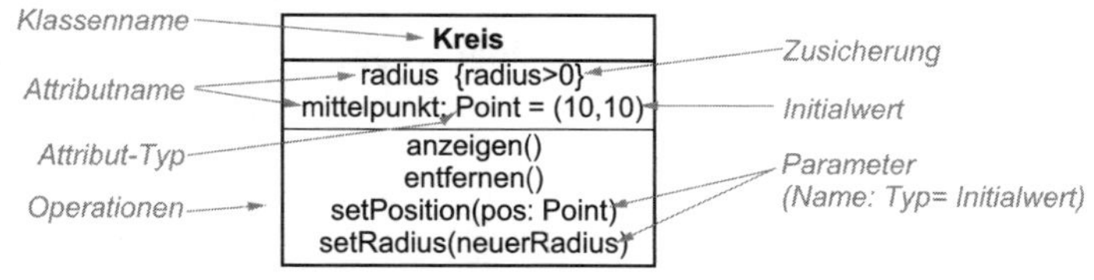

Abb. 2.3-1: Notationselemente für Klassen

Zu Zusicherungen und zu den möglichen Beziehungen zwischen Klassen erfahren Sie später mehr.

⇨369, 298

Während der Analyse und des Designs werden einerseits Klassen modelliert, d.h. ihre Eigenschaften werden betrachtet, andererseits werden aber auch zum Beispiel Sequenz- und Kommunikationsdiagramme verwendet, um die Interaktionen der Klassen darzustellen und ausgewählte Abläufe durchzuspielen. Anstelle von Klassen werden in diesen Diagrammen Objekte (hier auch Rollen genannt) gebraucht. Diese werden ähnlich wie Klassen dargestellt (der Objektname wird im Gegensatz zum Klassennamen unterstrichen), wobei für die Attribute beispielhaft Werte eingesetzt werden können.

Objekte: Beispielhafte Attributwerte

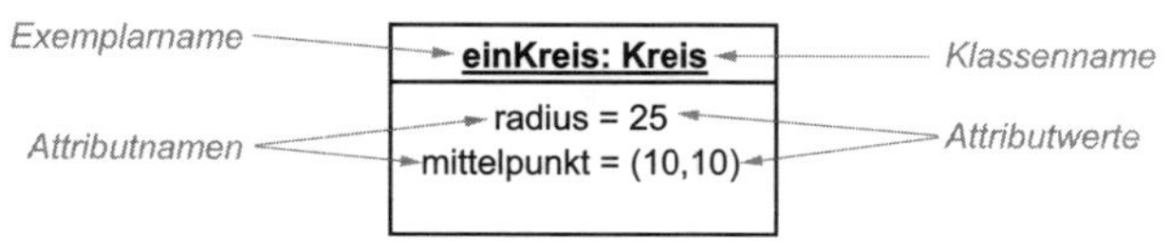

Abb. 2.3-2: Notationselemente für Objekte

Klassen bzw. Objekte sind also Einheiten aus Attributen, Operationen und Zusicherungen. Der entsprechende Programmcode sieht in Java zum Beispiel so aus (vereinfacht):

```
class Kreis {
  private int    radius;
  private Point  mittelpunkt;

  public void setRadius(int neuerRadius) {
    if (neuerRadius > 0) {  // Zusicherung
      radius = neuerRadius;
      ...
    }
  }
  public void setPosition(Point pos) {
    ...
  }
  public void anzeigen() {
    ...
  }
  public void entfernen() {
    ...
  }
}
```

Dieses Beispiel zeigt nur das Prinzip, die konkrete Implementation der einzelnen Operationen wurde der Einfachheit halber weggelassen.

2.4 Objektidentität

Extrakt

- *Das Objekt-Identitäts-Prinzip*
  Jedes Objekt ist per Definition unabhängig von seinen konkreten Attributwerten und von allen anderen Objekten eindeutig zu unterscheiden.

Gleichheit vs. Identität

Identität ist eine Eigenschaft, die ein Objekt von allen anderen Objekten unterscheidet. Dieser Begriff wird häufig verwechselt mit der Adressierbarkeit, Gleichheit der Attribute oder einem eindeutigen Namen. Besonders in relationalen Datenbanken wurden früher häufig Namen u.Ä. als Schlüssel verwendet. Standard heute ist die Verwendung von künstlichen Schlüsseln, sogenannten ID's. Meistens aufsteigende ganze Zahlen. Diese Schlüssel dienen dann in der Regel auch zur Herstellung von Relationen zwischen den Objekten beziehungsweise Entitäten.

Semantische Namen sind jedoch nur bedingt geeignet, um ein Objekt zu identifizieren, denn die Identität eines Objektes (z.B. eines Pkws) hängt meistens nicht von seinen Attributen (z.B. Kfz-Kennzeichen) ab. Namen können verändert werden; verschiedene Objekte können gleichnamig sein. Manchmal sind eindeutige Namen verfügbar (z.B. Sozialversicherungsnummer), dürfen oder sollen aber nicht verwendet werden (z.B. aus Datenschutzgründen). Um diesen Problemen grundsätzlich aus dem Weg zu gehen, werden künstlich erzeugte Schlüssel verwendet, die keinen inhaltlichen Bezug zu den Eigenschaften der Objekte haben und ihren Wert niemals mehr ändern. Eindeutige Zeitstempel oder Zähler (Identitätsnummern) werden hierfür verwendet.

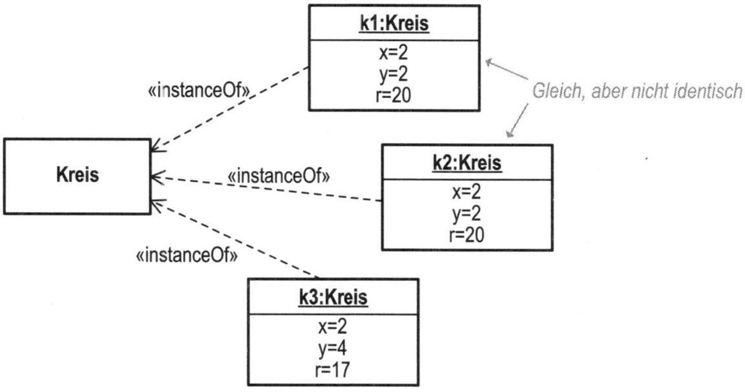

Abb. 2.4-1: Gleichheit und Identität von Objekten

Datenbanksysteme, z.B. MySQL beinhalten entsprechende eigene Mechanismen (z.B. Auto-Inkrement) und gewährleisten so die Identität der Objekte. Aktive Objekte werden in einem Programm gewöhnlich durch ihre Speicheradresse, d.h. durch einen Zeiger eindeutig identifiziert. Abb. 2.4-1 zeigt drei Objekte, von denen zwei zwar identische Attributwerte haben, die als Objekte jedoch nicht identisch sind.

Persistenz ⇨67

2.5 Verantwortlichkeiten

Extrakt

- *Das Kohärenzprinzip (oder Kohäsionsprinzip)*
  Jede Klasse soll für genau einen (sachlogischen) Aspekt des Gesamtsystems verantwortlich sein. Die in diesem Verantwortlichkeitsbereich liegenden Eigenschaften sollen in einer einzelnen Klasse zusammengefasst sein und nicht auf verschiedene Klassen aufgeteilt werden. Außerdem soll eine Klasse keine Eigenschaften enthalten, die nicht zu diesem Verantwortlichkeitsbereich gehören.

Teile ein Problem und du hast es zur Hälfte gelöst. Ein wichtiges Prinzip in der objektorientierten Softwareentwicklung ist die klare Abgrenzung und Definition von Verantwortlichkeiten. Jede Verantwortlichkeit wird genau einer Klasse zugeschrieben. Jede Klasse ist für einen Teilaspekt des Gesamtsystems verantwortlich.

Die verschiedenen Verantwortlichkeiten werden selbstverständlich nicht willkürlich oder zufällig zwischen den Klassen verteilt, sondern man versucht, hier nach bestimmten Prinzipien vorzugehen.

In diesem Zusammenhang ist das Kohärenzprinzip wichtig, das besagt, dass zusammengehörige Verantwortlichkeiten nicht geteilt, sondern in einer Klasse konzentriert sein sollen.

Eine Klasse besteht aus Attributen, Operationen, Zusicherungen und Beziehungen. Das Kohärenzprinzip fordert nun, dass alle Eigenschaften einer Klasse einen sachlogischen Zusammenhang bilden. Wenn Sie beispielsweise eine Klasse *Kunde* erstellen wollen, legen Sie zuerst die Verantwortlichkeit fest: Für welche Sachverhalte soll diese Klasse verantwortlich sein?

Verantwortlichkeiten ⇨287

Sollten Verantwortlichkeiten sachlogisch nicht zusammengehören oder passen, teilen Sie sie in verschiedene Klassen auf. Für eine Kundenverwaltung finden Sie beispielsweise folgende Verantwortlichkeiten bzw. Klassen (Abb. 2.5-1):

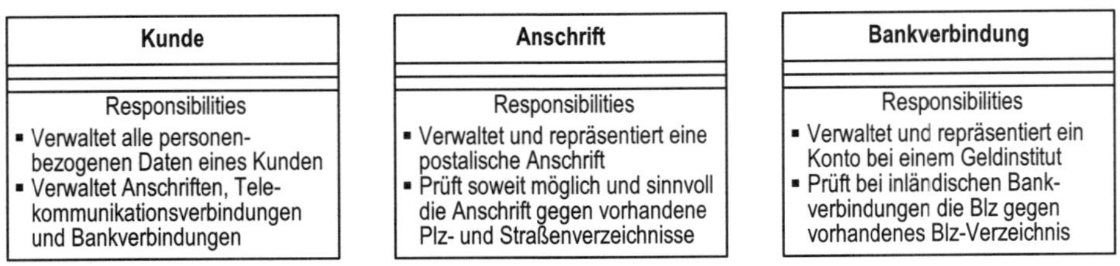

Abb. 2.5-1: Notation von Verantwortlichkeiten

Versuchen Sie die Verantwortlichkeiten möglichst kurz und knapp, d.h. generalisiert zu formulieren. Also nicht „ist verantwortlich für die Pflege von Vorname, Nachname, Geburtsdatum und Geschlecht“ des Kunden, sondern „ist verantwortlich für die Pflege aller personenbezogenen Daten eines Kunden“. Auch wenn die Verantwortlichkeit sehr generalisiert ausgedrückt wird, ist es damit meistens möglich, über die Zugehörigkeit einer Eigenschaft zu dieser Klasse eindeutig zu entscheiden. Wenn Sie beispielsweise die Eigenschaft „Akademischer Titel“ einer anderen Klasse als Kunde zuordnen würden, wäre das eine Verletzung des Kohärenzprinzips, da ein akademischer Titel ein Namensbestandteil und damit ein personenbezogenes Datum ist.

2.6 Demeter Gesetz

Extrakt

- Gesetz der schüchternen Objekte
- Einsatz von Delegation
- Verwendung von Controller-Klassen

Nach der Ermittlung der Fachklassen werden diese in Beziehung zueinander gesetzt, es werden die ersten Assoziationen im Diagramm erstellt.

In größeren fachlichen Modellen tritt oftmals die Situation auf, dass eine Klasse im Gesamtkonzept der Modellierung eine zentrale Rolle spielt, da sie um ihre Aufgaben zu erledigen, Attribute vieler anderer Fachklassen benötigt.

Eine solche Klasse hätte dann viele Assoziationen zu anderen Klassen. Dies ist fachlich unter Umständen korrekt, birgt aber den Nachteil, dass die Klasse auch von vielen Änderungen betroffen sein kann, die in den benachbarten Klassen durchgeführt werden.

Würde zum Beispiel der Fahrbericht eine Methode *buche()* implementieren, wären unerwünschte Abhängigkeiten zwischen der Klasse Fahrbericht und den Klassen Mitglied, Konto und Buchungsposition gegeben. Im Diagramm ist dies durch die «use»-Beziehungen angedeutet.

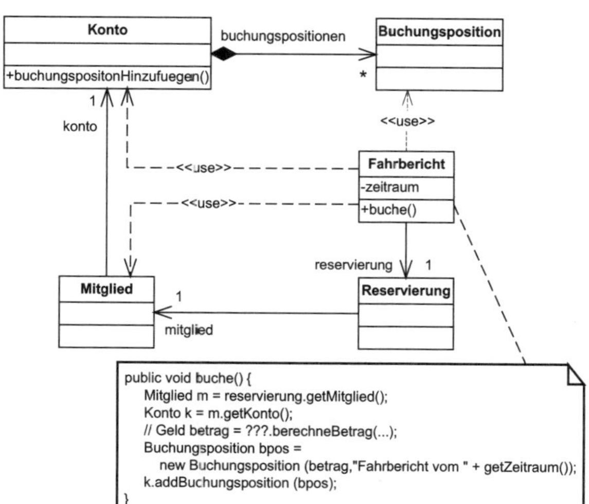

Abb. 2.6-1: Abhängigkeiten Demeter-Gesetz

Der Fahrbericht muss ggf. jetzt angepasst, zumindest aber erneut überprüft werden, sobald einer der Klassen *Konto*, *Mitglied* oder *Reservierung* geändert wird.

Dieser Teil der Software ist somit schwer wartbar und es stehen viele Änderungen an, die umgangen werden können, wenn die folgenden Regeln eingehalten werden:

Ein Objekt darf nur Methoden aufrufen, die

- zur eigenen Klasse gehören (a),
- von Objekten, die von Attributen referenziert werden (b),
- von Objekten als Parameter übergeben wurden (c) oder
- von Objekten selbst erzeugt wurden (d).

```
class Demeter {
   private A attribut = new A();

   public void eigeneMethode(){
      ...
   }

   public void tuwas(P parameter){
      a = eigeneMethode();
      b = attribut.methode();
      c = parameter.methode();
      E selbstErzeugt = new E();
      d = selbstErzeugt.methode();
      a.methode();
      b.methode();
      c.methode();
      d.methode();
   }
}
```

Abb. 2.6-2: Beispiel für das Gesetz von Demeter

Das Gesetz von Demeter (Law of Demeter) besagt, dass Objekte nur mit Objekten in ihrer unmittelbaren Umgebung kommunizieren sollen, dadurch soll die Kopplung verringert werden.

Schüchterner Code

Man spricht in diesem Zusammenhang auch von schüchternem Code, der so wenige Nachrichten wie möglich an andere Codeteile schickt.

Hierzu sollten die folgenden Regeln beachtet werden:

- Beziehungen zu Nachbarklassen sollten im Modell klar ersichtlich sein.
- Es wird nur über im Modell definierte direkte Wege kommuniziert.

- Kommunikation von Klassen über mehrere Aufrufebenen wird durch Verantwortlichkeitsketten, einen Vermittler oder ähnliches ersetzt.
- Aufrufketten sollten vermieden werden.

Aber wie können die vorhandenen Abhängigkeiten aufgelöst werden?

Ein Weg ist es, eine Instanz einzurichten, die sich um die Koordination kümmert und zwischen den beteiligten Klassen vermittelt. Dieses Vermittlermuster ist im Buch „*Entwurfsmuster: Elemente wiederverwendbarerobjektorientierter Software*“ ([Gamma1996]) unter dem Namen Controller beschrieben.

Dabei werden die Verantwortlichkeiten zwar in den einzelnen Klassen belassen, die koordinierenden Tätigkeiten aber in einen Controller verlagert, diesen zentral die Aufgaben erledigen zu lassen.

Dieser Controller kennt zwar weiterhin alle anderen Klassen, da aber alle übergreifenden Aufgaben von ihm erledigt werden, sind auch hier zentral die Änderungen durchzuführen, also auch die Erstellung der Buchungsposition.

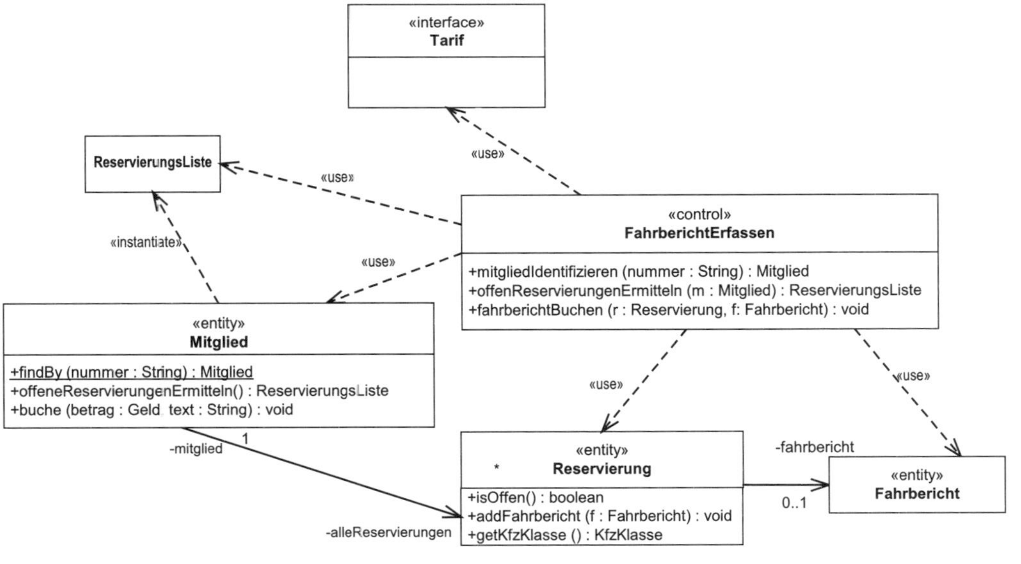

Abb. 2.6-3: Beispiel Controller „Fahrbericht erfassen“

Der Einsatz von Controllern bündelt also die Teile der Software, die häufigeren Änderungen unterliegen an einer Stelle und hilft somit, Software besser warten und weiterentwickeln zu können und die Auswirkungen von Änderungen besser zu überblicken.

2.7 Taxonomie und Vererbung

Extrakt

- *Das Vererbungsprinzip*
  bzw. das Generalisierungs-Spezialisierungs-Prinzip
  Klassen können Spezialisierungen anderer Klassen darstellen, d.h. Klassen können hierarchisch angeordnet werden, übernehmen („erben") dabei die Eigenschaften der ihnen übergeordneten Klassen und können diese bedarfsweise spezialisieren („überschreiben"), aber nicht eliminieren.
- *Das Substitutionsprinzip*
  Objekte von Unterklassen müssen jederzeit anstelle von Objekten ihrer Oberklasse(n) eingesetzt werden können.
- *Die Vererbungswarnung*
  Vermeide Vererbung, wenn es Alternativen gibt.
- Für die Untergliederung in Unterklassen gibt es einen Diskriminator.

Die Wissenschaft der Entomologen, die man auch Insektologen nennen könnte, weil sie sich mit Insekten beschäftigen, hat eine viel längere Tradition als die der Informatiker. Sie praktiziert schon länger eine Methode, die in der Informatik als neu angesehen wird.[7] Entomologen klassifizieren die in der Welt vorkommenden Insekten nach einer *Taxonomie* genannten Systematik. Sie ordnen Insekten nach Insektenfamilien und -klassen. Unterhalb der Obergruppe *Insekt* bestehen Untergruppen wie *Flug-Insekten* und *Ur-Insekten (ohne Flügel)*. Diese Gruppen werden weiter unterteilt in *Insekten mit einem Flügelpaar*, *Insekten mit zwei Fügelpaaren* usw.

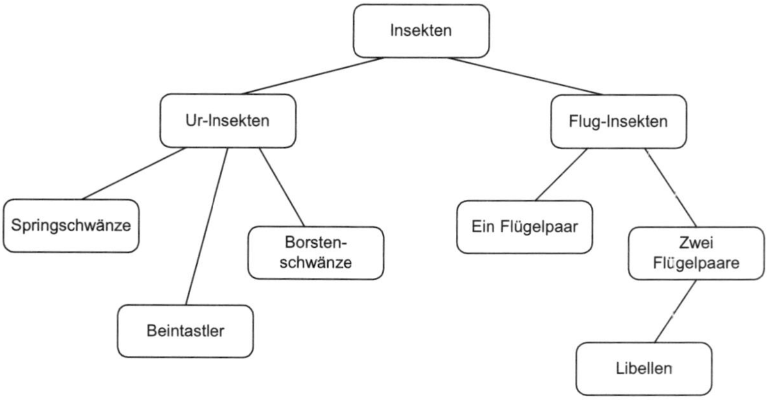

Abb. 2.7-1: Taxonomie

[7] Unberechtigterweise, man denke an die mathematischen Wurzeln oder an Chomskys Theorie formaler Sprachen.

Kennzeichnend an dieser Hierarchie (vgl. Abb. 2.7-1) ist, dass alle Insekten einer Klasse über identische Eigenschaften verfügen und dass nachgegliederte Klassen eine Spezialisierung darstellen. Die von einer Klasse abgeleiteten Unterklassen verfügen automatisch über alle Eigenschaften der Oberklasse. Eigenschaften werden weitervererbt. Dieses Prinzip begründet die Wiederverwendungsmöglichkeiten in der Objektorientierung.

Vererbung = Eigenschaften wiederverwenden

In dieser Weise lassen sich nicht nur Insekten klassifizieren – auch die Gegenstände und Konzepte, mit denen die Softwareentwicklung in Berührung kommt, lassen sich damit hierarchisch strukturieren.

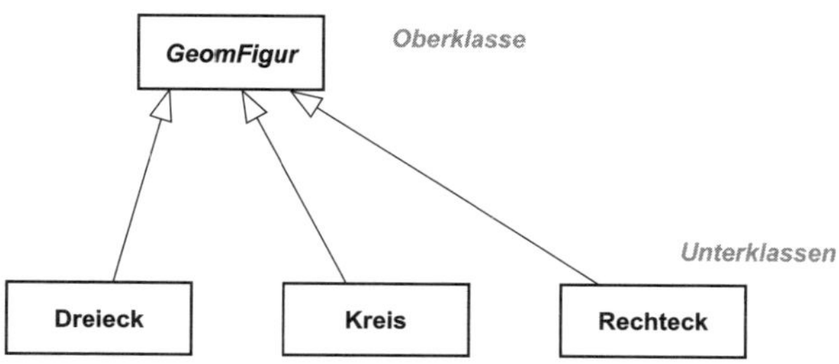

Abb. 2.7-2: Generalisierung/Spezialisierung

Weil diese Darstellung an einen Stammbaum erinnert und in der Tat die Eigenschaften von einer Klasse zur nächsten weitergegeben, sozusagen vererbt werden, spricht man hierbei auch von *Vererbung* und der *Vererbungshierarchie*. Die Klasse, die Eigenschaften weitergibt, wird *Oberklasse* (bzw. Basisklasse oder Superklasse) genannt und die, die etwas erbt, heißt *Unterklasse* (bzw. Subklasse). Die Vererbungsbeziehung wird durch einen Pfeil dargestellt, wobei die Unterklasse stets auf die Oberklasse zeigt. Pfeile können auch gebündelt werden, wie in der Abbildung auf der folgenden Seite geschehen.

Das hierbei angewendete Prinzip wird gewöhnlich *Generalisierung* bzw. *Spezialisierung* genannt. Die Klasse *GeomFigur* ist eine Generalisierung von *Kreis* und *Kreis* ist eine Spezialisierung von *GeomFigur* – je nach Blickwinkel. Es handelt sich hier um eine *Ist-ein*-Semantik: ein Kreis *ist eine* geometrische Figur. Objekte abgeleiteter Klassen sollen jederzeit anstelle von Objekten ihrer Basisklasse(n) eingesetzt werden können (Substitutionsprinzip).[8]

Generalisierung
Spezialisierung
Vererbung ⇨41

Subsititutionsprinzip

Die Unterscheidung zwischen Ober- und Unterklasse erfolgt häufig aufgrund eines Unterscheidungsmerkmals, des so genannten *Diskriminators*. Im folgenden Beispiel wird nach der *Figurenform* unterschieden.

Diskriminator

Die Abb. 2.7-2 mit den geometrischen Objekten ist ein Beispiel für eine so genannte Einfachvererbung. Außer dieser Form der Vererbung existiert noch die Mehrfachvererbung, bei der eine Klasse auch mehr als eine Oberklasse besitzen kann.

Mehrfachvererbung ⇨303

[8] Anstelle von *Generalisierung* bzw. *Spezialisierung* sollte man daher eigentlich von *Konkretisierung* sprechen, aber leider ist dieser Terminus wenig verbreitet.

Probleme mit Vererbung
⇨ 50

Zur Vererbung existieren jedoch auch verschiedene Alternativen (Delegation, Aggregation, Schnittstellen, generische[9] und generative Ansätze), die manchmal vorteilhafter oder auch notwendig sein können, so dass Vererbung nicht naiv verwendet werden sollte. Die Möglichkeiten und die Sinnhaftigkeit von Vererbung werden häufig überschätzt. Daher gibt es mittlerweile die Warnung: Vermeide Vererbung, wenn es Alternativen gibt.

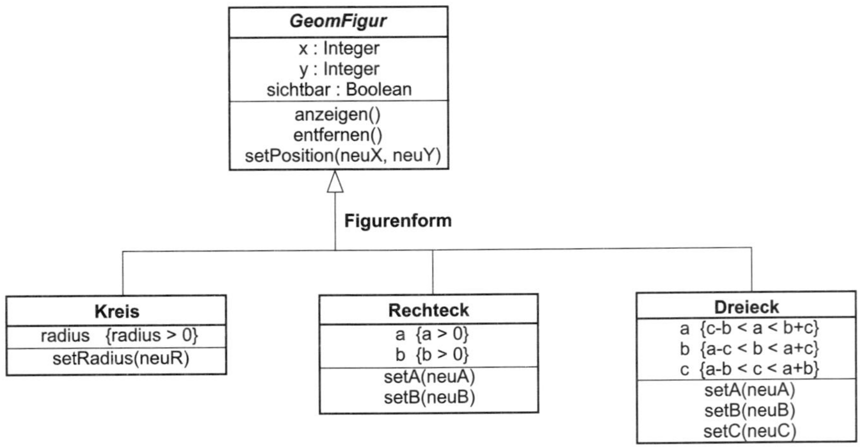

Abb. 2.7-3: Eigenschaften hierarchisch strukturieren

2.7.1 Strukturierung von Eigenschaften

Extrakt

- Generalisierung/Spezialisierung ermöglicht differentielles Entwerfen und Programmieren.
- Das Konzept der Generalisierung/Spezialisierung lässt sich direkt in objektorientierten Programmiersprachen abbilden.
- *Das Objekt-Verantwortlichkeitsprinzip*
  Jedes Objekt – und nur dieses – ist für seine Eigenschaften selbst verantwortlich.

Differentielles Programmieren

Differentielles Programmieren ist eine politisch korrekte Bezeichnung für objektorientierte Erbschleicherei. Bei der Generalisierung bzw. Spezialisierung von Klassen erbt eine Unterklasse die Eigenschaften ihrer Oberklasse, muss jedoch auch deren Verantwortlichkeiten und Aufgaben übernehmen, zumindest im Grundsatz. Einzelheiten dürfen spezialisiert, d.h. weiterentwickelt werden und neue Eigenschaften dürfen hinzugefügt werden. Bestehende Eigenschaften sollen jedoch nicht unterdrückt oder beschränkt werden.

9 parametrisierbare Klassen, Templates in C++, MDA, Pattern-Unterstützung in Werkzeugen o.Ä.

Wie werden die Eigenschaften jedoch innerhalb der Vererbungshierarchie angeordnet? Grundsätzlich gilt: Eigenschaften sind genau in den Klassen angesiedelt, in denen sie entsprechend der ihnen zugeschriebenen Verantwortung auch eine Eigenschaft der Klasse sind. Andersherum: Klassen enthalten genau solche Eigenschaften, für die sie verantwortlich sind.

Strukturierung nach semantischen Gesichtspunkten

Das heißt, die Eigenschaften werden nicht nach Gesichtspunkten der Optimierung und Redundanzfreiheit verteilt und nicht etwa nur deswegen in einer Oberklasse angesiedelt, weil die Unterklassen diese dann praktischerweise mitnutzen können. Die Klassenhierarchie wird nicht nach solchen Gesichtspunkten entworfen. Stattdessen wird versucht, jeder Klasse eine Verantwortlichkeit zuzuschreiben und ihr damit auch alle Eigenschaften zuzuordnen, die zu diesem Verantwortlichkeitsbereich gehören. Eine Verantwortlichkeit soll nicht auf verschiedene Klassen aufgeteilt werden.

Verantwortlichkeit ⇨39

Das Klassendiagramm in Abb. 2.7-3 zeigt ein Beispiel für die Generalisierung und Spezialisierung der Eigenschaften geometrischer Figuren. Dabei wurde angenommen, dass alle Figuren auf einem Bildschirm angezeigt, entfernt und verschoben werden können. Da diese Eigenschaften für alle Figuren gelten sollen, sind die entsprechenden Operationen bereits in der Klasse *GeomFigur* anzusiedeln. Ebenso die Attribute für die Bildschirmposition und den Sichtbarkeitsstatus. Das Attribut *sichtbar* gibt an, ob die Figur gerade angezeigt wird. Die Koordinaten *x* und *y* benennen den Mittelpunkt der Figur.

Weitere Eigenschaften lassen sich nicht generalisieren, so dass das Modell jetzt wie in Abb. 2.7-3 aussieht. In der Klasse *GeomFigur* sind die Attribute

x, y und *sichtbar* sowie die Operationen *anzeigen(), entfernen()* und *setPosition()* enthalten. In den abgeleiteten Klassen *Kreis, Rechteck* und *Dreieck* sind die Kanten (*a, b, c*) bzw. der Radius definiert, Zusicherungen zu diesen Attributen sowie Operationen zum Ändern dieser Attribute.

Der entsprechende Java-Programmcode zu dem Klassenmodell sieht wie folgt aus (vereinfacht und nur für die Klassen *GeomFigur* und *Rechteck*):

```
public abstract class GeomFigur {
  private int x, y;
  private boolean sichtbar;

  public abstract void anzeigen();

  public abstract void entfernen();

  public void setPosition(int x, y) {
    if (sichtbar) {
      entfernen();
      this.x = x;
      this.y = y;
      anzeigen();
    } else {
      this.x = x;
      this.y = y;
    }
  }
}

...

public class Rechteck extends GeomFigur {
  private int a, b;  // Kanten

  public void setA(int a) {
    if (a > 0) {
      this.a = a;
    }
  }

  public void setB(int b) {
    if (b > 0) {
      this.b = b;
    }
  }
}
```

Abstrakte Operationen ⇨285, 278

Allen geometrischen Figuren ist gemeinsam: sie besitzen eine Position (x, y des Figurenmittelpunktes), sie sind anzuzeigen, zu entfernen und zu verschieben. Anzeigen und Entfernen sind hierbei zwar gemeinsame Eigenschaften aller geometrischen Figuren, sie müssen aber individuell realisiert werden. Ein Kreis wird anders gezeichnet als ein Dreieck. In der Oberklasse *GeomFigur* müssen die Operationen *anzeigen()* und *entfernen()* deshalb abstrakte Operationen sein. Erst innerhalb der Klassen *Rechteck*, *Dreieck* usw. werden daraus konkrete Operationen (siehe Beispielcode).

Bei der Operation *setPosition()* handelt es sich ebenfalls um eine gemeinsame Eigenschaft, sie ist daher in der Klasse *GeomFigur* angesiedelt. Sie muss jedoch keine abstrakte Operation sein, denn sie lässt sich mit den in der Klasse *GeomFigur* vorhandenen Eigenschaften (*x, y, anzeigen(), entfernen()*) bereits konkret realisieren, wie der folgende Beispielcode zeigt.

Spezielle Eigenschaften

Individuelle Eigenschaften im dargestellten Beispiel sind unter anderem beim Kreis der *Radius*, beim Rechteck die Kanten *a* und *b* und beim Dreieck die Kanten *a, b* und *c*. Außerdem können für die Kanten und den Radius spezielle Zusicherungen angegeben werden. Der Wert des Attributs *Radius* in der Klasse *Kreis* muss beispielsweise größer Null sein.

Zusicherungen ⇨369

Weil sie individuelle Eigenschaften der Figuren berücksichtigen, sind die Operationen *setRadius(r), setA(a)* und *setB(b)* keine generellen Eigenschaften der Klasse *GeomFigur*, sondern spezielle der Unterklassen. Anders wäre es gewesen, hätte man eine Operation *groesseAendern(umFaktor)* erstellt – sie wäre eine abstrakte gemeinsame Eigenschaft aller geometrischer Figuren gewesen.

```
class Rechteck extends GeomFigur {
  int a, b;

  public void anzeigen() {
    ...
  }
  public void entfernen(){
    ...
  }
  public void setA(int a) {
    if (a > 0) {
      this.a = a;
    }
  }
  public void setB(int b) {
    if (b > 0) {
      this.b = b;
    }
  }
}
```

2.7.2 Vererbung: Restriktionen und Probleme

Extrakt

- Vererbung ist einfach, aber nicht ohne Tücken.
- Das *Zusicherungs-Verantwortlichkeitsprinzip*
  Eine Unterklasse soll keine Zusicherungen auf Eigenschaften einer Oberklasse enthalten.

Die Klasse *Quadrat* ist in dem unten stehenden Diagramm (Abb. 2.7-4) als Unterklasse von *Rechteck* modelliert, da es sich um eine spezielle Form des Rechteckes handelt. Die Klasse *Quadrat* ist eine Spezialisierung der Klasse *Rechteck*; die Kanten *a* und *b* müssen gleich sein, was als Zusicherung notiert ist. Objekte der Klasse *Quadrat* enthalten dadurch ein redundantes Attribut (die Kante *b*), denn die Angabe einer Kante würde ausreichen. Diese Redundanz wird aber in Kauf genommen, da es unserer normalen Vorstellung entspricht, dass das Quadrat eine Spezialform des Rechteckes ist.

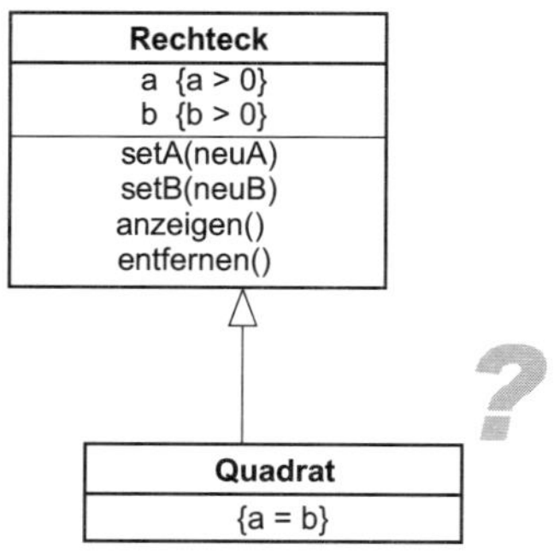

Abb. 2.7-4: Quadrat ist ein Rechteck

Pathologischer Diskriminator

Die redundanzfreie Alternative würde darin bestehen, das Rechteck als Spezialisierung von Quadrat zu realisieren, d.h. erst eine Klasse mit einer Kante *a*, von der dann eine Unterklasse mit noch einer Kante *b* abgeleitet würde. Dies wäre zwar bezüglich des Speicherplatzbedarfs optimal, ein sinnvoller Diskriminator ließe sich aber nicht mehr angeben.

Substitutionsprinzip ⇨44

Ein weiteres Argument, das gegen ein Rechteck als Spezialisierung von Quadrat spricht: Sie haben zwei Variablen *q* und *r*, die vom Typ *Quadrat* bzw. *Rechteck* sind. Sie könnten nun der Variablen *q* ein Rechteck zuweisen, da ein Rechteck laut Klassenhierarchie kompatibel zum Quadrat wäre – diese Möglichkeit ist sicherlich nicht beabsichtigt.

```
class Rechteck extends Quadrat { … }
Rechteck r;
Quadrat q;
…
q = r;  // Zuweisung zulässig, da typkompatibel,
        // jedoch nicht sinnvoll
```

Zusicherungsverantwortlichkeitsprinzip

Problematisch an der im Klassendiagramm gezeigten Variante (*Quadrat* ist Unterklasse von *Rechteck*) ist jedoch, dass in *Quadrat* eine Zusicherung auf Attribute der Oberklasse existiert. In dem hier vorliegenden, sehr reduzierten Beispiel sind die Konsequenzen überschaubar und wenig kritisch. Generell ist hiervon jedoch abzuraten, da Unterklassen, die Zusicherungen auf Attribute von Oberklassen definieren, nicht erzwingen können, dass sich auch alle Operationen der Oberklassen daran halten. Diese haben keine Möglichkeit von der Zusicherung zu erfahren, da nur in Richtung Unterklassen vererbt wird (Zusicherungsverantwortlichkeitsprinzip). Außerdem würden die in der einen Klasse (in *Quadrat*) zugesicherten Eigenschaften in einer anderen (in *Rechteck*, zumindest teilweise) implementiert.

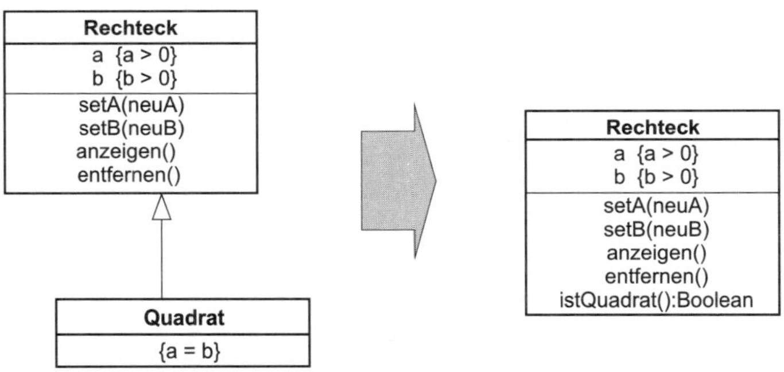

Abb. 2.7-5: Quadratische Rechtecke

Im Übrigen können Objekte der Klasse *Rechteck* durchaus Quadrate sein oder werden, wenn ihre Kanten zufällig gleich sind. Dies ist vielleicht auch eine angemessene Lösung und damit der Abschluss der Diskussion dieses Designproblems: die Klasse *Quadrat* wird überhaupt nicht modelliert (vgl. Abb. 2.7-5), stattdessen wird in der Klasse *Rechteck* einfach folgende Operation vorgesehen:

```
public boolean istQuadrat() {
  return (a == b);
}
```

Diese Diskussion zeigt, dass die Generalisierung und Spezialisierung nicht allein zur Optimierung oder Redundanzvermeidung, sondern durch die angenommene Fachlichkeit motiviert wird, und dass auch dies nicht immer einfach sein muss. Eine gute Alternative ist die Delegation.

➔ Delegation

Delegation ist ein Mechanismus, bei dem ein Objekt eine Nachricht nicht vollständig selbst interpretiert, sondern an ein anderes Objekt weiterleitet und damit unter anderem eine Alternative zur Vererbung.

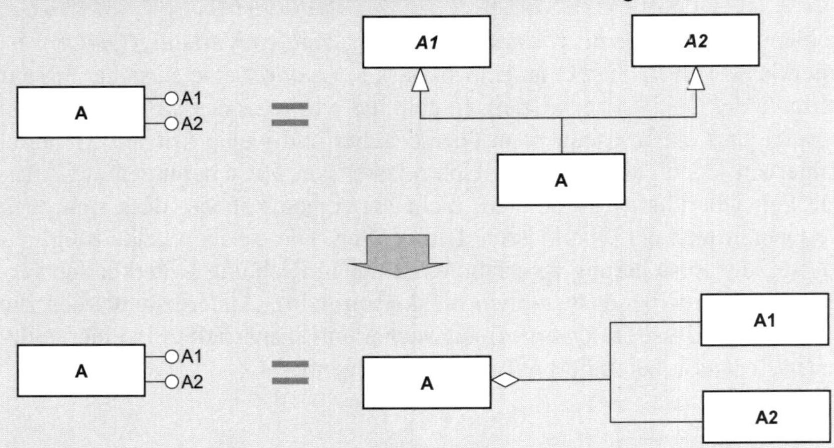

Delegation erlaubt es, vorhandene Eigenschaften anderer Klassen mitzubenutzen bzw. zusätzlich bereitzustellen. Oder anders ausgedrückt, eine Klasse kann ihre Eigenschaften durch Delegation erweitern (propagieren). Die Effekte der Vererbung lassen sich beispielsweise mit den Mitteln der Aggregation nachstellen, was die Delegation auch zu einem Mechanismus zur Vermeidung von Mehrfachvererbung macht. Eigenschaften, die in einer Vererbungsbeziehung in der Oberklasse anzusiedeln wären, werden in eine separate Klasse ausgelagert, die dann per Aggregationsbeziehung wieder eingebunden werden.

In der Abbildung wird auf der linken Seite die Klasse *A* gezeigt, die die Schnittstellen *A1* und *A2* bereitstellt. Im ersten Fall direkt durch Mehrfachvererbung, im zweiten Fall indirekt durch einen zu implementierenden Delegationsmechanismus.

Während bei Vererbung alle Eigenschaften einer Klasse automatisch in den Unterklassen verfügbar sind, ist bei der Delegation jede einzelne Eigenschaft durch separaten Programmcode zu delegieren. Etwa in folgender Form (*operation1* wird von *a* an *a1* weiterdelegiert):

```
class A {
  public void operation1() {
    a1.operation1();
  }
}
```

2.8 Abstrakte Klassen

Extrakt

- Das *Prinzip abstrakter Klassen*
  Klassen, von denen keine konkreten Exemplare erzeugt werden können, d.h. von denen es grundsätzlich keine Objekte geben wird, bezeichnet man als abstrakte Klassen.

In unserem Beispiel wird es Objekte der Klassen *Kreis, Rechteck* und *Dreieck* geben. Ein Objekt der Klasse *GeomFigur* jedoch nicht, denn *GeomFigur* ist lediglich eine Abstraktion. Die Klasse *GeomFigur* ist nur deswegen im Modell enthalten, um die gemeinsamen Eigenschaften der anderen Klassen sinnvoll zu abstrahieren. Abstrakte Klassen werden durch den Eigenschaftswert *{abstract}* unterhalb des Klassennamens oder durch den kursiv gesetzten Klassennamen gekennzeichnet.

Eigenschaftswerte ⇨293

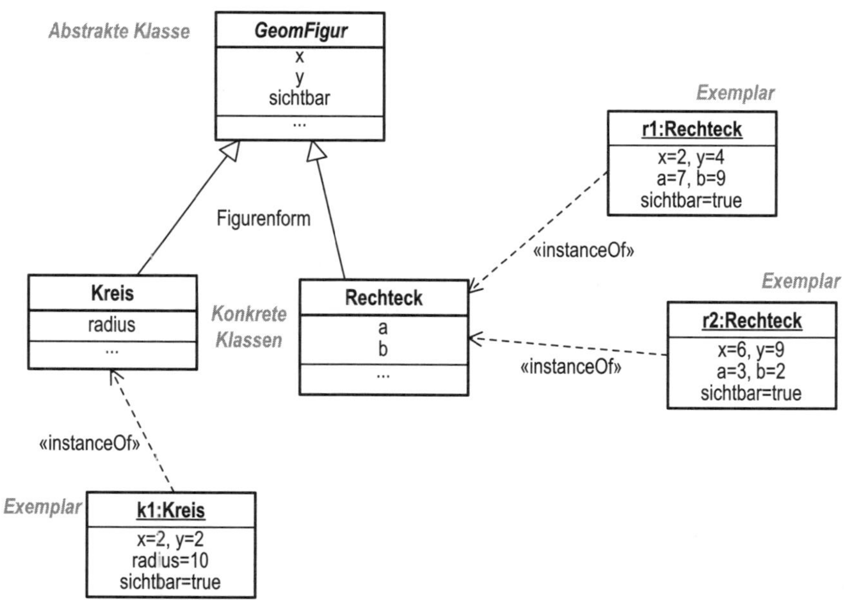

Abb. 2.8-1: Zu abstrakten Klassen existieren keine Exemplare

Das heißt nicht, dass nur jeweils von der spezialisiertesten Klasse in der Klassenhierarchie Objekte existieren können.

Die Abbildung zeigt, dass ein Objekt jeweils die Attribute seiner Klasse und aller Oberklassen enthält.

2.9 Assoziationen

Extrakt

- Eine Assoziation repräsentiert die Beziehungen zwischen verschiedenen Objekten einer oder mehrerer Klassen.

Ein einfaches Beispiel hierfür ist eine Beziehung zwischen einem Fenster und einer Menge von geometrischen Figuren.

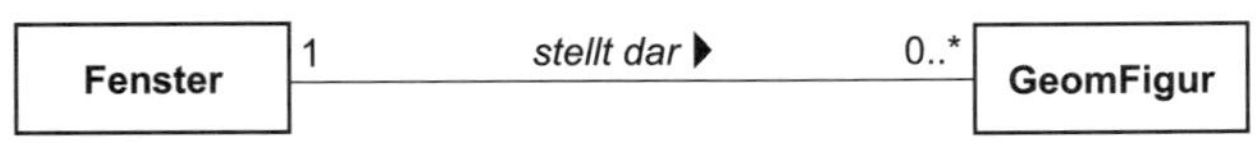

Abb. 2.9-1: Beispiel einer Assoziation

Grundlagen ⇨303

Unterschied Relation – Assoziation ⇨306f.

Multiplizität, Kardinalität ⇨303

Im einfachsten Fall notiert man eine Assoziation nur in Form einer Linie zwischen zwei Klassen. Gewöhnlich werden Assoziationen aber soweit wie möglich detailliert. Die Assoziation erhält dann einen Namen und Anzahlangaben (auch *Multiplizitätsangaben* oder *Vielfachheit* genannt), d.h. mit wievielen Objekten der gegenüberliegenden Assoziationsseite je ein Objekt der Ausgangsseite verbunden ist. Außerdem werden Rollennamen zugefügt, die die Bedeutung der beteiligten Klassen bzw. ihrer Objekte näher beschreiben (z.B. *Arbeitnehmer, Arbeitgeber*). Assoziationen können uni- oder bidirektional sein, mehr hierzu erfahren Sie im Kapitel 4.4.3 *Gerichtete Assoziation* (⇨306).

Abb. 2.9-2: Rollennamen in Assoziation

Programmiert in Java sähe die Assoziation vereinfacht etwa so aus:

```
public class Firma {
  ...
  private Set arbeitnehmer = new HashSet();

  public Set getArbeitnehmer() {
    return Collections.unmodifiableSet(arbeitnehmer);
  }
  public void addArbeitnehmer(Person einePerson) {
    arbeitnehmer.add(einePerson);
  }
  public void removeArbeitnehmer(Person einePerson) {
    arbeitnehmer.remove(einePerson);
  }
  ...
}
```

```
public class Person {
  ...
  private Firma arbeitgeber;

  public Firma getArbeitgeber() {
    return arbeitgeber;
  }
  public void setArbeitgeber (Firma eineFirma) {
    arbeitgeber = eineFirma;
  }
  ...
}
```

Abb. 2.9-3: Rollennamen und Assoziationen in Java realisiert

2.10 Aggregationen

Extrakt

- Eine Aggregation ist eine Spezialform der Assoziation.
- Eine Aggregation ist ein Placebo.
- Eine Komposition ist eine Aggregation mit existenzabhängigen Teilen.

Eine besondere Variante der Assoziation ist die Aggregation. Hierbei handelt es sich ebenfalls um eine Beziehung zwischen zwei Klassen, jedoch mit der Besonderheit, dass die Klassen zueinander in Beziehung stehen, wie ein Ganzes zu seinen Teilen.

Grundlagen ⇨314

Eine Aggregation ist die Zusammensetzung eines Objektes aus einer Menge von Einzelteilen. Ein Auto ist beispielsweise eine Aggregation aus Rädern, Motor, Lenkrad, Bremsen usw. Auch diese Teile sind gegebenenfalls wieder Aggregationen: eine Bremse besteht aus Bremsscheibe, Hydraulik usw. Aggregationen sind *Hat-Beziehungen*: ein Auto *hat* Räder. Statt von Aggregation ist manchmal von einer *Teile-Ganzes-Hierarchie* die Rede. Ein anderes Beispiel für eine Aggregation zeigt die folgende Abbildung.

Hat-Beziehung
Ganzes-Teile-Hierarchie

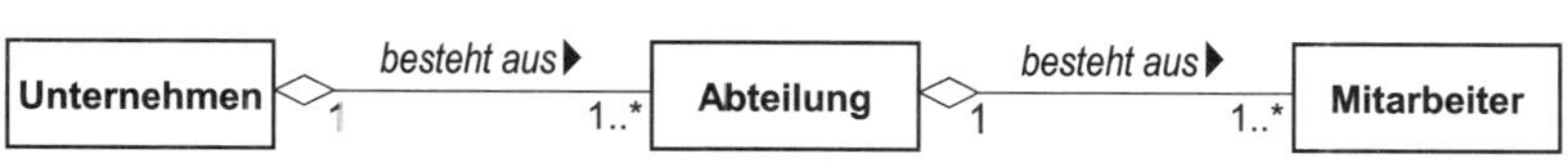

Abb. 2.10-1: Beispiel für Aggregationen

Eine besondere Form der Aggregation liegt vor, wenn die Einzelteile vom Aggregat (dem Ganzen) existenzabhängig sind; dieser Fall wird *Komposition* genannt. Ein Beispiel hierfür ist die Beziehung zwischen *Rechnungsposition* und *Rechnung*. Eine Rechnungsposition gehört immer zu einer Rechnung. Wenn das Ganze also gelöscht werden soll (z.B. eine Rechnung), so werden auch alle existenzabhängigen Einzelteile mitgelöscht (z.B. ihre Rechnungs-

Komposition ⇨316
(Aggregation mit existenzabhängigen Teilen)

positionen). Bei einer normalen Aggregation würde nur das eine Objekt und die Beziehung zum anderen Objekt gelöscht.

pathologisch inverse Komposition

Ein Beispiel für eine gewöhnliche Aggregation ist die Beziehung „Pkw hat Räder": die Räder gehören zwar notwendigerweise zu einem Auto, insofern liegt eine Aggregation vor, sie können aber eigenständig und zwischen Pkw austauschbar betrachtet werden, d.h. als unabhängig vom Auto existenzfähig. Ganz im Gegensatz zu manchen Menschen, die sich ohne Auto unvollständig fühlen (sog. *pathologisch inverse Komposition*).

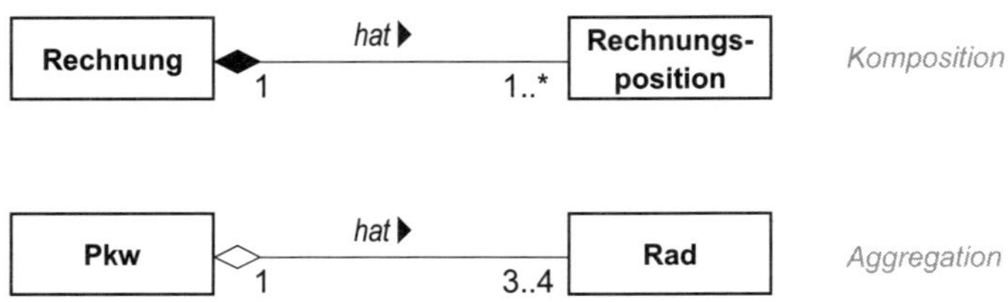

Abb. 2.10-2: Komposition und Aggregation

Ein Aggregat kann zeitweise (meistens zu Anfang) auch ohne Teile sein, d.h. die Kardinalität 0 ist zulässig. Der Sinn eines Aggregats ist es jedoch gewöhnlich, Teile zu sammeln (also Kardinalitäten größer 1 zu haben).

Operationen propagieren

Eine wesentliche Eigenart für Aggregationen ist, dass das Ganze stellvertretend und übergreifend für seine Einzelteile handelt, d.h. Operationen übernimmt, die dann an die Einzelteile weitergeleitet (propagiert) werden. Bei der Aggregation „Rechnung hat Rechnungspositionen" wären dies beispielsweise Operationen wie *berechneRechnungssumme()* und *anzahlRechnungspositionen()*.

Placebo? vgl. ⇨314

Bei einer Aggregation wird auf der Seite des Ganzen eine Raute gezeichnet, um die Beziehung als Aggregation zu kennzeichnen. Kompositionen sind durch gefüllte Rauten gekennzeichnet und haben auf der Seite des Aggregats, also dort wo die Raute steht, stets die Multiplizität 0 oder *1*. Wäre ein Einzelteil (beispielsweise eine Rechnungsposition) gleichzeitig von verschiedenen Aggregaten existenzabhängig, wäre dies ein Widerspruch. Wenn eine Klasse Teil mehrerer Kompositionen ist, dann bedeutet dies dennoch, dass zu einem Zeitpunkt ein Objekt nur zu einer Komposition gehört. Ein Einzelteil einer Komposition kann jedoch neben der einen existenzabhängigen Beziehung beliebig viele normale Assoziationen und (nicht-existenzabhängige) Aggregationen zu anderen Klassen haben.

Teile von normalen Aggregationen können auch gleichzeitig Teil verschiedener Aggregate sein, wobei diese Aggregate Exemplare unterschiedlicher Klassen oder derselben Klasse sein können. Das folgende Beispiel zeigt, dass ein Mitarbeiter gleichzeitig für mehrere Abteilungen arbeiten kann. Dennoch wird die Abteilung als Aggregat angesehen, da sie eine mehrere Mitarbeiter zusammenfassende Einheit darstellt.

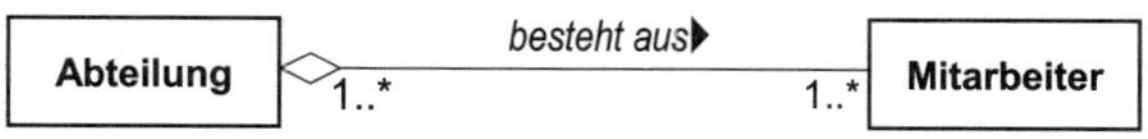

Abb. 2.10-3: Aggregat mit Multiplizität 1..*

Das unten stehende Klassendiagramm (Abb. 2.10-4) enthält ein weiteres Kompositionsbeispiel, nämlich eine neue Klasse *KreisEck*, deren Objekte ein Aggregat (hier: eine grafische Überlagerung) aus einem Quadrat und einem Kreis bilden. *KreisEck* aggregiert als Attribute daher nur einen Kreis und ein Rechteck mit gleichen Kanten (Quadrat). Um eine Komposition handelt es sich, weil die beiden Teilobjekte *Kreis* und *Rechteck* aus denen sich ein *KreisEck* zusammensetzt mit diesem existentiell verknüpft sind. Da ein *KreisEck* seine Teilobjekte kennen muss, diese aber nicht wissen müssen, wer sie aggregiert (benutzt), wurden hier gerichtete Beziehungen notiert.

Gerichtete Beziehungen⇨306

Zusätzlich wurden die geometrischen Figuren um die Eigenschaft *Drehwinkel* erweitert, damit die Figuren auch wirklich beliebig plaziert werden können. Diese neue Eigenschaft wurde in der abstrakten Oberklasse *GeomFigur* aufgenommen, weil es für alle Figurenformen gilt. Die entsprechenden Anzeigen-Operationen in den konkreten Unterklassen müssen allerdings den Drehwinkel berücksichtigen. Für den Kreis spielt der Drehwinkel keine Rolle, da der Winkel hier nicht sichtbar werden kann.

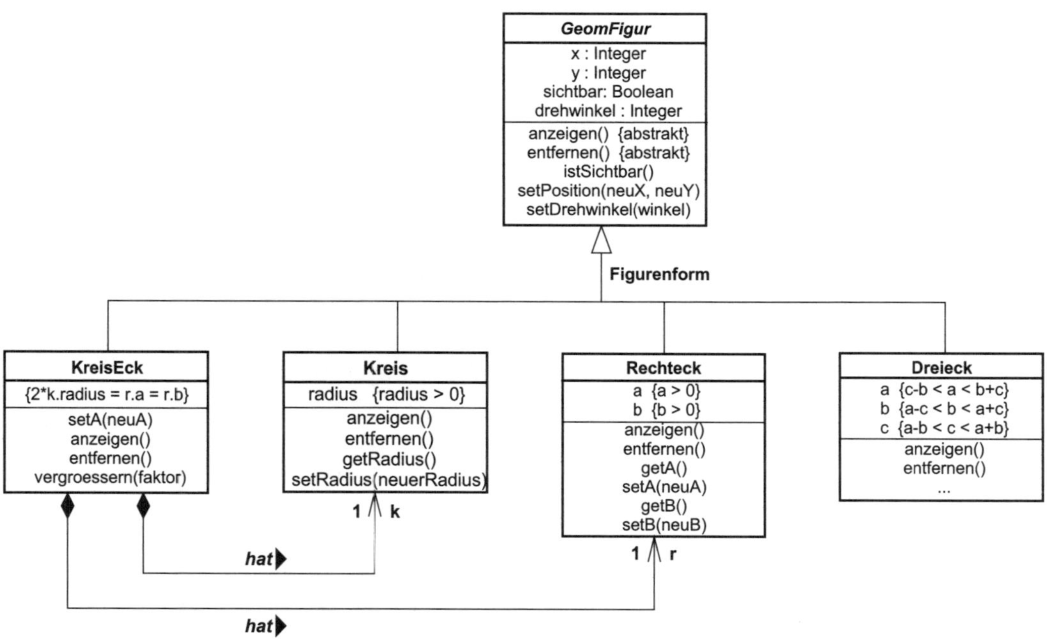

Abb. 2.10-4: KreisEck

Der Code für die Klasse *KreisEck* sieht in Java vereinfacht so aus:

```
class KreisEck extends GeomFigur {
  Kreis    k = new Kreis();
  Rechteck r = new Rechteck();

  public void anzeigen() {
    k.anzeigen();
    r.anzeigen();
  }
  public void entfernen() {
    k.entfernen();
    r.entfernen();
  }
  public void setA(int a) {
    k.setRadius (a / 2);
    r.setA(a);  // so wird das Rechteck
    r.setB(a);  // zum Quadrat (a=b)
  }
  public void vergroessern(float faktor) {
   setA(r.getA() * faktor);
  }
}
```

2.11 Nachrichtenaustausch

Extrakt

- *Das Nachrichtenaustauschprinzip*
  Objekte sind eigenständige Einheiten, deren Zusammenarbeit und Interaktionen mit Hilfe von Nachrichten bewerkstelligt werden, die sich die Objekte untereinander zusenden.

Vgl. Kommunikationsdiagramm ⇨357

Die Kommunikation der Objekte untereinander geschieht durch den Austausch von Nachrichten. Die Objekte senden sich gegenseitig Nachrichten zu. Die Nachrichten führen zu den Operationen, d.h. ein Objekt versteht genau die Nachrichten, zu denen es Operationen besitzt.

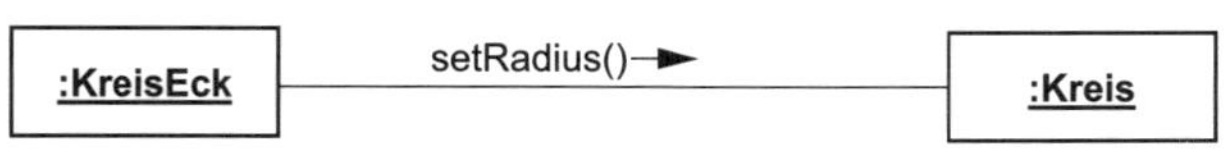

Abb. 2.11-1: Nachrichtenaustausch

Eine Nachricht wird durch den Namen einer Operation (gegebenenfalls mit Argumenten in Klammern) und einen Pfeil dargestellt. Der Pfeil gibt die Richtung der Nachricht an.

Wir greifen das bereits verwendete Beispiel (Abb. 2.10-4) mit den geometrischen Figuren wieder auf und betrachten die Klasse *KreisEck* und ihre Beziehungen zu *Rechteck* und *Kreis*. Es wird angenommen, dass einem Objekt von *KreisEck* die Nachricht *vergroessern()* gesendet wird. Wie das nachfolgende Code-Beispiel zeigt, das oben bereits zu sehen war, erzeugt das Objekt innerhalb der Operation *vergroessern()* eine Nachricht an sich selbst (*setA()*), die wiederum weitere Nachrichten an *Kreis* und *Rechteck* erzeugt. *KreisEck* delegiert die eigentliche Aufgabe des Vergrößerns an seine Einzelteile.

```
class KreisEck extends GeomFigur {
  ...

  public void setA(int a) {
    k.setRadius (a / 2);
    r.setA(a);
    r.setB(a);
  }
  public void vergroessern(float faktor) {
    int a;
    a= r.getA();[10]
    setA(a * faktor);
  }
}
```

Nun könnte man meinen, der Nachrichtenaustausch zwischen Objekten ist nichts anderes als ein Funktions- bzw. Prozeduraufruf in herkömmlichen, prozeduralen Programmiersprachen. Ganz so ist es jedoch nicht. Folgende drei Sachverhalte sprechen dagegen.

Unterschied Operation/Nachricht

- Im Gegensatz zu konventionellen Programmen hängen Operationen und Daten in einer Einheit zusammen. Ein Objekt enthält alle Operationen zur Bearbeitung seiner Dateninhalte und seine übrigen Verhaltensweisen. Sachverhalte, die inhaltlich zusammenhängen, sind im Objekt konzentriert. In herkömmlichen Programmen sind sie verstreut oder stehen zumindest unverbunden hintereinander. Anders als bei einer prozeduralen Lösung lassen sich in einer objektorientierten die Operationen bzw. Nachrichten nur über das Objekt ansprechen:

```
Objekt nachricht: argument.      "Smalltalk"
Objekt.nachricht(argument);      // C++, Java
```

  z.B.:

```
einKreis radius: 17.             "Smalltalk"
einKreis.setRadius(17);          // C++, Java
```

- Außerdem sind die Objektattribute gewöhnlich gekapselt und nach außen nur über entsprechende Operationen zugänglich (so wie der Radius nur über die Operationen *getRadius()* und *setRadius(neuerRadius)* zugänglich ist). In prozeduralen Sprachen können diese Mechanismen nur mit viel gutem Willen und Selbstdisziplin nachempfunden werden (in diesem Fall ist *einKreis* z.B. ein Zeiger auf eine Datenstruktur):

```
setRadius(einKreis, 17);
```

[10] Die etwas umständliche Lösung mittels der lokalen Variable *a* dient hier zum besseren Verständnis der folgenden Erläuterungen.

- Das Wichtigste aber: Eine Nachricht kann von einem Objekt nur interpretiert *werden*, wenn es dazu eine *passende* Operation besitzt.[11] Jedoch kann in den Klassen, die ein Objekt definieren, diese Operation mehrfach definiert sein (beispielsweise die Operationen *anzeigen()* und *entfernen()*). Welche Operation verwendet wird, wird dynamisch entschieden. Im Abschnitt über Polymorphie finden sich nähere Erläuterungen hierzu.

Kommunikationsdiagramm ⇨357

Sequenzdiagramm ⇨361

Während das Klassendiagramm die Beziehungen der Klassen untereinander in der Art eines Bauplanes darstellt, werden Kommunikationsdiagramme und Sequenzdiagramme dazu verwendet, einen bestimmten Ablauf bzw. eine bestimmte Situation darzustellen. Ein Kommunikations- bzw. Sequenzdiagramm gibt ein Szenario wieder und zeigt die einzelnen Botschaften der Objekte untereinander, die nötig sind, um den gewählten Ablauf zu bewältigen. Während Sequenzdiagramme den zeitlichen Ablauf in den Vordergrund stellen, gehen Kommunikationsdiagramme von der Beziehungsstruktur der beteiligten Objekte aus. Die dargestellten Sachverhalte sind ansonsten ähnlich; die Ausrucksmöglichkeiten des Kommunikationsdiagramms sind etwas schwächer.

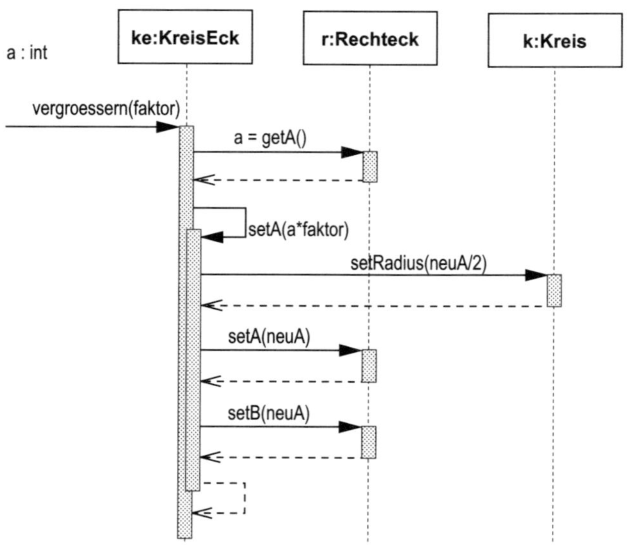

Abb. 2.11-2: Nachrichtenaustausch dargestellt mit einem Sequenzdiagramm

Die abgebildeten Diagramme in Abb. 2.11-2 und Abb. 2.11-3 zeigen ein solches Szenario. Ein Objekt der Klasse *KreisEck* empfängt die Nachricht *vergroessern(faktor)*, d.h. die beiden aggregierten Einzelfiguren sollen um den angegebenen Faktor (z.B. 1.5) vergrößert werden.

[11] In Smalltalk können Nachrichten sogar ohne jegliche Operation an andere Objekte propagiert werden.

Das Szenario *vergroessern(faktor)* führt zu folgendem Nachrichtenaustausch. Es basiert auf dem Klassendiagramm und den Code-Beispielen der beiden vorigen Seiten.

Klassendiagramm ⇨57
Code-Beispiel ⇨58f.

1.1 Das Objekt *KreisEck* sendet an das Rechteck die Nachricht *getA()*. Das Rechteck antwortet mit dem Wert der aktuellen Kantenlänge. Die Antwort wird von *KreisEck* temporär in der lokalen Variablen *a* festgehalten.

1.2 Anschließend sendet das *KreisEck* die Nachricht *setA(a*faktor)* an sich selbst.

1.2.1 Innerhalb der Operation *setA(a)* sendet das Objekt *KreisEck* als erstes an den Kreis die Nachricht *setRadius(neuA / 2)*.

1.2.2 Anschließend wird an das Rechteck die Nachricht *setA(a)* gesendet.

1.2.3 Ebenso die Nachricht *setB(a)*.

Wäre also beispielsweise die Kantenlänge zunächst *12.0* und als Faktor würde *1.5* angegeben, wäre anschließend der Radius *9* und die neue Kantenlänge *18*.

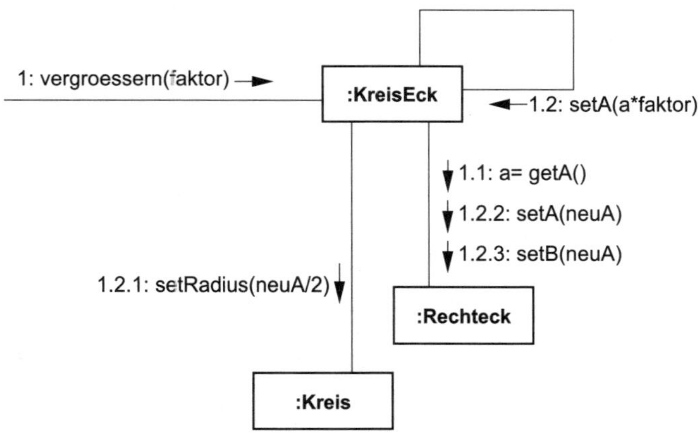

Abb. 2.11-3: Nachrichtenaustausch dargestellt mit einem Kommunikationsdiagramm

2.12 Sammlungen (Collections)

Extrakt

- Sammlungsklassen gehören zu den Standards der objektoriertierten Softwareentwicklung.

Containerklassen

Sammlungen sind zumeist in Standardklassenbibliotheken definierte Klassen, denen gemeinsam ist, dass sie eine Menge von Objekten ansammeln und verwalten können. Sammlungen (engl. *collections*) werden auch Behälter- oder Containerklassen genannt. Sie verfügen über Operationen zum Anfügen und Entfernen von Objekten, zum Prüfen, ob ein gegebenes Objekt in der Menge enthalten ist und zum Ermitteln, wieviele Objekte momentan in der Menge enthalten sind.

Grundsätzlich lassen sich sequentielle Sammlungen und assoziative Sammlungen unterscheiden. Bei den sequentiellen Sammlungen werden die Objekte in einer linearen Struktur gesammelt, das bekannteste Beispiel ist *array*. Assoziative Sammlungen speichern nicht nur Objekte, sondern für jedes Objekt zusätzlich einen Schlüssel, über den die Objekte identifiziert werden können. Ein Beispiel hierfür ist *Hash*.

Die einzelnen Sammlungsklassen unterscheiden sich im Hinblick auf ihre Sortiermöglichkeiten: ob Objekte mehrfach vorkommen dürfen, ob Objekte unterschiedlicher Klassen gleichzeitig zugelassen sind, ob Objekte nur vorne oder hinten angefügt werden dürfen, ob die Anzahl ihrer Elemente variabel ist, ob Duplikate vorkommen dürfen und so weiter.

Sequentielle Sammlung dubioser Elemente

Je nach Programmiersprache und Klassenbibliothek sieht die Klassenhierarchie der Sammlungsklassen unterschiedlich aus. Der Klassenhierarchieausschnitt in Abb. 2.12-1 stammt aus den Java-Collection-Klassen. Die Übersicht Abb. 2.12-2 zeigt, welche dieser Klassen für welche Zwecke sinnvoll sind.

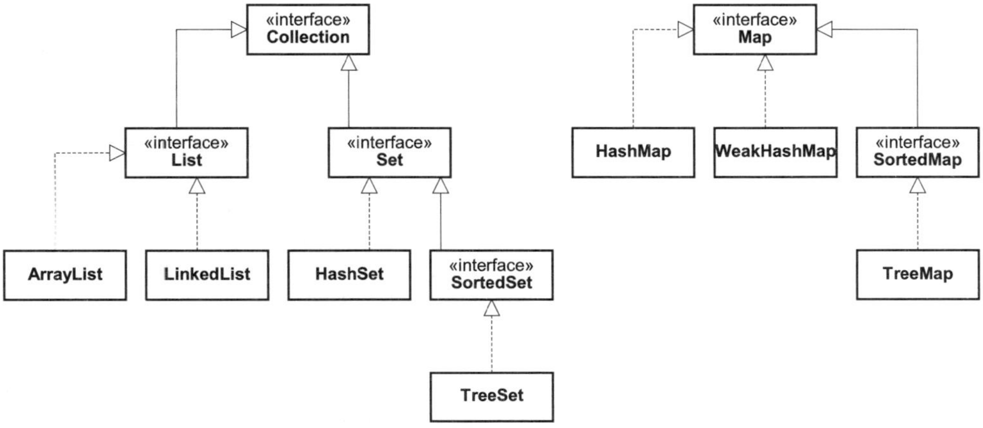

Abb. 2.12-1: Beispiel einer Sammlungsklassenhierarchie (Java-Collection-Klassen)

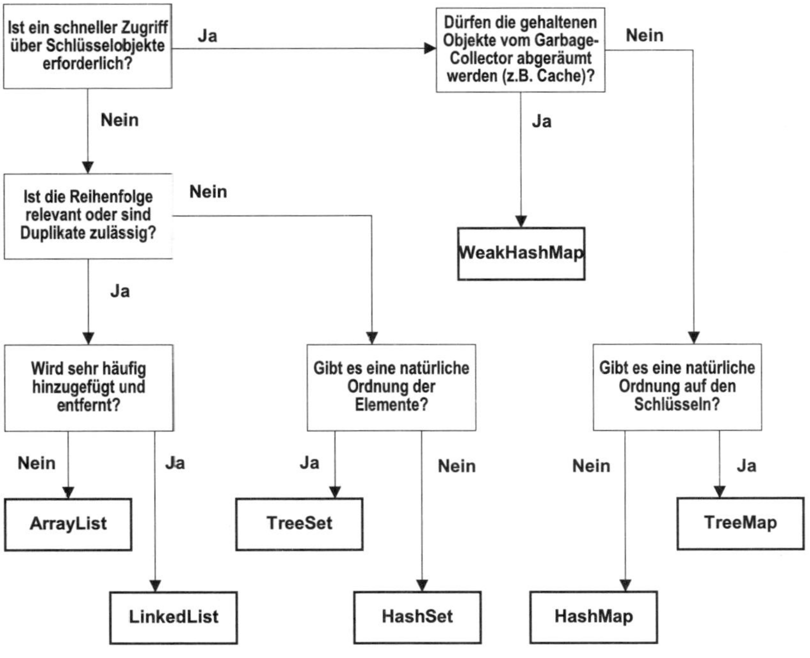

Abb. 2.12-2: Auswahl der geeigneten Sammlung

2.13 Polymorphie

Extrakt

- *Das Polymorphie-Prinzip*
  Polymorphie heißt, dass eine Operation sich (in unterschiedlichen Klassen) unterschiedlich verhalten kann. Es gibt zwei Arten der Polymorphie: statische Polymorphie (Überladung) und dynamische Polymorphie.

Was vom Namen her wie eine Krankheit klingt, ist tatsächlich einer der Eckpfeiler, die die Objektorientierung so mächtig machen. Das Vererbungsprinzip sowie die dynamische Typisierung einiger Programmiersprachen oder das Interface-Konzept in Java bilden die Basis zur *Polymorphie*[12].

Generische Operatoren

Statische Polymorphie ist bereits aus der prozeduralen Welt bekannt, nämlich in Gestalt von Operatoren wie + oder –. Diese (generischen) Operatoren sind sowohl auf ganze Zahlen (integer) als auch auf Gleitkommazahlen (real) anwendbar. Objektorientierte Programmiersprachen (oder hybride wie C++) bieten die Möglichkeit, diese Operatoren auch für selbstdefinierte Datentypen bzw. Klassen zu verwenden. Genaugenommen sind Operatoren natürlich nichts anderes als Operationen mit besonderen Namen. Daher kann der gleiche Effekt auch bei ganz gewöhnlichen Operationen herbeigeführt werden.

Ein weiterer Aspekt der Polymorphie besteht in der Variation der Schnittstelle gleichnamiger Operationen (hier als C++-Beispiel):

```
class Uhrzeit {
  public:
    void setzeZeit(char[8] zeit);
    void setzeZeit(int h, int m, int s);
};

...
Uhrzeit einWecker;

einWecker.setzeZeit(17, 1, 0);
einWecker.setzeZeit("11:55:00");
```

In diesem Beispiel existieren zwei gleichnamige Operationen, die sich nur in ihrer Signatur unterscheiden, d.h. mit anderen Parametern zu versorgen sind. Je nachdem, welche Parameter angegeben werden (Stunde, Minute und Sekunde als Einzelwerte oder als eine Zeichenkette), wird entweder die eine oder andere Operation aktiviert. Für die Benutzer dieser Klasse verhalten sie sich gleichartig. Dies sollte auch stets unterstellt werden können. Würden gleichnamige Operationen einer Klasse nicht das Gleiche bewirken, würden sie früher oder später sicherlich falsch verwendet werden.

[12] Polymorphie: griech. „viele Formen“.

Voraussetzung für die **dynamische Polymorphie** ist das so genannte *späte Binden.* Physisch gesehen ist Bindung der Punkt im Leben eines Programms, an dem der Aufrufer einer Operation die (Speicher-)Adresse dieser Operation erhält. Normalerweise geschieht dies, wenn das Programm compiliert und gebunden wird. Die meisten prozeduralen Programmiersprachen kennen ausschließlich diese Form des Bindens, das *frühes Binden* genannt wird. Smalltalk kennt ausschließlich spätes Binden.

Spätes Binden

Beim späten Binden wird der genaue Speicherort einer Operation erst dann ermittelt, wenn der Aufruf stattfindet, d.h. eine entsprechende Nachricht an das Objekt gesendet wird. Die Zuordnung der Nachricht zur empfangenden Operation geschieht also nicht während der Programmübersetzung, sondern dynamisch zur Laufzeit des Programms.

Vererbung ⇨299

Vererbung heißt, dass eine Klasse alle Eigenschaften ihrer Oberklasse erbt. Ohne dass eine Klasse also eigene Operationen und Attribute definieren müsste, kann sie bereits über geerbte verfügen. Es steht ihr allerdings frei, eine geerbte Operation trotzdem neu zu definieren und die geerbte damit zu überschreiben. Welche dieser Operationen bei einer entsprechenden Nachricht zur Laufzeit schließlich verwendet wird, d.h. aus welcher Klasse die aufgerufene Operation stammt, dies wird erst zur Laufzeit entschieden.

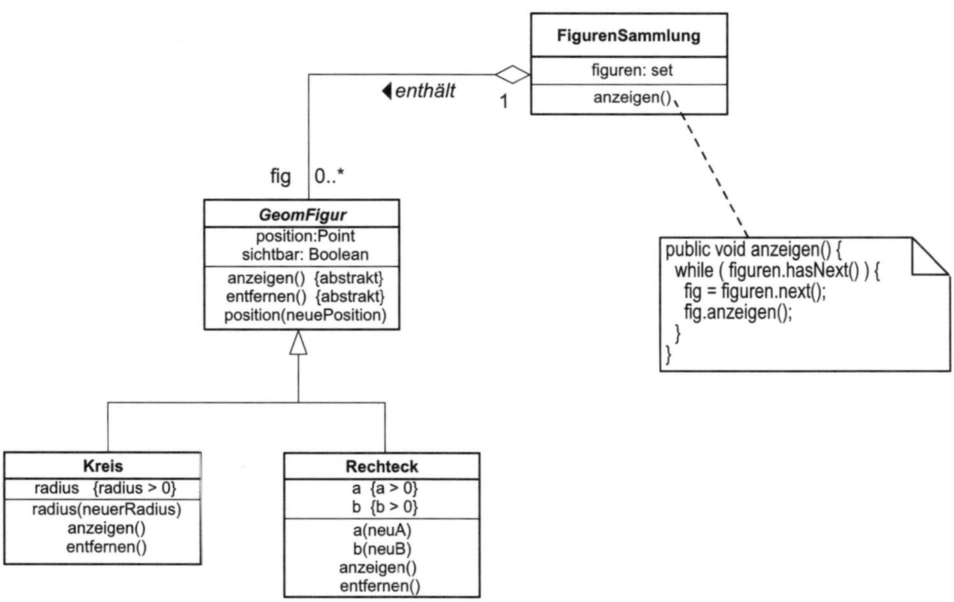

Abb. 2.13-1: Einfaches Beispiel für dynamische Polymorphie

Beispiel

Beispiel (siehe vorangegangene Abbildung): Die Klassen *Kreis* und *Rechteck* sind beide von der Oberklasse *GeomFigur* abgeleitet. Allen geometrischen Figuren ist gemeinsam, dass man sie anzeigen, entfernen und verschieben kann. Die Oberklasse enthält deswegen bereits diese Eigenschaften – auch die Operationen *anzeigen()* und *entfernen()*, obwohl diese abstrakt sind und erst von den abgeleiteten Klassen *Kreis* und *Rechteck* wirklich inhaltlich gefüllt werden können, da ein Rechteck anders angezeigt, d.h. gezeichnet wird, als ein Kreis.

Sammlungen (Collections) ⇨62

Die in der Abbildung gezeigte Figurensammlung enthält eine Menge von geometrischen Figuren, d.h. sie enthält Kreise und Rechtecke. Die Operation *anzeigen()* der Klasse *FigurenSammlung* ruft in einer Schleife (*do:*) alle Figuren der Reihe nach auf und sendet ihnen die Nachricht *anzeigen()*. An dieser Stelle ist nicht bekannt, ob es sich bei dem adressierten Objekt um einen Kreis oder um ein Rechteck handelt.

Die Nachricht *anzeigen()* wird von dem Objekt in jedem Fall verstanden, da *anzeigen()* eine Eigenschaft der Klasse *GeomFigur* ist, von der *Kreis* und *Rechteck* abgeleitet sind. Zwar kann die Klasse *GeomFigur* nicht wissen, wie ein Kreis oder Rechteck angezeigt wird, sie kann diese Funktion aber dennoch enthalten, wenngleich auch noch ohne konkreten Inhalt.

In dem Moment, in dem die Nachricht *anzeigen()* auf ein Objekt trifft, entscheidet sich, welche konkrete Operation verwendet wird. Handelt es sich bei dem Objekt um ein Rechteck, würde in diesem Fall die Operation *Rechteck.anzeigen()* angesprochen. Es wird jeweils die Operation der am weitesten spezialisierten Klasse verwendet. Obwohl also eine Operation der Klasse *GeomFigur* Operationen aufruft, die sie auch selbst enthält, wird die gleichnamige Operation einer anderen Klasse (nämlich *Rechteck*) aktiviert. Das ist Polymorphie.

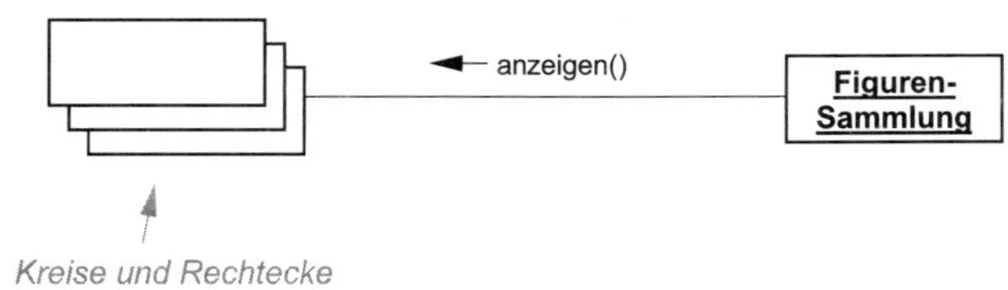

Abb. 2.13-2: Prinzip der Polymorphie

2.14 Persistenz

Extrakt

- Persistenz ist das Speichern von Objekten auf einem nicht flüchtigen Medium.
- Es gibt keine 1:1-Abbildung auf relationale Datenbanken.

Objekte werden während der Laufzeit des Anwendungsprogrammes erzeugt und im Normalfall bei Programmende wieder zerstört. Möchte man Objekte über die Laufzeit der Anwendung hinaus existieren lassen, müssen sie in einem nichtflüchtigen Speichermedium, also einer Datenbank, abgelegt werden. Persistente Objekte[13] sind also nichts anderes als langfristig speicherbare Objekte. Alle anderen sind transiente Objekte[14]. Ein Objekt, das zwar gespeichert, im laufenden Programm aber nicht vorhanden ist, wird *passives Objekt* genannt. Die während der Ausführungszeit existierenden Exemplare werden entsprechend *aktive Objekte* genannt (jedoch nicht zu verwechseln mit *aktiver Klasse* ⇨279).

Persistente Objekte können Daten enthalten, die ausschließlich im aktiven Objekt vorhanden sind. Diese Daten werden beim Erzeugen bzw. Laden des Objektes berechnet oder kommen während der Ausführungszeit hinzu, werden aber beim späteren Speichern nicht berücksichtigt. Zum Laden und Speichern der Objekte werden spezielle Operationen verwendet.

Zur Speicherung der persistenten Objekte lassen sich objektorientierte Datenbanksysteme einsetzen. Die persistenten Teile werden 1:1 in der Datenbank abgebildet. Das Laden und Speichern der Objekte geschieht weitgehend selbständig. Objektorientierte Datenbanksysteme haben sich bisher nicht in allen Anwendungsbereichen durchgesetzt. Meistens werden Daten in bewährten relationalen Datenbanken gehalten.

Objektidentität ⇨38

Wie im Abschnitt über die Anwendungsarchitektur angedeutet wird, lässt sich eine implementierungsneutrale Datenbankanbindung realisieren. Einige objektorientierte Entwicklungsumgebungen bieten spezielle Werkzeuge zur Anbindung von SQL-Datenbanken (sog. Mapping-Tools, Persistence-Object-Manager, Persistence-Frameworks o.Ä.).

Anwendungsarchitektur ⇨171

Bleibt noch die Frage, welches Datenbankschema in der darunterliegenden Datenbank beim Einsatz einer relationalen Datenbank notwendig oder sinnvoll ist. Drei grundsätzliche Alternativen gilt es zu unterscheiden:

---

13 Persistent: lat. „anhaltend".
14 Transient: lat. „vorübergehend".

- **Alle Objekte werden in einer einzigen Tabelle gespeichert.**

  Eine einfache Lösung. Die Datensatzlänge variiert je nach Klasse des gespeicherten Objektes – die Datenbank sollte dies effizient unterstützen. Bei großen Datenmengen bzw. zahlreichen Assoziationen kann es zu spürbaren Performanceeinbußen kommen.

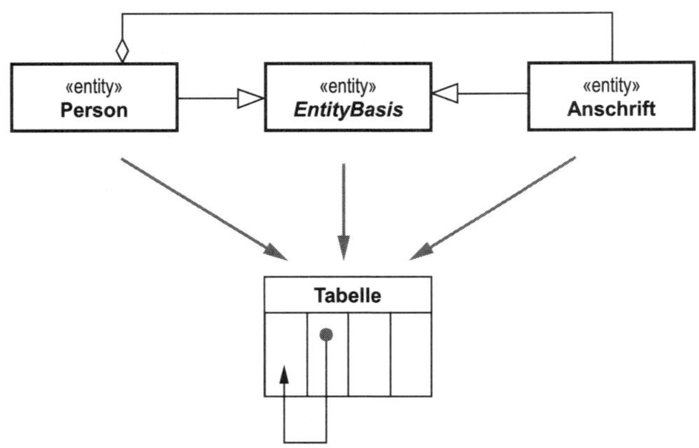

Abb. 2.14-1: Alle persistenten Objekte werden in einer einzigen Tabelle gespeichert

- **Für jede Klasse wird eine Tabelle eingerichtet.**

  Alle Datensätze einer Tabelle haben die gleiche Struktur und Länge bzw. Größe, wodurch keine besonderen Anforderungen an die Datenbank gestellt werden. Objekte von Klassen, die über Oberklassen verfügen (was meistens der Fall ist), müssen ihre Daten aus verschiedenen Tabellen zusammensuchen. Nachteil dieser Lösung: Um ein Objekt zu laden, müssen Daten aus gegebenenfalls zahlreichen Tabellen zusammengesammelt werden.

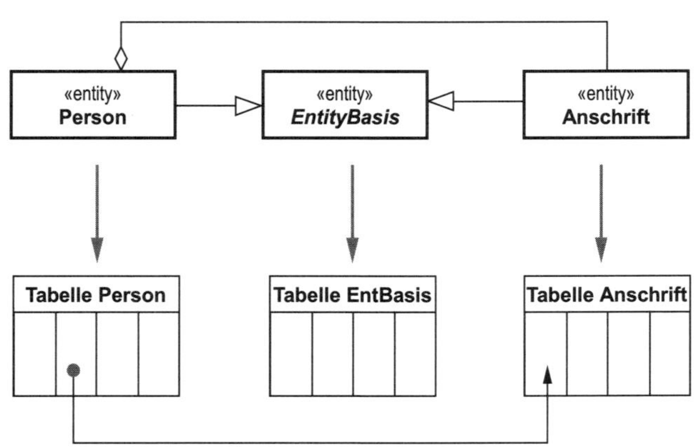

Abb. 2.14-2: Jede Klasse korrespondiert mit jeweils einer Tabelle

Zur Vereinfachung können entsprechende Datenbank-Views definiert werden, zum Beispiel:

```
create view Person
  as select tabPerson.*, tabEntityBasis.*,
  from      tabPerson, tabEntityBasis,
  where     (tabPerson.ObjId = tabEntityBasis.ObjId);
```

- **Für jeden Objekttyp wird eine Tabelle eingerichtet.**

  D.h. ein Objekt wird komplett in einem Datensatz gespeichert. Für jede konkrete Klasse wird eine Tabelle eingerichtet. Für das Laden eines Objektes ist nur ein einzelner Datensatz zu lesen. Nachteil: Beim Lesen einer Menge von Objekten zu einer gemeinsamen Unterklasse oder abstrakten Klasse sind Teilmengen verschiedener Tabellen zusammenzufügen. Zur Vereinfachung können entsprechende Daten-bank-Views definiert werden.

```
create view Geschaeftspartner as
  select * from tabPerson
union
  select * from tabKunde
union
  select * from tabLieferant;
```

  Ein weiterer Nachteil: Attribute der Oberklassen sind über verschiedene Tabellen verstreut. Die Änderung einer Attributdefinition in einer abstrakten Klasse (passiert erfahrungsgemäß seltener als in konkreten Klassen) muss in verschiedenen Tabellen redundant gepflegt werden.

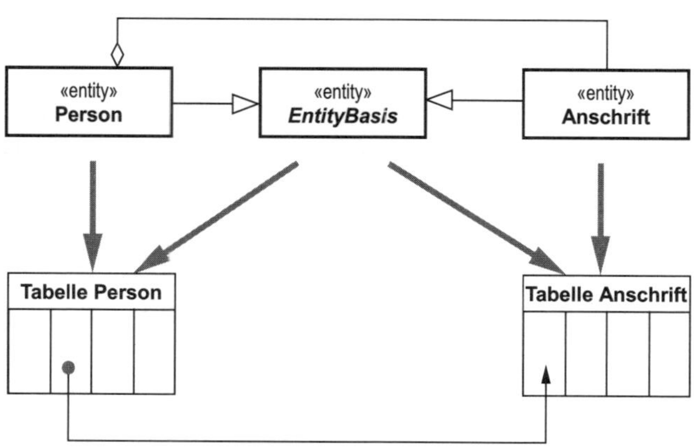

Abb. 2.14-3: Für jede konkrete Klasse, d.h. jeden konkreten Objekttyp existiert eine Tabelle

Die zuletzt genannte Variante wird häufig implementiert. Sie stellt einen akzeptablen Kompromiss zwischen Implementierungsaufwand und Leistungsfähigkeit dar.

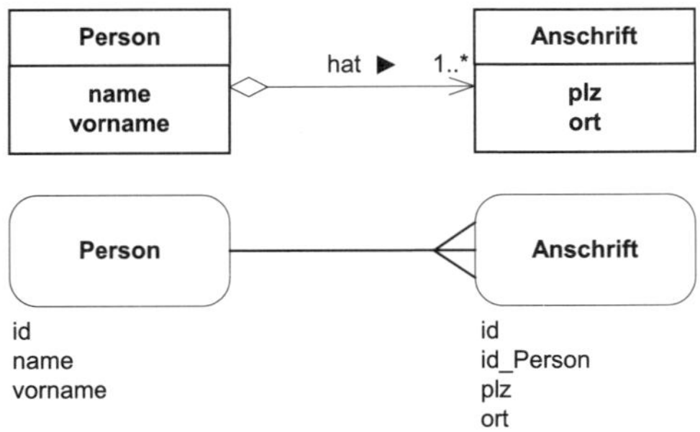

Tabelle Person

name	vorname	id
Oestereich	Bernd	15
Spuk	Veranda	29
...		

Tabelle Person

id_person	id	plz	ort
15	67	20253	Hamburg
29	62	20244	Hamburg
15	69	20354	Hamburg
...			

Abb. 2.14-4: Repräsentation von Objekten in Tabellen

Assoziationen und Aggregationen lassen sich mit relationalen Datenbanken ebenfalls realisieren, wie Abb. 2.14-4: Repräsentation von Objekten in Tabellen andeutet. Beziehungen zwischen Objekten werden grundsätzlich über Objekt-IDs ausgedrückt. Anders als im Relationenmodell werden Dateninhalte, d.h. Attributwerte hierfür nicht verwendet.

Empfohlene Namenskonvention:

id für die Identifikationsnummer

version als Versionszähler (falls gewünscht)

id_<tabellenname>_<rollenname> für eine Assoziation zu einem anderen Objekt. Der Rollenname ist nur notwendig, wenn es mehr als eine Assoziation zu den anderen Klassen gibt.

timestamp falls der Zeitpunkt der letzten Änderung gespeichert werden soll.

modifiedFrom falls der Benutzername oder eine andere Sitzungsinformation zur letzten Änderung gespeichert werden soll.

Abb. 2.14-5: Empfohlene Namenskonventionen

2.15 Klassifizierung von Klassen

Extrakt

- Klassen sind nicht gleich Klassen; es ist sinnvoll, verschiedene Arten zu unterscheiden.

In den letzten Jahren haben sich verschiedene Verwendungszwecke und –zusammenhänge für Klassen herausgebildet. Häufig stehen diese auch in Verbindung mit bestimmten Entwurfsmustern. Die Grenzen zwischen diesen verschiedenen Arten von Klassen sind nicht immer eindeutig. Die folgende Tabelle gibt einen Überblick über die wichtigsten Klassenarten, die mit entsprechenden Stereotypen gekennzeichnet sind. Der Vollständigkeit halber ist auch die abstrakte Klasse in der Tabelle enthalten, die nicht durch ein Stereotyp gekennzeichnet wird, da *abstract* eigentlich nur eine allgemeine Eigenschaft darstellt, mit der beispielsweise auch Entity-, Control- u.ä. Klassen gekennzeichnet werden können.

Konstrukt	**Assoziationen/**		**Operationen**		**Klassenzugehörigkeit**		**Verwendung, Modellierung**
	Attribute	**persistent**	**Signatur**	**Implementierung**	**Vielfachheit**	**Art**	
«type»	ja	-	ja	nein	0..*	dynamisch	Analysemodell, Komponentendesign, Dynamische Objektrollen
«interface»	möglich	-	ja	nein	0..*	fix	Analysemodell, Komponentendesign, Komponentenmodell, Verhaltensspezifikation
«entity»	ja eher viele	möglich meistens	Ja eher wenige oder einfache	Ja	1	fix	Komponentendesign, Datenmodell, Strukturspezifikation
«control»	möglich	möglich eher transient	ja häufig komplex, tw. delegierend	ja	1	fix	Komponentendesign, Verhaltens-/Ablaufspezifikation
«boundary»	möglich	nein	ja vorwiegend delegierend	möglich	1	fix	Fassadenspezifikation
Abstrakte Klasse	ja	-	ja	möglich	0	-	Komponentendesign, logische Abstraktion
«primitive»	ja	nein	ja	ja	1	fix	Meistens keine explizite Modellierung, programmiersprachen- und architekturspezifisch
«dataType»	ja	nein	ja	ja	1	fix	Datentypen, Datenstrukturen, Datentransfer
«enumeration»	ja	ja	ja	ja	1	fix	Oft keine explizite Modellierung, Konfigurierbare Wertemengen, "Schlüsseltabellen"
«configvalue»	möglich	möglich	ja	ja	1	fix	Analysemodell, Strukturspezifikation

Abb. 2.15-1: Häufig verwendete Strukturelemente

2.15.1 Entitätsklasse «entity»

Entitätsklassen repräsentieren gewöhnlich einen fachlichen Sachverhalt oder Realwelt-Gegenstand und haben:

- meistens viele Attribute
- viele primitive Operationen (*getAttr()*, *setAttr()* etc.) und wenige komplexe Operationen
- häufig nur wenige Lebenszyklus-Zustände oder einfache Zustandssequenzen

Sie sollten in jedem Fall in Analyse- und Designmodellen enthalten sein. Beispiele sind Klassen wie *Vertrag, Kunde, Anschrift* etc.

2.15.2 Steuerungsklasse «control»

Steuerungsklassen repräsentieren einen Ablauf, Steuerungs- oder Berechnungsvorgang und haben:

- meistens wenige oder keine eigenen Attribute.
- häufig nur eine kurze transiente Lebensdauer, d.h. sie existieren nur für die Zeit des Vorgangs, den sie steuern.
- häufig Zugriff auf eine Menge von Entitätsklassen, von denen sie Daten anfordern oder auf denen sie elementare Operationen aufrufen, und in die sie beispielsweise Ergebnisse des Vorganges oder der Berechnung zurückschreiben.
- einige komplexe Operationen.
- manchmal keine Zustände, manchmal aber auch sehr komplexe Zustandsmodelle, die übergreifende Abläufe beschreiben.

Auch diese Klassen sollten in Analyse- und Designmodellen berücksichtigt werden. Viele Steuerungsklassen werden erst während des Designs gefunden oder sind erst fürs Design relevant.

Objektorientierung ade?

Wenn man nun die Unterteilung in Entitäts- und Steuerungsklassen kritisch betrachtet, könnte man meinen, dass hier ein Grundprinzip der Objektorientierung wieder aufgegeben würde. Objekte sind ja Einheiten, die Daten und Funktionalität zusammenfassen und kapseln. Man könnte meinen, mit der Unterscheidung in Entitäts- und Steuerungsklassen wird diese Zusammenfassung jetzt wieder aufgebrochen.

Tatsächlich verbirgt sich dahinter jedoch eine andere Motivation. Entitätsklassen enthalten sehr wohl weiterhin Funktionalität, d.h. Operationen, die auch beliebig komplex sein dürfen. Ein entscheidender Aspekt ist aber, dass diese Operationen stets den Verantwortungsbereich der Klasse betreffen sollen. Gelegentlich findet man aber während der Modellierung Vorgänge, Abläufe oder Berechnungen, die stark klassenübergreifend sind. Häufig ist dann auch keine der vorhandenen Entitätsklassen bezüglich ihrer Verantwortlichkeit geeignet, die entsprechenden Operationen aufzunehmen. In so einem Fall, d.h. immer dann, wenn Operationen inhaltlich mehrere Klassen betreffen und etwas Übergeordnetes darstellen, ist dies ein deutlicher Indikator zur Erfindung einer Steuerungsklasse.

Steuerungsklassen enthalten daher häufig kaum eigene Attribute, sondern sammeln sich aus verschiedenen Klassen Daten zusammen, verarbeiten diese, häufig auch mit Unterstützung von anderen Klassen, die hierfür elementare Operationen bereitstellen und liefern dann das oder die Ergebnisse an eine oder mehrere andere Klassen zurück. Beispiele sind Tarif- und Prämienberechnungen.

Use-Case- und Workflow-Controller

Neben diesen primär fachlich motivierten Steuerungsklassen gibt es in gängigen Anwendungsarchitekturen typischerweise Anwendungsfall- und

Workflow-Steuerungsklassen (Use-Case-Controller und Workflow-Controller). Anwendungsfall-Controller steuern den Ablauf eines Anwendungsfalles, verwalten möglicherweise Zustandsinformationen, sind häufig jedoch nicht persistent, da Systemanwendungsfälle üblicherweise zeitlich direkt zusammenhängende Abläufe beschreiben. Workflow-Controller hingegen verwalten einen langandauernden, möglicherweise Jahre dauernden Ablauf (z.B. Schadensabwicklung eines Versicherunsgfalles) und müssen daher ihre Zustandinformationen persistieren.

2.15.3 Schnittstellenklasse «interface»

Schnittstellenklassen sind abstrakte Definitionen rein funktionaler Schnittstellen. Sie

Siehe auch Schnittstellenklassen in UML-Grundlagen ⇨289

- definieren gewöhnlich keine Attribute und keine Assoziationen (sind aber in der UML erlaubt),
- haben keine Instanzen,
- definieren eine Menge abstrakter Operationen,
- definieren für diese Operationen häufig Vor- und Nachbedingungen, Invarianten und mögliche Ausnahmen (Exceptions),
- sind ein wichtiges Hilfsmittel zur arbeitsteiligen Softwareentwicklung (Design by contract),
- heißen häufig ähnlich wie Entitäts- und Steuerungsklassen und werden von diesen dann meistens implementiert.

Schnittstellenklassen sollten ebenfalls in Analyse- und Designmodellen enthalten sein, außer sie haben eine ausschließlich technische Motivation oder sind automatisch vollständig herleitbar.

2.15.4 Schnittstellenobjekt «boundary»

Während Schnittstellenklassen eine abstrakte Definition einer Schnittstelle darstellen, handelt es sich bei Schnittstellenobjekten um spezielle konkrete Objekte, die eine spezielle Sicht auf eine Menge anderer Objekte liefern.

Sie bilden eine Zusammenstellung von Eigenschaften einiger anderer Objekte, die häufig gemeinsam benötigt werden oder die sonst auf eine Vielzahl einzelner Objekte verteilt wären.

Die Motivation hierfür ist, die strukturellen Zusammenhänge und Abhängigkeiten von einer Menge von (Entitäts-und Steuerungs-) Klassen gegenüber anderen Klassen abzuschirmen und zu verstecken. Damit erreicht man eine bessere Entkopplung von verschiedenen Teilbereichen eines großen Modells. Schnittstellenobjekte spezifizieren in diesem Sinne Fassaden.

Entwurfsmuster *Fassade* ⇨79

Schnittstellenobjekte

- haben fast nur abgeleitete oder ableitbare Attribute. Sofern sie Attribute enthalten, dann nur zur Zwischenspeicherung von Entitätsattributen oder Steuerungsergebnissen, beispielsweise aus Performanzgründen
- haben keine Persistenz
- beschreiben eigentlich keine geschäftlichen Abläufe, d.h. sie enthalten keine fachliche Logik
- haben eigentlich keine eigenen Operationen, sondern delegieren Operationsaufrufe einfach weiter. Manchmal stellen die Operationen von Schnittstellenobjekten einfache Zusammenfassungen mehrerer fremder Operationen dar, was jedoch häufig die Übernahme von fachlicher Logik mit sich bringt und daher vermieden werden sollte. Hierfür sind Steuerungsklassen dann besser geeignet
- haben eigentlich keine Zustände
- sind gewöhnlich *singletons*, d.h. im Gegensatz zu Schnittstellenklassen sind sie konkrete Klassen für Schnittstellenobjekte

Entwurfsmuster Singleton ⇨79

Beispiel: *Kundensicht* (als Zusammenfassung von *Kunde, Kunde.Anschriften, Kunde.Bankverbindungen* etc.)

2.15.5 Typ «type»

Typen definieren eine Menge von Operationen und Attributen. Andere Elemente sind typ-konform, wenn sie über die durch den Typen definierten Eigenschaften verfügen. Ähnlich wie Schnittstellen sind Typen abstrakte Definitionen, sie können jedoch auch Attribute und Beziehungen (z.B. Assoziationen) beinhalten.

Typen dienen der abstrakten Spezifikation struktureller Schnittstellen.

- definieren meistens Attribute und abstrakte Operationen
- haben Assoziationen zu anderen Typen
- heißen häufig ähnlich wie Entitätsklassen und werden von diesen dann gewöhnlich implementiert
- beschreiben als Teil von Typmodellen das extern sichtbare Strukturmodell von Komponenten
- eignen sich zur Beschreibung dynamischer Objektrollen.

Analysemodelle bestehen häufig vorwiegend aus Typen

Sie sollten in Klassenmodellen enthalten sein. Vor allem bei komponentenorientierter Softwareentwicklung sollten sie in komponentenspezifischen Klassenmodellen (Typmodellen) berücksichtigt werden. Beispiele sind *Person, Versicherungsnehmer, Beitragszahler* etc.

2.15.6 Primitive Klasse «primitive»

Primitive Klassen

- repräsentieren elementare Klassen der verwendeten Programmiersprache, z.B. *integer, string* etc.
- sind gewöhnlich nicht persistent, d.h. sie werden zwar als Teil von Entitätsklassen beispielsweise persistiert, besitzen aber keine eigenständigen Persistenzmechanismen.

Primitive Klassen tauchen in der Deklaration von Attributen auf, sie werden aber nicht als Klassen im Klassenmodell dargestellt. Genauso existieren gewöhnlich auch keine Assoziationen zu oder von primitiven Klassen.

2.15.7 Datentyp, Datenstruktur «dataType»

Datentypen bzw. Datenstrukturen sind Klassen mit gewöhnlich mehreren einfachen Attributen, deren Typen wiederum primitive Klassen oder andere Datenstrukturen sind. Sie:

- repräsentieren selbstentwickelte fachlich neutrale Standardklassen wie beispielsweise *Kundennr, Dauer, Zeitraum, Geld* etc.
- sind gewöhnlich nicht persistent, d.h. sie werden zwar als Teil von Entitätsklassen beispielsweise persistiert, besitzen aber keine eigenständigen Persistenzmechanismen.
- besitzen einige wenige Attribute, z.B. *Geld* hat die Attribute *betrag* und *waehrung*.
- besitzen einige meistens einfache Operationen zum Lesen und Schreiben, z.B. *set(betrag, waehrung)*.
- besitzen manchmal eher einfache Berechnungsfunktionen, z.B. *getDauerInMonaten():Integer* in der Klasse *Zeitraum*.
- verfügen unter Umständen über Operationen zur Umwandlung in andere Primitive, z.B. *asString():String* in der Klasse *Date*.

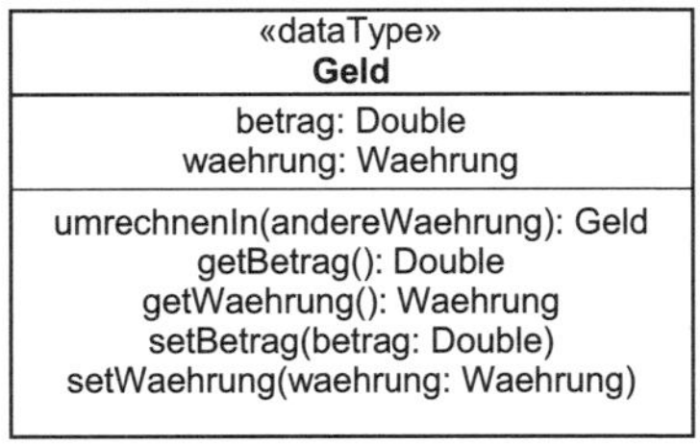

Abb. 2.15-2: Primitive Klasse

Dient eine Datenstruktur dem Austausch von Objektdaten zwischen Subsystemen und Komponenten, beispielsweise verschiedener Architekturschichten, werden sie auch Transferobjekte oder Datentransferobjekte (DTOs) genannt.

2.15.8 Aufzählung «enumeration»

Enumerationen sind aufzählbare Wertemengen, wie beispielsweise *Familienstand = {ledig, verheiratet, geschieden, verwitwet}* oder *Geschlecht = {männlich, weiblich}*. Enumerationen

- sind meistens konfigurierbar, d.h. dynamisch änderbar in entsprechenden Schlüsseltabellen abgelegt. Typischerweise werden sie selten geändert.

Primitive Klassen ⇨75

- werden fast ausschließlich in der Deklaration von Attributen verwendet. Diese speichern nur die Referenz auf einen speziellen Wert. Sie werden in dieser Hinsicht wie primitive Klassen behandelt.
- sind häufig zeitlich begrenzt gültig, d.h. historisch versioniert.
- haben meistens eine frei konfigurierbare Reihenfolge ihrer Einzelwerte, die dann beispielsweise in Auswahllisten etc. sichtbar wird. So werden die Einzelwerte der Enumeration *Familienstand* nicht alphabetisch, sondern sachlogisch geordnet (siehe 2.15.3).
- werden häufig genutzt für Filterkriterien oder tags, id's und auch Zeiträume. Sie sind konstant und können nicht nachberechnet werden.

Abb. 2.15-3: Enumeration

2.15.9 Konfigurationswert «configvalues»

Konfigurationswerte sind in der Regel in externen Dateien oder Datenbanktabellen abgelegt und werden zur Laufzeit des Programms eingelesen, um den Ablauf bzw. die Funktionalität zu steuern.

- Werden als Tabelle aufgenommen und beinhalten meist auch Kürzel wie *min* oder *max*, beispielsweise *mindestBuchungsdauer = 60 min.* Sie repräsentieren manchmal fachliche Konstanten, beispielsweise *Volljährigkeitsalter = 18.*
- Normalerweise ist es sinnvoll, Konfigurationswerte als Kombination von *Wert* und *Einheit* zu vestehen.

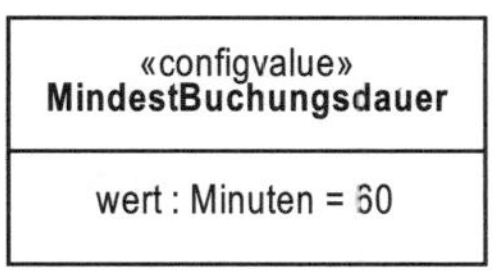

Abb. 2.15-4: Konfigurationswert

2.16 Entwurfsmuster

Extrakt

- Entwurfsmuster sind bewährte Lösungsideen zu immer wiederkehrenden Entwurfsproblemen.

Wenn Sie Software entwickeln und dabei eine Teilaufgabe haben, bei der Sie glauben, Sie sind nicht der erste der diese Teilaufgabe zu lösen hat, dass dies also eine Aufgabe ist, die öfter in der Softwareentwicklung vorkommt, dann sollten Sie erst einmal suchen, ob nicht jemand anderes hierfür schon ein Entwurfsmuster publiziert hat.

Entwurfsmuster sind keine fertig codierten Lösungen, sie beschreiben lediglich den Lösungsweg und die Lösungsidee. Entwurfsmuster (engl. *design patterns*) gibt es für Entwurfsprobleme aller Größenordnungen:

Architekturmuster

- Architekturmuster beschreiben Lösungen für Probleme beim Grobentwurf, also beispielsweise den Aufbau einer Mehrschichtenarchitektur.
- (Normale) Entwurfsmuster beschreiben Lösungen für Probleme beim Feinentwurf, hierzu folgen gleich Beispiele. Sie sind unabhängig von einer speziellen Programmiersprache oder -umgebung.
- Idiome[15] sind programmiersprachenspezifische Lösungsbeschreibungen.

Viele der heute bekannten Entwurfsmuster wurden ursprünglich erstmals in Smalltalk implementiert, waren also ursprünglich Idiome. Sie wurden soweit abstrahiert, dass sie nun sprachneutrale Entwurfsmuster darstellen.

Der Vorteil, bei einem vermutlich allgemeinen Entwurfsproblem erst einmal nach Entwurfsmustern zu suchen und diese dann zu verwenden, liegt darin, dass Sie das Rad nicht neu erfinden müssen. Sofern Sie die Lösung selbst erarbeiten, werden Sie wahrscheinlich noch weitere Detailprobleme entdecken und zu lösen haben und erst nach mehreren Versuchen eine richtig gute Lösung finden. Diese Mühsal können Sie vermeiden, falls Sie ein passendes Entwurfsmuster finden.

Im Folgenden werden einige Entwurfsmuster kurz aufgelistet. Hinter dem Begriff „Entwurfsmuster" verbirgt sich keine fertige Theorie o.Ä.; es gibt lediglich verschiedene Autoren, die solche Lösungsideen systematisch gesammelt und publiziert haben. Für eine detailliertere Auseinandersetzung mit Entwurfsmustern sei hier die Publikation von Gamma, Helm, Johnson und Vlissides [Gamma1996] empfohlen.

---

[15] Idiom: griech. „Eigentümlichkeit, Besonderheit".

Adapter. Ein Adapter versieht eine bestehende Klasse mit einer neuen Schnittstelle. Dies kann sinnvoll sein, falls man eine existierende Klasse verwenden möchte, ihre Schnittstelle aber in der bestehenden Form unpassend ist.

Brücke (bridge). Eine Brücke trennt die Schnittstelle einer Klasse von ihrer Implementierung, so dass man eine größere Unabhängigkeit von einer konkreten (beispielsweise plattform-spezifischen) Implementierung erzielt.

Dekorierer (decorator). Das Dekorierer-Muster ermöglicht es, die Eigenschaften eines konkreten Objektes unabhängig von seiner Klasse dynamisch zu verändern und zu erweitern.

Fassade (facade). Mit einer Fassade wird einer Menge von Klassen, einem Subsystem oder einer Klassenkategorie eine einzelne einfache Schnittstelle gegeben, die von der Komplexität der Subsystem-Klassen abschirmt.

Singleton (singleton). Ein Singleton ist eine Klasse, von der es global nur genau eine Instanz gibt. Während normalerweise beliebig viele Instanzen einer Klasse erzeugt werden können, enthalten Singletons Mechanismen, die dies verhindern.

Memento (memento). Das Memento-Muster zeigt eine einfache Möglichkeit, ehemalige Zustände von Objekten zu restaurieren, beispielsweise zur Realisierung von Rückgängigfunktionen.

Beobachter (observer). Dieses Muster beschreibt einen Mechanismus, der es erlaubt, alle von einem Objekt abhängigen anderen Objekte zu informieren, falls sich sein Zustand (z.B. ein Attribut) geändert hat.

Besucher (visitor). Das Besucher-*Muster* stellt dar, wie für eine Menge von Objekten eine Operation iterativ ausgeführt werden kann, ohne dass die beteiligten Objekte wissen müssen, wer und wie über sie mit dieser Operation iteriert.

Kompositum (composite). Mit dem Kompositum-Muster werden baumartige Aggregationen hergestellt (zusammengesetzt), die sowohl als einzelne Objekte als auch als Zusammensetzung von Objekten in gleicher Weise benutzt werden können. Es soll hier stellvertretend etwas ausführlicher erläutert werden.

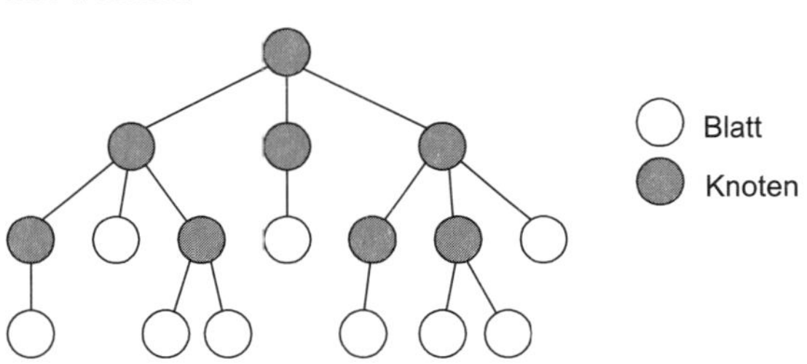

Abb. 2.16-1: Prinzipbild einer baumartigen Kompositumstruktur

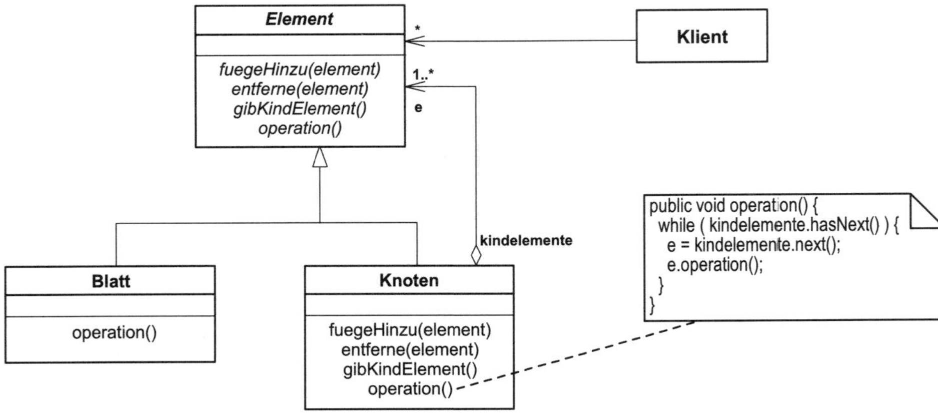

Abb. 2.16-2: Entwurfsmuster Kompositum

GeomFigur ⇨46f.

Wenn *Blatt* beispielsweise die aus vorigen Beispielen bekannte Klasse *GeomFigur* wäre (mit ihren Unterklassen *Kreis, Dreieck und Rechteck*), ließen sich mit diesem Strukturmuster Gruppen von geometrischen Figuren bilden.

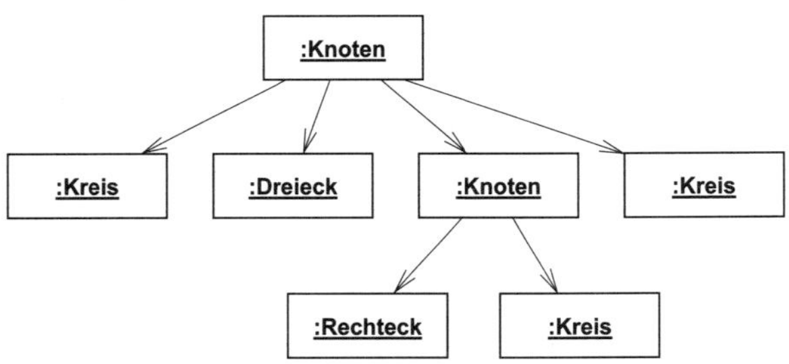

Abb. 2.16-3: Baumstruktur der Kompositum-Exemplare

2.17 Komponenten

Extrakt

- Komponentendefinitionen und Komponenteninstanzen sind zu unterscheiden.
- Komponenten sind im Gegensatz zu Klassen prinzipiell ohne weitere Eingriffe austauschbar.
- Komponenten kommunizieren über möglichst einheitliche und primitive Protokolle (Factory-, Observer- und Object-Interfaces).

Komponente ist ein häufig gebrauchter, aber nicht eindeutig definierter Begriff. Die unterschiedlichen Definitionen umfassen von einem kompletten SAP-System bis hin zu einem trivialen MS Word-Makro so ziemlich alles.

Zunächst einmal sind Komponentendefinitionen (z.B. „Person") und Komponenteninstanzen (z.B. „Gabi Goldfisch") zu unterscheiden – analog zu Klassen und Objekten. Eine Komponente(-ndefinition) besteht aus einer oder mehreren Klassen und hat definierte Schnittstellen. Eine Komponenteninstanz hat wie ein Objekt eine eigene Identität. Der wichtigste Unterschied zwischen Komponenten und Klassen/Objekten ist jedoch, dass Komponenten austauschbar sein sollen. Ähnlich wie Sie bei Ihrem PC z.B. eine Netzwerkkarte gegen eine andere tauschen können, ohne dass weitere Anpassungen an der Hardware notwendig wären, so ist die Idee, ebenso auch Softwarekomponenten tauschen zu können. Eine Partner-Komponente vom Hersteller XY wird einfach ausgetauscht durch eine vom Hersteller Z. Soweit die Theorie. Um dieses Ziel zu erreichen, sind jedoch verschiedene Voraussetzungen zu erfüllen:

- Die Schnittstellen müssen technisch kompatibel sein (vgl. Hardware: Versorgungsspannung, Taktrate, standardisiertes Bus-Protokoll etc.).
- Die Schnittstellen müssen fachlich kompatibel sein (vgl. Hardware: Grafikmodi bei Grafikkarten etc.).
- Die Abhängigkeiten zwischen verschiedenen Komponenten müssen minimal sein (vgl. Hardware: kein Lötkolben notwendig, beim Austausch der Grafikkarte können vorhandene Maus und Tastatur unverändert weiterverwendet werden etc.).

Für Softwarekomponenten hat dies folgende Konsequenzen:

- Die Schnittstellen einer Komponente sollten möglichst nur primitive Typen (*Integer*, *String* etc.) enthalten.
- Für die fachliche Kompatibilität sind entsprechende fachliche Standards notwendig.

- Assoziationen zwischen Komponenten sollten möglichst weitgehend durch Benachrichtigungs- und Beobachtungsmechanismen ersetzt werden.

Objektidentität ⇨38

Objekte haben im Arbeitsspeicher unabhängig von ihren Attributwerten eine unverwechselbare Adresse und Identität (Objekt-ID), auf die sich Assoziationen gewöhnlich stützen. Um die dadurch entstehenden (technischen) Abhängigkeiten zwischen Komponenten zu minimieren, können beispielsweise Beziehungen zwischen Komponenteninstanzen realisiert werden, indem als Referenz lediglich fachliche Schlüssel (z.B. Kundennummer) oder künstliche Schlüssel gespeichert werden. Dadurch ist auf fachlicher Ebene weiterhin eine Beziehung vorhanden, auf technischer Ebene jedoch eine größere Unabhängigkeit erreicht worden. Die Kommunikation der Komponenten untereinander ist allerdings nicht mehr so komfortabel, da sie nicht mehr direkt ansprechbar sind, sondern zunächst explizit mittels der fachlichen Schlüssel geladen werden müssen.

Beobachter-Muster ⇨79

Außerdem wird der Nachrichtenaustausch – soweit möglich – auf einem anonymen Niveau mit Hilfe so genannter Beobachter-Mechanismen (Observer-Mechanismen) realisiert. Diese Art der Kommunikation funktioniert so, dass eine Instanz der anderen die Nachricht *addListener()* sendet, was soviel heißt wie „bitte informiere mich, wenn du dich verändert hast". Eine Instanz abonniert also Änderungs-Benachrichtigungen. Sobald sich die betreffende Instanz geändert hat, sendet sie allen Abonnenten eine Nachricht, dass sie sich geändert hat. Die Abonnenten können sich dann anschließend an die geänderte Instanz wenden und Details, beispielsweise geänderte Daten etc., abfragen.

Diese Art der Kommunikation zwischen Komponenten ist interessant, weil sie keine nennenswerten Abhängigkeiten impliziert. Die Instanzen verwalten lediglich eine Liste mit Abonnenten, ihnen ist jedoch völlig egal, wer sie sind. Es ist also eine anonyme Art der Kommunikation. Erst wenn die benachrichtigten Objekte anschließend Details erfragen, kommt es zu fachlichen Abhängigkeiten. Um diese aber minimal zu halten, d.h. auf die unvermeidbare fachliche Ebene zu beschränken, versucht man hier (im so genannten Object-Interface) möglichst nur primitive Typen oder Strukturen von primitiven Typen (Records, Structs, XML-Daten o.Ä.) zu verwenden.

Vgl. UML-Grundlagen Komponenten ⇨323

Komponenten haben daher typischerweise drei verschiedene Arten von Schnittstellen:

- eine Schnittstelle, um Instanzen beispielsweise mit Hilfe fachlicher Schlüssel zu erzeugen oder zu laden. Bei EJB heißen sie typischerweise *findByKey()*;
- eine Schnittstelle, die die Beobachtungs- und Benachrichtigungs-Services definiert;
- eine fachliche Schnittstelle (Object-Interface).

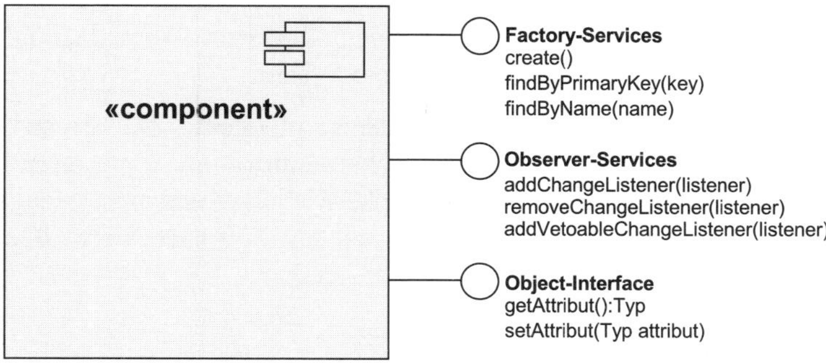

Abb. 2.17-1: Prinzipielle Schnittstellen einer Komponente

Zur Abgrenzung von Komponenten, Subsystemen und Paketen dienen folgende Definitionen:

- Eine **Komponente** ist eine fachliche Einheit, mit einer intern aus Klassen oder wiederum Komponenten bestehenden Struktur. Nach außen stellt eine Komponente Funktionalität über Schnittstellen bereit oder fordert Funktionalität über Schnittstellen an. Ein wesentliches Merkmal für Komponenten ist ihre prinzipielle Austauchbarkeit zur Laufzeit (aber auch zur Entwurfszeit), d.h. sie muss technisch unabhängig verwendbar sein und darf keine unmittelbaren technischen Abhängigkeiten von anderen Komponenten oder der umgebenden Kopplungslogik besitzen. Um dies zu erreichen, benötigt eine Komponente Standardimplementierungen für die angeforderten Schnittstellen.

  Komponenten bestehen wiederum aus einer Menge von Klassen. Während Klassen gewöhnlich eine Vielzahl von Beziehungen (vor allem Assoziationen) untereinander haben und dadurch voneinander abhängig sind, sind Komponenten voneinander unabhängig. Anstelle von Assoziationen kommunizieren Komponenten durch einen Beobachter-Mechanismus (Observer- bzw. Publish/Subscribe-Pattern).

  Jede Komponente stellt eine funktionale Schnittstelle bereit, die definiert ist durch eine Schnittstellenklasse, Vor- und Nachbedingungen, Invarianten sowie der Beschreibung möglicher Ausnahmen/Fehler (Exceptions). Alle in der Schnittstellenbeschreibung vorkommenden Typen sollten in einem Typmodell explizit definiert werden. Für jeden Typ werden die sichtbaren Attribute, Operationen, Zusicherungen und Beziehungen notiert. Zusätzliche Zusicherungen im Typmodell beschreiben die übergreifende, d.h. komponentenweite und die typspezifische Integrität der exportierten Objekte. Die Typen werden komponentenintern durch Klassen realisiert.

- **Pakete** sind Ansammlungen von Modellelementen beliebigen Typs, mit denen das Gesamtmodell in kleinere überschaubare Einheiten gegliedert wird. Ein Paket definiert einen Namensraum, d.h. innerhalb eines Paketes müssen die Namen der enthaltenen Elemente eindeutig sein. Jedes Modellelement kann in anderen Paketen referenziert werden, gehört aber zu genau einem (Heimat-) Paket. Pakete können wiederum Pakete beinhalten. Das oberste Paket beinhaltet das gesamte System.

- Ein **Subsystem** ist eine spezielle Form der Komponente. Bei ihr steht jedoch die Definition einer architektonischen Einheit im Vordergrund. Daher setzen sich Subsysteme typischerweise wiederum aus einer Menge von Komponenten zusammen, von denen nur ein Teil nach außen über Schnittstellen sichtbar wird.

2.18 Serviceorientierte Architekturen

Extrakt

- Austauschbarkeit von Komponenten
- Definition und Abgrenzung

Im letzten Kapitel haben wir uns über die Komponenten und deren Definition unterhalten und haben festgestellt, das Komponenten das Wissen über Klassen und deren Abhängigkeiten und die Abhängigkeiten kennen und koordinieren.

Wir haben erfahren, dass Komponenten Schnittstellen nach außen anbieten, lesend und schreibend und über die Definition der Schnittstellen diese Komponenten austauschbar werden.

Definition und Aufbau

Serviceorientierte Architekturen gehen an dieser Stelle noch einen Schritt weiter, hier geht es nicht nur darum die Komponenten an sich austauschbar zu machen, sondern mehrere Komponenten im Zusammenspiel zu haben (Orchestrierung) d.h. Komponenten sind einzelne Dienste die beliebig genutzt werden können. Die Koordination findet über Kommunikationswege statt (Enterprise Service Bus). Dieser ESB kennt die verschiedenen Komponenten, die sich bei ihm registriert haben mit deren Namen, deren Schnittstellen und deren Aufgaben. Je nach Bedarf kann er mehrere Komponenten auch gleicher Art, bei gleicher Schnittstelle nutzen, um Aufgaben hintereinander zu erledigen. Wenn also mehrere Mitgliedsverwaltungskomponenten im System bekannt sind, kann beim Anlegen, Ändern oder Löschen eines Mitgliedes auf völlig andere Komponenten zurückgegriffen werden, die die jeweiligen Teilschritte der Aufgaben erledigen.

Das heißt dann auch, das zum Einen definiert werden muss, welche Teile transaktional sind, also von der Komponente, also von einem Dienst bis zum Ende durchgeführt werden müssen und nicht unterbrechbar sind bzw. wenn ein Ablauf aus mehreren Schritten besteht muss klar sein, dass alle Komponenten innerhalb der Dienste zustandslos sein müssen. Daraus folgt, dass wenn das Anlegen eines Mitglieds in Komponente A erfolgt, darf die Komponente A kein Wissen darüber haben, welcher Schritt als nächstes folgt. Die Steuerung des Ablaufs muss zentralisiert werden. Denn es kann sein, dass der nächste Schritt von einer anderen Komponente durchgeführt wird, die den Zustand und die Daten der Komponente A nicht kennt.

Die reine SOA geht davon aus, dass alle Komponenten und alle Dienste, die innerhalb der Architektur genutzt werden zu jedem Zeitpunkt durch eine beliebig andere Komponente/anderen Dienst der die gleiche Beschreibung und die gleiche Schnittstelle hat, ersetzt werden kann. Wird die Ablaufbeschreibung zentralisiert und die Komponenten zustandslos, so müssen die Zustände an anderer Stelle hinterlegt werden. Es ergeben sich mehrere Möglichkeiten, die Zustände können über den ESB als Wert zurückgegeben werden, das verbreitert aber den Bus und ist im realen Leben sehr unhandlich. Die zweite Möglichkeit wäre es, die Zustände in den Entitäten zu speichern, was aber nicht deren Aufgabe ist und dem Konzept der SOA widerspricht. Auch die Klassen an sich sollen nicht über ihren Status des Programms wissen und welche Schritte als nächstes folgen. Die einzige Möglichkeit, die bleibt ist es, die Zustände und die Ablaufsteuerung an sich innerhalb der Persistenz zu hinterlegen.

Dies ist zwar nicht konform der reinen SOA Lehre, nach der alle Komponenten zu jeder Zeit austauschbar sein sollen, wenn aber die Datenbank fix ist und dort die Zustände bekannt sind und die Attribute und Methoden zu den einzelnen Entitäten, also fachlichen Begriffen, die gespeichert werden sollen, hinterlegt wurden, so bietet sich der Vorteil, dass bei Änderung der Fachlichkeit oder der Abläufe nur zentral an der Persistenzschicht Änderungen vorgenommen werden müssen. Wird dann die Datenbank ausgetauscht, so heißt dies in letzter Instanz, dass Abläufe und Struktur der Applikation ebenfalls angepasst werden müssen.

Serviceorientierte Architekturen stellen also Dienste zur Verfügung, die von außen genutzt werden können und nutzen dabei selbst verschiedene Komponenten. Diese Komponenten sind somit Bestandteil der SOA.

Abgrenzung SOA / Komponente

SOA ist also eine Erweiterung des Komponentenkonzeptes um die Eigenschaften, dass die Komponenten an sich, sowie die darin enthaltenen Klassen zustandslos sein müssen und sie definieren, dass es eine zentrale Steuerung gibt - den Enterprise Service Bus - über den sich die einzelnen Komponenten anmelden müssen, damit der Programmablauf auf die weiteren Komponenten verzweigen kann. Die Steuerung der Komponenten und der geschäftlichen Abläufe erfolgt dann wiederum in den Clients, bzw. einer eigenen Businesslogik-Schicht die auch über den ESB mit den Diensten kommuniziert und diese Dienste nutzt.

SOA ist folglich kein Gegenpol zu Komponenten, sondern ein Konzept wie Komponenten strukturiert und wohl definiert miteinander kommunizieren können und bietet die Möglichkeit, dass Komponenten weiterhin austauschbar bleiben.

2.19 Weiterführende Literatur

[Booch2005]
G. Booch, J. Rumbaugh, I. Jacobson: *The Unified Modeling Language User Guide*. 2nd Edition, Addison-Wesley, 2005.

[Rumbaugh2004]
J. Rumbaugh, I. Jacobson, G. Booch: *The Unified Modeling Language Reference Manual*. 2nd Edition, Addison-Wesley, 2004.

[Jacobson2005]
I. Jacobson, G. Booch, J. Rumbaugh: *The Unified Software Development Process,* 2nd Edition, Addison-Wesley, 2005

[Gamma1996]
E. Gamma, R. Helm, R. Johnson, J. Vlissides: *Design Patterns: Elements of Reusable Object-Oriented Software*, Addison-Wesley, 1995. Deutsche Ausgabe: *Entwurfsmuster: Elemente wiederverwendbarer objektorientierter Software*, Addison-Wesley, 1996.

[Buschmann1996]
F. Buschmann, R. Meunier, H. Rohnert, P. Sommerlad, M. Stal: *Pattern-Oriented Software Architecture: A System of Patterns*, Wiley, 1996.

[Larman1997]
C. Larman: *Applying UML and Patterns, An Introduction to Object-Oriented Analysis and Design,* Prentice Hall, 1997.

Etwas einfach zu machen ist nicht einfach,
es bedarf der geschickten Abstraktion vom Komplexen zum Wesentlichen

3 Methodik

In diesem Abschnitt wird die praktische Anwendung der UML systematisch und anhand eines Beispieles gezeigt.

3.1 Analyse

Die objektorientierte Analyse wird in diesem Kapitel anhand eines durchgängigen Beispiels demonstriert und erläutert. Die dabei angewendeten UML-Elemente und -konzepte werden hier jedoch nur ansatzweise erläutert. Im Vordergrund steht die Demonstration ihrer Anwendung. Detailliert beschrieben sind die einzelnen UML-Konzepte stattdessen im UML-Grundlagenkapitel (⇨239), auf das jeweils direkt mit Seitenzahl verwiesen wird.

In diesem Kapitel werden die einzelnen Aktivitäten der objektorientierten Analyse in einer sequentiellen Abfolge beschrieben. In der Praxis, vor allem in agilen Projekten, werden viele dieser Einzelaktivitäten parallel, in anderer Reihenfolge oder auch mehrfach durchlaufen, was sich in einem Buch nur begrenzt darstellen lässt. Daher finden Sie hier eine Reihenfolge, die vor allem didaktisch hilfreich und sinnvoll ist, aber eben kein Dogma ist.

Im Folgenden ist der Ablauf der Aktionen der Analyse in einem Aktivitätsdiagramm dargestellt. Die komplexeren Aktionen der Identifikation und der Modellierung der Anwendungsfälle sind in den zugehörigen Detaildiagrammen aufgeschlüsselt. Die Diagramme stellen auch dar, dass sich verschiedene Arten von Vorgehen mit Hilfe von Aktivitätsdiagrammen ausdrücken lassen und die UML nicht nur zur Darstellung von Programmabläufen genutzt werden kann.

Die hier vorgestellte Methodik ist eine Entwicklung der oose GmbH, die mit freundlicher Zustimmung hier verwendet werden durfte.

Die Analyse beginnt mit der Systemidee und Zielsetzung, in der geklärt wird, was das eigentliche Ziel der Entwicklung sein soll. In den nächsten Schritten werden dann die Interessenhalter und deren Interessen ermittelt, um die Eigenschaften des Produktes genauer festzulegen. Der Systemkontext grenzt dann das zu erstellende von den vorhandenen Systemen ab und deckt auf, welche Schnittstellen sich aus dem Projekt heraus ergeben.

Hier schließen sich nun die einzelnen Iterationen an, in denen das System nach und nach genauer detailliert wird. Es werden die jeweils gefundenen Geschäftsanwendungsfälle identifiziert und essentiell beschrieben, vorher gefundene Anwendungsfälle werden, soweit benötigt, in Systemanwendungsfälle überführt und ebenfalls weiter detailliert und im Systemanwendungsfallmodell hinterlegt.

Parallel dazu wird das Fachglossar gepflegt und ein Fachklassenmodell erstellt, mit Hilfe dessen die Fachbegriffe in Relation gesetzt werden. Zusätzlich können an dieser Stelle die sich ergebenden Schnittstellen genauer spezifiziert und die ersten Schnittstellen explorativ erstellt werden.

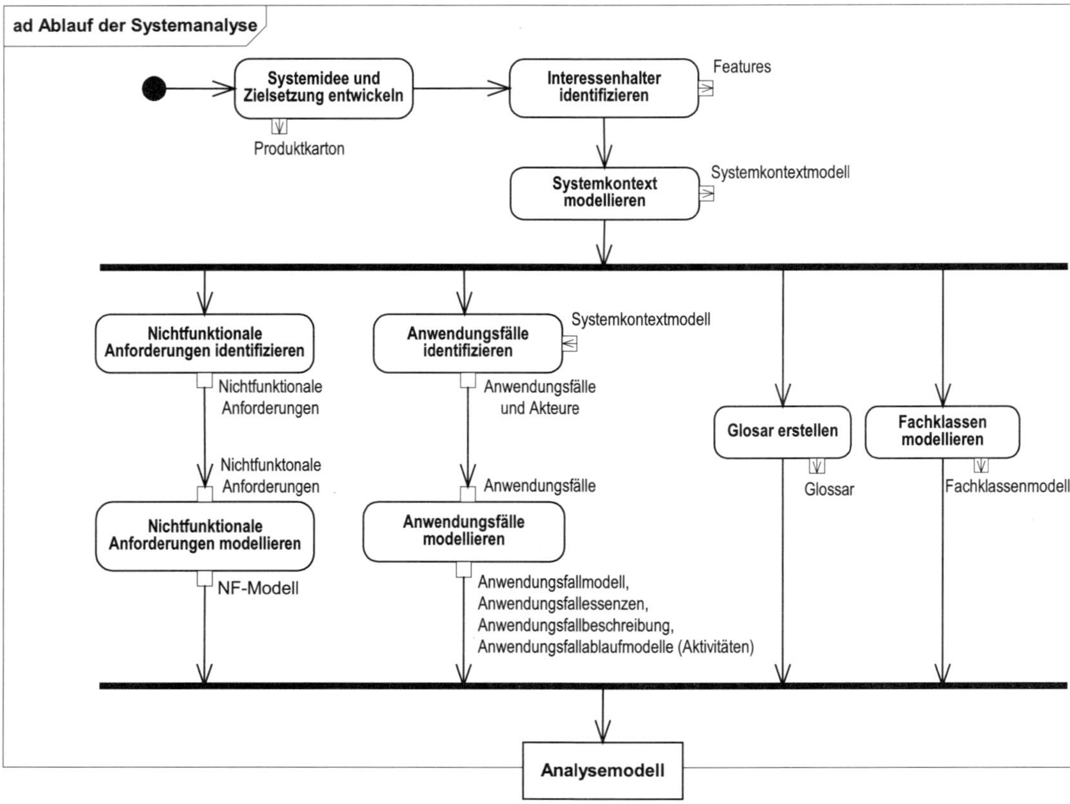

Abb. 3.1-1: Übersicht des Ablaufs der Analyse

3.1.1 Systemidee und Zielsetzung entwickeln

Extrakt

- Entwickle die Systemidee zusammen mit Auftraggeber, Produktempfänger, Benutzer und Entwickler unter aktiver Klärung von Interessenskonflikten und Widersprüchen.
- Formuliere die Systemidee kurz und knapp aber unbedingt schriftlich mit etwa 5 – 20 Sätzen. Berücksichtige die wichtigsten Eigenschaften, Leistungsmerkmale, Rahmenbedingungen, Voraussetzungen und expliziten Leistungsausschlüsse.
- Sorge dafür, dass Auftraggeber, Produktempfänger, Benutzer und Entwickler die Systemidee kennen und vorbehaltlos unterstützen.

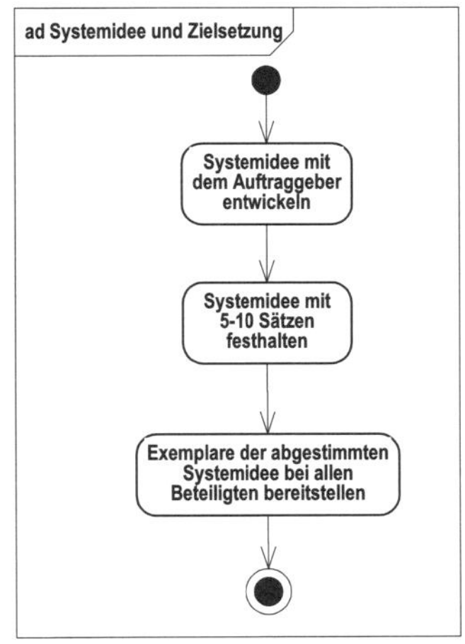

Die Entwicklung eines Systems beginnt damit, dass die grundsätzliche Zielsetzung und Systemidee gefunden werden muss. Was soll mit dem zu entwickelnden System erreicht werden? Gewöhnlich beginnt alles mit vagen Ideen und Visionen, Absichtsbekundungen und naiven Wünschen. ☑ 3.1.1.2

Formulieren Sie die Systemidee schriftlich auf etwa einer halben Seite – mit dem Vorgang des Aufschreibens setzt dann bereits der Zielfindungs- und Konkretisierungsprozess ein. ☑ 3.1.1.1

Entwickle die Systemidee. Wenn Auftraggeber, Produktempfänger und Entwickler keine explizite und keine einheitliche Idee haben, was das zukünftige System leisten soll, sind Komplikationen oder gar Misserfolg des Projektes vorprogrammiert. Eine einheitliche, schriftlich fixierte Vision ist wichtig, damit alle Beteiligten am gleichen Strang ziehen. Bei der Zielformulierung werden oftmals Interessenkonflikte und Widersprüche deutlich, die gewöhnlich geklärt werden sollten, bevor mit der Entwicklung begonnen wird.

Formuliere die Systemidee schriftlich. Die Systemidee muss nicht sehr ausführlich sein, wenige aber aussagekräftige Sätze reichen aus. Als Metapher können Sie sich hier an der Systembeschreibung eines gewöhnlichen Produktkartons orientieren. Wenn Sie eine Software kaufen, ist sie oftmals in einen großen Karton verpackt in dem außer Luft und einer CD meistens nicht viel drin ist. Auf der Außenseite des Produktkartons finden Sie jedoch gewöhnlich zwei wichtige Informationen: Produktkarton

- Systemvoraussetzungen
  Welche Hard- und Software muss bereits vorhanden sein, damit die neue

Software einwandfrei funktioniert (Betriebssystem, Speicherkapazität etc.)?

- Wichtige Features und Eigenschaften
  Was leistet die Software für den Benutzer?

Erstellen Sie für Ihr Projekt auch einen Produktkarton! Damit wird für alle Beteiligten plastisch sichtbar, was Sie mit Ihrem Projekt schaffen wollen. Folgende Informationen benötigen Sie für Ihren Produktkarton:

- Name: wie heißt Ihr Produkt?
- ☑ 3.1.1.4 Feature-Liste: die 5 – 15 wichtigsten Eigenschaften und Leistungsmerkmale Ihres Produktes.
- ☑ 3.1.1.5 Voraussetzungen – welcher Art auch immer: Hardware, Software-Architektur, Systemumgebung/Nachbarsysteme, Entwicklungswerkzeuge, organisatorische und personelle Voraussetzungen etc.
- Preis: was kostet Ihr System?

Sie können diese Informationen natürlich auch als einfaches Textdokument ablegen – ein realer Produktkarton hat jedoch verschiedene Vorteile:

- Angesichts der begrenzten Fläche sind Sie gezwungen, sich wirklich kurz zu fassen.
- ☑ 3.1.1.3 Sie nehmen gedanklich die Fertigstellung des Produktes vorweg und preisen es bereits vorab an. Damit formulieren Sie ein Ziel und klare Ziele sind eine wesentliche Voraussetzung, um die Handlungen der Projektbeteiligten auszurichten und ergebnisorientiert zu bündeln.
- ☑ 3.1.1.7 Der Karton, als materialisiertes Ziel, schafft eine Identifikationsmöglichkeit und hat einen hohen symbolischen Wert. Wenn jemand von außen in das Projekt kommt und fragt, „was macht ihr eigentlich?“, dann geht man zum Produktkarton und zeigt ihn: „Das machen wir: ein XY-System. Es kann [...] leisten.“ Der Produktkarton sollte möglichst dort stehen, wo das Projektteam sich regelmäßig trifft.
- ☑ 3.1.1.6 Auch spätere mögliche Änderungen an den grundlegende Leistungsmerkmalen und Voraussetzungen werden auf dieser Ebene konkret wahrnehmbar, weil der Karton ggf. geändert werden muss. Anstatt dem Produkt immer weitere Eigenschaften hinzuzufügen und damit alleine durch die Größe den Projekterfolg zu gefährden[16], was auch eine entsprechende störende Überarbeitung des Produktkartons notwendig macht, kann es vorteilhafter sein, die zusätzlichen Features in entsprechende Zusatzprodukte auszugliedern, d.h. in separate Projekte mit eigenem Produktkarton. So wie die Freisprecheinrichtung für ein Mobiltelefon ein Zusatzprodukt ist, ist dann vielleicht auch die SAP-Schnittstelle einer Software separiert.

[16] Die Erfolgswahrscheinlichkeit eines Projektes sinkt mit seiner Größe. Das zeigt die Praxis immer wieder und wird auch durch einschlägige Studien belegt, beispielsweise der Standish Group oder der Gartner-Group.

Abb. 3.1-2: Beispiel eines symbolischen Produktkartons

Dem in diesem Buch verwendeten Beispiel liegt folgende Idee zugrunde:[17]

Systemidee

In einer Autovermietung soll die Reservierung und Vermietung von Kfz und die Abrechnung der Vermietungen durch ein Informationssystem unterstützt werden.

Das zu entwickelnde neue System soll alle Funktionen bereitstellen, die in direktem Zusammenhang mit der Betreuung von Kunden stehen. Dazu gehören die Kundenberatung, die Verwaltung der Stammdaten (Anschriften, Bankverbindungen etc.), die Reservierung, die Vermietung von Kfz und die Abrechnung mit dem Kunden.

Geschäftspartnerferne und indirekte Bereiche, wie beispielsweise die interne Buchhaltung, Tarif- und Produktplanung, Kfz-Überführung/-disposition u.Ä., sind keine Systembestandteile.

Abb. 3.1-3: Systemidee des Fallbeispiels (klassische Fassung)

Die Beschreibung in Abb. 3.1-3 ist für einen Produktkarton wenig geeignet, sie nimmt nicht die Fertigstellung des Produktes vorweg. Folgende Formulierung ist geeigneter:

[17] Dieses Beispiel wurde ursprünglich für Schulungszwecke entwickelt und stammt nicht aus einem realen Projekt. LeserInnen, die ein solches System wirklich entwickelt haben, mögen über die vorkommenden Vereinfachungen und Ungenauigkeiten bitte hinwegsehen.

Systemidee

Flitz-Auto 1.0 ist die Software, die Sie in allen wichtigen Anwendungsfällen einer Autovermietung unterstützt: Sie können Kfz reservieren (inkl. ändern und stornieren), vermieten (inkl. Vertragserstellung und Rücknahmeprotokoll) und die Vermietungen abrechnen (Einzel-, Sammel- und Monatsrechnungen).

Selbstverständlich kann *Flitz-Auto 1.0* auch die zu vermietenden Kfz, die vorhandenen Mietstationen und die Kunden mit allen wichtigen Stammdaten (Anschriften, Bankverbindungen etc.) verwalten. Eine Datenübernahme aus dem Altsystem ist möglich.

Weitere wichtige Eigenschaften von *Flitz-Auto 1.0*: Mandantenfähigkeit, Agenturbetrieb, Teilnahme am Single-Sign-On, Altdaten-Archivierung, verschiedene Auswertungen, Berichte und Statistiken (nicht im Internet), 24*7-Betrieb. Eine Bedienung über Funktionscode ist nicht mehr nötig und nicht mehr möglich – *Flitz-Auto 1.0* ist einfach bedienbar und mit integrierter Hilfe ausgestattet. Für alle Fälle kennt die Hilfe-Funktion jedoch die alten Funktionscodes und zeigt Ihnen dazu die neue Bedienung in *Flitz-Auto 1.0*.

Flitz-Auto 1.0 läuft im Netzwerk Ihres Unternehmens und bietet für Kunden und Agenturen auch einen Internetzugang. Systemvoraussetzungen sind Schnittstellen zum bestehenden Tarif- und Produktsystem TSC und zur Finanzbuchhaltung SAP-FI.

☑ 3.1.1.6 Zusatzmodule zur Kfz-Überführung/-disposition, zur Schadenbearbeitung und zum Beschwerdemanagement sind ebenso wie Mehrwährungs- und Mehrsprachenfähigkeit für *Flitz-Auto 2.0* in Planung.

Abb. 3.1-4: Systemidee des Fallbeispiels (in plakativer Produktkarton-Fassung)

Leitfragen, Checkliste:

☑ 3.1.1.1: Beträgt der Umfang der Systemidee etwa eine halbe Seite?

☑ 3.1.1.2: Beschreibt die Systemidee, was mit dem zu entwickelnden System erreicht werden soll?

☑ 3.1.1.3: Ist die Systemidee so formuliert, dass die Fertigstellung des Produktes geistig vorweggenommen wurde? Ist die Formulierung für die Verwendung auf einem Produktkarton geeignet?

☑ 3.1.1.4: Enthält die Systemidee eine Auflistung der 5 – 15 wichtigsten Eigenschaften und Leistungsmerkmale Ihres Produktes?

☑ 3.1.1.5: Enthält die Systemidee eine Auflistung der wichtigsten Voraussetzungen und Rahmenbedingungen (Hardware, Software, Organisation, Entwicklungs- und Zielumgebung, Finanzen, Termine)?

☑ 3.1.1.6: Enthält die Systemidee eine Abgrenzung, welche Eigenschaften und Leistungsmerkmale erwartet werden könnten, jedoch explizit nicht oder erst in späteren Versionen enthalten sein werden?

☑ 3.1.1.7: Haben Sie als symbolischen, psychologisch wirksamen Akt für Ihr Projekt einen realen Produktkarton gestaltet und hergestellt?

☑ 3.1.1.8: Ist die Systemidee dem Auftraggeber, den Produktempfängern (z.B. Fachabteilungen), der Projektleitung und dem Projektteam bekannt und wird sie von diesen Parteien explizit akzeptiert? Welche Vorbehalte existieren ggf.?

3.1.2 Interessenhalter identifizieren

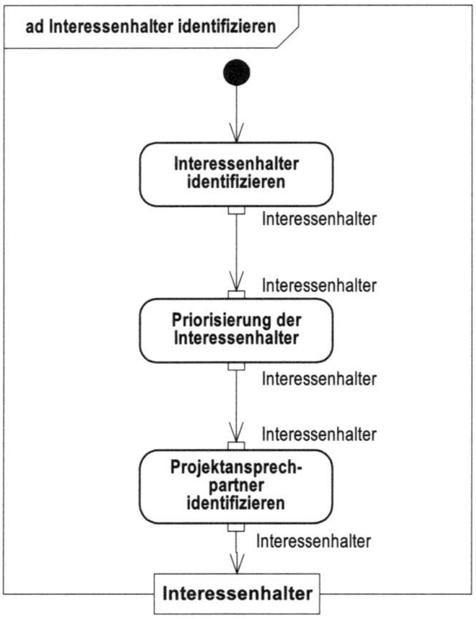

Extrakt

- Identifiziere die Interessenhalter (Stakeholder).
- Bewerte die Wichtigkeit der Interessenhalter anhand von Relevanz und Risiko.
- Identifiziere die Projekt-Ansprechpartner.
- Unterscheide die Ansprechpartner in Fachexperten, Anforderungsverantwortliche und Systembetroffene.

Identifiziere die Interessenhalter. Noch bevor die Anforderungen an das zu erstellende System ermittelt werden, gilt es zunächst einmal herauszufinden, wer denn überhaupt Anforderungen an dieses System liefern könnte.

Viewpoint Resolution

Hierzu wird versucht, alle beteiligten Parteien herauszufinden, die von dem zu entwickelnden System (bzw. Projekt) direkt oder indirekt betroffen sind oder von denen das zu entwickelnde System (bzw. Projekt) betroffen ist. Denn dies sind die Personen oder Organisationseinheiten, die möglicherweise bestimmte Erwartungen, Interessen und Anforderungen an das zu erstellende System formulieren. Mit den indirekt betroffenen sind solche Personen gemeint, die zwar keinen direkten Kontakt zum System haben, aber im geschäftlichen Umfeld bzw. an dem Geschäft beteiligt sind, das vom System unterstützt werden soll.

Stakeholder sind Personen, die ein Interesse an dem System haben.

☑ 3.1.2.1

Im amerikanischen Sprachraum gibt es hierfür das Wort *Stakeholder*, das aus der Goldgräberzeit stammt, als man mit Hilfe von Pfählen (stakes) einen beanspruchten Bereich abgrenzte. Mögliche Übersetzungen sind *Projektbetroffene*, *Systembetroffene* oder *Anforderungsbeitragende* oder ganz allgemein *Interessenhalter*. Stakeholder sind beispielsweise:

- Anwender des Systems
- Fachabteilung
- Revisionsabteilung
- Auftraggeber, Geldgeber, Management, Vorstand, Geschäftsführung
- Gesetzgeber, Standards

- Kunden
- Systemadministratoren, Servicepersonal, Schulungspersonal, Hotline, Support
- Systementwickler, Systemwartung/Systemweiterentwickler
- Käufer des Systems
- Marketing, Vertrieb
- Projektgegner und -befürworter

Einige der Interessenhalter sind wahrscheinlich von vornherein bekannt, da sie offensichtlich sind oder als Ansprechpartner für das Projekt benannt wurden, häufig beispielsweise der Auftraggeber und Vertreter der Fachabteilung. Die übrigen Interessenhalter findet man durch Gespräche und Interviews mit den bereits bekannten Anforderungsbeitragenden heraus. Allgemeinwissen, gesunder Menschenverstand und etwas Branchenkenntnis führen ebenfalls schnell zu den wichtigsten Anforderungsbeitragenden.

Kommunikation mit Stakeholdern

Wenn Sie nicht alle Interessenhalter eines Systems ermitteln können, steigt die Wahrscheinlichkeit, dass Sie auch eine Reihe von Anforderungen an das System nicht oder nicht rechtzeitig erkennen. Viele Fehler und Mängel, die unmittelbar nach der produktiven Einführung eines Systems auftreten, lassen sich auf unbeachtete Interessenhalter zurückführen. Nach Einführung des Systems erhalten diese Interessenhalter in irgendeiner Weise direkten oder indirekten Kontakt mit dem System und merken, dass ihre Anforderungen oder Interessen nicht oder nur unbefriedigend berücksichtigt wurden.

Risikogetriebene Stakeholder-Auswahl

Bewerte die Wichtigkeit der Interessenhalter. Zwar ist die Kommunikation mit den Interessenhaltern wichtig, da aber in Projekten Zeit und Budget gewöhnlich limitiert sind, haben wir in der Praxis nur begrenzte Möglichkeiten hierzu. Um die oben genannten möglichen resultierenden Fehler und Mängel nicht dem Zufall zu überlassen, ist es sinnvoll, jeden einzelnen identifizierten Interessenhalter zu bewerten:

- Wie groß ist das Risiko, wenn dieser Interessenhalter nicht berücksichtigt wird? Eine 6-stufige Skala reicht aus (Risiko: 1=kein, 2=gering, 3=mittel, 4=hoch, 5=sehr hoch, 6=fatal).
- Wie groß ist der Aufwand, diesen Interessenhalter zu berücksichtigen? Hier reicht ebenfalls eine 6-stufige Skala (Aufwand: 1=extrem, 2=sehr hoch, 3=hoch, 4=mittel, 5=gering, 6=vernachlässigbar).

Die Bewertung kann beispielsweise in Form einer Tabellenkalkulation, wie in Abb. 3.1-5 dargestellt, stattfinden (Priorität = Wurzel(Risiko^2 + Aufwand^2). Bei einer 6-stufigen Skala beider Dimensionen wäre der höchste Prioritätswert 8,5. Alternativ kann die Priorisierung auch gemeinsam an einer Pinwand vorgenommen werden, wie in Abb. 3.1-6 dargestellt.

Interessenhalter	Risiko	Aufwand	Priorität
Callcenter-Agent	5	4	6,4
Callcenter-Leitung	5	4	6,4
Agentur	5	3	5,8
Niederlassung	4	4	5,7
Systemadministrator	4	4	5,7
Kfz-Service	3	4	5,0
Kunden-Sekretariat	2	3	3,6

Abb. 3.1-5: Interessenhalter priorisieren mit Tabellenkalkulation
(hoher Wert=wichtig, Interessenhalter nach Priorität absteigend sortiert)

☑ 3.1.2.2

Für jeden Interessenhalter ist zu klären, in welcher Art und Weise er einbezogen werden kann, also beispielsweise ob Einzel- oder Gruppen-Interviews geführt werden können, Fragebogen möglich sind, Fragen spontan telefonisch geklärt werden können, regelmäßige Abstimmrunden stattfinden sollten, welche Formalien und Dienstwege einzuhalten sind, eine aktive Mitarbeit eines Interessenhalters möglich ist, in welcher Frequenz und mit welcher Zeit die Ansprechpartner zur Verfügung stehen usw.

Je nach Art des Projektes können die beiden Dimensionen Risiko und Aufwand unter Umständen unterschiedlich skaliert werden. Ist beispielsweise der Aufwand zu minimieren, könnte die Skala hier nach oben verschoben werden und Werte von 2,0 – 7,0 umfassen. Ist es in dem Projekt jedoch wichtiger die Risiken zu minimieren, sollte stattdessen diese Skala höher gewichtet werden.

Der Einfachheithalber können nun die Interessenhalter in drei Prioritätsgruppen unterteilt werden:

- **Muss:** unbedingt zu berücksichtigende Interessenhalter mit einem Prioritätswert zwischen 5,0 – 8,4. Wenn Interessenhalter aus diesen Gruppen nicht angemessen berücksichtigt werden können, sollten die Rahmenbedingungen des Projektes (Termin, Budget, Personalausstattung etc.) hinterfragt werden, da das Projekt elementare Aufgaben nicht leisten kann.
- **Sollte:** nach Möglichkeit zu berücksichtigende Interessenhalter mit einem Prioritätswert zwischen 3,4 – 4,9. Soweit Interessenhalter aus dieser Gruppen nicht angemessen berücksichtigt werden können, ist dies wahrscheinlich akzeptabel.
- **Könnte:** Interessenhalter mit einem Prioritätswert zwischen 1,0 – 3,3 können am ehesten vernachlässigt werden.

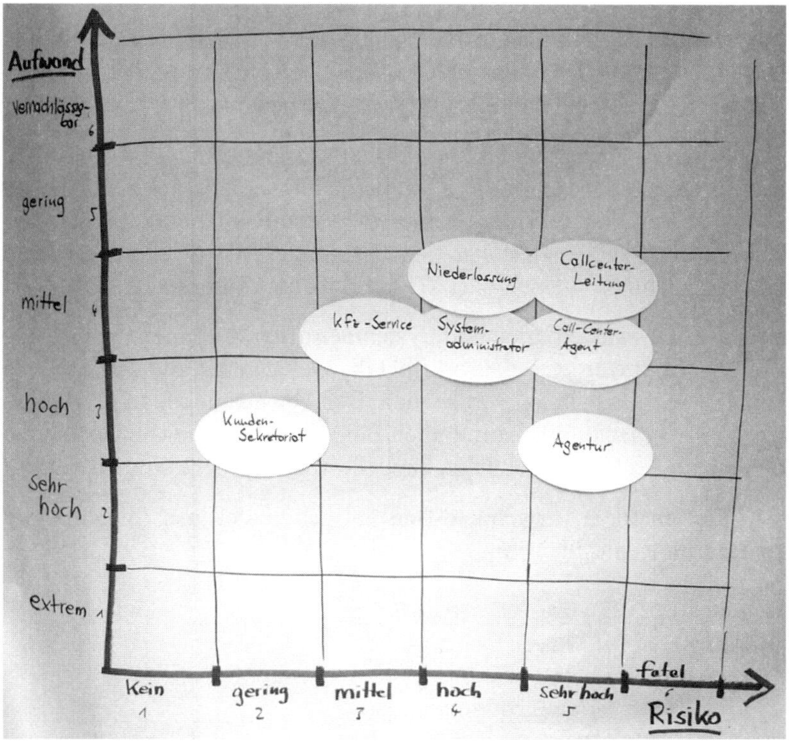

Abb. 3.1-6: Interessenhalter grafisch an Pinwand priorisieren (Priorität steigt mit Entfernung vom Achsennullpunkt)

Identifiziere die Projekt-Ansprechpartner. Zunächst müssen die konkreten AnsprechpartnerInnen ermittelt werden, damit der Anwendungsbereich analysiert werden kann.

Für das weitere Vorgehen ist es sinnvoll, die AnsprechpartnerInnen dahingehend zu unterscheiden, ob es sich um unerfahrene AnwenderInnen, erfahrene AnwenderInnen, AnwendungsbereichsexpertInnen (DomänenexpertInnen) oder verantwortliche Führungskräfte handelt und welche Entscheidungsbefugnisse sie bei der Abstimmung der Anforderungen haben. DomänenexpertInnen

Unterscheide die Ansprechpartner in ☑ 3.1.2.4

- **Fachexperten**, also solche Personen, die Experten des Anwendungsgebietes sind, die Ihnen also helfen können, das Anwendungsgebiet zu verstehen und fachliche Fragen qualifiziert zu beantworten. Die Fachexperten sind häufig, aber nicht immer auch Anwender des späteren Systems.
- **Anforderungsverantwortliche**, also solche Personen, die befugt sind, die Anforderungen an das neue System festzulegen bzw. mit Ihnen abzustimmen. Die offiziellen Verantwortlichen sind häufig keine Fachexperten, sondern verlassen sich in ihren Entscheidungen oft auf die Meinung von Fachexperten und Systembetroffenen.

Akteur ⇨269

- **Systembetroffene**, also solche Personen, die von dem fertiggestellten System direkt betroffen sein werden, also beispielsweise die späteren Anwender. Sie werden auch (System-) Akteure genannt.

Die Qualität der Analyseergebnisse wird von diesen AnsprechpartnerInnen entscheidend geprägt, weshalb die Kommunikation mit ihnen zunächst im Vordergrund steht. Die AnwenderInnen und Systembetroffenen müssen diese Ergebnisse mittragen, sonst hat das fertiggestellte Anwendungssystem später mit Akzeptanzproblemen oder Widerständen zu kämpfen.

Die Gespräche mit Fachexperten und Systembetroffenen können unabhängig voneinander geführt werden – dies eröffnet die Gelegenheit, die dargestellten und erkannten Sachverhalte zu vergleichen. Bei Abweichungen muß nachgefasst werden. Gegebenenfalls ist mit allen Beteiligten gemeinsam darüber zu sprechen und ein Konsens zu erzielen bzw. die Widersprüche sind zu klären.

Für das in diesem Buch verwendete Beispiel lassen sich u.a. folgende GesprächspartnerInnen ausmachen:

☑ 3.1.2.1

Systembetroffene	Konkrete Ansprechpartner
Callcenter-Agent	Frau von Bismarck Herr Walter Frau Richter
Niederlassung	Herr Segen Herr Schlecht Herr Schöps
Kfz-Service	Herr Kraft

Fachexperten	Konkrete Ansprechpartner
Reservierung	Frau von Bismarck
Auskunft	Frau von Bismarck
Niederlassung	Herr Dr. Neuland (Niederlassungsleiter)

Verantwortliche	Konkrete Ansprechpartner
Niederlassungsleiter	Herr Dr. Neuland
Callcenter-Leitung	Frau Richter

Abb. 3.1-7: Ansprechpartner des Fallbeispiels

Leitfragen, Checkliste:

☑ 3.1.2.1: Wurde für die folgenden Kategorien von Interessenhaltern jeweils eine Liste konkreter Ansprechpartner erstellt: *Anwender, Fachabteilung, Auftraggeber/Management/Geldgeber, Gesetzgeber/Standards, Kunden, Administration/Service/Schulung/Hotline, Entwickler, Käufer, Marketing/Vertrieb, Projektgegner/-befürworter*?

☑ 3.1.2.2: Wurde für jeden Interessenhalter ermittelt, welche Relevanz er für das Projekt hat und wie groß das Risiko ist, ihn nicht oder kaum in das Projekt einzubeziehen?

☑ 3.1.2.3: Wurde für jeden Interessenhalter entschieden, ob er in das Projekt einbezogen werden *muss*, *sollte* oder *könnte* bzw. in welcher Art er einzubeziehen ist (Interview, aktive Mitarbeit, Begutachtung, Information etc.)?

☑ 3.1.2.4: Wurde für jeden Ansprechpartner festgelegt, ob er Fachexperte, Anforderungsverantwortlicher oder Systembetroffener ist?

3.1.3 Interessen der Interessenhalter identifizieren

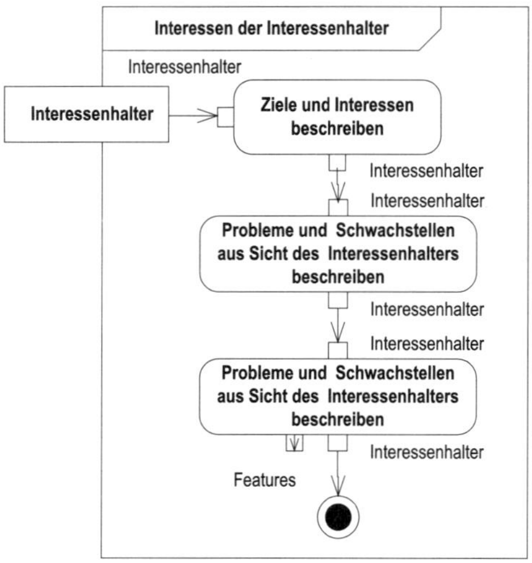

Extrakt

- Beschreibe die Ziele und Interessen der einzelnen Interessenhalter.
- Identifiziere bestehende Probleme und Schwachstellen aus Sicht der Interessenhalter.
- Beschreibe die wichtigen geforderten Systemeigenschaften aus Sicht der Interessenhalter.

Beschreibe die Interessen der einzelnen Interessenhalter. Für die einzelnen Interessenhalter versucht man anschließend herauszufinden, welche Sicht sie auf das System haben bzw. zukünftig wahrscheinlich haben werden. Außerdem sind ihre Interessen und grundsätzlichen Anforderungen an das zu erstellende System bzw. an das Projekt herauszuarbeiten.

Verschiedene Anforderungsbeitragende haben verschiedene Interessen an dem zu erstellenden System bzw. an dem Softwareentwicklungsprojekt. Diese können sich ergänzen oder widersprechen und müssen nicht immer offensichtlich sein.

Politische Anforderungen

Dabei ist zu unterscheiden zwischen den tatsächlichen, ggf. verschwiegenen individuellen Interessen der einzelnen Personen, den individuellen Interessen ihrer Organisationseinheit und den offiziell und vordergründig geäußerten Interessen.

Vertreter einer Fachabteilung, deren Arbeitsplätze mit dem zu erstellenden System möglicherweise wegrationalisiert werden, haben vielleicht das Interesse, die Erstellung des neuen Systems zu sabotieren. Andere haben möglicherweise das Bedürfnis, ein optimal angepasstes System zu erhalten, um ihre überhöhte Arbeitsbelastung zu normalisieren oder von lästigen Routinetätigkeiten befreit zu werden.

☑ 3.1.3.1

Beschreiben Sie für alle wichtigen (siehe Kap. 3.1.2 ⇨96, z.B. ☑ 3.1.3.3) Interessenhalter deren Interessen und Ziele, soweit Ihnen diese bekannt sind.

Hierzu müssen Sie die Interessenhalter danach befragen oder sich in anderer Weise Informationen zu deren Interessensituation beschaffen.

Beispiel:

Callcenter-Agents	Nach Meinung der Callcenter-Agents unterstützt das bisherige System deren Arbeit nur unzureichend, weswegen sie häufig nicht die von den Kunden gewünschte Leistung erbringen können. Es bestehen Ängste, dass durch mehr direkte Internet-Reservierungen die Arbeitsplätze im Callcenter gefährdet sind. Die Callcenter-Agents erwarten vom neuen System, dass es sie in die Lage versetzt, gegenüber den Kunden bessere und attraktivere Leistungen zu erbringen, als bei einer Internet-Reservierung.
Callcenter-Leitung	Sieht es als Problem, dass das vorhandene System während der Spitzenzeiten zu langsam ist. Sieht es als Problem, dass bereits kleinere Abweichungen vom Normalablauf der Reservierung vom vorhandenen System nicht vernünftig unterstützt werden, was einen erheblichen Zeitaufwand verursacht. Erwartet vom neuen System, dass die Kosten pro Reservierung im Durchschnitt um mindestens 30 Prozent gesenkt werden.
...	...

Abb. 3.1-8: Interessen der Interessenhalter

Leitfragen, Checkliste:

☑ 3.1.3.1: Sind die Interessen und Ziele aller wichtigen Interessenhalter und Ansprechpartner ermittelt und dokumentiert worden?

☑ 3.1.3.2: Für welches Fachgebiet ist der Interessenhalter kompetent? Wie lange schon?

☑ 3.1.3.3: Welche Befugnisse und Verantwortung trägt der Interessenhalter?

☑ 3.1.3.4: Welches Interesse hat er an dem neuen System?

☑ 3.1.3.5: Was muss bzw. sollte aus seiner Sicht das neue System auf jeden Fall leisten?

☑ 3.1.3.6: Was darf keinesfalls passieren?

☑ 3.1.3.7: Welche Befürchtungen hat der Interessenhalter gegenüber dem neuen System?

3.1.4 Systemkontext aufnehmen

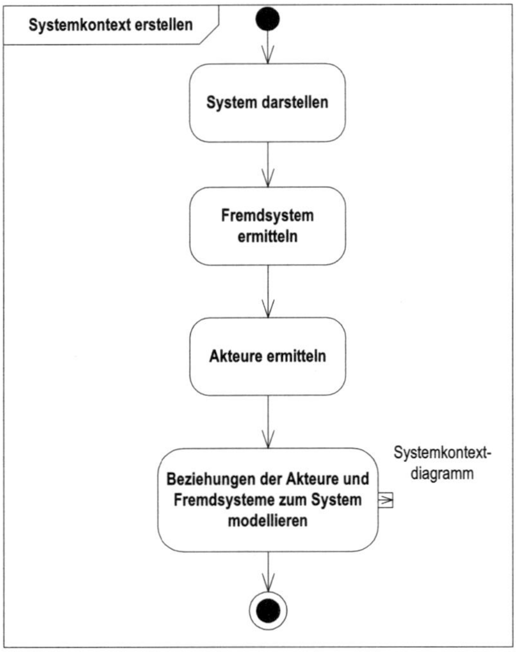

Extrakt

- Stelle das System als Klasse im Diagramm dar
- Ermittle alle Fremdsysteme mit denen zusammengearbeitet werden muss
- Stelle alle Benutzer des Systems als Akteure dar
- Modelliere die Beziehungen zwischen den Akteuren bzw. Fremdsystemen und dem zu erstellenden System

Abgrenzung

Nachdem wir uns einen Überblick darüber verschafft haben, mit wem wir es zu tun haben, also, wer unser Kunde ist und welche Ideen wir zusammen mit dem Kunden realisieren und den Produktkarton erstellt haben, um die Zielsetzung zu definieren, geht es im nächsten Schritt darum, eine Abgrenzung zu machen welche Teile zu unserem zu entwickelnden System gehören und welche nicht. Dazu bedienen wir uns in diesem Falle der UML. In der Mitte des Diagramms erstellen wir uns eine Klasse mit dem Stereotyp «System». Der Stereotyp «System» ist kein von der UML vordefinierter, sondern ein eigen definierter Stereotyp.

Nutzer

Jeder Nutzer bzw. jede Nutzergruppe, die mit unserem System arbeitet, wird mit einer Beziehung zwischen dem Akteur und dem System modelliert. Diese Beziehung heißt Assoziation. Die Gruppe der Akteure wird in zwei Gruppen unterteilt:

- menschliche, zu denen eine Dialogschnittstelle existieren muss und
- technische, die über eine Datenschnittstelle angebunden sind.

Für die menschlichen Akteure verwenden wir das, von der UML, vordefinierte Symbol der Strichfigur. Die technischen Systeme werden im Diagramm durch unseren selbstdefinierten Stereotypen als Würfel dargestellt.

Wir zeichnen in die Mitte unser zu realisierendes System als Black Box und außen herum gruppieren wir die Akteure, mit denen wir zusammenarbeiten. Dies geschieht, weil wir mit dem Kunden zusammen klären wollen, wer mit unserem System arbeitet und vor allem auch, welche Funktionalität nicht mehr zu unserem System gehört.

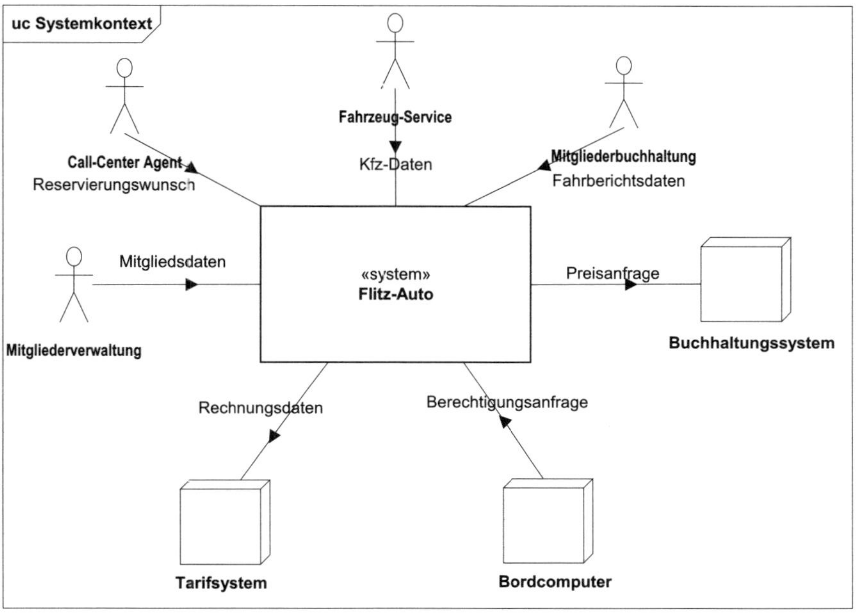

Abb. 3.1-9: Systemkontextdiagramm

Dass heißt, alle Aufgaben, die im Modell durch andere durchgeführt werden wie zum Beispiel die Berechnungen der Tarife durch das Tarifsystem, bilden in unserem Modell Fremdsysteme, zu denen wir eine Schnittstelle haben. Durch diese Festlegung befreien wir uns von der Verantwortung der Implementierung und uns mit der dahinterliegenden Funktionalität im Detail beschäftigen zu müssen. Was wir aber an dieser Stelle schon wissen, ist, dass es eine Schnittstelle gibt und wir können uns im Rahmen der Testorientierung an den Hersteller der Komponente wenden und uns um Beispieldaten, oder auch eine Beispielimplementierung dieser Schnittstelle bemühen.

Wenn wir uns die menschlichen Akteure anschauen, die mit dem System arbeiten, so lassen sich hier die Ansprechpartner identifizieren, mit denen wir Dialogabläufe, Handling und andere nichtfunktionale Anforderungen besprechen.

Das Systemkontextdiagramm dient dazu, festzulegen, was zu unserem System gehört, mit wem wir kommunizieren und was folglich - gerade bei externen Systemen - nicht mehr zu unserem System gehört. Dies bietet insgesamt eine gute Grundlage für eine Abgrenzung und vermeidet Unstimmigkeiten und Missverständnisse im Bezug auf den Umfang unserer Software.

3.1.5 Geschäftsanwendungsfälle identifizieren

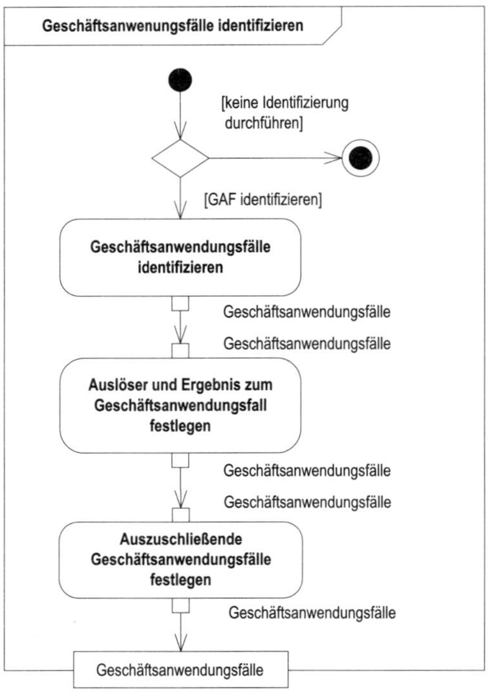

Extrakt

- Entscheide, ob Geschäftsanwendungsfälle identifiziert werden sollen.
- Identifiziere die Geschäftsanwendungsfälle (*business use cases*).
- Identifiziere Anfang und Ende der Anwendungsfälle mit Hilfe von Auslösern und Ergebnissen.
- Identifiziere die auszuschließenden Geschäftsanwendungsfälle.

Nach der Ermittlung der Interessenhalter und ihrer Interessen kann damit begonnen werden, die Anforderungen an das System mit Hilfe von Anwendungsfällen aufzunehmen und zu beschreiben.

Geschäftsanwendungsfall versus Systemanwendungsfall

Entscheide, ob Geschäftsanwendungsfälle identifiziert werden sollen. Die Geschäftsanwendungsfallanalyse ist ein wichtiger Schritt in der Geschäftsprozessmodellierung. Im Rahmen eines Softwareentwicklungsprojektes ist dieser Schritt aber ggf. entbehrlich. Geschäftsanwendungsfälle betrachten die geschäftlichen Abläufe unabhängig von einer möglichen systemtechnischen Umsetzung, während Systemanwendungsfälle genau hierauf ausgerichtet sind. In vielen Fällen ist es sinnvoll, vor der systemtechnischen Umsetzung die Geschäftsprozesse näher zu betrachten, um eine umfassendere und ganzheitlichere Lösung zu verfolgen. Wenn dies jedoch nicht notwendig oder nicht gewünscht ist, sind auch die Geschäftsanwendungsfälle von geringer Bedeutung. Entscheiden Sie also für jedes konkrete Projekt, ob und wie weit Geschäftsanwendungsfälle betrachtet werden sollen oder ob sofort die systemtechnische Umsetzung anzugehen ist.

Geschäftsprozessmodellierung (GPM)

Eine ausführlichere Einführung in die Geschäftsprozessmodellierung finden Sie in dem Buch „Objektorientierte Geschäftsprozessmodellierung mit der UML" ([Oestereich2003a], mit dem gleichen Fallbeispiel wie hier).

Identifiziere die Geschäftsanwendungsfälle. Ein Geschäftsanwendungsfall (engl. *business use case*) oder kurz Geschäftsfall beschreibt einen geschäftlichen Ablauf, wird von einem geschäftlichen Ereignis ausgelöst und endet mit einem Ergebnis, das für den Unternehmenszweck und die Gewinnerzielungsabsicht direkt oder indirekt einen geschäftlichen Wert darstellt.

Definition

Als Geschäftsanwendungsfall bezeichnen wir eine abstrakte Form von Anwendungsfällen, die noch unabhängig von den konkreten Möglichkeiten und Anforderungen zu ihrer systemtechnischen Umsetzung ist. Beispielsweise gäbe es für den Geschäftsanwendungsfall *Kfz reservieren* mehrere konkrete Umsetzungsmöglichkeiten die hier noch nicht betrachtet werden, wie etwa *Kfz telefonisch reservieren, Kfz im Internet reservieren, Kfz vor Ort reservieren.* Diese konkreten Anwendungsfälle unterscheiden sich hinsichtlich ihrer Abläufe, ihrer Anforderungen und sonstiger Details, sind also separat zu beschreiben. Darum geht es hier jedoch noch nicht, zunächst einmal wollen wir uns nur einen Überblick über die Anwendungsfälle verschaffen und noch nicht daran denken, welche konkreten Umsetzungsvarianten existieren. Deswegen wählt man für Geschäftsanwendungsfälle möglichst allgemeine und eher abstrakte Bezeichnungen.

Was ist ein *Geschäftsanwendungsfall?*
Grundlagen ⇨244

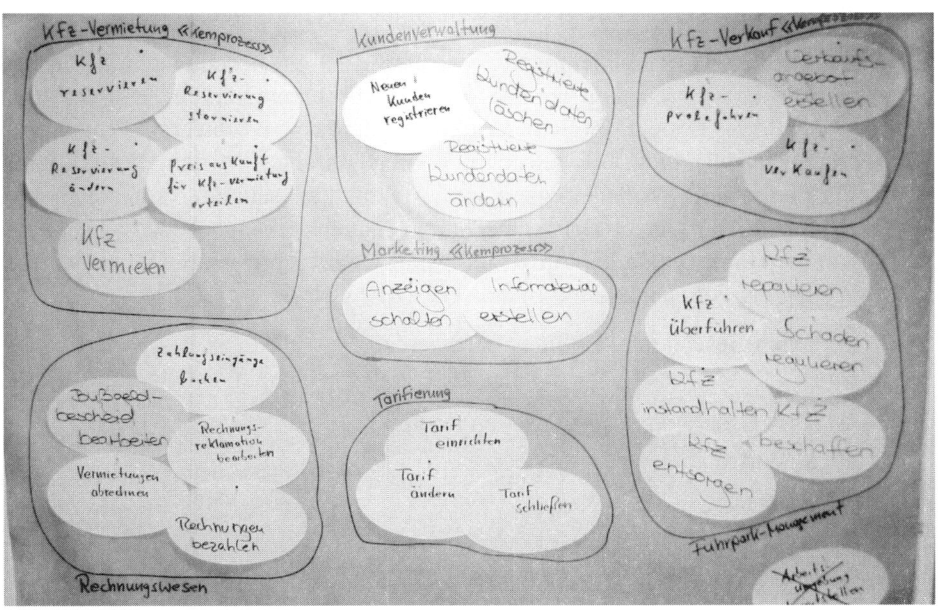

Abb. 3.1-10: Beispiel eines Workshop-Ergebnisses aus der Geschäftsprozessmodellierung (aus [Oestereich2003a])

Um die Geschäftsanwendungsfälle zu finden ist es hilfreich, einen kurzen Workshop mit wichtigen Interessenhaltern zu veranstalten. Abb. 3.1-10 zeigt ein mögliches Workshop-Ergebnis.

Geschäftsfälle für das hier behandelte Fallbeispiel sind unter anderem:

- Auskünfte zu möglichen Kfz-Reservierungen erteilen
- Kfz reservieren
- Kfz vermieten (Mietvertrag schließen und Kfz übergeben)
- Kfz-Vermietung abrechnen

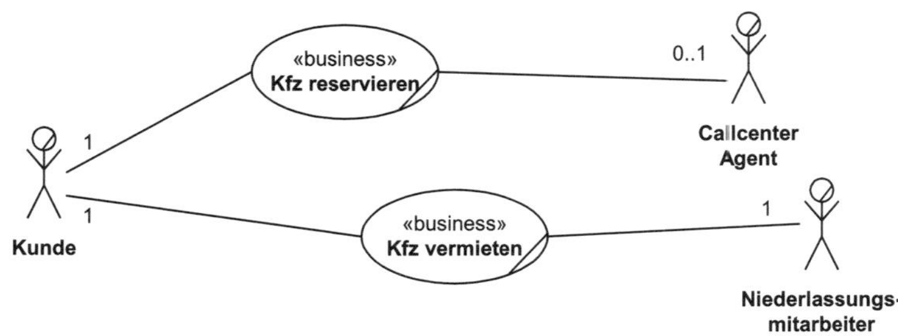

Abb. 3.1-11: Beispiele für Geschäftsanwendungsfälle und ihre Akteure

Identifiziere Auslöser und Ergebnisse der Anwendungsfälle, um ihren Anfang und ihr Ende sicher bestimmen zu können. Solange Sie hier keine eindeutigen Aussagen treffen können, haben Sie die fachlichen Zusammenhänge wahrscheinlich noch nicht weit genug durchdrungen.

Homogenität der Anwendungsfallbeschreibungen

Auslöser und Ergebnis eindeutig festzulegen ist ein bedeutender Schritt, da hiermit die Abgrenzung der Anwendungsfälle untereinander deutlich wird. In der Praxis besteht die Schwierigkeit darin, dass verschiedene Projektmitarbeiter Anwendungsfälle hinsichtlich ihres Umfanges (Anfang, Ende), ihrer Verbindlichkeit, Vollständigkeit und Abstraktheit sehr unterschiedlich beschreiben. Der Nutzen der Anwendungsfallanalyse hängt jedoch wesentlich von der Homogenität der Anwendungsfallbeschreibungen ab. Die eindeutige Festlegung von Anfang und Ende ist hierzu die Basis.

☑ 3.1.5.2

Für jeden Geschäftsfall sollte notiert werden:

- Name
- Kurzbeschreibung (1–20 Zeilen Freitext)
- Akteur(e)
- Auslöser
- Ergebnis(se)

Hier zwei Beispiele:

Beschreibung Geschäftsanwendungsfall	
Name	**Kfz reservieren**
Art	Geschäftsanwendungsfall
Kurzbeschreibung	Ein Kunde reserviert ein Kfz bei *Flitz-Auto.*
Auslöser, ggf. Motivation	Ein Kunde wendet sich an *Flitz-Auto,* um ein Kfz zu reservieren.
Ergebnis	Für den Kunden wurde ein Kfz reserviert.
Akteure	Kunde, Callcenter-Agent

Beschreibung Geschäftsanwendungsfall	
Name	**Kfz vermieten**
Art	Geschäftsanwendungsfall
Kurzbeschreibung	*Flitz-Auto* schließt einen Mietvertrag mit einem Kunden und übergibt ihm das Kfz zur Nutzung.
Auslöser, ggf. Motivation	Der Kunde wendet sich an *Flitz-Auto*, um ein reserviertes Kfz abzuholen.
Ergebnis	Ein Kfz-Mietvertrag wurde abgeschlossen. Die Kfz-Schlüssel wurden übergeben.
Akteure	Kunde, Niederlassungsmitarbeiter

Abb. 3.1-12: Geschäftsanwendungsfall-Beispiele

Namensgebung für Akteure: lieber konkret als abstrakt

Wenn Sie sich unsicher sind, ob Sie die Akteure des Geschäftsanwendungsfalles richtig benannt haben, halten Sie sich mit Ihren Zweifeln nicht zu lange auf. Im obigen Anwendungsfall *Kfz vermieten* ist beispielsweise der Akteur *Niederlassungsmitarbeiter* zweifelhaft, da der Kfz-Schlüssel vielleicht auch von einem Automaten übergeben werden könnte. Während sich Kurzbeschreibung, Auslöser, Ergebnis usw. meistens recht gut abstrakt und dennoch verständlich formulieren lassen, klingen sehr abstrakt benannte Akteure sehr gestelzt („Kfz-Schlüssel-Aushändiger"). Verwenden Sie bei den Akteuren daher im Zweifelsfall lieber einen konkreteren, verständlicheren Namen. Solche Unschärfen sind gewöhnlich vertretbar, da sich dies im weiteren Entwicklungsprozess mit großer Wahrscheinlichkeit klärt.

Identifiziere die auszuschließenden Anwendungsfälle. Es gibt auch Anwendungsfälle, die überhaupt nicht durch das System unterstützt werden können oder sollen. Beispielsweise der Anwendungsfall *Vermietetes Kfz wird benutzt* (Abb. 3.1-13). Akteur ist hier der Kunde bzw. Fahrer des Kfz. Dieser Anwendungsfall ist für die Kfz-Vermietung nicht relevant, da er vollständig durch den Fahrer betrieben wird und die Kfz-Vermietung hier überhaupt keinen Bedarf für eine Systemunterstützung hat. Vorstellbar wäre vielleicht, den aktuellen Standort des Kfz per Satellitennavigation zu überwachen oder die aktuellen Nutzungsdaten (gefahrene Kilometer etc.) elektronisch zu übertragen, was im vorliegenden Beispiel aber nicht gewollt ist.

{excluded}
Eigenschaftswerte ⇨293

Die Teile des Geschäftsprozesses, die explizit nicht berücksichtigt werden sollen, werden ebenfalls in dieser Kurzform beschrieben, jedoch mit dem Stereotypattribut {excluded }) als auszuschließende Anwendungsfälle gekennzeichnet. Dadurch, dass der Anwendungsfall *Vermietetes Kfz wird benutzt* explizit ausgeschlossen wurde, ist sichergestellt, dass es in diesem Punkt keine Missverständnisse über den Projektumfang gibt.

Beschreibung Geschäftsanwendungsfall	
Name	**Vermietetes Kfz wird benutzt {excluded}**
Art	Geschäftsanwendungsfall
Kurzbeschreibung	Der Kunde nutzt das ihm vermietete Kfz im Rahmen der Möglichkeiten des Mietvertrages.
Auslöser, ggf. Motivation	Der Kunde übernimmt den Kfz-Schlüssel.
Ergebnis	Der Mietvertrag wurde genutzt.
Akteure	Kunde

Abb. 3.1-13: Auszuschließender Geschäftsanwendungsfall

Was ist ein „geschäftlicher Wert“?

Wo fängt ein Anwendungsfall an und wo hört er auf? Dies ist meistens eindeutig zu beschreiben. Am Anfang steht stets ein geschäftlicher Auslöser, ein geschäftliches Ereignis. Beispielsweise möchte ein Kunde einen Vertrag schließen. Oder ein Kunde möchte eine Auskunft. Oder die Marketingabteilung möchte eine statistische Auswertung der Reservierungen. Kein geschäftlicher Auslöser hingegen sind Aktivitäten wie *Kundennr. eingeben*, *Vertrag speichern* und Ähnliches. Dies sind eher Schritte in einem Anwendungsfall.

☑ 3.1.5.5

Am Ende des Anwendungsfalles ist ein Ergebnis von geschäftlichem Wert entstanden. Das klingt vielleicht etwas holprig, beschreibt es aber sehr treffend. Ein geschäftliches Ergebnis ist beispielsweise eine Kfz-Reservierung, ein Brief an den Kunden, eine betriebswirtschaftliche Auswertung und Ähnliches. Hingegen sind Ergebnisse wie *Vertrag gespeichert, Kunde gefunden/identifiziert* ohne direkten geschäftlichen Wert. Wenn mit Hilfe einer Kundennummer ein Kunde im System gefunden (identifiziert) wurde, ist das zwar ein Ergebnis, aber es hat noch keinen geschäftlichen Wert – irgend etwas wird mit diesem Kunden noch gemacht. Vielleicht wird er angerufen, um einen Sachverhalt telefonisch zu klären, oder er erhält einen Brief – das Suchen des Kunden ist nur ein Zwischenschritt dahin und gilt daher nicht als ein für einen Anwendungsfall relevantes Ergebnis.

Keine funktionale Zerlegung, keine Ablaufdiagramme

Anwendungsfälle eignen sich nur bedingt zur funktionalen Zerlegung, d.h. ein Anwendungsfall soll keinen einzelnen Schritt, keine einzelne Operation oder Transaktion (wie *Vertrag drucken, Kunden-Nr. erzeugen* etc.) beschreiben, sondern einen möglichst großen, zwar unterbrechbaren, jedoch letztendlich zusammenhängenden Ablauf darstellen (bspw. *Neuen Kunden aufnehmen*).

Ein Anwendungsfall beschreibt einen Ablauf. Ein Anwendungsfall*diagramm* ist jedoch keine Ablaufbeschreibung. In einem Anwendungsfalldiagramm wird keine Ablaufreihenfolge u.Ä. definiert. Hierzu gibt es andere Ausdrucksmittel, z.B. Aktivitätsdiagramme.

☑ 3.1.5.6
Aktivitätsdiagramme ⇨335
Systemanwendungsfall-modell ⇨153, 260

Leitfragen, Checkliste:

☑ 3.1.5.1: Beschreibt der Anwendungsfall, *was* das System, aber noch nicht *wie* es dies konkret leisten soll?

☑ 3.1.5.2: Sind für jeden Anwendungsfall *Name, Kurzbeschreibung, Akteure*, *Auslöser* und *Ergebnisse* notiert worden? Besteht der Name möglichst aus einem Substantiv und einem aktiven Verb?

☑ 3.1.5.3: Ist der Anwendungsfall aus Sicht des Systems bzw. Geschäftsbetriebes formuliert? Also bspw. *Kfz vermieten*, wenn die Autovermietung ein Kfz an einen Kunden vermietet und nicht *Kfz mieten* (Kundensicht).

☑ 3.1.5.4: Sind Plural und Singular in der Beschreibung bewusst verwendet worden? Also bspw. *Reservierung stornieren* statt *Reservierungen stornieren*, wenn in einem Bearbeitungsvorgang gewöhnlich nur eine einzelne Reservierung storniert wird.

☑ 3.1.5.5: Beschreibt jeder Anwendungsfall einen möglichst großen funktional nicht zerlegten Ablauf, an dessen Ende ein Ergebnis von geschäftlichem Wert entstanden ist?

☑ 3.1.5.6: Ist vermieden worden, mit dem Anwendungsfalldiagramm eine Ablaufreihenfolge zu definieren?

☑ 3.1.5.7: Sind alle Geschäftsanwendungsfälle in einem eigenen Zweig des Paketmodells abgelegt?

☑ 3.1.5.8: Sind die Geschäftsanwendungsfälle nach Nutzen und Kosten geschätzt worden?

☑ 3.1.5.9: Sind die Aufgaben zur Erledigung zusammen mit einer Aufwandsschätzung in ein Backlog eingetragen worden?

3.1.6 Anwendungsfälle essenziell beschreiben

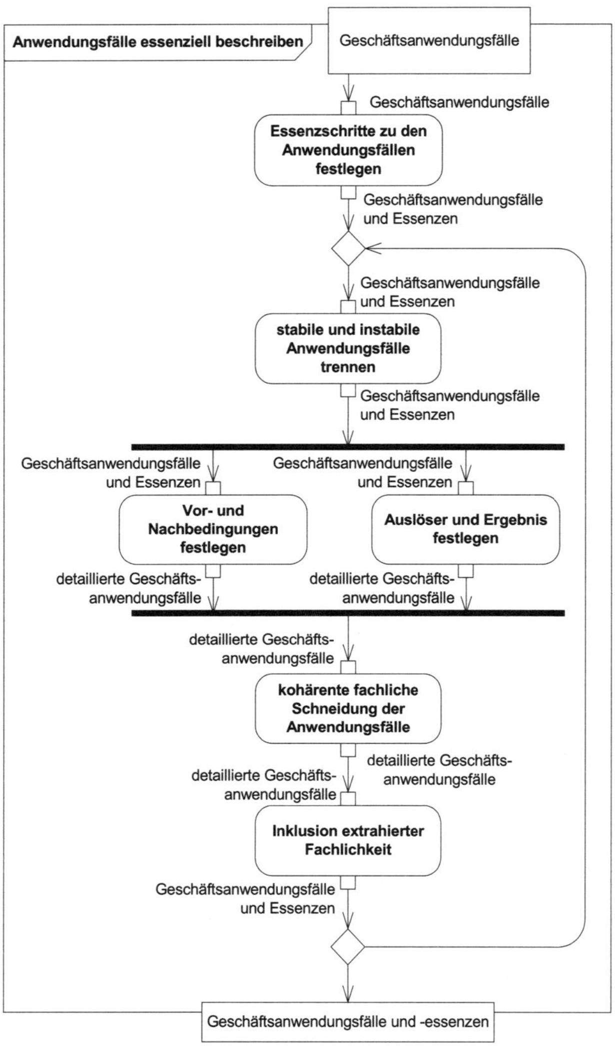

Extrakt

- Identifiziere und beschreibe beginnend mit den Hochprioren zu allen Geschäftsanwendungsfällen die geschäftliche Essenz, d.h. abstrakt und technologieunabhängig die eigentlichen geschäftlichen Intentionen.
- Unterscheide die wahrscheinlich stabilen von den wahrscheinlich sich ändernden Anforderungen.
- Definiere für jeden Geschäftsanwendungsfall die Auslöser, Vorbedingungen und eingehenden Informationen.
- Definiere für jeden Geschäftsanwendungsfall die Ergebnisse, Nachbedingungen und ausgehenden Informationen.
- Beschreibe mit jedem Anwendungsfall nur genau einen kohärenten fachlichen Sachverhalt, d.h. teile sie ggf. auf und benutze ggf. Enthält-Beziehungen («include»), um sie zu entkoppeln.

Essenzielle Anwendungsfälle

Bevor Anwendungsfälle inhaltlich konkretisiert und detailliert werden, ist es wichtig, den jeweils eigentlich geschäftlichen Zweck herauszuarbeiten. Viele sich später ergebende Details beziehen sich auf sehr konkrete Rahmenbedingungen und technologische Gegebenheiten. Diese sind langfristig betrachtet selten stabil.

Unterscheide die vermutlich stabilen von den vermutlich variablen Anforderungen. In unserem Kfz-Vermietungs-Beispiel wird der Anwendungsfall *Kfz reservieren* wahrscheinlich langfristig existieren, denn er repräsentiert einen geschäftlich sehr zentralen Aspekt der Kfz-Vermietung. Was sich aber im Laufe der Jahre ändern kann und wahrscheinlich ändern wird, ist die Art und Weise, wie dieses Geschäft konkret abgewickelt wird. Während viele Jahre lang die Reservierung vorwiegend telefonisch abgewickelt wurde, ist mit der Verbreitung des Internets ein neuer Weg hinzugekommen. Die mit den verschiedenen Varianten verbundenen Technologien und Verfahren sind manchmal nur für wenige Jahre stabil.

Unterscheide die vermutlich stabilen von den vermutlich variablen Anforderungen ...

Damit die von uns hergestellte Software nicht mit jeder neuen technologischen Variante komplett neu erstellt oder in großen Teilen geändert werden muss, sind geeignete Maßnahmen zur besseren späteren Anpassbarkeit vorzusehen.

... um eine langfristig gut erweiterbare Software zu konstruieren.

Kernpunkt ist hierbei, die vermutlich stabilen Teile von den vermutlich variablen und instabilen Teilen zu unterscheiden. Nicht immer ist klar vorherzusehen, welche Teile des Systems von zukünftigen Änderungen betroffen sein werden, aber es lassen sich häufig solche Teile identifizieren, für die immerhin eine gewisse nennenswerte Wahrscheinlichkeit angenommen werden kann.

Vermutlich stabile Teile lassen sich von den vermutlich instabilen abgrenzen, indem die geschäftliche Essenz systematisch herausgearbeitet wird.

Die eigentliche geschäftliche Intention (Absicht) herausarbeiten

Hierzu untersucht man jeden einzelnen Anwendungsfall dahingehend, welche einzelnen Schritte im Ablauf geschäftlich so essenziell sind, dass sie sich vermutlich nie ändern werden. Beziehungsweise man zerlegt einen Anwendungsfall in einzelne Schritte, die jeweils die eigentliche geschäftliche Absicht (Intention) darstellen. Auf die Nummerierung der einzelnen Schritte kann verzichtet werden, da essenzielle Beschreibungen abstrakt sind und die konkrete Reihenfolge nocht nicht relevant oder festlegbar ist.

Ein einfaches Beispiel hierzu: Innerhalb des Anwendungsfalles *Kfz reservieren* muss jeweils geklärt werden, für wen überhaupt ein Kfz reserviert werden soll, d.h. wer der Kunde ist. Bei einer telefonischen Reservierung wird der Kunde vielleicht seinen Namen und seine Kundennummer nennen, was ausreichend ist, um den Kunden zu identifizieren.

Bei einer Internet-Reservierung ist dieser Weg wahrscheinlich nicht praktikabel, da Kundenummer und Kundenname zu wenig geschützt sind und ein Missbrauch zu einfach ist. Bei der telefonischen Reservierung könnten Kontrollfragen gestellt werden oder der Anrufer anhand seiner Rufnummer identifiziert werden. Bei der Internet-Variante wäre es wahrscheinlich ratsamer, dass Kunden ein geheimes Kennwort einzugeben haben.

Stellen Sie sich verschiedene konkrete geschäftliche Möglichkeiten vor...

Für die Internet-Variante könnte die Aktivitätsfolge beispielsweise wie folgt aussehen:

1. Kundennummer und Kennwort eingeben
2. Gewünschten Kfz-Typ eingeben
3. Reservierungszeitraum eingeben
4. …

Für die Variante, dass ein Kunde direkt an einer Vermietstation ein Kfz reservieren möchte, wäre Schritt 1 wahrscheinlich unpassend, da sich der Kunde hier beispielsweise über eine Kundenkarte ausweisen könnte:

... arbeiten Sie die geschäftlichen Gemeinsamkeiten heraus...

1. Kunde zeigt seine Kundenkarte vor
2. Der Stationsmitarbeiter lässt die Kundenkarte vom Kartenlesegerät lesen. Der Kundenkarte wird dabei die Kundennummer entnommen. Sofern die Karte beschädigt ist und vom Gerät nicht gelesen werden kann, gibt der Stationsmitarbeiter die auf der Karte aufgedruckte Kundennummer manuell ins System ein.
3. …

... und suchen Sie abstrakte und die geschäftliche Intention treffende Bezeichnungen.

Die geschäftliche Essenz herauszuarbeiten heißt zu erkennen, was die eigentlich geschäftliche Absicht ist. Für eine Kfz-Vermietung ist es geschäftlich eigentlich egal, ob mit Kennwort oder Kundenkarte gearbeitet wird. In unserem Beispiel ist die eigentliche geschäftliche Absicht herauszufinden, wer der Kunde ist und ob er dies rechtmäßig ist. Wer der Kunde ist, wird in beiden Fällen mit der Kundennummer herausgefunden. Ob er dies rechtmäßig ist, wird in dem einen Fall durch ein Kennwort, im anderen Fall durch den Besitz einer Kundenkarte sichergestellt. Die geschäftliche Essenz zu finden heißt, eine die eigentliche Intention treffende abstrakte Bezeichnung zu finden. In unserem Beispiel wäre eine mögliche Formulierung für die Essenz *Kunde identifizieren*.

Essenzbeschreibungen sind meistens sehr abstrakte und allgemeine Formulierungen. Daher sind essenzielle Anwendungsfälle auch nicht geeignet, um darauf aufbauend ein konkretes System zu realisieren. Sie helfen uns aber, den geschäftlichen Kern zu finden, um einfacher anpassbare Systeme zu entwickeln.

In den meisten Fällen dauert es nur wenige Minuten, um für einen Anwendungsfall die Essenz herauszuarbeiten. Danach konzentrieren wir uns wieder ganz pragmatisch auf die konkreten Sachverhalte. Diese wenigen Minuten lohnen sich jedoch, da sie zu einer besseren Strukturierung des Modells führen.

Essenzbeschreibungen sind die komprimierteste und abstrakteste Form eines Anwendungsfalles

Die Essenzbeschreibung ist die komprimierteste und abstrakteste Form eines Anwendungsfalles und bietet einen guten Überblick über den Problemraum eines Projektes insgesamt.

Für das Fallbeispiel Kfz-Vermietung werden im Folgenden einige essenzielle Anwendungsfälle exemplarisch vorgestellt und beschrieben. Ein essenzieller Anwendungsfall besteht aus einem Namen, einer wenige Zeilen umfassenden Kurzbeschreibung, einer Auflistung aller Vorbedingungen, eingehenden Daten und Ereignisse, aller Nachbedingungen und ausgehenden Daten, den beteiligten Akteuren und einer Auflistung essenzieller Aktivitäten, d.h. Schritte im Ablauf.

Abgrenzung Geschäftsanwendungsfall – essenzieller Anwendungsfall

Essenzielle Anwendungsfälle sind keine weitere Art von Anwendungsfällen wie beispielsweise Geschäftsanwendungsfälle und Systemanwendungsfälle, sondern sind beliebige Anwendungsfälle, die jedoch eine essenzielle, d.h. abstrakte, auf die jeweilige Absicht reduzierte Beschreibung enthalten. Insofern können Geschäftsanwendungsfälle und Systemanwendungsfälle eine essenzielle Beschreibung beinhalten. Da Geschäftsanwendungsfälle von der systemtechnischen Umsetzung abstrahieren, sind sie gewöhnlich eine gute Ausgangsbasis zur Entwicklung essenzieller Anwendungsfälle. In unserem Fallbeispiel kommen lediglich einige Beschreibungsdetails hinzu (vgl. Abb. 3.1-14).

Beschreibung Geschäftsanwendungsfall	
Name	**Kfz reservieren**
Art	Geschäftsanwendungsfall
Kurzbeschreibung	Ein Kunde reserviert ein Kfz bei *Flitz-Auto.*
Auslöser, ggf. Motivation	Ein Kunde wendet sich an *Flitz-Auto,* um ein Kfz zu reservieren.
Ergebnis	Für den Kunden wurde ein Kfz reserviert.
Akteure	Kunde
Eingehende Informationen	Kundennr. und weitere Kundendaten Reservierungswunsch
Vorbedingungen	keine
Nachbedingungen	Für den Kunden wurde ein Kfz reserviert.
Essenzielle Schritte	▪ Kunde identifizieren oder neu aufnehmen ▪ Reservierungswunsch aufnehmen ▪ Reservierungsmöglichkeit prüfen ▪ Kfz reservieren ▪ Reservierung bestätigen

Abb. 3.1-14: Essenzieller Anwendungsfall *Kfz reservieren* (verbesserbare erste Version)

☑ 3.1.6.1
Kunde neu aufnehmen herauslösen

Inhaltliche Kohärenz. Anwendungsfälle sollten inhaltlich so strukturiert und abgegrenzt sein, dass sie einen einzelnen geschäftlichen Sachverhalt repräsentieren. Anders ausgedrückt, sollte immer dann, wenn ein Anwendungsfall verschiedene geschäftliche Sachverhalte beschreibt, die auch als eigenständige Anwendungsfälle denkbar wären, der Anwendungsfall auch tatsächlich in mehrere eigenständige Anwendungsfälle unterteilt werden.

Im obigen Beispiel *Kfz reservieren* heißt der erste Schritt im Ablauf „Kunde identifizieren oder neu aufnehmen". Hinter „Kunde neu aufnehmen" verbirgt sich ein eigenständiger Anwendungsfall. Er hat einen geschäftlichen Auslöser (eine Person möchte Kunde werden) und ein eigenständiges Ergebnis von geschäftlichem Wert (ein neuer Kunde).

Für den Anwendungsfall *Kfz reservieren* stellt sich die Frage, ob hier wirklich eine Verzweigung innerhalb von *Kfz reservieren* zum *Neu aufnehmen des Kunden* notwendig und sinnvoll ist, oder ob diese beiden Anwendungsfälle auch entkoppelt werden können. Etwa in dem Sinne, dass für Neukunden zuerst der Anwendungsfall *Kunde aufnehmen* abläuft und dann anschließend *Kfz reservieren.* In diesem Fall könnte man den Anwendungsfall *Kfz reservieren* ändern und würde „neu aufnehmen" aus dem ersten Schritt entfernen.

Der verbesserte Ablauf des Anwendungsfalles *Kfz reservieren* sieht dann so aus:

Essenzieller Schritte	▪ Kunde identifizieren ▪ Reservierungswunsch aufnehmen ▪ Reservierungsmöglichkeit prüfen ▪ Kfz reservieren ▪ Reservierung bestätigen

Abb. 3.1-15: Verbesserte Ablaufbeschreibung des Anwendungsfalls *Kfz reservieren*

☑ 3.1.6.3

Prüfen Sie jeden Schritt des Anwendungsfalls, ob er bezüglich Auslöser und Ergebnis indifferent ist und entkoppeln Sie die Anwendungsfälle gegebenenfalls.

«include» ⇨250

Sofern sich Anwendungsfälle nicht so einfach entkoppeln lassen, sollten sie dennoch separat beschrieben und untereinander über Enthält-Beziehungen («include») verknüpft werden. Wichtig ist hierbei nur, dass die Anwendungsfälle auch alle üblichen Kriterien für Anwendungsfälle erfüllen (⇨252, d.h. sie primärer und kein sekundärer Anwendungsfall sind ⇨261) und nicht nur das Produkt einer funktionalen Zerlegung sind.

Der neu identifizierte Anwendungsfall *Kunde aufnehmen* kann beispielsweise wie folgt aussehen:

Beschreibung Geschäftsanwendungsfall	
Name	**Kunde aufnehmen**
Art	Geschäftsanwendungsfall
Kurzbeschreibung	Ein Interessent (eine Person) soll als Kunde bei *Flitz-*

	Auto aufgenommen werden.
Auslöser, ggf. Motivation	Ein Interessent möchte eine Dienstleistung in Anspruch nehmen, für die er als Kunde auftreten, d.h. Kundenstatus haben muss.
Ergebnis	Kunde, Aufnahmebestätigung
Akteure	Kundenbetreuung, Interessent
Eingehende Informationen	Kundendaten
Vorbedingungen	keine
Nachbedingungen	Dem Kunden wurde die Aufnahme bestätigt und die Kundennr. mitgeteilt.
Essenzielle Schritte	▪ Voraussetzungen für Kundenneuaufnahme prüfen ▪ Kundendaten aufnehmen ▪ Vollständigkeit und Plausibilität der Kundendaten prüfen ▪ Als Kunde aufnehmen und Kundennr. zuteilen ▪ Dem neuen Kunden die Aufnahme bestätigen und Kundennr. mitteilen

Abb. 3.1-16: Essenzieller Anwendungsfall *Kunde aufnehmen*

Weitere Beispiele für essenzielle Anwendungsfälle:

Beschreibung Geschäftsanwendungsfall	
Name	**Kfz-Mietvertrag abschließen**
Art	Geschäftsanwendungsfall
Kurzbeschreibung	An einer Station wird dem Kunden ein zuvor für ihn reserviertes Kfz zur Nutzung übergeben.
Auslöser, ggf. Motivation	Der Fahrer möchte ein reserviertes Kfz an einer Station abholen.
Ergebnis	Ein vom Fahrer unterschriebener Mietvertrag
Akteure	Fahrer (als Vertreter des Kunden).
Eingehende Informationen	Reservierungsnr., Daten des Fahrers
Vorbedingungen	Für den Kunden ist an der Station für den aktuellen Zeitpunkt ein Kfz reserviert.
Nachbedingungen	Der Fahrer wurde identifiziert. Ein Mietvertrag kam zustande. Dem Fahrer wurde ein konkretes Kfz übergeben.
Essenzielle Schritte	▪ Reservierung identifizieren ▪ Identität des Fahrers überprüfen ▪ Konkretes Kfz bestimmen ▪ Mietvertrag abschließen ▪ Kfz übergeben

Abb. 3.1-17: Essenzieller Anwendungsfall Kfz-Mietvertrag abschließen

Formuliere Anwendungsfälle stets aus der Sicht des Geschäftsbetreibenden.
☑ 3.1.6.2

Beachten Sie bei den Anwendungsfällen, dass alle Beschreibungen aus der Sicht des Geschäftsbetreibenden (d.h. des Auftraggebers, der Fachabteilung, des systembetreibenden Unternehmens) formuliert sind und nicht aus Sicht ihrer Geschäftspartner (Kunden, Lieferanten etc.). Der folgende Anwendungsfall heißt *Kfz zurücknehmen*, weil der Geschäftsbetreibende (die Kfz-Vermietung) das Kfz zurücknimmt. Die Formulierung „Kfz zurückgeben" würde den gleichen Sachverhalt aus der Sicht des Fahrers bzw. Kunden beschreiben. Anwendungsfälle sollten aber, um Verwechselungen zu vermeiden, einheitlich aus Sicht der Person oder Organisation beschrieben werden, die das System bzw. das damit zu unterstützende Geschäft betreibt.

Der Verzicht auf diese Regel würde sonst beispielsweise bei einem Kfz-Händler dazu führen, dass bei dem Anwendungsfällen *Kfz kaufen* und *Kfz verkaufen* unklar bliebe, wann der Händler ein Kfz kauft und wann seine Kunden.

Beschreibung Geschäftsanwendungsfall	
Name	**Kfz zurücknehmen**
Art	Geschäftsanwendungsfall
Kurzbeschreibung	Der Kunde gibt ein genutztes Kfz zurück.
Auslöser, ggf. Motivation	Der Fahrer möchte ein genutztes Kfz an einer Station zurückgeben.
Ergebnis	Ein vom Fahrer unterschriebenes Rückgabeprotokoll mit Daten zur Kfz-Nutzung und zum Kfz-Zustand.
Akteure	Fahrer (als Vertreter des Kunden).
Eingehende Informationen	Kfz, Reservierungsnr., Fahrzeugzustand, Mietvertrag
Vorbedingungen	Das zurückzunehmende Kfz wurde dem Kunden zuvor übergeben.
Nachbedingungen	Das Kfz wurde zurückgenommen.
Essenzielle Schritte	▪ Reservierung identifizieren ▪ Kfz zurücknehmen ▪ Kfz-Zustand und abrechnungsrelevante Nutzungsdaten aufnehmen ▪ Vertragseinhaltung überprüfen ▪ Rücknahme und Kfz-Zustand quittieren

Abb. 3.1-18: Essenzieller Anwendungsfall *Kfz zurücknehmen*

Checkliste:

☑ 3.1.6.1: Beschreibt jeder Anwendungsfall einen einzelnen kohärenten geschäftlichen Zusammenhang?

☑ 3.1.6.2: Ist jeder Anwendungsfall sprachlich aus Sicht des Geschäftsbetreibenden formuliert?

☑ 3.1.6.3: Beschreibt auch jeder Schritt des Anwendungsfalls einen kohärenten und bezüglich Auslöser und Ergebnis eindeutigen Sachverhalt?

☑ 3.1.6.4: Beschreibt jeder Anwendungsfall ausschließlich die fachliche Essenz? Enthält die Beschreibung keine speziellen technologischen Lösungen oder Rahmenbedingungen? Enthält die Beschreibung keine kurz- oder mittelfristig veraltenden Sachverhalte?

☑ 3.1.6.5: Sind die Prioritäten überprüft und gegebenenfalls aktualisiert worden?

☑ 3.1.6.6: Sind die Kosten und der Nutzen überprüft und gegebenenfalls aktualisiert worden?

3.1.7 Materialsammlung und –studie

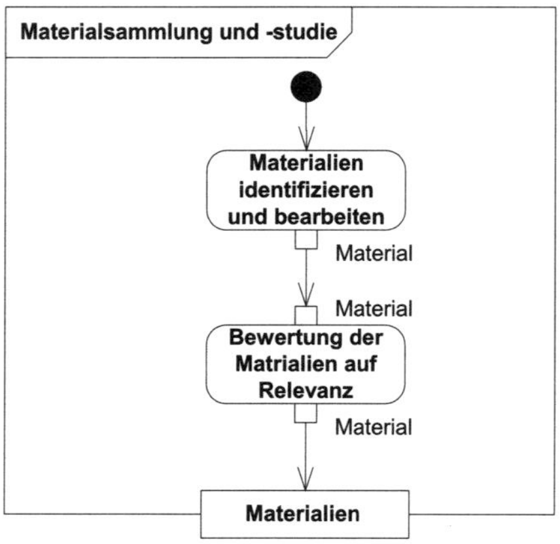

Extrakt

- Identifiziere und studiere die Materialien, Gegenstände, Beispiele und Muster im Anwendungsbereich.
- Bewerte die Materialien und Gegenstände hinsichtlich ihrer Brauchbarkeit und Relevanz für das aktuelle Projekt (Aktualität, Verbindlichkeit, Korrektheit, Wichtigkeit etc.).

Materialien nummerieren
☑ 3.1.7.1

Materialien und Gegenstände. Zur Analyse des Anwendungsbereiches gehört auch das Studium und die Sammlung von Materialien und Gegenständen, zumindest wenn Sie betriebliche Informationssysteme entwickeln; bei technischen Systemen ist dies ggf. nicht sinnvoll oder möglich. Dazu gehören Formulare, Vordrucke, Korrespondenzen, Arbeitsplatzbeschreibungen usw.

Lassen Sie sich Beispiele und Muster geben. Numerieren Sie diese Dokumente durch, damit Sie sie besser zitieren und referenzieren können, z.B. „Material Nr. 112" oder abgekürzt „M-112". Legen Sie alle Materialien in einem Ordner ab. Außerdem sind die offensichtlichen Arbeitsgegenstände zu identifizieren bzw. zu benennen.

Dies sind beispielsweise:

- Kundenakten (M-37, M-38, M-40)
- Verträge (M-112, M-117)
- Rechnungen (M-7)
- Reservierungsbestätigungen (M-67, M-68, M-69)
- Rücknahmeprotokolle (M-70)
- Werkstattprotokolle (M-71)
- Kfz-Unterlagen (M-80)
- Mobiles Zubehör (Kindersitz, Dachgepäckträger)
- Festes Zubehör (Klimaanlage, Anhängerkupplung, Schiebedach)
- Kfz-Schlüssel
- Kundenkartei
- Stellplatz
- Tarifbeschreibungen (M-8)
- Vertragskonditionen (M-9)

Abb. 3.1-19: Liste vorhandener Materialien und Gegenstände

Zu jedem Matrial sollten Name des Gegenstandes, Quelle, Datum des Erhaltes, eine Bewertung (Aktualität, Verbindlichkeit, Korrektheit und Wichtigkeit) und ggf. kurze Erläuterungen festgehalten werden.

Material M 112

Materialname	Kfz - Mietvertrag
Projekt	Flitz-Auto
Quelle / erhalten von	Hr. Neuland
Empfänger, erhalten am	21. 8. 2003 BOE
Erläuterung	Vertrag noch mit altem Logo/ alter CI Firmierung richtig ?

Bewertung	?	++	+	o	-	--
Aktualität			x			
Verbindlichkeit			x			
Korrektheit	x					
Wichtigkeit			x			

Abb. 3.1-20: Beispiel einer Materialerfassung

Im einfachsten Fall verwenden Sie einfach eine Kopiervorlage als Deckblatt, ähnlich wie in Abb. 3.1-20.

Checkliste:

☑ 3.1.7.1: Ist jedes Beispiel- und Mustermaterial eindeutig identifiziert, z.B. mit einer laufenden Nummer?

☑ 3.1.7.2: Ist jedes Beispiel- und Mustermaterial – soweit möglich – (z.B. in pdf-Format) eingescannt?

☑ 3.1.7.3: Sind alle nicht eingescannten Materialien – soweit möglich – in einem Ordner gesammelt oder ist dort zumindest der Fundort verzeichnet?

☑ 3.1.7.4: Wurde jedes Material hinsichtlich Aktualität, Verbindlichkeit, Korrektheit und Wichtigkeit beurteilt?

☑ 3.1.7.5: Hat jeder Projektmitarbeiter schnellen und übersichtlichen Zugang zu den Materialien?

3.1.8 Systemanwendungsfälle identifizieren

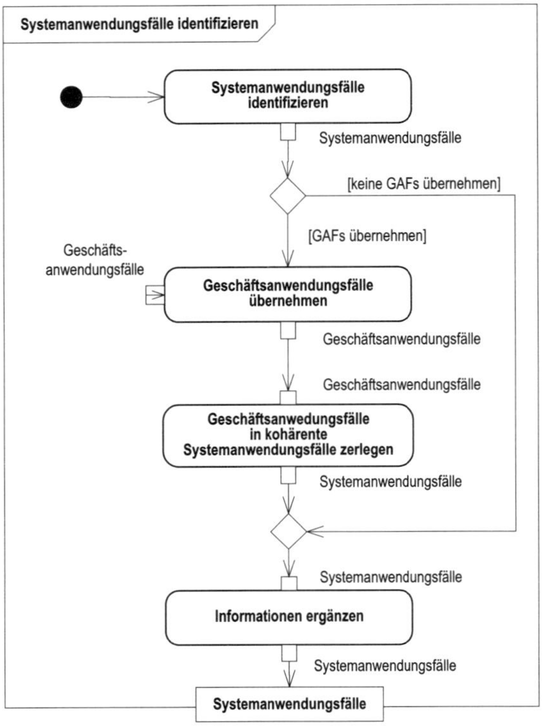

Extrakt

- Identifiziere die konkreten Systemanwendungsfälle. Falls Geschäftsanwendungsfälle identifiziert wurden: Entscheide, welche Geschäftsanwendungsfälle ganz oder teilweise systemtechnisch umgesetzt werden sollen.
- Zerlege die systemtechnisch umzusetzenden Geschäftsanwendungsfälle in zeitlich kohärente Systemanwendungsfälle.
- Ergänze ggf. weitere Informationen wie Ansprechpartner, Risiko, Wichtigkeit, geschätzter Aufwand, Stabilität etc.

Ausgangsbasis: Essenzielle Anwendungsfälle

Im Abschnitt 3.1.6 wurden für einige Anwendungsfälle die Essenzbeschreibungen gezeigt, die in kurzer und abstrakter Form den Kern jeweils eines geschäftlichen Ablaufes beschreiben. Dabei wurden konkrete Rahmenbedingungen, Details und technische Aspekte außer 8 gelassen.

Systemanwendungsfälle haben andere Granularität als Geschäftsanwendungsfälle

Im Folgenden werden diese essenziellen Anwendungsfälle aufgegriffen und konkretisiert. Dabei werden nun auch konkrete Umgebungsbedingungen und Anforderungen berücksichtigt, auch solche, die sich aus der technischen Architektur ergeben. Häufig entstehen aus einem Geschäftsfall mehrere konkrete Systemanwendungsfälle. Ein Systemanwendungsfall beschreibt außerdem nur solche Abläufe, die sich auf genau eine technisch relevante Systemeinheit (z.B. Hardware) abbilden lassen, d.h. Abläufe, die sich über mehrere Systeme erstrecken oder teilweise über bereits bestehende externe Systeme laufen, sind zu zerlegen.

Entscheide für jeden vorliegenden Geschäftsanwendungsfall, ob und wie er systemtechnisch umgesetzt werden soll. Sofern ein Geschäftsanwendungsfall im Softwaresystem zu berücksichtigen ist, definieren wir hierfür entsprechende Systemanwendungsfälle. Das Konzept der Anwendungsfälle bleibt also weiterhin erhalten, für die technische Implementierung jedoch in der etwas restriktiveren und formaleren Form der so genannten Systemanwendungsfälle. Falls keine Geschäftsprozessmodellierung stattfand und bislang keine Geschäftsanwendungsfälle identifiziert wurden, sollte dies nun analog für Systemanwendungsfälle geschehen, beispielsweise durch einen Workshop mit wichtigen Interessenhaltern.

Es ist nicht nur zu entscheiden, *ob* ein Geschäftsanwendungsfall systemtechnisch umzusetzen ist, wir müssen auch bestimmen, *wie* dies geschehen soll, beispielsweise auf welcher technischen Plattform. Nehmen wir an, der Geschäftsanwendungsfall *Kfz reservieren* soll softwaretechnisch unterstützt werden. Hier gäbe es die Möglichkeit, diesen Anwendungsfall in folgenden Softwaresystemen zu berücksichtigen:

- Onlinebuchungssystem im Internet
  Die Mieter reservieren ihre Kfz selbst.
- Buchungssystem im Callcenter
  Die Mieter rufen im Callcenter an, der Callcenter-Agent reserviert für den Mieter im Buchungssystem.
- Buchungssystem an der Mietstation
  Der Mieter kommt direkt an den Schalter einer Vermietstation. Der dortige Stationsmitarbeiter reserviert für den Mieter ein Kfz.
- Buchungssystem eines Agenten
  Der Mieter wendet sich an eine Agentur, beispielsweise ein Reisebüro. Der Agent bucht für den Mieter ein Kfz.

Systemspezifische Anforderungen

In jedem einzelnen dieser möglichen Systemanwendungsfälle sind spezifische Anforderungen und ggf. auch spezifische Abläufe zu berücksichtigen:

- Bei einer Onlinebuchung im Internet muss der Mieter wahrscheinlich eine Kundennummer und ein Zugangskennwort eingeben.
- Im Callcenter und an der Mietstation reicht es wahrscheinlich, wenn der Mieter seinen Namen und seine Kundennummer nennt, wobei für die Reservierung übers Callcenter vielleicht ein Bearbeitungsaufschlag erhoben wird.
- Bei der Buchung über eine Agentur sind wahrscheinlich eine Agenturnummer, ein Agenturzugangskennwort, besondere Rabatte und Tarife sowie Provisionen zu berücksichtigen.

UML: Realisierungsbeziehung ⇨248, 318

Wir können diese Möglichkeiten auch grafisch in einem UML-Anwendungsfalldiagramm darstellen. In Abb. 3.1-21 ist der Geschäftsanwendungsfall *Kfz reservieren* zu sehen und darunter die möglichen Realisierungen. Der Pfeil dazwischen ist eine so genannte Realisierungsbeziehung. Dies bedeutet, dass das Element, von dem der Pfeil wegführt, die Sachverhalte umsetzt und realisiert, die in dem Element beschrieben sind, auf das der Pfeil zeigt.

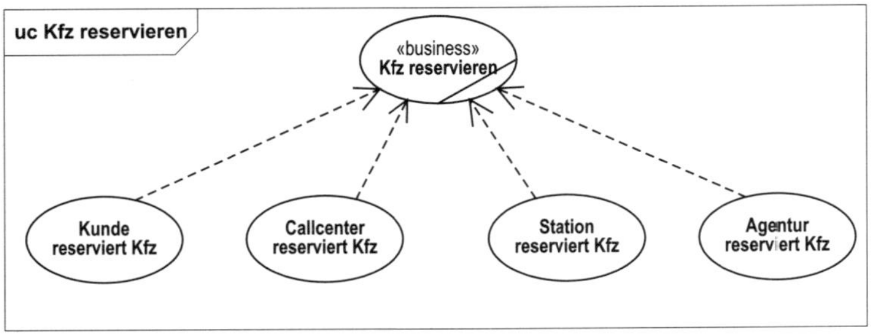

Abb. 3.1-21: Mögliche Systemanwendungsfälle für *Kfz reservieren*

Unterschiede zwischen den Systemanwendungsfällen zu *Kfz reservieren* ⇨115f.

Die geschäftliche Essenz ist in allen Fällen die, die im essenziellen Anwendungsfall *Kfz reservieren* beschrieben wurde. Im Detail gibt es allerdings die eben genannten Unterschiede.

☑ 3.1.8.1

Für die umzusetzenden Systemanwendungsfälle beschreiben wir nun die konkreten Ausprägungen. Soweit der Ablauf und die Anforderungen mit dem essenziellen Anwendungsfall übereinstimmen, werden sie einfach übernommen. Ganz praktisch bedeutet dies, dass die Informationen aus dem Anwendungsfallkopf, d.h. Name, Kurzbeschreibung, Akteure, Auslöser, Ergebnisse und Ablaufschritte nun konkret zu formulieren sind. Dabei kann man sich an den abstrakten Beschreibungen der Geschäftsanwendungsfälle orientieren und sie als Vorlage verwenden.

Schrittreihenfolge verändert sich...

Wenn die einzelnen Schritte einer Essenzbeschreibung konkretisiert werden, weichen sie anschließend manchmal von der ursprünglichen Reihenfolge ab. Das liegt daran, dass die Essenzbeschreibung abstrakt ist und zu einem gewissen Grad idealisiert. Darum verzichten wir auf eine explizite Nummerierung der Schritte in essenziellen Beschreibungen, siehe 3.1.6.

Zerlege die systemtechnisch umzusetzenden Geschäftsanwendungsfälle in zeitlich kohärente Systemanwendungsfälle. Anfang und Ende von Geschäftsanwendungsfällen ergeben sich aus geschäftlich relevanten und wichtigen Auslösern und Ergebnissen. Bei Systemanwendungsfällen ist zusätzlich gefordert, dass es sich um fachliche Transaktionseinheiten handelt, das heißt, die beschriebene Schrittfolge wird entweder ganz oder gar nicht durchgeführt, so dass nach einem Teilablauf in jedem Fall ein definierter und zulässiger Systemzustand erreicht wird. Fachlich relevante zeitliche Unterbrechungen sind hierbei nicht vorgesehen.

☑ 3.1.8.4

Ergänzung um weitere Informationen. Außerdem wird die Anwendungsfallbeschreibung jetzt um folgende weitere Informationen ergänzt:

vgl. Anforderungsbeitragende identifizieren ⇨96

- Ansprechpartner
  Welche Personen sind fachliche Ansprechpartner zu dem Anwendungsfall?
- Risiko
  Welchen Risiken ist das Projekt ausgesetzt, dadurch dass dieser Anwen-

dungsfall existiert (z.B. Kostenüberschreitung, Terminverzug, technische Probleme, organisatorische Probleme etc.)? Wie hoch ist das Risiko?

- Wichtigkeit
  Wie wichtig ist der Anwendungsfall (unverzichtbar, wichtig, nützlich)? Welcher Nutzen ergibt sich durch diesen Anwendungsfall?
- Aufwand
  Wie hoch ist der Aufwand zur Umsetzung dieses Anwendungsfalles (in Personentagen)?
- Stabilität
  Wie hoch ist die Wahrscheinlichkeit, dass sich der Anwendungsfall wesentlich ändert bzw. wie stabil sind die Anforderungen kurz-, mittel- und langfristig?
- Zeitpunkt, Dringlichkeit
  Zu welchem Zeitpunkt muss der Anwendungsfall spätestens umgesetzt sein (welche Iteration bzw. welcher Meilenstein)? Zu welchem Zeitpunkt sollte der Anwendungsfall sinnvollerweise umgesetzt sein (welche Iteration bzw. welcher Meilenstein)? Für die einzelnen Schritte gilt, sie möglichst einfach und kurz zu formulieren.
- Hier noch ein paar Anmerkungen zu dem Beispiel in Abb. 3.1-22:
- Kurzbeschreibung: Halten Sie die Kurzbeschreibung wirklich kurz, aber schreiben Sie so viel, dass der Anwendungsfall nicht verwechselt werden kann (hier: wer (Callcenter für Kunde), was (Kfz reservieren), wie (telefonisch)).
- Akteure: Im Verlauf des Anwendungsfalles wird geprüft, ob der Anrufer ein Kunde ist.
- Auslöser: Beim Auslöser könnten Sie vielleicht noch zufügen: „... und äußert dies am Telefon“, dies ist im Zusammenhang jedoch klar. Die Formulierung „Kunde/Anrufer ruft an“ wäre hingegen nicht ausreichend, da der Grund seines Anrufes nicht deutlich wird – vielleicht möchte er ja eine Reservierung stornieren.
- Vorbedingungen werden hier nicht genannt, da der Anwendungsfall jederzeit auftreten können soll. Triviale und globale Vorbedingungen wie z.B. „es gibt Kfz im System“ werden nicht berücksichtigt.
- Eingehende Informationen: Bleiben Sie abstrakt („Reservierungswunsch“) und wenn Details fehlen, ist es nicht so tragisch. Diese Rubrik soll nur die grundsätzliche Situation skizzieren.
- Nachbedingung: Sie beschreiben den abschließenden Systemzustand nur für den gewünschten Erfolgsfall, alles Weitere geht aus den noch folgenden Ablaufdiagrammen hervor. Halten Sie sich auch hier möglichst kurz.

Beschreibung Systemanwendungsfall			
Name	**Callcenter reserviert Kfz**		
Kurzbeschreibung	Das Callcenter reserviert für einen Kunden für einen definierten Zeitraum ein Kfz.		
Akteure	Kunde (Anrufer), Callcenter-Agent		
Auslöser	Der Anrufer möchte ein Kfz reservieren		
Vorbedingungen			
Eingehende Informationen	Kundennr., Kundenname, Anrufername, Reservierungswunsch		
Ergebnisse	Reservierungsbestätigung		
Nachbedingungen	Für den Kunden wurde ein Kfz reserviert.		
Ablauf	1. **Kunde identifizieren** Der Anrufer nennt seinen Namen, seine Kundennr. und (sofern der Anrufername vom Kundennamen abweicht), den Kundennamen. Anhand der Kundennr. wird der Kunde gesucht; der gespeicherte Kundenname muss mit dem genannten Kundennamen übereinstimmen. 2. **Reservierungswunsch aufnehmen** Der Anrufer gibt seinen Reservierungswunsch an, d.h. Kfz-Typ, Reservierungszeitraum, Abhol- und Rückgabeort und besondere Austattungsmerkmale. 3. **Reservierungsmöglichkeit prüfen** Das System ermittelt, ob der gegebene Reservierungswunsch erfüllt werden kann. 4. **Kfz reservieren** Für den Kunden wird wie gewünscht ein Kfz reserviert, er erhält zur Bestätigung eine Reservierungsnr. Es wird kein konkretes Kfz reserviert, sondern nur mengenmäßig ein Exemplar des gewünschten Kfz-Typs. 5. **Reservierung bestätigen** Dem Anrufer wird die Reservierung mündlich bestätigt, ihm wird die Reservierungsnr. mitgeteilt. Auf Wunsch wird die Reservierung auch schriftlich, per Fax oder per E-Mail bestätigt.		
Ansprechpartner	Frau von Bismarck, Frau Richter		
Risiko	noch nicht betrachtet [...]		
Verbindlichkeit, Prio.	hohe Priorität, unverzichtbar		
Aufwand	noch nicht geschätzt [...]		
Stabilität	instabil, Geschäftsregeln zu Reservierungswünschen und -möglichkeiten ändern sich gelegentlich		
Zeitpunkt, Dringlichkeit	Release 0.8		
Änderungen	Mitarb.	Status	Kommentar
18.8.2009	bcl	Entwurf	Erster Entwurf intern abgestimmt
...	...	...	...

Abb. 3.1-22: Systemanwendungsfall *Callcenter reserviert Kfz*

- Kunde identifizieren: Hier soll aus einem Anrufer ein Kunde werden. Versuchen Sie bei der Formulierung auf die Sachverhalte zu achten, die diese Art der Kundenidentifizierung von anderen (z.B. Internet-Reservierung durch den Kunden selbst) unterscheidet. Die konkrete Forderung, dass mit der Kundennummer zu suchen ist, sollte bei der Fachabteilung hinterfragt werden, vielleicht sind auch andere Suchkriterien zulässig.
- Reservierungsmöglichkeit prüfen: Diese Formulierung sollte vielleicht verbessert werden, da das Ergebnis nicht klar wird. Ist das Ergebnis Ja/Nein? Soll genau ein freies Kfz ermittelt/vorgeschlagen werden? Soll eine Liste mit allen verfügbaren Kfz entstehen? Oder soll die Anzahl der verfügbaren Kfz ermittelt werden? Müssen alle im Reservierungswunsch enthaltenen Suchkriterien vollständig und exakt erfüllt sein oder sind Unschärfen zulässig (Teil-Zeitraum, ähnlicher Kfz-Typ etc.)? Wahrscheinlich kennen Sie diese Details auch noch nicht, also merken Sie sich diese Fragen für das nächste Gespräch mit der Fachabteilung!

Offene-Punkte-Liste

- Kfz reservieren: Vielleicht hätten Sie diesen Schritt „Kfz buchen", „Reservierung durchführen", „Kfz für Kunde sperren" o.Ä. genannt – dies sind jedoch nur (nominalisierte) Umschreibungen oder Synonyme für „Kfz reservieren". Scheuen Sie sich nicht, diesen Schritt genauso oder ähnlich zu benennen, wie den Anwendungsfall insgesamt. Typischerweise gibt es immer einen Schritt im Ablauf, der ähnlich oder exakt wie der Anwendungsfall heißt, alle anderen Schritte dienen zur Vorbereitung, Kontexteingrenzung, Prüfung oder Nachbereitung.

Beschreiben Sie den Ablauf in einem Anwendungsfall so abstrakt und kurz wie möglich und so konkret und ausführlich wie nötig. Das heißt, beispielsweise nicht einzelne Attribute o.Ä. auflisten (*Dachgepäckträger, Anhängerkupplung, Kindersitz, Klimaanlage* etc.), sondern abstrakt und generalisiert umschreiben (*besondere Ausstattungsmerkmale*).

Checkliste:

☑ 3.1.8.1: Wurde für jeden einzelnen essenziellen Anwendungsfallschritt beschrieben, wie dieser im konkreten Anwendungsfall konkret ausgeprägt sein soll?
Welche konkreten Implementierungsvarianten sind möglich?
Welche Plattformen und Medien kommen für die Implementierung in Frage?
Welche dieser Möglichkeiten sollen umgesetzt werden?
Welche speziellen Sachverhalte sind in den einzelnen Systemanwendungsfällen zu berücksichtigen?

☑ 3.1.8.2: Was muss in den verschiedenen Plattformen oder Medien anders ausgeprägt sein? Worin bestehen die Unterschiede im Detail?

☑ 3.1.8.3: Wurde jeder Schritt so knapp wie möglich, aber so ausführlich beschrieben, dass er nicht mit anderen (in ähnlichen Anwendungsfällen) verwechselt werden kann?

☑ 3.1.8.4: Wurden keine synonymen Umschreibungen, sondern einheitliche Begriffe und Formulierungen verwendet?

☑ 3.1.8.5: Wurden für jeden Anwendungsfall anwendungsfallfordernde Anforderungsbeitragende, vorhandenes Risiko, Wichtigkeit, geschätzter Aufwand, erwartete Stabilität und Zeitpunkt/Dringlichkeit benannt?

☑ 3.1.8.6: Sind alle Systemanwendungsfälle in einem eigenen Zweig des Paketmodells abgelegt?

Exkurs: Mind-Maps. Den ganzen Tag verbringt man nun bei und mit den zukünftigen AnwenderInnen, schaut ihnen zu, stellt Fragen, diskutiert, macht sich viele Notizen mit vielen Fragezeichen. Irgendwann, vielleicht auch zwischendurch, hat man wieder etwas Ruhe und sitzt alleine am Schreibtisch und versucht die Gedanken und Notizen zu ordnen, sich zu erinnern und die Fragen für sich zu klären. Eine Technik, mit der Sie Ihren Gedanken freien Lauf lassen und dennoch struktriert festhalten können, sind so genannte Mind-Maps.

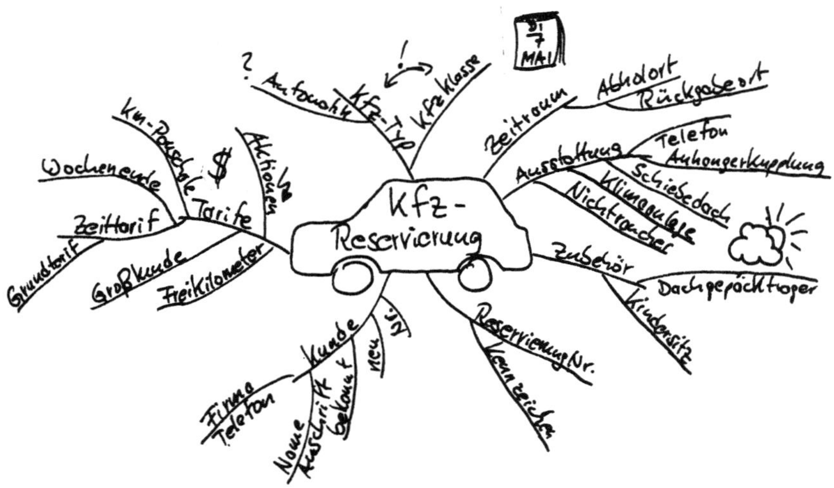

Abb. 3.1-23: Beispiel Mindmap zum Anwendungsfall *Kfz reservieren*

Beachten Sie folgende einfache Regeln:

- Legen Sie das Blatt ins Querformat, das ist ungewohnter und das stimuliert die Kreativität.
- Produzieren Sie keine ausformulierten Sätze, sondern versuchen Sie einfach nur mit Schlüsselwörtern umzugehen. Also nicht: „Unser Gehirn besteht aus einer linken und rechten Hälfte", sondern nur „Gehirnhälften". Die fehlende Information geht gewöhnlich trotzdem nicht verloren, stattdessen werden wir eher zu weiteren Assoziationen ermuntert und stimuliert. Die Reduktion auf Schlüsselbegriffe hat auch den Vorteil, umfangreichere Gedanken, Sachverhalte u.Ä. schnell zu vergegenwärtigen.

- Verwenden Sie kleine Illustrationen, Bildkürzel, Symbole, Piktogramme, Farben (Buntstifte!) und Variationen und Abstufungen in der Schriftform. Sie müssen kein großer Künstler sein, ganz einfache Symbole kann jeder zeichnen.

Benutzen Sie die Skizzen einfach, um Ihre Assoziationen zu erfassen. Eine nachträgliche Perfektionierung bringt gewöhnlich kaum zusätzlichen Nutzen. Übungsmöglichkeiten für diese Technik finden sich alltäglich: Lesen Sie eine Zeitungsmeldung o.Ä. und fixieren Sie den Inhalt anschließend als Mind-Map.

3.1.9 Fachklassen, Aufzählungen und Konfigurationswerte identifizieren

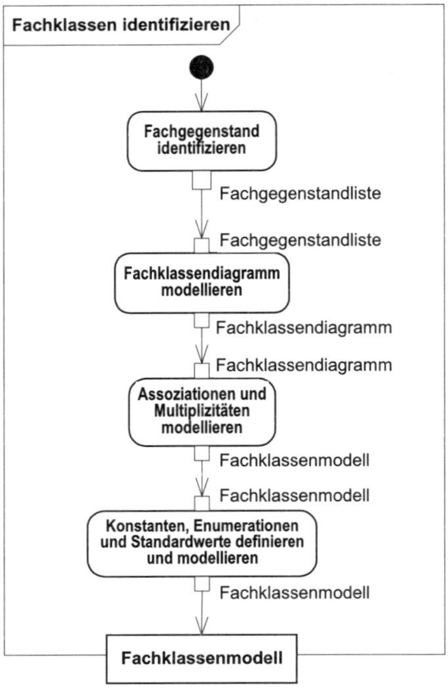

Extrakt

- Identifiziere die wichtigsten fachlichen Gegenstände, die vom zu entwickelnden System repräsentiert werden sollen, betrachte sie als Klassen und modelliere ihre strukturellen Zusammenhänge in einem Klassendiagramm.
- Gib den Klassen sprechende Namen, benenne ihre Assoziationen und Assoziationsrollen und beschreibe soweit möglich ihre Multiplizitäten.
- Beschreibe geschäftliche Konstanten, Standardwerte und Aufzählungsmengen in Form von Klassen.

Eine Fachklasse beschreibt einen Gegenstand, ein Konzept, einen Ort oder eine Person aus dem Anwendungsbereich der zu entwickelnden Software in einem Detaillierungsgrad, wie er vor allem auch von Fachabteilungen und Entscheidungsträgern verstanden werden kann (Vertrag, Rechnung etc.). Die Klassen sind hier weitgehend auf rein fachlich motivierte Eigenschaften reduziert.

Für Manager und Fachabteilungen verständlich
☑ 3.1.9.1
☑ 3.1.9.2

Wichtiger als die Detaillierung der einzelnen Klassen und die Frage, welche Attribute und Operationen diese Klassen haben, ist hier die Beschreibung der grundsätzlichen strukturellen Zusammenhänge. Dementsprechend ist das Ergebnis ein einfaches Klassendiagramm, das hauptsächlich Klassen ohne Detailangaben enthält sowie die Beziehungen zwischen diesen Klassen (Assoziationen, Vererbung) inklusive ihrer Rollennamen und Multiplizitäten. Die Definition von Assoziationsrichtungen ist zunächst ebenfalls nebensächlich und zu vernachlässigen.

Klassen ⇨274
☑ 3.1.9.3
Assoziation ⇨303
Vererbung ⇨299

Die Abb. 3.1-24 zeigt die wichtigsten Klassen und ihre Zusammenhänge aus dem Kfz-Vermietungsbeispiel. Da nur sehr einfache Notationselemente verwendet werden, lassen sich solche Diagramme meistens auch mit Fachabteilungen besprechen.

Fachklassen werden dadurch identifiziert, dass die fachlich zentralen Klassen des zukünftigen Klassenmodells herausgearbeitet werden. Details und Feinheiten werden zunächst vernachlässigt. Fachklassen werden während des Designs gewöhnlich weiter zerlegt und führen häufig zu mehreren einzelnen Klassen.

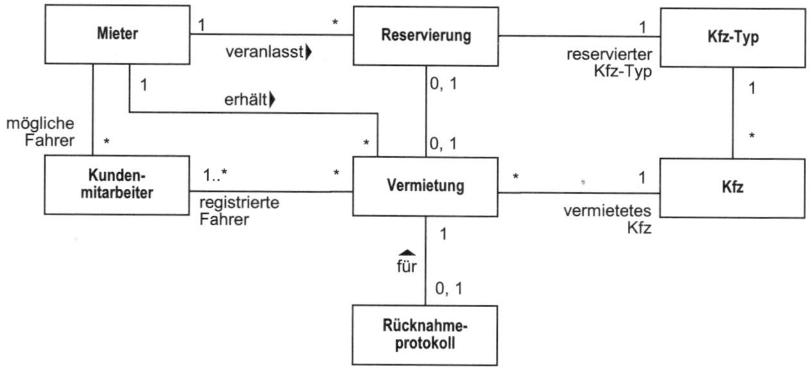

Abb. 3.1-24: Die wichtigsten fachlichen Klassen und ihre Beziehungen dargestellt als Analyse-Klassenmodell

Kandidaten für Fachklassen sind in unserem Fall beispielsweise: *Kunde, Reservierung, Vermietung und Kfz*. Auf der Ebene dieser Fachklassen können nun die ersten offensichtlichen Beziehungen modelliert werden, wie die Abb. 3.1-24 zeigt.

Die Multiplizitätsangaben im Fachklassenmodell sollten zunächst einfach die zulässigen Mengenverhältnisse ausdrücken. Damit ist noch nicht festgelegt, dass es diese Beziehungen überhaupt bzw. diese Mengenverhältnisse auch später in der Lösung geben wird. So ist beispielsweise fraglich, ob es in der Implementierung eine Assoziation von *Kfz* zu *Kfz-Typ* geben wird. Die 1 zu n-Assoziation zwischen den beiden Klassen spiegelt lediglich Wissen über die fachlichen Zusammenhänge wider, wie wir es von der Fachabteilung erfahren haben: ☑ 3.1.9.4

- Jedes Kfz gehört zu genau einem Kfz-Typ.
- Zu einem Kfz-Typ wird es beliebig viele Kfz geben können.
- Reservierungen beziehen sich immer auf genau einen Kfz-Typ (und nicht auf ein konkretes Kfz).
- Vermietungen beziehen sich immer auf ein konkretes Kfz.

Das Modell erlaubt es prinzipiell, dass in der Vermietung ein Kfz referenziert wird, das zu einem anderen Kfz-Typ gehört, als es in der zur Vermietung gehörenden Reservierung (soweit vorhanden) festgelegt wird. Inwieweit und unter welchen Bedingungen dieser Fall erlaubt ist, ist im Klassenmodell nicht festgeschrieben. Hierzu sind entsprechende explizite Anforderungen zu definieren oder/und das Modell um entsprechende Zusicherungen zu erweitern.

Anforderungen ⇨264
Zusicherungen ⇨369

Folgende Sachverhalte sollten für jede Klasse untersucht und ggf. dokumentiert werden:

- Bestandteile, Untergliederung
- Bedingungen, Ereignisse, unerwartete/unerwünschte Ereignisse
- Lebenszyklus: Konstruktions- und Destruktionszeitpunkte
- Repräsentationsformen, Zusicherungen, Rollen, Operationen, Datentypen
- Beziehungen zu anderen Objekten
- Mengenangaben/Mengengerüst
- Berechtigungen
- Übernahme der Daten aus bestehenden Systemen u.Ä.
- Verantwortlichkeiten
- Überschneidung der Verantwortlichkeiten mit Objekten und Daten in anderen existierenden Systemen.
- Bedeutung, Wichtigkeit für bestimmte Personen, Unternehmensziele u.Ä.
- Synonyme, verwandte Begriffe

Vgl. Kap. 2.15.9

Im Rahmen der Anforderungsanalyse werden regelmäßig bestimmte Standardwerte, geschäftliche Konstanten und selten zu ändernde Aufzählungsmengen erkannt und verwendet. Beispielsweise die maximale Anzahl der fehlgeschlagenen Login-Versuche, das Volljährigkeitsalter, der Mindestmietzeitraum, die Mindeststornofrist etc. Statt konkreter Werte (z.B. „5“) werden symbolische Namen verwendet, die durch entsprechende Konfigurationswert-Klassen o.Ä. repräsentiert werden können. Diese werden in separaten Paketen abgelegt.

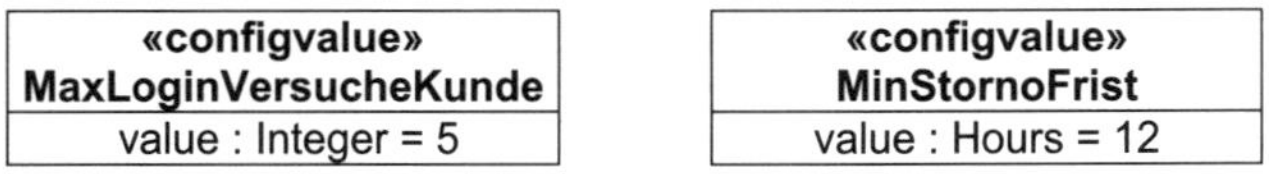

Abb. 3.1-25: Standardwerte notiert als Tabelle

Checkliste:

☑ 3.1.9.1: Trägt die Fachklasse einen sprechenden Namen, der auch für Fachabteilungen und Entscheidungsträger verständlich ist?

☑ 3.1.9.2: Repräsentiert jede Fachklasse einen Gegenstand, ein Konzept, einen Ort oder eine Person aus dem realen fachlichen Kontext?

☑ 3.1.9.3: Beschreibt das Klassendiagramm nur die strukturellen Zusammenhänge (Vererbung, Assoziationen inkl. Rollennamen und Multiplizitäten), aber noch keine (nur wenig) weiteren Details?

☑ 3.1.9.4: Stellen die Multiplizitätsangaben im Fachklassenmodell die fachlich zulässigen Mengenverhältnisse dar?

☑ 3.1.9.5: Sind die Namen aller Fachklassen im Glossar definiert und die Glossareinträge referenziert?

☑ 3.1.9.6: Sind die Namen aller Assoziationsrollen im Glossar definiert und die Glossareinträge referenziert?

3.1.10 Fachliches Glossar anlegen

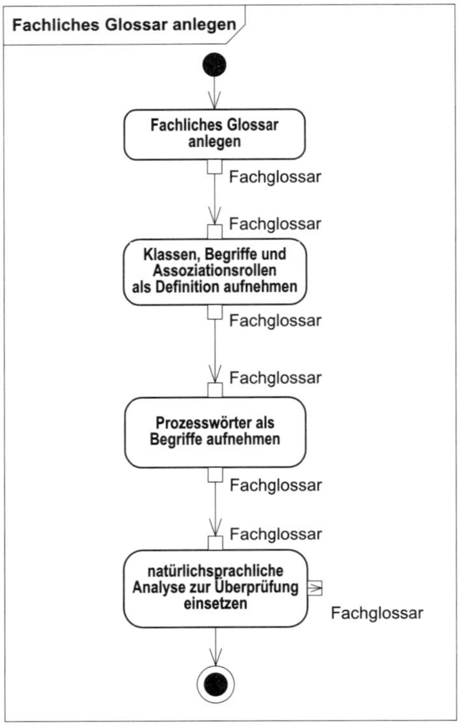

Extrakt

- Lege ein fachliches Glossar an und definiere dort alle wichtigen fachlichen Begriffe.
- Definiere Klassen und Assoziationsrollen des Klassenmodells, wichtige fachliche Gegenstände, Konzepte und Zustände dieser Gegenstände als Begriff im Glossar.
- Definiere auch wichtige allgemeine und fachliche Prozesswörter im Glossar.
- Überprüfe alle Definitionen im Glossar mit der Standard-Checkliste zur natürlichsprachlichen Analyse (⇨140).

Während wir uns mit dem Anwendungsgebiet vertraut machen und Anwendungsfälle entwickeln, begegnen wir permanent den Fachbegriffen des Anwendungsbereiches. Diese werden in einem Fachglossar gesammelt und genau beschrieben. Dies ist zum einen wichtig, um Kommunikationsstörungen zwischen Entwickelnden und Anwendenden zu minimieren. Immer wieder kommt es vor, dass beide Seiten sehr selbstverständlich Begriffe gebrauchen und dabei fahrlässig unterstellen, dass die jeweils andere das gleiche darunter versteht.

Lieferant
Mitarbeiter
Kunde

Zum anderen werden Begriffe auch innerhalb des Anwendungsbereiches von verschiedenen Anwendern und Experten unterschiedlich interpretiert und verwendet. Dies betrifft, auch wenn es naiv anmutet, gerade scheinbar einfache Basisbegriffe wie *Kunde* und *Anschrift*. Beispielsweise stellt sich dann heraus, dass auch Lieferanten und Mitarbeiter Kunden sein können, dass es sich bei Kunden sowohl um Unternehmen als auch um Privatpersonen handeln kann und so weiter.

Verschiedene Personen im Anwendungsbereich betrachten die mit diesen Begriffen bezeichneten Objekte aus teilweise sehr unterschiedlichen Blickwinkeln und sehen ganz unterschiedliche Ausprägungen, Verantwortlichkeiten, Rollen und Attribute.

Die Definition der Begriffe in einem Fachlexikon hilft also den EntwicklerInnen bei der Einarbeitung in den Anwendungsbereich und sorgt für die Konfrontation unterschiedlicher Auslegungen. In vielen Fällen lassen sich unterschiedliche Interpretationen widerspruchsfrei klären. Bestimmte Begriffe lassen sich möglicherweise aber nicht vereinheitlichen, ihre unterschiedlichen und sich widersprechenden Auslegungen sind vielleicht berechtigt. In solchen Fällen lassen sich die Widersprüche in dem Fachlexikon zumindest dokumentieren.

Beispiele sind auf den nächsten Seiten zu sehen. Weitere denkbare Einträge im Fachlexikon wären:

- Kondition, Tarif, Rechnungsempfänger, Rechnungsposition, Einzelrechnung, Monatsrechnung, Sammelrechnung, Teilrechnung, Fahrzeugtyp, mobiles Zubehör, Mietobjekt, festes Zubehör, Ausstattungsmerkmal, Mietdauer, Überführung, Vertrag, Disposition usw.

Definieren Sie auch wichtige Prozesswörter, also Begriffe, die einen Vorgang beschreiben. Zumeist handelt es sich hierbei um Verben (Tätigkeitswörter). Auch hier ergeben sich häufig unterschiedliche Definitionsmöglichkeiten. Vor allem, wenn es verschiedene Spezialisierungen zu einem Prozesswort gibt, beispielsweise *reservieren*, *vor-reservieren*, *unverbindlich reservieren*. In diesem Fall stellt sich beim Versuch die Definitionen zu formulieren ggf. heraus, dass *vor-reservieren* oder *unverbindlich reservieren* fachlich unsinnig sind.

Auch wichtige Verben definieren!

☑ 3.1.10.4

Achten Sie bei den Formulierungen darauf, dass es beim Glossar nur darum geht, mögliche Missverständnisse, Verwechselungen und Fehlinterpretationen zu vermeiden und somit Fehler in der Kommunikation der beteiligten Personen zu vermeiden. Schreiben Sie nicht mehr (aber auch nicht weniger) als hierfür notwendig. In keinem Fall geht es darum, alle Anforderungen in Zusammenhang mit einem Begriff zu definieren, auch wenn in den Glossareinträgen häufig implizit auch Anforderungen stecken. Das Glossar ist kein Ersatz für Anforderungsdefinitionen!

Das Glossar ist kein Ersatz für Anforderungsdefinitionen!

☑ 3.1.10.5

Leitfragen

- ⊙ Ist die Begriffsdefinition so kurz und knapp wie möglich formuliert? Der Zweck unseres Glossars ist nicht die erschöpfende Erklärung oder Anforderungsdefinition, sondern die Vermeidung von Missverständnissen, Verwechselungen und Fehlinterpretationen.
- ⊙ Hinterfrage für jeden Begriff: In welcher Weise könnte die Definition falsch verstanden werden? Welche Informationen müssen hinzugefügt werden, um dies auszuschließen?
- ⊙ Hinterfrage für jeden Begriff: Welche Informationen können aus der Definition gestrichen werden, ohne dass Fehlinterpretationen wahrscheinlich werden?

Struktur des Glossars. Wir schlagen für das Glossar folgende Beschreibungsstruktur vor:

- Begriff
- Mögliche Synonyme
- Definition (ca. 1 – 5 Sätze)
- Eventuelle ähnliche oder gegensätzliche Begriffe oder Definitionen. Falls notwendig Beschreibung des speziellen Verwendungsbereiches oder Kontextes und Abgrenzung zu anderen Bereichen bzw. Definitionen. Ggf. nähere Erläuterungen oder Anwendungsbeispiele
- Einschränkungen auf bestimmte Anwendungsbereiche, Mandanten o.Ä.
- Definitionsverantwortlicher, Ansprechpartner, Grundlagen, Herkunft, Begriffshistorie o.Ä.
- Status (draft/Entwurf, final/Endgültig)
- Änderungshistorie, d.h. Datum und Autoren der letzten Bearbeitung.

Ein Beispiel sehen Sie in Abb. 3.1-26.

Lege ein Abkürzungsverzeichnis an. Häufig sind die am meisten zu benutzenden Fachbegriffe nicht die kürzesten, so dass die an der Geschäftsprozessmodellierung beteiligten Personen früher oder später Abkürzungen verwenden. Nicht immer benutzen verschiedene Personen dabei die gleichen Abkürzungen, was dann wiederum bald zur Fehlkommunikation führt.

Um diesem möglichen Problem entgegenzuwirken und um die Verwendung von Abkürzungen einfacher zu gestalten, legen wir ein Abkürzungsverzeichnis an. Es ist dabei völlig ausreichend, nur die Abkürzungen aufzunehmen, bei denen eine Fehlkommunikation wahrscheinlich ist oder die häufig verwendet werden.

Begriff	**Fahrer**		
Synonyme			
Definition	Ein Mensch, der ein Kfz der Kfz-Vermietung fährt, fahren soll oder gefahren hat.		
Abgrenzung	Mieter und Kunde (können im Gegensatz zum Fahrer auch Firmen sein).		
Einschränkungen			
Ansprechpartner			
Status	final		
Änderungen	10.10.2009	Bernd Oestereich	Definition erstellt (Entwurf)
	17.10.2009	Claudia Schröder	Definition abgestimmt (final)

Abb. 3.1-26: Glossareintrag *Fahrer*

Begriff	**Rechnung**
Synonyme	
Definition	Eine Rechnung ist eine Zahlungsforderung an jemanden, gewöhnlich an einen Kunden. Es werden damit Leistungen, die für oder wegen jemanden erbracht wurden berechnet.
Abgrenzung	Es gibt Einzel-, Monats-, Teil- und Sammelrechnungen Gutschrift (Rechnung mit negativem Forderungsbetrag). Quittung (Beleg, dass eine Zahlung geleistet wurde)
Einschränkungen	
Ansprechpartner	
Status	final
Änderungen	... ...

Abb. 3.1-27: Glossareintrag *Rechnung*

Begriff	**Kunde [allgemein]**
Synonyme	
Definition	Ein Kunde ist eine natürliche oder juristische Person, die die Dienstleistungen der Kfz-Vermietung nutzen kann. Damit eine Person Kunde werden kann, ist deren Identität zu prüfen (beispielsweise durch Personalausweis). Zu jedem Kunden sind die für die geschäftliche Abwicklung notwendigen Daten wie Name, Anschrift, Rufnummern etc. bekannt. Jeder Kunde hat eine eindeutige Kundennr., die von der Kfz-Vermietung vergeben wird.
Abgrenzung	Kunde [Marketing]
Einschränkungen	
Ansprechpartner	
Status	final
Änderungen	... ...

Abb. 3.1-28: Glossareinträge *Kunde [allgemein]*

Begriff	**Kunde [Marketing]**
Synonyme	
Definition	Kunden im Sinne des Marketings sind alle natürlichen und juristischen Personen, die bei der Kfz-Vermietung bereits einmal Kfz gemietet haben, sowie alle Personen, die dies möglicherweise beabsichtigen. Für Kunden im Sinne des Marketings ist das Vorhandensein von Personendaten wie Name, Anschrift etc. nicht notwendig, sie müssen auch keine Kundennr. haben.
Abgrenzung	Kunde [allgemein]
Einschränkungen	
Ansprechpartner	
Status	final
Änderungen	... ...

Abb. 3.1-29: Glossareinträge *Kunde [Markting]*

Begriff	**reservieren**
Synonyme	buchen
Definition	Reservieren ist der Vorgang, jemandem einen oder mehrere Gegenstände für einen bestimmten Zeitraum exklusiv bereitzustellen. Mit dem Reservieren kommt es zu einem Vertrag (z.B. für die Bereitstellung eines Kfz) zwischen den beiden beteiligten Parteien, der im Normalfall auch die Konditionen festlegt.
Abgrenzung	
Einschränkungen	
Ansprechpartner	
Status	final
Änderungen	... ...

Abb. 3.1-30: Glossareintrag *reservieren*

Checkliste:

☑ 3.1.10.1: Wird die entsprechende Fachklasse referenziert, soweit ein Glossareintrag einer Fachklasse entspricht?

☑ 3.1.10.2: Wird die entsprechende Assoziationsrolle referenziert, soweit ein Glossareintrag einer Assoziationsrolle entspricht?

☑ 3.1.10.3: Ist jeder Glossareintrag mit natürlichsprachlichen Methoden (siehe Checkliste unten) überprüft worden?

☑ 3.1.10.4: Sind auch wichtige Verben im Glossar definiert?

☑ 3.1.10.5: Ist der Glossareintrag so knapp wie möglich formuliert, d.h. nur so knapp, dass Kommunikationsfehler vermieden werden?

☑ 3.1.10.6: Sind auch wichtige Synonyme im Glossar definiert?

Sprachkonsolidierung. Die Objektorientierte Analyse ist die Erschließung und Rekonstruktion der Begriffswelt im Anwendungsbereich durch die Informatik. Dies ist ein vielschichtiger und fehlerträchtiger sozialer Prozess, der sich vorwiegend über sprachliche Handlungen, d.h. mit Hilfe der Umgangssprache vollzieht. Anwendungsfälle, Szenarien, CRC-Karten, Glossare u.Ä. sind Techniken, diesen Prozess methodisch und systematisch zu gestalten.

Trotzdem bleibt das grundsätzliche Problem, dass verschiedene Menschen lange über den gleichen Gegenstand reden können, womöglich sogar die gleichen Begriffe verwenden, und dennoch mehr oder weniger unterschiedliche Auffassungen von diesen Dingen haben.

Viele grundlegende Annahmen und Sachverhalte werden den InformatikerInnen in diesem Prozess vorenthalten, da sie für die Menschen im Anwendungsbereich so selbstverständlich sind, dass sie darüber kaum explizit sprechen. Viel näher liegen ihnen die Ausnahme- und Sonderfälle, wobei auch diese oftmals sehr einseitig betrachtet werden.

EntwicklerInnen und BereichsexpertInnen kommunizieren vorwiegend über natürliche Sprache und damit im allgemeinen ungenau. Folgende Regeln helfen dabei, hier mehr Sicherheit zu gewinnen (vgl. [Irion1995]).

- Verwende aktive statt passive Formulierungen!

  Passive Formulierungen lenken ab und vertuschen die Verantwortlichen. Statt *„Der Mietvertrag wird abgeschlossen."* ist deutlicher zu schreiben *„Die Niederlassung schließt mit dem Mieter einen Vertrag."* oder *„Der Kundenbetreuer der Niederlassung händigt dem Kunden ein Exemplar des Mietvertrages aus."*

- Verwende keine Synonyme, Homonyme oder Tautologien [18]!

  Sollten Ihnen solche Begriffe auffallen, verwenden Sie einen unverwechselbaren Begriff. Suchen Sie keine Synonyme zur sprachlichen Abwechslung, weisen Sie aber durchaus auf die möglichen Synonyme hin. Beispiel: Statt *„Steuer"* ist es vorteilhafter von *„Lenkrad"* zu sprechen, falls Sie dieses meinen, oder von *„MwSt"* oder *„Versicherungssteuer"*, falls Sie solche Arten von Steuer meinen.

- Verwende Verben anstelle von Substantiven, die keine Fachbegriffe darstellen!

  In der Formulierung *„Der Kunde erhält eine Mitteilung über ..."* (Mitteilung hier als Allgemeinbegriff verwendet) ist der Begriff *„Mitteilung"* kein Fachbegriff, sondern ein verschleierter Vorgang. Alternative Formulierungen wären: *„Der Kundenbetreuer teilt dem Kunden mit, dass ..."* oder *„Der Kundenbetreuer teilt dem Kunden den Sachverhalt ... mit."*

[18] Synonym: sinnverwandtes Wort; Homonym: gleichlautendes Wort anderer Bedeutung; Tautologie: das bereits Gesagte durch ein sinnverwandtes Wort wiederholen.

- Verwende Begriffe nur in begründeten Fällen im Plural!

  Formulieren Sie im Singular, wenn innerhalb eines Sachverhaltes ein Ding nur einfach vorkommt. Also beispielsweise *„Der Kunde gibt das Kfz zurück.“* anstelle von *„Die Kunden geben die Kfz zurück.“*. Weiteres Beispiel: Mit dem Begriff *„Geschäftspartnerart“* ist die Klassifikation gemeint, mit *„Geschäftspartnerarten“* sind die möglichen Ausprägungen gemeint. *„Die Geschäftspartnerart kann folgende Ausprägungen annehmen: Lieferant, Kunde, Großkunde, Interessent, Mitarbeiter, Kooperationspartner, ...“*

- Verwende möglichst qualifizierte Begriffe!

  Eine Qualifizierung ist ein einschränkendes Merkmal und präzisiert einen Begriff, es steht normalerweise vor dem Ausgangsbegriff: *„Qualitäts-Checkliste“* statt *„Checkliste“*.

- Verwechsle nicht die Information mit dem Informationsträger!

  Beispiel: „Kundendatei“ und „Kunde“

- Achte bei falschen Bezeichnungen auf die mögliche Fehlkommunikation!

  Es macht keinen Sinn und führt nur zu Missverständnissen, wenn Begriffe, die zwar falsch aber unmissverständlich sind, ersetzt werden: Das „Handschuhfach“ darf weiterhin so heißen, weil eine Fehlkommunikation nicht zu befürchten ist, obwohl nur noch in seltenen Fällen Handschuhe darin abgelegt werden. „Ablagefach“ o.Ä. würde eher Unsicherheit schaffen. Sollte bei einem Begriff die Gefahr der Fehlkommunikation bestehen, suchen Sie nach einer Bezeichnung, die die Bedeutung besser und unmissverständlich ausdrückt.

Checkliste zur natürlichsprachlichen Analyse [19]**:**

☑ 3.1.10.7 Hinterfrage Prozesswörter!

Prozesswörter sind Verben und substantivierte Verben wie beispielsweise reservieren, buchen, Mitteilung (mitteilen). Stelle für jedes Prozesswort die W-Fragen: wer, wo, was, wann, wie. Beispielsweise „Wer reserviert?“, „Was wird reserviert?“ etc. Nicht alle W-Fragen sind immer sinnvoll, in jedem Fall finden Sie somit noch wichtige fehlende Informationen (so genannte sprachliche Tilgungen).

☑ 3.1.10.8 Hinterfrage alle Vergleiche und Steigerungen!

Vergleiche sind Formulierungen, die Wörter wie „besser“, „schneller“, „einfacher“ etc. enthalten. Steigerungen enthalten entsprechende Steigerungsformen dieser Wörter. Frage jeweils, worauf sich diese Steigerungen beziehen („schneller als was?“), welche Bezugspunkte existieren, wie man die geforderte Eigenschaft messen oder vergleichen kann und mit welcher Genauigkeit verglichen werden soll.

☑ 3.1.10.9 Hinterfrage alle Universalquantoren!

[19] Vgl. [Rupp2001].

Universalquantoren sind Wörter wie „alle“, „nie“, „immer“, „jeder“, „stets“ etc., mit denen eine Menge oder Anzahl von etwas beschrieben wird. Frage hier nach den möglichen Ausnahmen und den damit verbundenen Annahmen: „Ist wirklich jeden Monat eine Monatsrechnung zu schreiben? Nein, nur wenn die Rechnungssumme 20,00 EUR übersteigt.“

☑ 3.1.10.10 Hinterfrage alle Bedingungen, Ausnahmen und Varianten!

Bei Formulierungen, die Wörter wie „falls“, „wenn“, „dann“, „abhängig von“, „sofern“ etc. enthalten, frage danach, ob dies wirklich alle Möglichkeiten sind oder ob es noch weitere gibt. Definiere jede mögliche Variante, erstelle eine vollständige Liste aller Möglichkeiten.

3.1.11 Systemablaufmodelle entwickeln

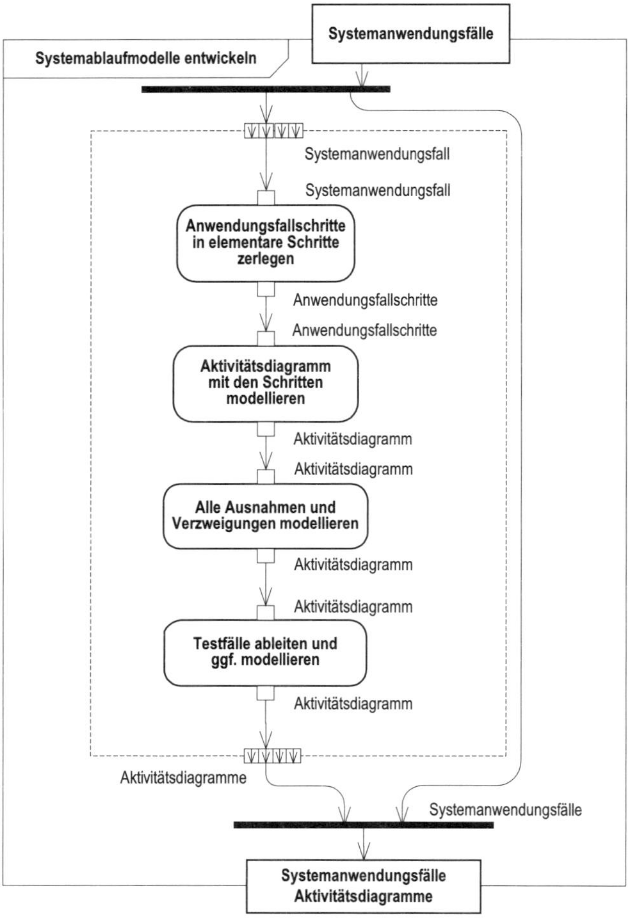

Extrakt

- Zerlege jeden Anwendungsfallschritt aus der Anwendungsfallbeschreibung in eine oder mehrere elementare Schritte und modelliere den Ablauf eines jeden Anwendungsfalls mit einem Aktivitätsdiagramm (Standardablauf).
- Modelliere für jeden Schritt alle vorgesehenen Ausnahmen und Verzweigungsmöglichkeiten (vollständiger Ablauf).
- Leite aus dem vollständigen Ablauf die notwendigen Testfälle ab und realisiere sie ggf. sofort.

Essenzielle Anwendungsfälle ⇨112, 258
Konkrete Anwendungsfälle ⇨248, 260

Nachdem die geschäftlichen Essenzen und konkreten Ausprägungen der einzelnen Anwendungsfälle herausgearbeitet wurden, werden sie nun im Detail betrachtet. Sie werden soweit detailliert, dass die einzelnen Aktivitätsschritte bezüglich ihrer Vor- und Nachbedingungen, der Akteure, ein- und ausgehender Daten und Ereignisse vollständig sind. Dabei kann man in mehreren Schritten vorgehen:

- **Standardablauf beschreiben**
  Im ersten Schritt wird zu jedem Anwendungsfall ein Aktivitätsdiagramm erstellt, das den Standardablauf, d.h. den Gutfall ohne Ausnahmen und Varianten darstellt.

- **Vollständigen Ablauf beschreiben**
  Im zweiten Schritt wird der jeweilige Standardablauf um alle fachlich vorgesehenen Ausnahmen und Varianten erweitert.
- **Testfälle ableiten**
  Die Anforderungen an die Abläufe im Detail können wahlweise in Form formaler Anforderungen beschrieben werden oder gleich in Form von Testfällen programmiert werden.
- **Objektfluss beschreiben**
  Danach werden dann zu allen Aktivitäten die eingehenden und resultierenden Objekte bzw. Objektzustände hinzugefügt, dies ist jedoch erst später im Design-Kapitel beschrieben (Abschnitt 3.2.9 *Objektfluss modellieren*⇨195).

Standardablauf beschreiben. Aus der Anwendungsfallbeschreibung werden die einzelnen essenziellen Schritte übernommen und als Aktivitäten in einem Aktivitätsdiagramm dargestellt. Der Normalablauf wird im Diagramm notiert; dabei handelt es sich häufig um weitgehend sequentielle Abfolgen, wie auch das Beispiel in Abb. 3.1-31 zeigt. Sofern sich hinter einem Schritt in der Anwendungsfallbeschreibung mehrere elementare Einzelaktivitäten verbergen, kann das Aktivitätsdiagramm entsprechend erweitert und die Aktivitäten entsprechend zerlegt werden. ☑ 3.1.11.1 ☑ 3.1.11.2

Jedes Aktivitätsdiagramm hat mindestens einen Startknoten und einen oder mehrere Endknoten. Die Anfangs- und Endknoten können mit Namen versehen werden. Da gewöhnlich mehrere Endknoten existieren (vgl. Abb. 3.2-19), ist es sinnvoll, diese namentlich zu unterscheiden. In unserem Beispiel existiert zunächst nur der Endknoten *Kfz reserviert*. Anfangs- und Endknoten ☑ 3.1.11.3 ☑ 3.1.11.4

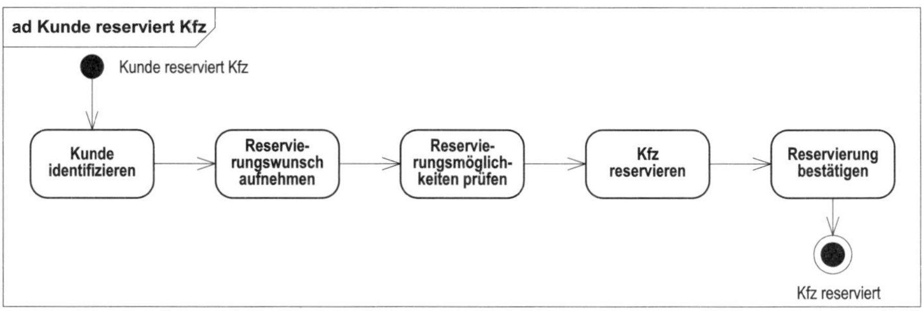

Abb. 3.1-31: Standardablauf *Kunde reserviert Kfz* als UML-Aktivitätsdiagramm

Modelliere für jeden Schritt alle vorgesehenen Ausnahmen und Verzweigungsmöglichkeiten. Nehmen Sie nun jeden einzelnen Schritt unter die Lupe und klären Sie die möglichen Ausnahmen und Varianten. Die Abb. 3.1-31 zeigt dies am Beispiel der Kfz-Reservierung im Callcenter. Der Schritt *Kunde identifizieren* hat bisher (in Abb. 3.1-31) nur den ausgehenden Kontrollfluss für den Normalfall. Die Frage lautet nun: Welche anderen Ergebnisse des Schrittes sind denkbar und fachlich möglich? ☑ 3.1.11.5

Hierzu müssen wir uns den Ablauf vergegenwärtigen: Ein Kunde ruft im Callcenter an, das Gespräch wird automatisch angenommen und es folgt eine Ansage der Auswahlmöglichkeiten (Menü). Der Anrufer wählt den Menüpunkt *Kfz reservieren* und damit beginnt unser Anwendungsfall. Der Anrufer wird als erstes automatisch aufgefordert über die Telefontastatur seine Kundennummer und seine Telefon-PIN einzugeben. Diese Angaben werden überprüft und im Erfolgsfall wird der Anrufer dann mit einem Callcenter-Mitarbeiter verbunden.

Welche weiteren Ergebnisse des ersten Schrittes *Kunde identifizieren* wären also vorstellbar? Eine Möglichkeit wäre zum Beispiel, dass die vom Kunden eingegebene Kombination aus Kundennummer und PIN ungültig ist, d.h. zu der Nummer existiert kein Kunde oder die PIN ist falsch. Der Schritt *Kunde identifizieren* lässt sich also weiter verfeinern. Sofern sich hinter einem Schritt mehrere elementare Einzelaktivitäten verbergen, können diese in einer Aktion mit Verhaltensaufruf (*CallBehavior*) aufgenommen und in einem untergeordneten Aktivitätsdiagramm weiter zerlegt werden. Im Diagramm werden diese verfeinerten Aktionen mit einem Gabelsymbol (*Fork*) versehen, die zugehörige Aktivität bekommt den gleichen Namen, wie die übergeordnete Aktion.

Gabelsymbol

☑ 3.1.11.10

In dem Beispiel in Abb. 3.1-31 ist der Schritt *Kunde identifizieren* eine solche weiter zerlegbare Aktion. Die Verfeinerung ist in tisch

Abb. 3.1-32 zu sehen und in Abb. 3.1-33 schließlich auch das Gabelsymbol im Schritt *Kunde identifizieren.*

Unbedingt zu beachten ist hierbei:

☑ 3.1.11.11

- Die untergeordnete Aktivität trägt den gleichen Namen, wie die Aktion im übergeordneten Diagramm.

☑ 3.1.11.12

- Alle ein- und ausgehenden Kanten sind identisch

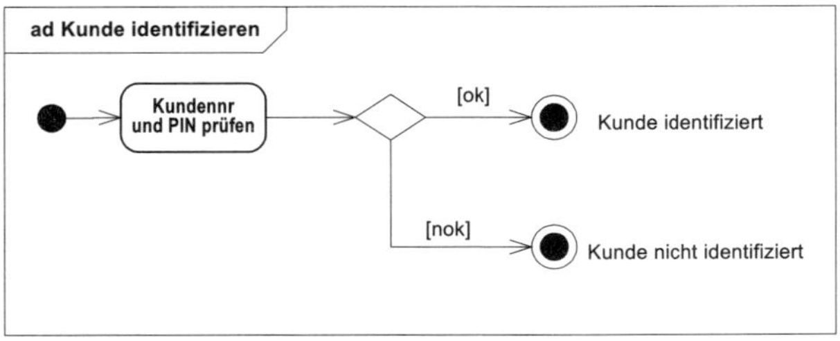

Abb. 3.1-32: Ablauf *Kunde identifizieren*

Aus Abb. 3.1-32 geht beispielsweise hervor, dass der Ablauf in den Knoten *Kunde identifiziert* oder *Kunde nicht identifiziert* enden kann. Entsprechend finden sich diese Kanten dann auch in Abb. 3.1-33 wieder. Hinter der Aktion *Kunde identifizieren* steht eine Raute, an der sich der Ablauf in *Kunde identifiziert* und *Kunde nicht identifiziert* teilt.

Ganz ähnlich kann es nach dem Schritt *Reservierungsmöglichkeit prüfen* zu den beiden Optionen *Kfz verfügbar* oder *kein Kfz verfügbar* kommen.

Für jede neue Verzweigungsmöglichkeit ist die Frage zu stellen, was in diesem Fall passieren soll, d.h. zu welchem Folgeschritt der neue Kontrollfluss führen soll. Wir fragen die Fachabteilung hierzu und erhalten zum Schritt *Reservierungsmöglichkeit prüfen* die Antwort, dass wenn *kein Kfz verfügbar* ist, der Benutzer die Möglichkeit bekommen soll, einen anderen Reservierungswunsch anzugeben.

Unter Berücksichtigung dieser neuen Sachverhalte sieht das Hauptdiagramm nunmehr so aus wie in Abb. 3.1-33.

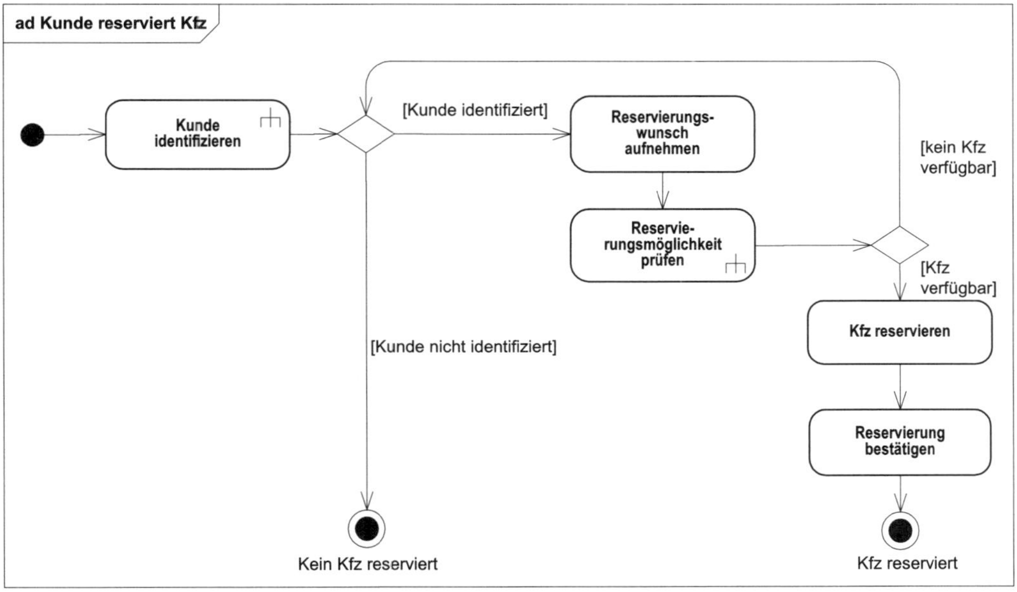

Abb. 3.1-33: Erster Ablauf Kfz reservieren

Wir zeigen das geänderte Diagramm wieder der Fachabteilung, gehen Schritt für Schritt durch und fragen noch mal nach jeder Aktivität, ob dies alle möglichen Verzweigungsmöglichkeiten sind oder ob es noch andere gibt. Daraufhin fällt der Fachabteilung ein, dass *Kunde identifizieren* noch etwas differenzierter ablaufen soll.

Derzeit besagt der Ablauf, dass der gesamte Anwendungsfall *Kunde reserviert Kfz* mit dem Knoten *kein Kfz reserviert* beendet wird, falls der Kunde nicht beim ersten Versuch korrekt identifiziert wurde. Die Fachabteilung wünscht sich nun, dass der Kunde stattdessen immer wieder einen neuen Eingabeversuch bekommt, falls eine unbekannte Kundennummer eingegeben wurde. Anders jedoch bei falscher PIN: Wird dreimal hintereinander eine falsche PIN eingegeben, soll das Kundenkonto automatisch gesperrt werden.

Der Ablauf Abb. 3.1-32 wird also entsprechend ergänzt und sieht nun so aus, wie in Abb. 3.1-34.

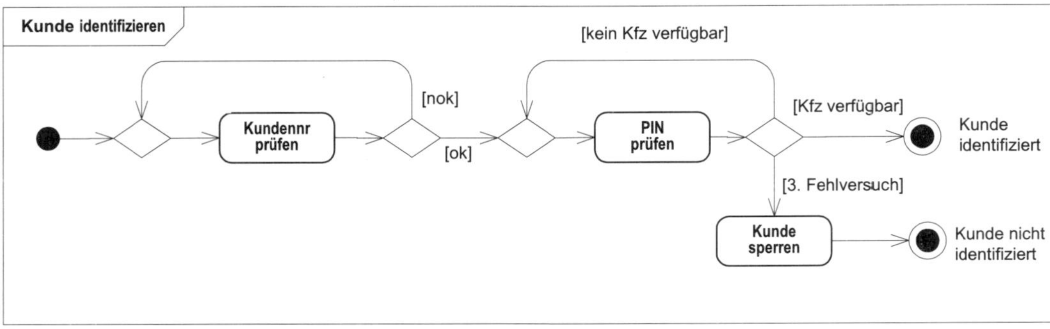

Abb. 3.1-34: Kunde identifizieren mit Fehlversuchen

In gleicher Weise wird mit allen Schritten verfahren, bis alle fachlich denkbaren Situationen berücksichtigt wurden. Dies können unter Umständen sehr viele Varianten sein. Trotzdem oder auch gerade dann sind sie alle in das Diagramm aufzunehmen. Es wird hier Vollständigkeit angestrebt. Wo, wenn nicht in einem übersichtlichen Diagramm, sollten sonst alle zu berücksichtigenden Ausnahmen und Varianten festgehalten werden?

☑ 3.1.11.8
Was ist eine fachliche Ausnahme oder Variante?

Was ist eine fachliche Ausnahme oder Variante? Muss auch jede mögliche Fehlersituation notiert werden? Beispielsweise dass die Datenbank nicht verfügbar ist, Hauptspeichermangel herrscht oder die Tastatur klemmt?! Hierbei gilt es zu unterscheiden zwischen ungeplanten Problemen, technischen Fehlern und ganz allgemeinen Ausnahmen einerseits und ablaufspezifischen fachlichen Fehlern, geschäftlich gewollten oder zumindest nicht verhinderbaren Varianten u.Ä. andererseits. Nur die fachlichen und ablaufspezifischen Ausnahmen werden in das Aktivitätsmodell aufgenommen.

Abbrüche
☑ 3.1.11.9

Abbrüche modellieren. Die meisten modellierten Abläufe beinhalten verschiedene Möglichkeiten, den Anwendungsfall oder einen Teil davon abzubrechen. Wenn der Benutzer beispielsweise versucht, den Kunden mit Hilfe der Kundennummer zu identifizieren und er mehrfach eine falsche Kundennummer eingibt, dann gibt irgendwann auf und bricht den Ablauf ab. Abläufe, die durch dialogorientierte Software realisiert werden, erlauben den Benutzern gewöhnlich, zu fast jedem Zeitpunkt einen Dialog abzubrechen.

Grundsätzlich gibt es zwei verschiedene Möglichkeiten, die Abbrüche zu berücksichtigen. Zum einen können alle Stellen im Ablauf, an denen ein Abbruch möglich wäre, um eine entsprechende Verzweigung im Ablauf ergänzt werden. Beispielsweise wäre es vorstellbar, dass die Aktion *Reservierungsmöglichkeit prüfen* neben den Ergebnissen *Kfz verfügbar* und *kein Kfz verfügbar* auch noch mit *Abgebrochen* enden kann.

Ein anderes Beispiel ließe sich in Abb. 3.1-34 konstruieren, wo hinter der Aktivität *Kundennr. prüfen* neben *ok* und *nicht ok* (nok) auch noch die Verzweigung *Abbrechen* denkbar wäre, die entweder auch zum Endknoten *Kunde nicht identifiziert* oder zu einem eigenen Endknoten *Abgebrochen* führen könnte.

Alle Abbruchmöglichkeiten explizit zu berücksichtigen führt in vielen Fällen dazu, dass die Diagramme deutlich umfangreicher werden und schlechter zu lesen sind. Aus diesem Grund wählen wir hier eine andere Lösung.

Die besteht darin, jeweils den Bereich eines Ablaufes, der prinzipiell unterbrochen werden kann, zu kennzeichnen. Unterbrechbare Bereiche werden durch einen gestrichelten Rahmen dargestellt (vgl. 4.6.4 Signale und unterbrechbare Bereiche). In diesem Bereich wird das Signal *Abbruch* notiert und von dort aus ein Kontrollfluss zu dem gewünschten Endknoten geführt. ☑ 3.1.11.13

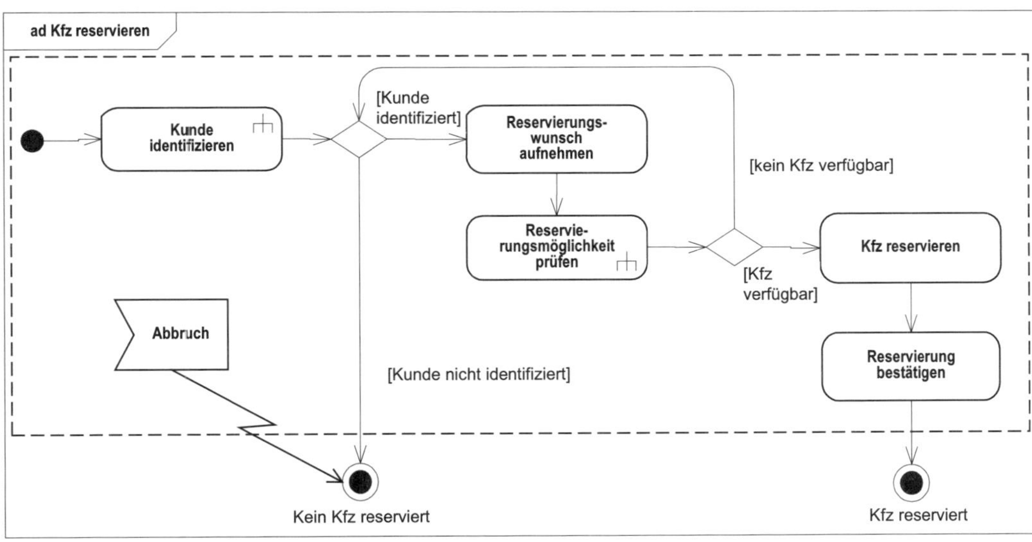

Abb. 3.1-35: Kunde reserviert Kfz mit Abbruchbereich

Abb. 3.1-35 zeigt eine solche Lösung mit unterbrechbaren Bereich und Abbruchsignal. Das Modell ist nach Außen hin unverändert zu Abb. 3.1-33, enthält jedoch weniger Verzweigungen, als wenn alle Abbruchmöglichkeiten explizit ausmodelliert wären.

Typischer Modellierungsfehler. An einer anderen Stelle haben wir es uns jedoch zu einfach gemacht: Abb. 3.1-33, Abb. 3.1-35 enthalten noch einen ganz typischen Modellierungsfehler, der jetzt behoben werden soll. Hinter der Aktion *Reservierungsmöglichkeit prüfen* teilt sich der Ablauf in die Möglichkeiten *Kfz verfügbar* und *kein Kfz verfügbar*. Die Kante *kein Kfz verfügbar* wird wieder auf die Verzweigungsraute hinter *Kunde identifizieren* geführt, die mit *Kunde identifiziert* oder *Kunde nicht identifiziert* weiter laufen kann. Das ist insofern falsch, als dass die Entscheidung ob der Kunde nun identifiziert wurde oder nicht, hier nicht noch einmal getroffen werden soll. Diese Entscheidung wurde bereits in *Kunde identifizieren* getroffen.

Um den tatsächlich gemeinten Modellierungssachverhalt auszudrücken, ist es notwendig, unmittelbar vor der Aktion *Reservierungswunsch aufnehmen* eine weitere Raute zu zeichnen, an der die Kanten *Kunde identifiziert* und *kein Kfz verfügbar* zusammenfließen. Diese Lösung ist in Abb. 3.1-36 zu sehen.

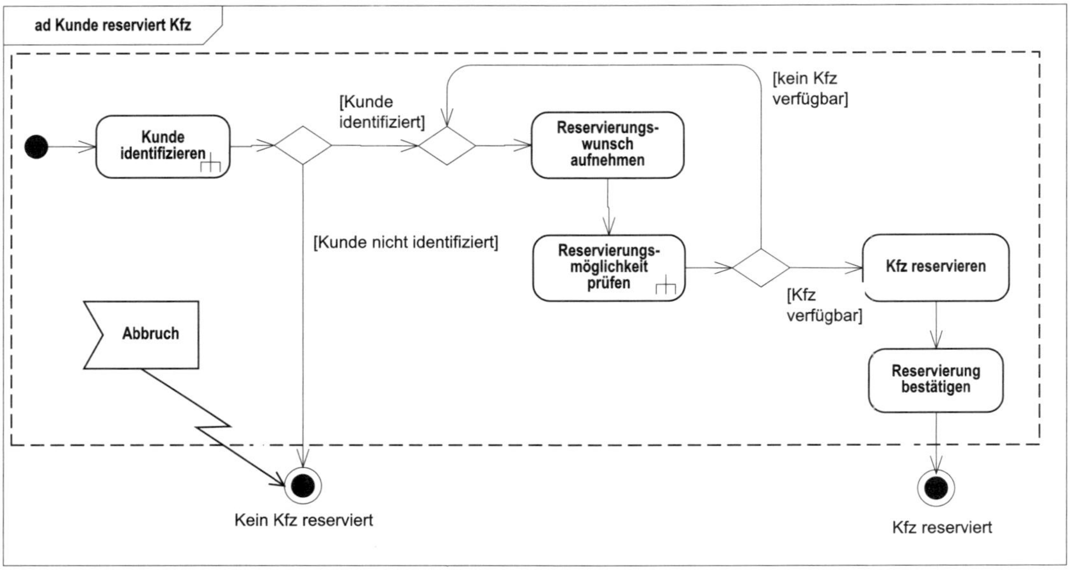

Abb. 3.1-36: *Kunde reserviert Kfz* mit getrennter Entscheidung

Zweifel, offene Fragen, unklare und uneinheitliche Anforderungen

Offene-Punkte-Liste führen. Häufig treten bei der Klärung von Fragen und der Abstimmung von Details wieder neue Fragen auf, die nicht unmittelbar geklärt werden können. Oder es werden Themen behandelt, zu denen es auf der Seite der Anforderungsbeitragenden uneinheitliche Standpunkte, Zweifel oder offene Fragen gibt. Es können nicht immer alle Fragen sofort geklärt werden. Umso wichtiger ist es, diese offenen Punkte zu notieren, um sie systematisch verfolgen und später klären zu können. Am einfachsten führen Sie zu jeder Anforderung, zu jedem Anwendungsfall, jedem Ablaufschritt usw. bei Bedarf eine Offene-Punkte-Liste.

Offene Punkte		
1	Stefan Bremer 30.3.2009	Die Sperrung des Internet-Benutzerkontos nach drei Fehlversuchen bei *Kunde identifizieren* wird in der Fachabteilung kontrovers diskutiert. Dieser Punkt muss näher untersucht und dann eine akzeptable Entscheidung herbeigeführt werden.

Abb. 3.1-37: Offene Punkte zu *Kunde identifizieren*

Strukturelemente natürlichsprachlicher Beschreibung. Jeder einzelne Schritt und Kontrollfluss kann bedarfsweise auch detailliert in einer strukturierten natürlichsprachlichen Form beschrieben werden. Eine entsprechende Beschreibungsschablone sehen Sie in Abb. 3.1-38 am Beispiel *Kunde identifizieren*.

Tipps zur Benennung von Aktionen und Kanten und Knoten:

Achten Sie darauf, dass Aktionen ebenso wie Anwendungsfälle möglichst in der Form <Substantiv> <Verb> gebildet werden.

Orientieren Sie sich dabei möglichst am geschäftlichen Ergebnis der Aktion und achten Sie auf sprachliche Genauigkeit. Also sagen Sie nicht „Kunde suchen", denn die Suche ist ein möglicherweise wichtiger Teil, aber im Ergebnis wollen Sie ja den Kunden auch gefunden bzw. identifiziert haben.

Verwenden Sie (und wenn es noch so monoton wird!) eine standardisierte Terminologie, d.h. immer die gleichen Begriffe. Variieren Sie die Begriffe nicht unnötig. Also schreiben Sie entweder immer „gefunden" oder immer „identifizieren" – aber nicht diese beiden Begriffe durcheinander. In unserem Fallbeispiel heißt es deswegen „Kunde identifizieren", „Kunde identifiziert", „Kunde nicht identifiziert". Dies gilt ebenso für die Substantive – schreiben Sie durchgängig „Kfz" und nicht abwechselnd auch „Auto", „Wagen", „Fahrzeug" usw.

Aktivitätsbeschreibung aus *Kunde reserviert Kfz*			
ID: Name		**A-1: Kunde identifizieren**	
Kurzbeschreibung		Der Kunde wird anhand von Kundennr. und PIN identifiziert.	
Anmerkungen		--	
Benötigte Objekte		--	
Offene Punkte		Ist dies ein sekundärer Anwendungsfall?	
Mögliche Ergebnisse:			
ID	*Bedingung*	*Ergebnisobjekte*	*Beschreibung*
1	Kunde identifiziert	Kunde	Kundennr. ist gültig, PIN ist richtig
2	Kunde nicht identifiziert	--	Kundennr. ist unbekannt oder Abgebrochen oder [max. Login-Fehlversuche Kunde] erreicht

Abb. 3.1-38: Detailbeschreibung des Schrittes *Reservierung identifizieren* aus dem Ablauf *Kunde reserviert Kfz*

Konfigurationswerte. In der Beschreibung Abb. 3.1-38 wird die Formulierung „[max. Login-Fehlversuche Kunde]" verwendet, um keine konkrete und wahrscheinlich sich gelegentlich ändernde Zahl anzugeben. Häufig sind ☑ 3.1.11.14

bestimmte Zahlenwerte Teil einer Geschäftsregel oder sonstiger funktionaler Anforderungen, beispielsweise das Volljährigkeitsalter, der Mindestmietzeitraum oder die Mindeststornofrist. Gewöhnlich sind diese Werte auch in mehreren Anwendungsfällen oder Anforderungen zu berücksichtigen. Würde man sie jedes Mal als konkreten Wert schreiben, müssten bei einer Änderung dieses Wertes viele verschiedene Anforderungsbeschreibungen geändert werden. Daher sollte in solchen Fällen eine Variable mit einem sprechenden symbolischen Namen verwendet werden. Diese Variablen werden im Klassenmodell als Enumeration oder Konfigurationswert notiert (vgl. Abb. 3.1-25⇨132).

Die Abb. 3.1-34 sollte also noch dahingehend geändert werden, dass vor *Kunde sperren* die Bedingung *[max. Login-Fehlversuche Kunde] erreicht* steht, statt *3. Fehlversuch*.

In Abb. 3.1-39 ist das Ablaufdiagramm mit allen fachlichen Ausnahmen für den Anwendungsfall *Kunde reserviert Kfz* zu sehen. Dieses wird später in Abschnitt *3.2.9 Objektfluss modellieren* ⇨195) wieder aufgegriffen und weiterentwickelt. Eine Besonderheit, die in Abb. 3.1-39 nun hinzu gekommen ist, ist die Unterscheidung in kurzfristige und normale Reservierungen nach dem Schritt *Reservierungswunsch aufnehmen*. Bei einer normalen Reservierung wird kein konkretes Kfz reserviert, sondern nur mengenmäßig ein Kfz eines bestimmten Typs oder einer Preisklasse. Erst bei Abholung des Kfz wird dann geguckt, welche Kfz dieses Typs vorhanden sind und dem Kunden dann ein konkretes Kfz zugewiesen. Bei kurzfristigen Reservierungen, ist dies fachlich nicht sinnvoll, hier kann gleich das ganz konkrete Kfz festgelegt werden.

Nebenläufige Schritte

Zu beachten ist die Nebenläufigkeit der Schritte *Kfz-Typ-Verfügbarkeit prüfen* und *Alternative Kfz-Typ-Verfügbarkeit prüfen*. Das Ergebnis der alternativen Prüfung wird nur dann verwendet, wenn die normale Prüfung erfolglos war. Dennoch läuft die alternative Prüfung parallel, was aus Sicht des Benutzers Zeit spart, da er sofort die Alternativmöglichkeiten beurteilen kann.

Testfälle ableiten

Leite die notwendigen Testfälle ab. Aus der vollständigen Ablaufspezifikation lassen sich auch alle fachlich motivierten, ablaufspezifischen Testfälle ableiten. Für jeden Kontrollfluss wird mindestens ein Testfall benötigt, damit alle Pfade und Varianten im Test mindestens einmal durchlaufen werden. Für das Beispiel *Kunde identifizieren* in Abb. 3.1-38 werden unter anderem folgende Testfälle benötigt:

- Ungültige Kundennr. eingeben
- Gültige Kundennr. eingeben
- Gültige Kundennr. eingeben, aber PIN ist falsch
- Gültige Kundennr.
- [max. Login-Fehlversuche Kunde] Mal eine gültige Kundennr. und eine falsche PIN eingeben.

- [max. Login-Fehlversuche Kunde] + 1 Mal eine gültige Kundennr. und eine falsche PIN eingeben.

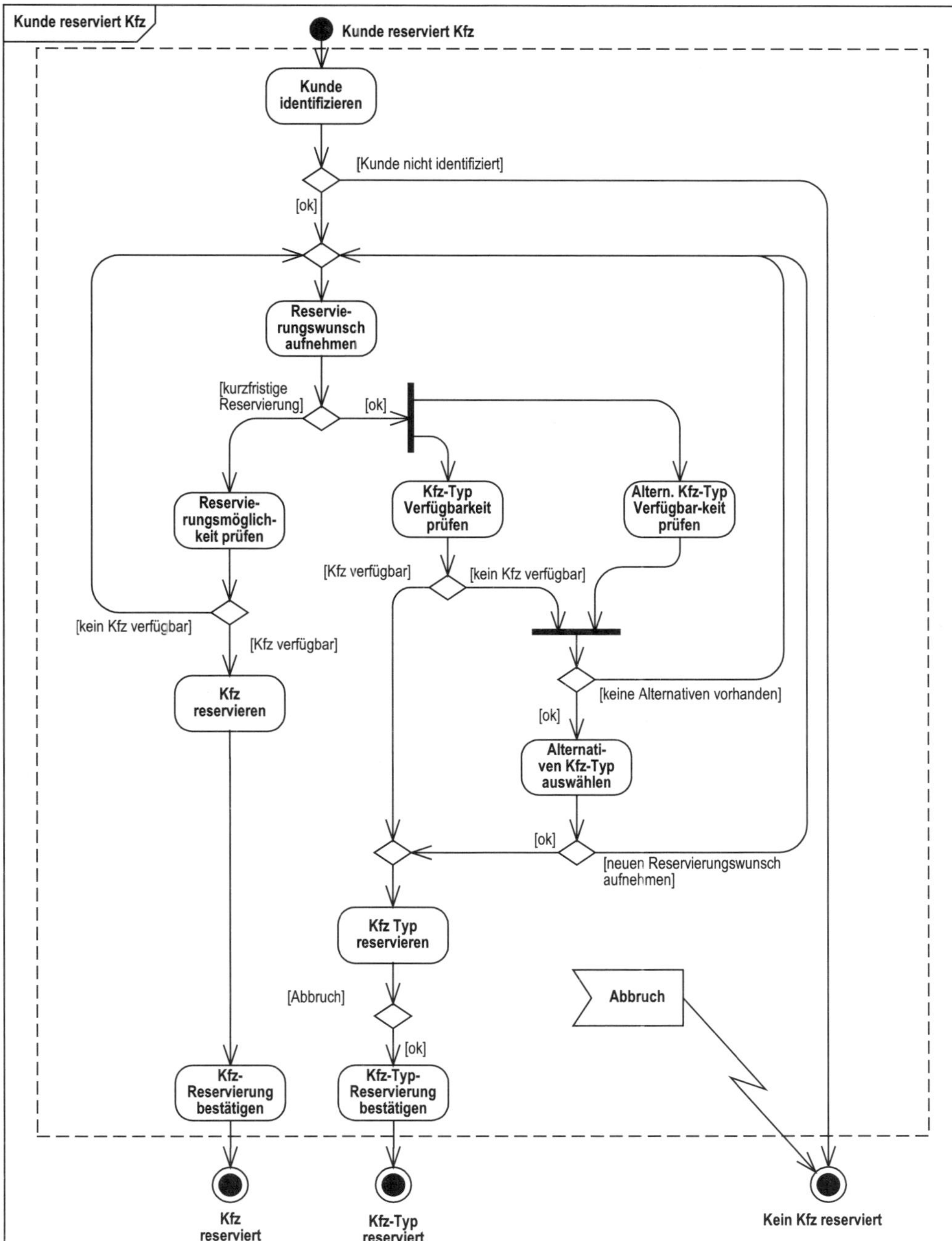

Abb. 3.1-39: Der Ablauf *Kunde reserviert Kfz* mit allen fachlichen Varianten

Programmierte Tests sind konkrete formal und automatisch überprüfbare Anforderungen

Wie werden Testfälle spezifiziert? Zum einen können Tests als besondere Anforderungsart definiert werden (siehe hierzu Abschnitt *4.2.12 Anforderung, Feature & Co* ⇨264), zum anderen kann eine Spezifikation in OCL erfolgen (siehe hierzu *4.9 Zusicherungen* ⇨369). Am einfachsten ist es jedoch, die Tests gleich zu programmieren! Dann findet die Spezifikationsarbeit nicht mehrfach statt und ihre Tests sind automatisierbar. Ein programmierter Test ist eine konkrete, formal und automatisch überprüfbare Anforderung.

Checkliste:

☑ 3.1.11.1: Existiert zu jedem Anwendungsfall ein Aktivitätsdiagramm?

☑ 3.1.11.2: Wird jeder Anwendungsfallschritt durch mindestens einen Schritt (d.h. Aktionsknoten) im Aktivitätsdiagramm repräsentiert?

☑ 3.1.11.3: Hat jedes Diagramm Anfangs- und Endknoten?

☑ 3.1.11.4: Hat jeder Endknoten einen aussagekräftigen Namen?

☑ 3.1.11.5: Sind alle bekannten Ausnahmen und Varianten vollständig im Aktivitätsdiagramm notiert?

☑ 3.1.11.8: Sind alle fachlichen und ablaufspezifischen Ausnahmen, aber keine technischen oder allgemeinen Ausnahmen berücksichtigt?

☑ 3.1.11.9: Sind alle Abbruchmöglichkeiten berücksichtigt?

☑ 3.1.11.10: Wurde jeder Schritt (Aktion) im Ablauf daraufhin überprüft, ob er sich in weitere detaillierte Schritte zerlegen lässt, so das ein untergeordnetes Verhalten aufgerufen werden kann (CallBehavior, Gabelsymbol)?

☑ 3.1.11.11: Für alle Aktionen mit Verhaltenaufruf (Gabelsymbol): Trägt die untergeordnete Aktivität den gleichen Namen?

☑ 3.1.11.12: Für alle Aktionen mit Verhaltensaufruf (Gabelsysmbol): Sind alle ein- und ausgehenden Kanten identisch?

☑ 3.1.11.13: Für jede Route, die sowohl mehrere abgehende (Verzweigungen), als auch mehrere eingehende (Zusammenführung) Kanten besitzt: Ist die Semantik fachlich wirklich richtig oder sind besser zwei Rauten daraus zu machen?

☑ 3.1.11.14: Wurde die Angabe von numerischen Konstanten oder konkreten Werten in Geschäftsregeln vermieden und stattdessen Enumerationen oder Konfigurationswerte verwendet?

3.1.12 Systemanwendungsfallmodell erstellen

Extrakt

- Stelle alle bisher vorhandenen Systemanwendungsfälle in einem Anwendungsfallmodell dar.
- Identifiziere gleiche Schritte in verschiedenen Systemanwendungsfällen und löse sie als sekundäre Systemanwendungsfälle heraus, um ein redundanzfreies Modell herzustellen.

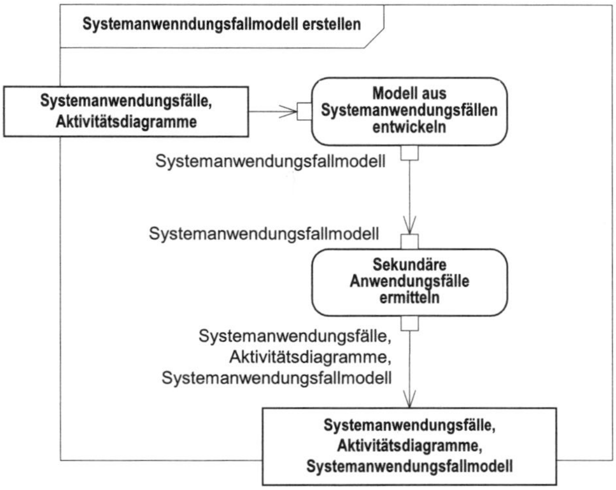

Die bisher ermittelten und beschriebenen Systemanwendungsfälle wurden mit einer entsprechenden Schablone in natürlicher Sprache wiedergegeben (Abb. 3.1-22, ⇨126) und deren Abläufe jeweils als ein UML-Aktivitätsmodell dargestellt. Zwischen den Systemanwendungsfällen bestehen jedoch teilweise Abhängigkeiten und Gemeinsamkeiten, die nun systematisch erschlossen werden sollen. Die dabei erkannten Beziehungen zwischen den verschiedenen Systemanwendungsfällen werden mit einem UML-Anwendungsfalldiagramm beschrieben.

UML: Anwendungsfalldiagramme ⇨245

Stelle die vorhandenen Systemanwendungsfälle als Anwendungsfallmodell dar. Anwendungsfälle werden in der UML grafisch durch Ellipsen repräsentiert, zwischen denen es verschiedene Beziehungen geben kann, insbesondere Enthält-Beziehungen («include»).

UML: Pakete ⇨326

In einem ersten Schritt werden alle Systemanwendungsfälle als einfache Ellipsen in einem Anwendungsfalldiagramm dargestellt. Da abgesehen von trivialen Softwareentwicklungsprojekten mehr Anwendungsfälle entstehen, als sich übersichtlich in einem Diagramm auf einer Seite darstellen lassen, ist es zweckmäßig, die Anwendungsfälle zu gruppieren und auf verschiedene Diagramme aufzuteilen. Die UML enthält zur Gruppierung von Modellierungselementen so genannte Pakete.

Die Gruppierung erfolgt soweit vorhanden nach den Geschäftsprozessen und ansonsten nach fachlicher Zusammengehörigkeit. Beispielsweise können alle Anwendungsfälle, die mit dem Reservieren von Kfz zu tun haben, zusammengefasst werden.

Löse Redundanzen in den Systemanwendungsfällen auf. Bei der Vielzahl von Systemanwendungsfällen, die während der Modellierung entstehen, ergeben sich bedingt durch das systematische Vorgehen teilweise Redundanzen, d.h., bestimmte Schritte in den Abläufen werden doppelt oder mehrfach beschrieben. Beispielsweise wird ein Schritt wie *Kunde identifizieren* üblicherweise mehrfach vorkommen, in unserem Fall beispielsweise in den Systemanwendungsfällen *Kunde ändert Kfz-Reservierung* und *Kunde storniert Kfz-Reservierung*. Solche Mehrfachbeschreibungen führen früher oder später zu Problemen, da bei Änderungen und Weiterentwicklungen möglicherweise nicht alle Beschreibungen aktualisiert werden.

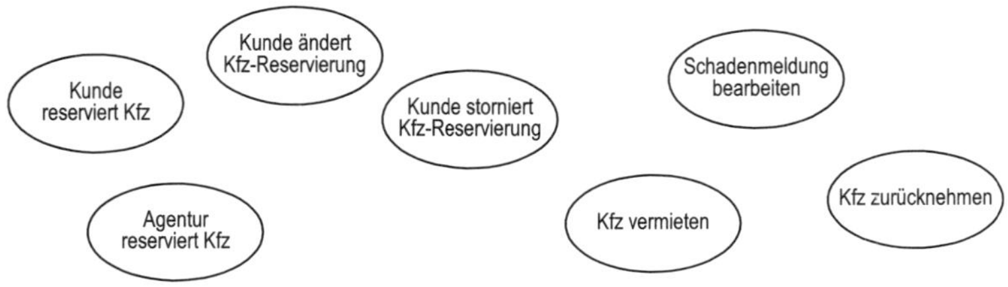

Abb. 3.1-40: Wichtige Systemanwendungsfälle für den Geschäftsprozess *Kfz-Vermietung*

UML-Anwendungsfallmodell: ⇨245

Sekundäre Anwendungsfälle ⇨261

Die Lösung besteht darin, die mehrfach vorkommenden Beschreibungen aus den Anwendungsfällen herauszulösen, nur an einer Stelle als gesonderten so genannten *sekundären Anwendungsfall* zu beschreiben und an den ursprünglichen Stellen durch einen entsprechenden Verweis (so genannte *Enthält-Beziehung*) wieder einzubinden. Diese neuen zusätzlichen Anwendungsfälle, die nur aufgrund der funktionalen Zerlegung entstehen, werden zur Unterscheidung *sekundäre Anwendungsfälle* genannt.

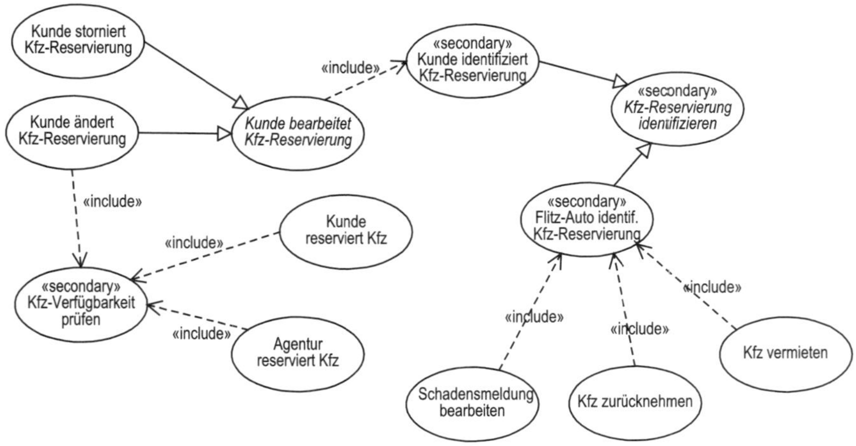

Abb. 3.1-41: Systemanwendungsfallmodell für Geschäftsprozess *Kfz-Vermietung* mit Spezialisierungs- und Enthält-Beziehungen

Im Ergebnis sieht dies dann beispielsweise so aus wie in Abb. 3.1-41 dargestellt.[20]

Redundanzen erkennen

Ablaufmodell ⇨142, 335

Die entscheidende Frage ist jedoch, wie können solche Redundanzen erkannt werden? Hierbei werden alle einzelnen Schritte in allen Systemanwendungsfällen der Reihe nach durchgegangen und überprüft, ob es an anderer Stelle einen gleich lautenden oder ähnlichen Schritt gibt. Falls ja, wird untersucht, ob derselbe Sachverhalt beschrieben wird. Falls auch das zutrifft, wird ein neuer sekundärer Systemanwendungsfall angelegt und anstelle der bisherigen Beschreibungen eingebunden (Enthält-Beziehung).

Praktische Schwierigkeiten bei der Redundanzsuche

Das Problem hierbei ist, dass im Prinzip jeder Schritt mit jedem anderen verglichen werden muss, was bei der gewöhnlich nicht geringen Zahl einzelner Schritte zu einer kombinatorischen Explosion der Vergleichsmöglichkeiten führt. Außerdem werden möglicherweise Redundanzen dennoch nicht erkannt, weil andere Begriffe, z.B. nicht erkannte Synonyme, verwendet wurden. Zum Beispiel könnte ein Schritt *Kunde identifizieren* und ein anderer *Mieter suchen* heißen, wobei vielleicht einer der Schritte unpräzise oder unglücklich formuliert wurde, da er tatsächlich denselben Sachverhalt darstellen soll. [21]

Hinterfragen Sie jeden einzelnen Schritt: Kommt der Schritt nur hier vor oder müsste er auch in anderen Anwendungsfällen vorkommen? Und wenn ja, in welchen? Schauen Sie dann in diesen anderen Anwendungsfällen nach und lösen Sie ggf. gemeinsame Schritte als sekundäre Anwendungsfälle heraus.

Generalisierung/Spezialisierung: Gemeinsamkeiten durch Abstraktion herauslösen

Neben der Enthält-Beziehung kann auch die Generalisierungs-/Spezialisierungsbeziehung hilfreich sein. Hierbei werden Gemeinsamkeiten verschiedener Anwendungsfälle durch Abstraktion zusammengefasst. Es ist nicht wie bei der Enthält-Beziehung notwendig, dass Schritte verschiedener Anwendungsfälle exakt übereinstimmen. Es können hier auch mehrere Schritte zusammengefasst oder ganze Anwendungsfälle abstrahiert werden.

Abb. 3.1-41 zeigt beispielsweise zwei verschiedene Varianten *Kfz-Reservierung identifizieren*, einmal durch den Kunden selbst (Internet) und einmal durch Flitz-Auto (Callcenter oder Station). Der prinzipielle Ablauf wird in beiden Fällen ähnlich sein, jedoch wird *Flitz-Auto identifiziert Kfz-Reservierung* wahrscheinlich mehr Freiheiten und Möglichkeiten bieten. Ein anderes Beispiel einer Generalisierung ist *Kunde bearbeitet Kfz-Reservierung*. Stornieren und Ändern haben im Ablauf viele Gemeinsamkei-

[20] Für UML-Spezialisten: Wir nehmen keine Extend-Beziehungen, weil deren Semantik in der Praxis zu häufig missverstanden wird bzw. zu Verunsicherung führt. Wir verwenden ausschließlich Enthält-Beziehungen, mit denen die betroffenen Sachverhalte ebenfalls ausgedrückt werden können.

[21] Es existiert noch eine weitere und zwar sehr formale Möglichkeit (und damit sicherere, aber aufwändigere), Redundanzen zu erkennen. Hierbei müssen zu jedem Schritt Vor- und Nachbedingungen in einer formalen Sprache (z.B. OCL) definiert werden. Anschließend können durch Vergleich der Vor- und Nachbedingungen aller Schritte solche mit identischen Vor- und Nachbedingungen systematisch erkannt werden. Diese sind dann mit großer Wahrscheinlichkeit sekundäre Anwendungsfälle.

ten. Beispielsweise muss die Reservierung identifiziert, eine Bestätigung erstellt und ähnliche Geschäftsregeln beachtet werden (Änderungsfristen, Gebühren). Daher ist auch hier eine Generalisierung sinnvoll.

Redundanzen und Abhängigkeiten vermeiden

Abhängigkeiten zwischen Anwendungsfallpaketen minimieren. Unsere Systemanwendungsfälle sind zu Paketen zusammengefasst. Nachdem nun Gemeinsamkeiten dieser Systemanwendungsfälle in Form von sekundären Systemanwendungsfällen herausgelöst wurden, stellt sich die Frage, in welchem Paket diese sekundären Systemanwendungsfälle unterzubringen sind. Wenn ein Systemanwendungsfall einen sekundären Systemanwendungsfall eines anderen Paketes verwendet, dann entsteht eine Abhängigkeit zwischen den Paketen. Die Abb. 3.1-42 zeigt dies beispielhaft.

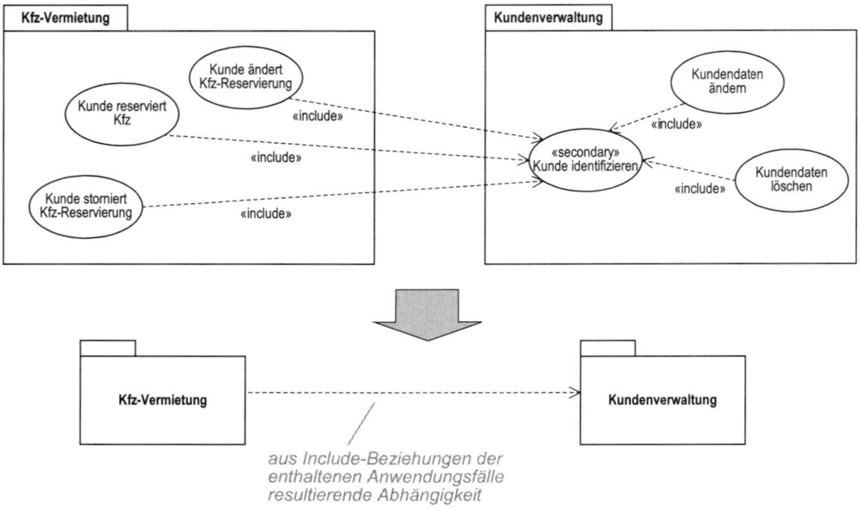

Abb. 3.1-42: Abhängigkeiten durch Enthält-Beziehungen zu sekundären Anwendungsfällen

Zyklische Abhängigkeiten

Wenn zwischen zwei Paketen direkt oder indirekt (d.h. über Dritte) gegenseitige Abhängigkeiten bestehen, spricht man auch von einer zyklischen Abhängigkeit. Abhängigkeiten sollten vermieden werden, da sie typischerweise zu folgenden Nachteilen führen:

- Eine Änderung in einem Paket kann Auswirkungen auf die umliegenden abhängigen Pakete haben. Die möglichen Folgen sind zu bedenken.
- Wenn verschiedene Personen oder Teams mit der Analyse und Beschreibung von Anwendungsfallpaketen betraut sind, die untereinander eine Abhängigkeit besitzen, sind auch diese Teams voneinander abhängig. Die notwendige Kommunikation erhöht sich und die Teams warten möglicherweise gegenseitig auf Zulieferleistungen.

Für die Paketzuordnung gelten folgende Regeln:

Regeln für die Paketzuordnung der sekundären Systemanwendungsfälle

- Ein sekundärer Systemanwendungsfall, der nur von Systemanwendungsfällen eines Paketes verwendet wird, gehört in genau dieses Paket.
- Wenn durch die Verwendung von sekundären Systemanwendungsfällen zyklische Abhängigkeiten zwischen Paketen entstehen, ist zu prüfen, ob die abhängigkeitsauslösenden sekundären Systemanwendungsfälle in ein anderes Paket verschoben werden können, so dass nur noch eine einseitige Abhängigkeit übrig bleibt.
- Wenn sich zyklische Abhängigkeiten nicht durch eine solche Verschiebung auflösen lassen, sollte ggf. ein neues Paket eröffnet werden, in dem zyklenauslösende sekundäre Systemanwendungsfälle gesammelt werden.

3.1.13 Übrige fachliche Anforderungen und Regeln beschreiben

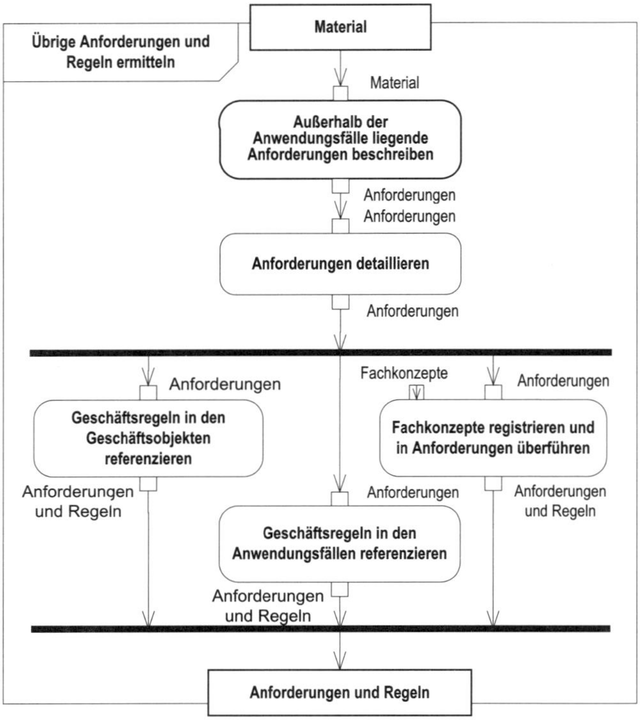

Extrakt

- Beschreibe alle außerhalb von Anwendungsfällen liegenden Anforderungen und Regeln in einem zentralen Anforderungskatalog.
- Detailliere die Anforderungen nach einem gegebenen Beschreibungsschema.
- Referenziere geschäftsobjektspezifische Geschäftsregeln in den jeweiligen Geschäftsobjekten.
- Referenziere anwendungsfallspezifische Geschäftsregeln in den jeweiligen Anwendungsfällen.
- Registriere vorhandene Fachkonzepte und überführe sie ggf. in formale Anforderungen.

Anforderungen und Geschäftsregeln. Es werden verschiedene Arten von Anforderungen unterschieden, siehe hierzu Kapitel *4.2.12 Anforderung, Feature & Co* (⇨264). Anforderungen beschreiben Eigenschaften und Verhaltensweisen, die stets erfüllt sein sollen.

Anforderungskontexte

Anforderungen können in verschiedenen Modellierungskontexten auftreten. Solche Anforderungen, die sich auf Abläufe und Verhaltensweisen beziehen, sind in Anwendungsfällen wahrscheinlich gut aufgehoben. Anwendungsfälle sind letztendlich fachlich motivierte Zusammenfassungen vor allem funktionaler und ablauforientierter Anforderungen. Anforderungen, die sich auf statische Eigenschaften von Personen, Gegenständen und sonstigen Geschäftsobjekten beziehen, passen wahrscheinlich gut in die Beschreibungen von Geschäftsobjekten (vgl. ⇨130).

Konsistenz und Widerspruchsfreiheit der Anforderungen

Viele Anforderungen beziehen sich jedoch nicht nur auf einen einzelnen Anwendungsfall oder ein einzelnes Geschäftsobjekt, sondern auf mehrere, so dass sie mehrfach in identischer Weise zu beschreiben wären, was wir natürlich wegen der Mehrarbeit und der Konsistenzprobleme vermeiden möchten. Außerdem gäbe es dann verschiedene Orte, an denen Anforderungen abgelegt sind.

Beschreibe alle geschäftlichen Anforderungen und Regeln in einem zentralen Anforderungskatalog. Wir gehen daher so vor, dass Geschäftsregeln und übergreifende Anforderungen zentral an einem Ort, dem Anforderungskatalog, abgelegt werden. In den Anwendungsfällen und Geschäftsobjekten, für die bestimmte Anforderungen gelten, nehmen wir nur Verweise auf die entsprechenden Anforderungen des zentralen Kataloges auf.

Der zentrale Anforderungskatalog kann in der Praxis ein einfaches Word-Dokument oder eine Excel-Liste sein, ebenso können Anforderungen alternativ in speziellen Anforderungsmanagement-Werkzeugen oder in gewöhnlichen UML-Modellierungswerkzeugen abgelegt sein. wie, wo, womit?

Die einfachen Word- oder Excel-Listen sind in größeren Projekten nicht mehr handhabbar. Spezielle Anforderungsmanagement-Werkzeuge wiederum sind in den meisten Fällen eher zu umständlich, wir präferieren daher die Notation und Spezifikation von Anforderungen mit einfachen UML-Mitteln, wie dies in Kapitel 4.2.12 *Anforderung, Feature & Co* (⇨264) beschrieben ist.

Leitfragen zur Identifikation funktionaler Anforderungen

- Welche Allgemeinfakten liegen vor? Beispiel: „Der erste Kundenkontakt erfolgt immer über einen Vertriebsmitarbeiter."
- Welche besonderen Handlungseinschränkungen existieren? Beispiel: „Kunden der Bonitätsklasse C erhalten keinen Kredit."
- Welche Handlungsauslöser existieren? Beispiel: „Wenn der gewünschte Kfz-Typ nicht verfügbar ist, erhält der Kunde ohne Aufpreis den nächstbesseren Kfz-Typ."
- Welche Schlussfolgerungen sind generell zu beachten? Beispiel: „Kunden, die mehr als 10.000 Statuskilometer haben, erhalten 10% Rabatt."
- Welche Berechnungsvorschriften sind zu beachten? Beispiel: „Der Nettobestellwert errechnet sich als die Summe der Werte der einzelnen Bestellpositionen ohne Mehrwertsteuer."

Detailliere die Anforderungen nach einem gegebenen Beschreibungsschema. Für die detaillierte Spezifikation einer Anforderung verwenden wir die in Kapitel 4.2.12 *Anforderung, Feature & Co* (⇨264) beschriebene Schablone. Ein Beispiel einer Anforderungsspezifikation aus unserem Flitz-Auto-Fallbeispiel ist in Abb. 3.1-43 zu sehen.

Anforderung #91	Mindestmietdauer und -zeiteinheit
Art	Funktionale Anforderung
Beschreibung	Die Mindestmietdauer beträgt normalerweise 6 Stunden.

	Für spezielle Kfz-Typen gelten ggf. andere Mindestzeiten. Die Mietdauer beträgt stets ganze Stunden. Kleinere Einheiten (Minuten) sind nicht möglich.
Stabilität	instabil
Verbindlichkeit	Pflicht
Priorität	niedrig
Details	Ergibt sich aus den aktuell gültigen Tarifen. Ansprechpartner und verantwortlich ist die Abteilung Mietstationen.
Involvierte andere Modellelemente	▪ Kfz reservieren ▪ Kfz-Reservierung ändern
Verweise auf andere Geschäftsregeln	
Änderungen	19.5.2009 Bernd Oestereich final erstellt und abgestimmt

Abb. 3.1-43: Spezifikation der Anforderung Mindestmietdauer und -zeiteinheit (nähere Erläuterungen zu der Schablone ⇨264)

Geschäftsregel

Nicht jede Anforderung muss als einzelnes Element notiert werden, dies hängt von dem gewünschten und zweckmäßigen Detaillierungsgrad ab. Für eine weniger detaillierte Darstellung bieten sich Features an, die eine fachlich zusammenhängende Menge von Anforderungen darstellen. Ein Feature ist also einfach eine Menge elementarer Anforderungen.

Features

Die in einem Feature enthaltenen einzelnen Anforderungen können entweder nur als stichwortartige Beschreibung angegeben werden oder wiederum auf eine detaillierte Anforderungsspezifikation oder andere Features verweisen. Die Verweise auf Detailbeschreibungen werden durch einen vorangestellten Pfeil (⇨) angedeutet.

Anforderung #103	**Kfz-Reservierungsanforderungen**
Art	Feature
Beschreibung	Alle im Rahmen einer Kfz-Reservierung zu beachtenden Geschäftsregeln
Enthaltene Anforderungen	▪ ⇨Mindestmietdauer und -zeiteinheit (Fkt. Anforderung) ▪ Mindestalter eines Fahrers ▪ Wahl eines höherwertigen Alternativ-Kfz ▪ Maximale Reservierungsvorlaufzeit ▪ ⇨Kfz-Reservierungs-Stornierungsregeln (Feature) ▪ Zulässige Zeitüberschreitungen bei Kfz-Reservierungen
Änderungen	12.2.2009 Bernd Oestereich final erstellt und abgestimmt

Abb. 3.1-44: Spezifikation des Features *Kfz-Reservierungsanforderungen*

In Abb. 3.1-45 ist zu sehen, wie die Anforderungen von anderen Modellelementen, beispielsweise Geschäftsanwendungsfällen, referenziert werden können. Das Beispiel in der Abbildung bedeutet, dass die Anwendungsfälle *Kunde reserviert Kfz* und *Kunde ändert Kfz-Reservierung* alle in *Kfz-Reservierungsanforderungen* beschriebenen Anforderungen erfüllen müssen.

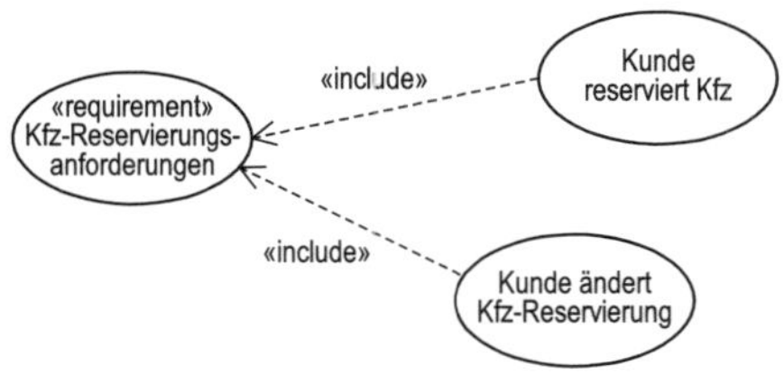

Abb. 3.1-45: Beziehungen zwischen Geschäftsanwendungsfällen und allgemeinen Anforderungen

In der Abb. 3.1-46 befindet sich eine weitere Anforderungsdetaillierung.

Anforderung	Wahl eines höherwertigen Alternativ-Kfz
Art	Funktionale Anforderung
Beschreibung	Kann ein Reservierungswunsch nicht erfüllt werden, kann unter bestimmten Bedingungen alternativ ein höherwertiges Kfz zu gleichen Konditionen reserviert werden.
Stabilität	instabil
Verbindlichkeit	Pflicht
Priorität	niedrig
Details	Ein höherwertiges Kfz darf nur dann alternativ zu gleichen Konditionen reserviert werden, wenn noch mindestens 25 Prozent der Kfz der höheren Kfz-Klassen für den gewünschten Zeitraum verfügbar sind oder der Mieter in den letzten 18 Monaten mehr als 5-mal ein Kfz gemietet hatte.
Involvierte andere Modellelemente	▪ Kfz reservieren
Verweise auf andere Geschäftsregeln	
Änderungen	19.5.2009 Bernd Oestereich final erstellt und abgestimmt

Abb. 3.1-46: Anforderung *Wahl eines höherwertigen Alternativ-Kfz*

Registriere Fachkonzepte. Häufig existieren im Anwendungsbereich bereits mehr oder weniger detaillierte und verbindliche so genannte Fachkonzepte. Fachkonzepte enthalten Anforderungen, allerdings nicht immer in der für die Systementwicklung geeigneten Form. Fachkonzepte definieren Anforderungen quer zu anderen Anforderungsarten, was ihre Verwendung für die Softwareentwicklung schwierig macht. Extrahieren Sie daher aus Fachkonzepten Features. Der Weg vom Fachkonzept zu einer Menge von Features ist oft nicht weit. Fachkonzepte beschreiben fachliche Features.

Fachkonzept und Features ⇨264

Anforderungen programmieren. Ein anderer sehr effektiver Weg, Anforderungen zu beschreiben, ist, sie gleich als Testfälle zu programmieren (siehe Diskussion ⇨152).

Checkliste natürlich-sprachliche Methode ⇨140

Checkliste:

☑ 3.1.13.1: Werden Anforderungen unabhängig von Anwendungsfällen beschrieben?

☑ 3.1.13.2: Ist jede einzelne Anforderung über eine eindeutige Anforderungsnummer identifizierbar?

☑ 3.1.13.3 Ist für jede Anforderung die Verbindlichkeit festgelegt (Pflicht, Wunsch, Absicht, Vorschlag, Kommentar)?

☑ 3.1.13.4 Ist jede Anforderungsformulierung mit natürlichsprachlichen Methoden (siehe Checkliste S. 140) überprüft worden?

3.1.14 Systemschnittstelle beschreiben

Extrakt

- Bestimme zu jedem Anwendungsfall die Anwendungsfallschnittstelle, d.h. fasse die ein- und ausgehenden Daten, Objekte und Ereignisse in Form von Schnittstellenbeschreibungen zusammen.
- Untersuche auch alle übrigen Anforderungen hinsichtlich möglicher Schnittstellen.

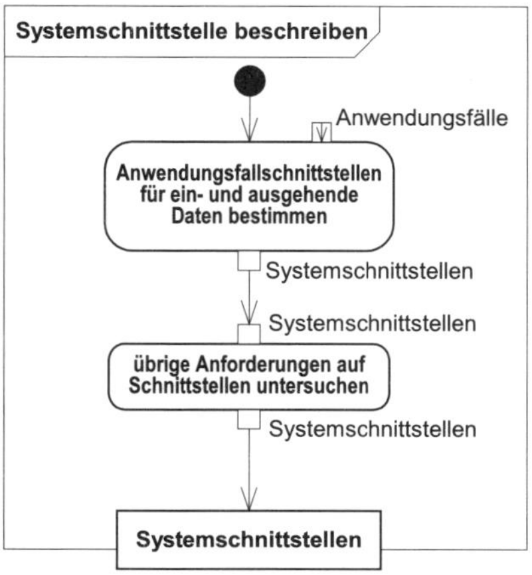

Nachdem die Abläufe mit Hilfe von Anwendungsfällen, Ablauf- und Objektflussdiagrammen detailliert beschrieben wurden, werden nun die Strukturelemente identifiziert, die an der äußeren Systemgrenze liegen. Sämtliche Interaktionen, Ein- und Ausgaben des zu entwickelnden Systems mit seiner Umgebung werden identifiziert und beschrieben.

Bestimmen Sie zu jedem Anwendungsfall die Schnittstellen. Jedem Anwendungsfallschritt können die involvierten Schnittstellen zugeordnet werden, wie dies beispielsweise in Abb. 3.1-47 gezeigt wird. Dabei ist es weniger wichtig, eine exakte Zuordnung zu den einzelnen Schritten zu erzielen, als überhaupt die involvierten Schnittstellenelemente zu finden. ☑ 3.1.14.1

Anwendungsfallschritt/-aktivität	*Involvierte Schnittstellenelemente*
Kunde identifizieren Kundennr. erfassen Kunde identifizieren	Dialog Kundensuche
Reservierungswunsch aufnehmen Reservierungswunsch aufnehmen	Dialog Kfz-Reservierung
Kfz-Verfügbarkeit prüfen Verfügbare Kfz ermitteln	
Kfz reservieren Kfz auswählen Kfz reservieren	Dialog Kfz-Reservierung Dialog Kfz-Reservierung
Reservierung bestätigen Reservierung bestätigen	Dialog Kfz-Reservierung Ausg.erz. Reservierungsbestätigung

Abb. 3.1-47: Zuordnung der involvierten Schnittstellen

☑ 3.1.14.2

Anschließend wird für jede Schnittstelle beschrieben:

- Name der Schnittstelle
- Kurzbeschreibung 2–10 Zeilen Text
- Komplexitätsgrad der Schnittstelle (komplex | Standard | einfach)
- ggf. Ausschlusshinweis

Sofern sich herausstellt, dass eine Schnittstelle im Rahmen des Projektes nicht berücksichtigt werden muss, wird sie dennoch in obiger Form beschrieben, jedoch mit einem Ausschlusshinweis versehen, der darüber informiert, warum die Schnittstelle nicht berücksichtigt werden muss.

Abgesehen von diesen Gemeinsamkeiten sind je nach Art der Schnittstelle andere Beschreibungstechniken zur weiteren Detaillierung sinnvoll, deshalb sind zunächst einmal die verschiedenen Arten zu unterscheiden:

☑ 3.1.14.3

- Dialogschnittstellen
- Ausgabeerzeugnisse (Briefe, Berichte etc.)
- Daten-Schnittstellen von oder zu externen Systemen
- Funktionale Schnittstellen zu externen Systemen

Alle Schnittstellen und externen Systeme, die vom zu entwickelnden System möglicherweise zu berücksichtigen sind, werden untersucht.

☑ 3.1.14.4

Für **funktionale Schnittstellen** und **Daten-Schnittstellen** werden soweit bereits bekannt zusätzlich dokumentiert:

- Benennung der betroffenen externen Systeme (Programmnamen, Transaktionsbezeichnungen o.Ä.)
- Art der Schnittstelle: synchron (funktionale Schnittstelle), asynchron (Datenaustausch, z.B. über Dateien, DB-Tabellen oder Warteschlangen)
- Richtung der Schnittstelle: lesend, schreibend
- Häufigkeit der Aktivierung und ggf. Verteilung auf die Tageszeit, z.B. einmal täglich, ca. 100-mal täglich etc.
- Maximales, minimales und durchschnittliches Datenvolumen pro Aktivierung (in Byte)
- Wichtigkeit der Schnittstelle (wichtig | Standard | nachrangig)
- Mögliche Ansprechpartner, Referenzen, Dokumente etc.
- Besonderheiten

Gegebenenfalls werden im Rahmen der Schnittstellenanalyse noch weitere Anwendungsfälle und sinnvolle Glossareinträge entdeckt.

☑ 3.1.14.4

Dialogschnittstellen und Ausgabeerzeugnisse können nach einem ähnlichen Schema beschrieben werden:

- Wer verwendet den Dialog/das Ausgabeerzeugnis (ggf. Anzahl und Qualifikation der Benutzer)
- Wann und wie häufig wird der Dialog/das Ausgabeerzeugnis verwendet (global, durchschnittlich pro Benutzer, Verteilung über die Tageszeit, Wochentage, Monate o.Ä.), z.B. einmal täglich, ca. 100-mal täglich etc.

- Wichtigkeit der Schnittstelle (wichtig | Standard | nachrangig)
- Mögliche Ansprechpartner, Referenzen, Dokumente etc.
- Besonderheiten

Im Folgenden werden einige Beispiele gezeigt.

Dialogbeschreibung	
Name	**Kundensuche**
Kurzbeschreibung	Mit diesem Dialog kann mit Hilfe von Suchbegriffen nach einem einzelnen Kunden gesucht werden.
Verwendung	Alle Benutzer in den Stationen und im Callcenter, durchschnittlich 40-mal täglich pro Benutzer.
Komplexität	einfach
Eingabefelder	Verschiedene Suchbegriffe, z.B. Kundennr., Name, Telefon etc.
Anzeigefelder	Kundendaten (Name, Anschrift)
Verzweigungs-möglichkeiten	Kundenakte, Abbrechen, Kfz-Reservierung
Aktionen	Suche starten, Auswahl eines Kunden, Alle Suchbegriffe löschen

Abb. 3.1-48: Essenzielle Dialogbeschreibung *Kundensuche*

Dialogbeschreibung	
Name	**Kfz-Reservierung**
Kurzbeschreibung	Mit diesem Dialog wird für einen Kunden ein Kfz reserviert.
Verwendung	Alle Benutzer in den Stationen und im Callcenter, durchschnittlich 25-mal täglich pro Benutzer, werktags zwischen 8 und 10 Uhr etwa dreimal soviel wie zur übrigen Zeit.
Komplexität	Standard
Eingabefelder	Kfz-Typ, Übergabestation, Rücknahmestation, Reservierungszeitraum
Anzeigefelder	Reservierungsdaten (Kfz, Reservierungsnr., Kfz-Typ, Übergabestation, Rücknahmestation, Reservierungszeitraum)
Verzweigungs-möglichkeiten	Abbrechen, Beenden, Kundenakte
Aktionen	Kfz-Verfügbarkeit prüfen, Kfz reservieren, Bestätigung drucken, Reservierung stornieren

Abb. 3.1-49: Essenzielle Dialogbeschreibung *Kfz-Reservierung*

Beschreibung Ausgabeerzeugnis	
Name	**Reservierungsbestätigung**
Kurzbeschreibung	Ein Schreiben an den Kunden, mit dem ihm eine Kfz-Reservierung bestätigt wird.
Verwendung	Vorwiegend Benutzer im Callcenter, derzeit etwa 5% per Post, 55% per Fax und übrige per E-Mail. Zu über 50% der Reservierungen wird keine Bestätigung verlangt (nur mündlich).
Komplexität	Standard
Ausgabefelder	Reservierungsdaten (Kfz, Reservierungsnr., Kfz-Typ, Übergabestation, Rücknahmestation, Reservierungszeitraum)
Beispiel	siehe Material M-67

Abb. 3.1-50: Essenzielle Aufgabeerzeugnisbeschreibung *Reservierungsbestätigung*

Checkliste:

☑ 3.1.14.1: Existiert zu jedem Anwendungsfall eine Aufstellung/Zuordnung der involvierten Schnittstellen?

☑ 3.1.14.2: Existiert zu jeder Schnittstelle eine Kurzbeschreibung und Komplexitätseinstufung?

☑ 3.1.14.3: Ist die Art der Schnittstelle beschrieben (Dialog, Ausgabeerzeugnis, funktional, Datenaustausch)?

☑ 3.1.14.4: Sind alle Schnittstellen nach einem schnittstellenart-spezifischen Schema näher beschrieben?

3.1.15 Exploratives Schnittstellen-Prototyping

Extrakt

- Entwickle zu den identifizierten Schnittstellen-Elementen explorative Prototypen und stimme sie mit den Anforderungsgebern ab.

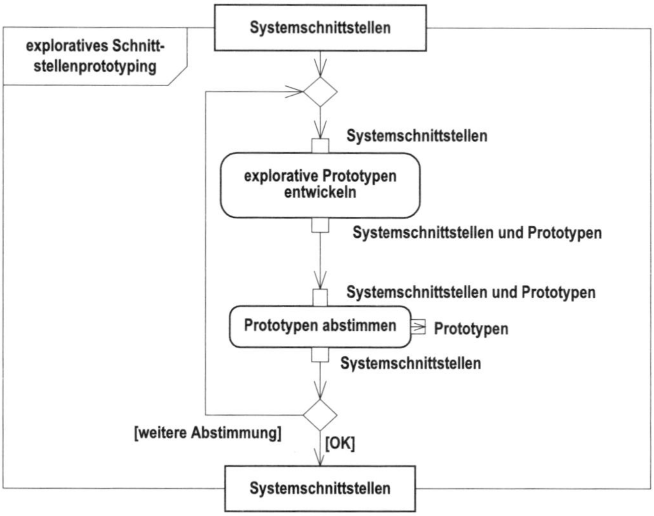

Explorative Prototypen sind in den meisten Fällen Sequenzen von Dialogentwürfen[22], die die zuvor angelegten Anwendungsfälle illustrieren. In den Anwendungsfällen werden die konkreten Handlungen der AnwenderInnen einschließlich eventueller Ausnahmen und Sonderfälle beschrieben. Dialogentwürfe, Formelentwürfe

Exploratives, d.h. erforschendes Prototyping dient der Analyse. Es ist ein Medium, um mit den späteren AnwenderInnen über das geplante Anwendungssystem zu kommunizieren. Häufig handelt es sich bei den explorativen Prototypen um Dialogentwürfe. Es können aber auch Auswertungen, Druckmuster, Formularentwürfe, Simulationen oder Berechnungsvorschriften sein. Letztgenannte können beispielsweise als Tabellenkalkulation realisiert und gemeinsam mit den Fachleuten aus dem Anwendungsbereich überprüft werden.

Zunächst ist grundsätzlich zu überlegen, welche Dialoge gebraucht werden und aufgrund welcher Anwendungsfälle sie gefordert werden. Dabei können manchmal Zweifel entstehen, ob in bestimmten Situationen ein oder mehrere Dialoge benötigt werden oder ob in zwei unterschiedlichen Situationen vielleicht derselbe Dialog eingesetzt werden kann. In solchen Fällen sind die Anwendungsfälle, d.h. ihre Schnittstellen, Vor- und Nachbedingungen, Akteure etc. genau zu vergleichen. Im Zweifelsfall bevorzugen Sie die einfachere Lösung, also die, die mit weniger Dialogen auskommt. Ggf. treten

☑ 3.1.15.1
☑ 3.1.15.2

[22] Hiermit sind lauffähige und benutzbare Dialoge gemeint, in denen Daten eingegeben werden können, die aber nicht alle Merkmale einer fertigen Anwendung enthalten, wie beispielsweise Hilfefunktion, Fehlerbehandlung, Speicherung in Datenbank, Performance, Robustheit, Rückgängigfunktion, für den betrachteten Anwendungsfall unwichtige Abläufe u.Ä.

dann später Konflikte auf, die eine andere Aufteilung nahe legen. Dann wissen Sie aber immerhin warum.

Explorative Dialogprototypen vermitteln Anwendern und Fachabteilungen sehr konkret wichtige Aspekte des zukünftigen Systems. Je nach Abstraktions- und Vorstellungsvermögen der Anwender und ihren Erfahrungen mit Softwaresystemen kann es vorkommen, dass auf die vorgelegten Dialogentwürfe auch sehr konkret reagiert wird, beispielsweise in der Form „das Feld muss aber weiter nach oben und dieses hier ist viel zu klein". Sie als Systemanalytiker sind jedoch froh, gerade die Dialoge identifiziert zu haben und wollen solche Details vielleicht noch nicht hören.

Vgl. Systemanwendungsfall ⇨260

Illustration der Anwendungsfälle

Die gewonnenen Informationen über den Anwendungsbereich dienen dem Entwicklungsteam als Basis zum Entwurf von Dialogfolgen. Die Dialogentwürfe werden somit Teile der Systemanwendungsfälle, da sämtliche in den Systemanwendungsfällen beschriebenen Abläufe von dem zu entwickelnden Anwendungssystem unterstützt werden sollen. Alle in den Anwendungsfällen beschriebenen Situationen können mit den späteren AnwenderInnen Dialog für Dialog durchgespielt werden und liefern in der Regel zahlreiche weitere Erkenntnisse und Fragen.

Fragen, Einwände, Vorschläge der AnwenderInnen

Spätestens jetzt, wo die AnwenderInnen ihr zukünftiges Arbeitswerkzeug als Muster direkt vor sich haben, werden sie es konkret beurteilen und kritisieren wollen. Sie haben ihre alltägliche Arbeit vor Augen und untersuchen, wie sie diese mit dem neuen Werkzeug bewältigen können. Die Äußerungen der AnwenderInnen zielen vielfach darauf, dass bestimmte Attribute (Datenfelder) oder bestimmte Handlungsmöglichkeiten (*„Und wo steht jetzt der Monatsumsatz?", „Der Kunde hat aber ein Postfach – schreibe ich das ins Straßenfeld?", „Wie kann ich die Rechnungsanschrift ändern?"*) vermisst werden.

☑ 3.1.15.3

Alle Fragen, Einwände, Vorschläge, Ideen usw., die von den AnwenderInnen geäußert und nicht unmittelbar geklärt werden können, müssen gesammelt, d.h. protokolliert und anschließend ausgewertet werden. Wird die Sitzung dann später mit neuen Entwürfen wiederholt, werden die geplanten Lösungen der Probleme der vorigen Sitzung diskutiert.

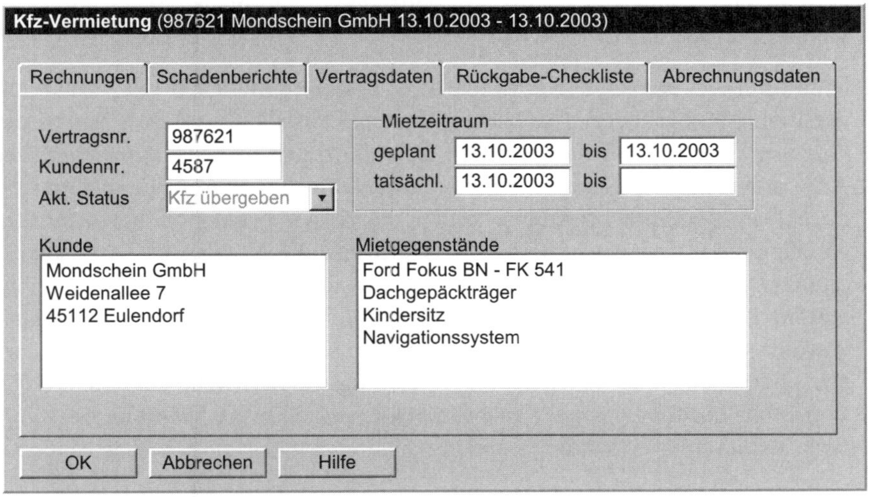

„Der Kunde hat aber ein Postfach ..."

Abb. 3.1-51: Explorativer Dialogprototyp

Papier oder Bildschirm?

Dialogentwürfe könnten einfach auf Papier gezeichnet werden, besser ist es aber, sie direkt auf dem Bildschirm vorzuführen. Mit modernen GUI-Buildern ist der Aufwand verhältnismäßig gering. Das Layout sollte relativ detailliert, also nahe an der endgültigen Fassung sein. Die Datenfelder können leer bleiben oder mit festverdrahteten Beispielwerten besetzt sein. Schaltflächen und ähnliche Dialogelemente können ohne spezielle Funktionalität bleiben, es sollte jedoch erläutert werden, welche Reaktionen zu erwarten sind.

Prototyping-Workshops sollten gut vorbereitet stattfinden:

Dialog-Workshops vorbereiten

- Jeder Workshop hat ein klar definiertes Thema bzw. behandelt einen speziellen, allen Beteiligten zuvor bekannten Aspekt. Die AnwenderInnen sollten zu einem Workshop eventuelles Anschauungsmaterial (Verträge, Formulare etc.) mitbringen.
- Die auftretenden Fragen sollten protokolliert werden. Ebenso, wer für die Klärung verantwortlich ist bzw. wie mit dieser Frage umgegangen werden soll. Das Protokoll wird allen Beteiligten später ausgehändigt.

☑ 3.1.15.4

Bevor die Dialogentwürfe mit den AnwenderInnen durchgesprochen werden, sollten sie innerhalb des Entwicklungsteams diskutiert werden, um bereits mit einer möglichst ausgereiften Fassung in den Anwender-Workshop zu gehen. Es reicht gewöhnlich nicht, die gefundenen Attribute in das Dialogfenster zu bringen und drei Schaltflächen (Speichern, Abbrechen, Hilfe) hinzuzufügen. Die Dialoge können nicht als Einzelteile betrachtet, sondern müssen als Teil eines Szenarios, eines Vorgangs begriffen werden. Der Vorgang insgesamt muß praktikabel und für die AnwenderInnen sinnvoll sein.

Validierung

Prototyping-Workshops bringen allen Beteiligten mehr Sicherheit, dass das richtige System entwickelt wird. Fehlentwicklungen werden sehr frühzeitig erkannt und können noch zu verhältnismäßig niedrigen Kosten korrigiert werden.

Werkzeuge, Materialien

Metaphern. Verwenden Sie Metaphern bzw. Leitbilder bei der Gestaltung der Benutzeroberfläche bzw. des sichtbaren Teils Ihres Systems. Sofern die Dialoge einzeln betrachtet werden, ist es hilfreich, sie als *Werkzeuge* der AnwenderInnen zur Bearbeitung von *Materialien* zu sehen. Dies schlägt sich dann auch im Sprachgebrauch nieder: Statt des Kundendialogs oder der Kundenmaske findet man bei dieser Sichtweise die *Kundenakte* vor. Ebenso die *Rechnungsakte* und die *Vertragsakte*. Anstelle einer Auswahlliste spricht man dann von *Kundensuche* oder *Vertragssuche*. Und wenn ein Kunde ausgewählt und anschließend einer seiner Verträge herausgesucht wird, um daraus weitgehend automatisch eine Rechnung zu erstellen, dann heißt das Werkzeug hierfür beispielsweise *Rechnungsersteller* oder *Rechnungserstellung*. Zum Schluss wird die Rechnung dann in den *Ausgangskorb* geschoben.

Falls Sie meinen, dies sei billig und lediglich eine Umbenennung der Dinge, die sich ansonsten dadurch nicht ändern würden, probieren Sie es aus. Erstens wird Ihnen die Umstellung unter Umständen schwer fallen, weil die alten Begriffe gefestigt und eingefahren sind. Sobald der neue bildlichere Sprachgebrauch jedoch sitzt, werden Sie feststellen, dass Sie die Dinge nunmehr anders betrachten, d.h. sie wirklich anders wahrnehmen und dadurch auch zu anderen Arbeitsergebnissen kommen.

In der alten Sprachwelt sah man in den Dialogmasken lediglich ein Präsentationsprinzip – alles waren letztendlich Masken, wenn auch die Daten auf den Masken sehr unterschiedlich strukturiert sein konnten. In der neuen Sprachwelt finden wir Werkzeuge, die eine eigene datenunabhängige Existenz aufweisen und denen eine spezifische Semantik zugerechnet werden kann: es sind *Sucher, Bearbeiter, Ausgangskörbe, Drucker* usw. Die Begriffe sind nicht nur bildhafter, sondern auch klarer. Man wird einen *Sucher* wahrscheinlich nicht um die Möglichkeiten eines *Bearbeiters* erweitern, weil es nicht zum Sucher-Begriff passt.

Checkliste:

☑ 3.1.15.1: Wurde mind. zu allen identischen Schnittstellenelementen der Komplexitätsklassen *wichtig* und *Standard* ein explorativer Prototyp erstellt?

☑ 3.1.15.2: Enthalten die explorativen Prototypen alle in der essenziellen Schnittstellenbeschreibung genannten Elemente?

☑ 3.1.15.3: Wurde jeder explorative Prototyp mit der Fachabteilung in Prototyping-Workshops diskutiert und abgestimmt?

☑ 3.1.15.4: Existiert zu jedem Prototyping-Workshop eine Agenda und ein Protokoll?

3.2 Design

Extrakt

- Design ist die kreative Erarbeitung eines Lösungskonzeptes für ein gegebenes Problem innerhalb eines gegebenen Lösungsraumes.
- Architektur ist die Festlegung der grundlegenden übergreifenden Eigenschaften und Möglichkeiten einer Lösung.
- Softwarearchitektur sollte durch folgende Sichten beschrieben werden: Schichtenmodell, Verteilungsmodell, Fachliches Subsystemmodell.

Design bedeutet, für ein gegebenes Problem unter Berücksichtigung gegebener Rahmenbedingungen ein Lösungskonzept zu entwickeln. Ohne Annahmen über die grundsätzliche Anwendungsarchitektur kann daher kein Design entwickelt werden. Die Anwendungsarchitektur definiert die prinzipiellen Möglichkeiten und Einschränkungen der Problemlösung, sie begrenzt den Lösungsraum. Neben der Anwendungsarchitektur müssen auch noch weitere Rahmenbedingungen wie Entwicklungswerkzeuge, Standards etc. berücksichtigt werden.

Fachliche und technische Architektur

Zu unterscheiden sind fachliche und technische Architektur. Die technische Architektur ist weitgehend frei vom konkreten fachlichen Anwendungsgebiet und beschreibt welche allgemeine Eigenschaften die Architektur besitzt, aus welchen technischen Komponenten, Schichten etc. sie besteht. Die fachliche Architektur beschreibt die grundlegende Struktur und Partitionierung aus Sicht des Anwendungsgebietes und der Fachlichkeit.

Vor den ersten Designaktivitäten ist es notwendig, die technische Architektur der zukünftigen Anwendungen festzulegen. Sie bestimmt, welche Arten von Klassen und, daraus resultierend, welche Schnittstellen überhaupt entworfen werden müssen. Eine durchdachte, saubere Anwendungsarchitektur hilft außerdem dabei,

- eine sinnvolle Arbeitsteilung und Übersicht,
- langfristige Flexibilität in der Systementwicklung und
- einen höheren Wiederverwendungsgrad zu erzielen.

In der Literatur und in den anwendungsentwickelnden Unternehmen existieren viele Anwendungsarchitekturen, die teilweise sehr unterschiedlich, teilweise sehr ähnlich sind. Die hier beispielhaft skizzierte Anwendungsarchitektur reflektiert die gängigen Anforderungen, die heute an solche Architekturen gestellt werden. Dazu gehört eine dreischichtige Client-Server-Architektur mit einer Präsentationsschicht auf den Clients, der Geschäftslogik und eigentlichen Anwendung auf einem oder mehreren Servern und einer zentralen Datenhaltung.

Um eine Softwarearchitektur zu beschreiben, werden gewöhnlich drei verschiedene Modelle dargestellt:

- Ein **Schichtenmodell**, das beschreibt, aus welchen grundsätzlichen Hard- und Softwareschichten die auf dieser Architektur basierenden Lösungen bestehen.
- Ein **Verteilungsmodell**, das angibt, welche Hard- und Software grundsätzlich vorhanden ist, auf welcher Hardware welche Software läuft und welche Verbindungen zwischen den einzelnen Einheiten bestehen.
- Ein **fachliches Subsystemmodell**, das die fachliche Partitionierung des Systems beschreibt, d.h. aus welchen einzelnen fachlichen Untereinheiten sich das Gesamtsystem zusammensetzt.

Diese einzelnen Modelle werden in den folgenden Abschnitten näher beschrieben.

3.2.1 Von der Analyse zum Design

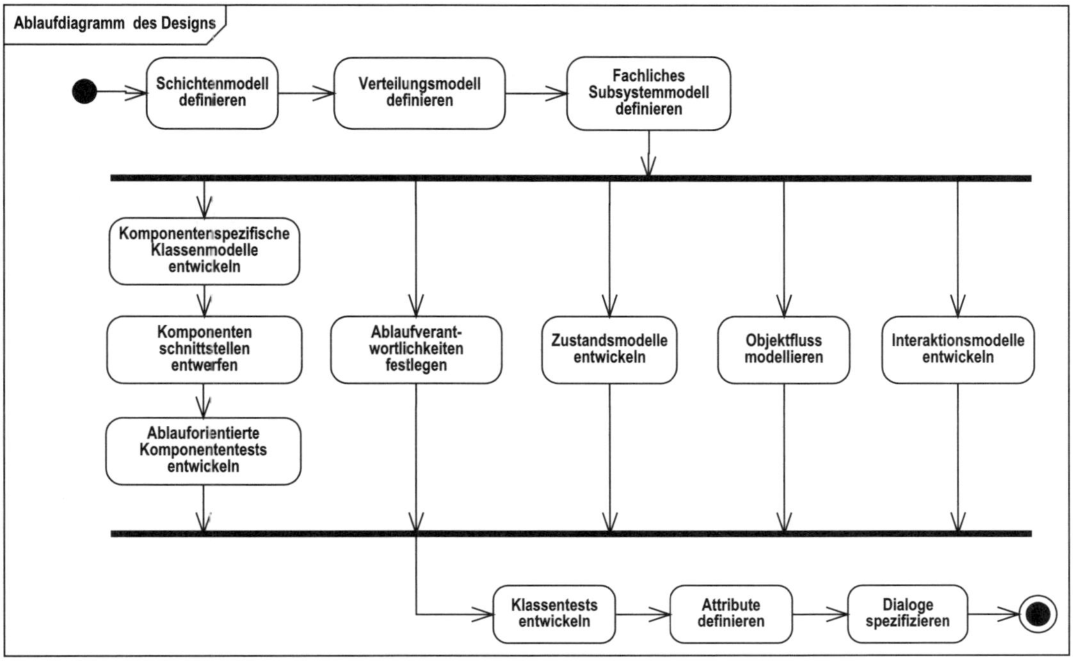

Abb. 3.2-1: Ablaufdiagramm des Designs

Das Vorgehen beim Design ist in Abb. 3.2-1 grafisch dargestellt. Das aktuelle Designkapitel ist keine detaillierte Beschreibung dieses Diagramms, sondern greift einzelne Aktionen heraus und beschreibt das grundsätzliche Vorgehen.

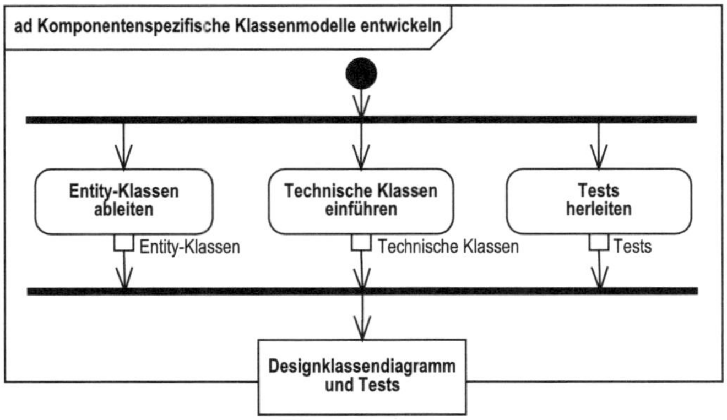

Abb. 3.2-2: Detaillierung der Modellierung

Im Rahmen der Analyse sind viele Anforderungen ermittelt worden, die zum Teil nur schwer zu ermitteln sind und sich teilweise aus dem Zusammenhang ergeben. Es sind Modelle aufgebaut worden, welche die so ermittelten fachlichen Anforderungen darstellen und in Beziehung setzen. Da nicht alle Anforderungen eins zu eins im Design abgebildet werden können, bietet es sich an, die Nachvollziehbarkeit der Wandlung des Modells sicherzustellen. Hierzu dient in diesem Falle die «trace»-Beziehung. Mit ihr lässt sich darstellen, aus welchem Analyseelement sich welches Designelement entwickelt hat.

Als Beispiel sei hier die Fachklasse Kunde genannt, die in der Analyse sowohl den Namen und die persönlichen Daten des Mitglieds beinhaltet, als auch die Adressdaten. Im Design wird auf die Verantwortlichkeit der Klassen geachtet und diese besagt, dass – streng betrachtet – Personen- und Adressdaten getrennt werden. Hieraus ergibt sich, dass das fachliche und das technische Klassenmodell voneinander abweichen. Um diese Abweichungen auch deutlich zu machen, werden die ursprünglichen Klassen und die daraus folgenden in einem Diagramm dargestellt und miteinander verbunden (Abb. 3.2-3: Anforderungsverfolgung Analyse zu Design).

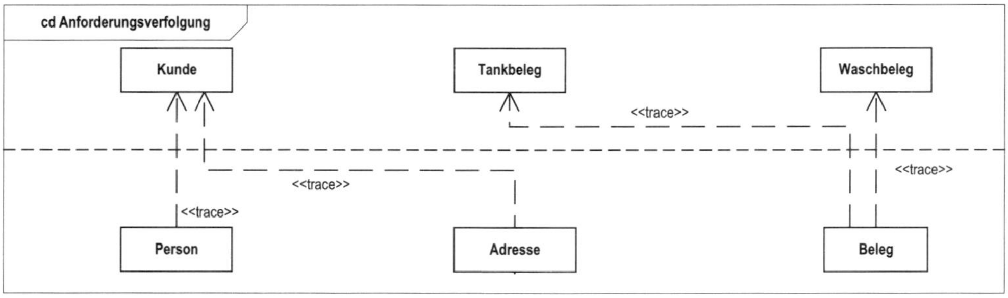

Abb. 3.2-3: Anforderungsverfolgung Analyse zu Design

3.2.2 Schichtenmodell definieren

Extrakt

- Identifiziere die einzelnen Elemente (Schichten, Komponenten, Klassenarten etc.) der zugrunde liegenden Anwendungsarchitektur sowie deren Beziehungen untereinander und stelle dies in einem Modell/Diagramm dar.
- Beschreibe die Verantwortlichkeiten, Aufgaben und Besonderheiten für jedes Element der Anwendungsarchitektur.
- Beschreibe die prinzipiellen Kommunikationsmechanismen mit Hilfe von Interaktionsdiagrammen und dokumentiere die Anwendung von Entwurfsmustern.

Ein besonderes Kennzeichen für ein Schichtenmodell ist die prinzipielle Zugriffs- und Abhängigkeitsrichtung. Üblicherweise kennen die Elemente der oberen Schichten die Elemente der unteren Schichten und greifen auf sie zu, aber nicht umgekehrt. In der Abb. 3.2-4 ist dies daran zu erkennen, das die unteren Schichten eine Schnittstelle für die oberen *bereitstellen* (Lolli- bzw. Steckersymbol), während die oberen diese Schnittstellen *nutzen* (Kupplungssymbol).

Dabei greift eine obere Schicht möglicherweise auch auf tiefere Schichten als auf die direkt angrenzende zu. Innerhalb einer Schicht sind Zugriffs- und Abhängigkeitsrichtungen sehr unterschiedlich und folgen keinem Prinzip.

Dies ist kein Buch über Anwendungsarchitekturen, darum wird hier ohne weitere Erörterungen einfach exemplarisch eine mögliche Anwendungsarchitektur konstatiert. Die Abbildung veranschaulicht den prinzipiellen Aufbau der zu entwickelnden Anwendung. Die einzelnen internen Bestandteile werden im Folgenden erläutert.

- **Dialoge, Dialogsteuerung**

  Die Dialoge bilden die Schnittstelle zu den AnwenderInnen. Sie sorgen für die Präsentation von Informationen und nehmen Eingaben entgegen. Die gesamte Anwender-System-Kommunikation wird zunächst durch die Klassen der Dialogsteuerung bearbeitet. Sie sorgen für eine angemessene Darstellung und Formatierung der Informationen, bearbeiten oder verändern die Daten aber nicht inhaltlich. Eingaben der AnwenderInnen werden ebenfalls nicht inhaltlich verarbeitet, sondern nur formal.

  Ein Dialog setzt sich aus verschiedenen Einzelteilen zusammen. Dies sind zum einen die Elemente, die auch auf dem Monitor sichtbar werden, also die Eingabefelder, Schaltflächen und das oder die Fenster, in dem/denen der Dialog geführt wird. Zum anderen sind dies unsichtbare Elemente: In der Regel wird es einen Controller geben, der die Präsentation und den Dialog unmittelbar steuert. Der Controller erzeugt und initialisiert die Anzeigeelemente, zeigt sie an, versteckt sie, hebt sie hervor usw. Außerdem verarbeitet er unmittelbar die Benutzereingaben. Beispielsweise wird er nach gedrückter Tabulator- oder Enter-Taste dafür sorgen, dass der Cursor ins nächste Feld springt. Andere, nicht direkt zu verarbeitende Eingaben, beispielsweise das Drücken der Schaltfläche *Okay*, wird er an die darunter liegenden Schichten weiterleiten.

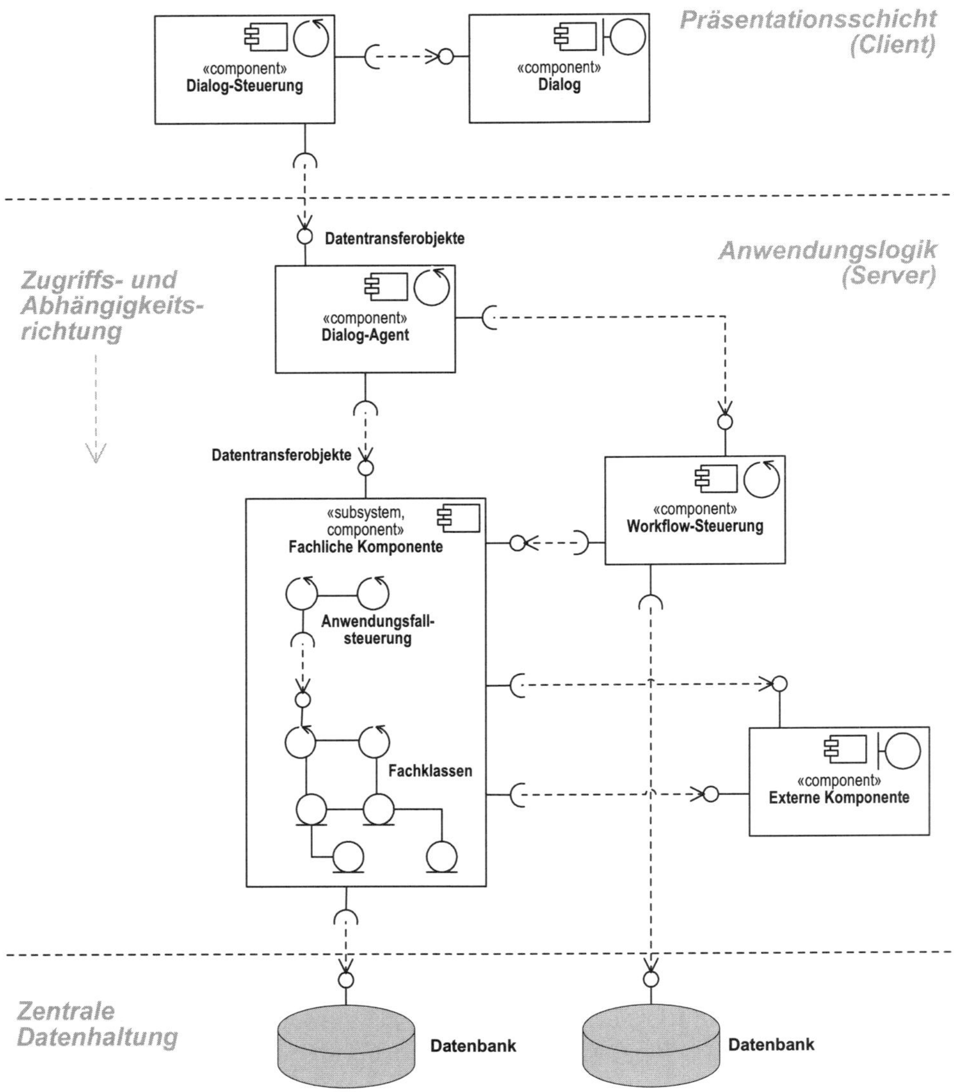

Abb. 3.2-4: Das Bild zeigt das hier angenommene Schichtenmodell

- **Dialog-Agent**
  Der Dialog-Agent ist ein spezielles Steuerungsobjekt (Controller), das als dialogspezifischer Stellvertreter des Clients auf dem Server fungiert. Er verhält sich maßgeschneidert für einen speziellen Dialog und optimiert die Kommunikation mit der Client-seitigen Dialogsteuerung, d.h. er nimmt Ereignisse und Daten/Objekte entgegen und leitet sie weiter an die richtigen fachlichen Klassen u.Ä. Ebenso besorgt er für den Dialog die notwendigen Daten und sendet sie gebündelt zum Client. Zweck ist, die Client-Server-Kommunikation zu optimieren, d.h. möglichst wenig Interaktion mit möglichst minimalem Datenvolumen zu realisieren.

- **Fachliche Komponenten**
  Diese Komponenten repräsentieren den eigentlichen Anwendungsbereich, die fachliche Sicht der Anwendungswelt. Sie beinhalten und kapseln die fachlichen Klassen mit ihren Attributen, Operationen und Zusicherungen der Anwendungswelt. Alle elementaren fachlichen Zusammenhänge spiegeln sich in diesen Fachobjekten wider. Die Fachobjekte sorgen für ihre eigene innere Konsistenz und für korrekte Beziehungen zu anderen Fachobjekten. Sie wissen jedoch nichts über die Präsentation ihrer Daten und Operationen in der Dialogschicht und sie wissen nicht, in welchen Verarbeitungskontexten (der Anwendungsfall- und Workflow-Steuerung) sie sich befinden.

  Verantwortung für inhaltlich-fachliche Konsistenz

  Vgl. Entity-Modell ⇨71

  Eine fachliche Komponente setzt sich intern gewöhnlich aus einer Menge von Entity- und Controller-Klassen zusammen. Die Entities sind in der Regel persistierbar.

  Entity- und Control-Klassen ⇨71

- **Anwendungsfallsteuerung** (Use Case-Controller)
  Eine Anwendungsfallsteuerung steuert als Teil einer Fachkomponente die in einem Systemanwendungsfall bzw. dem dazugehörenden Aktivitätsmodell festgelegten Abläufe. Die Anwendungsfallsteuerung moderiert die Interaktionen zwischen den fachlichen Klassen bzw. Komponenten entsprechend der im Anwendungsfall festgelegten Möglichkeiten. Eine Anwendungsfallsteuerung kann den Ablauf eines oder mehrerer Anwendungsfälle kontrollieren.

  Die Anwendungsfallsteuerung empfängt die vom Dialog-Agenten und der Workflow-Steuerung kommenden Ereignisse. Sie verarbeitet die Informationen inhaltlich-fachlich nur soweit, wie es notwendig ist, um den Kontext der aktuellen Bearbeitungssituation zu bestimmen und zu beeinflussen, alle übrigen fachlichen Aufgaben werden von den fachlichen Klassen und Komponenten wahrgenommen. Die Anwendungsfallsteuerung regelt und gewährleistet die Kommunikation zwischen den beteiligten Klassen und Komponenten und entkoppelt deren Abhängigkeiten. Sie sorgt dafür, dass Dialoge angezeigt und wieder entfernt werden, dass Fehler- und Statusmeldungen von Fachobjekten und der Vorgangssteuerung an die Dialogsteuerung weitergegeben werden usw.

«primitive» ⇨75

Sofern Dialog-Agents Datenanfragen an die Anwendungsfallsteuerung richten, erhalten sie als Antwort so genannte Datentransferobjekte, in denen die angeforderten Daten als primitive Attribute zusammengestellt sind.[23]

- **Workflow- bzw. Vorgangssteuerung**
  Die Workflow-Steuerung initiiert, überwacht und steuert die Abarbeitung eines Geschäftsvorfalles aus fachlicher Sicht. Anwendungsfälle repräsentieren zeitlich zusammenhängende Teile eines Geschäftsprozesses. Liegen zwischen solchen Teilen zeitliche Unterbrechungen, unter Umständen von Stunden, Tagen, Wochen oder mehr, muss der aktuelle Zustand der Bearbeitung für die Zeit der Unterbrechung gesichert werden. Hierfür ist die Workflow-Steuerung verantwortlich.

  Eine Workflow-Steuerungskomponente setzt sich intern gewöhnlich aus einer Menge von Controller-Klassen zusammen und ist persistierbar.

Rahmenwerke

Um die Architektur möglichst einheitlich für die gesamte Anwendungsentwicklung zu verwenden, werden die grundlegenden Zusammenhänge dieses Modells, die Infrastruktur hierfür, d.h. die Kommunikation der Elemente untereinander, ihre Struktur usw. in einem Rahmenwerk vordefiniert (engl. *framework*). Rahmenwerke stellen gewöhnlich eine Vielzahl abstrakter Klassen bereit, von denen dann die konkreten Klassen für die jeweilige Anwendungsschicht abgeleitet werden. Rahmenwerke sind somit u.a. abstrakte Implementierungen der Anwendungsarchitektur.

Don't call the framework...

Eine Besonderheit solcher Rahmenwerke ist die Verlagerung der vertikalen Beziehungen zwischen den Schichten, d.h. die Bedienung der grundlegenden Schnittstellen in das Rahmenwerk. Die Kommunikation zwischen den Schichten verläuft soweit wie möglich über die Klassen des Rahmenwerkes. Die auf das Rahmenwerk aufgesetzten Klassen kommunizieren möglichst nur innerhalb ihrer jeweiligen Schicht. Für die Benutzung des Rahmenwerkes gilt: *„Don't call the framework, the framework calls you"* (d.h. Umkehr der Kontrolle). Dies wird auch als „Hollywood-Prinzip" bezeichnet *(„Don't call us, we call you").*

Eine Architektur, bei der dieser Ansatz besonders zum Tragen kommt ist die Serviceorientierte Architektur (SOA), bei der davon ausgegangen wird, dass alle Komponenten auf der Basis von Schnittstellen definiert sind und über diese miteinander kommunizieren, was die einzelne Komponente somit schnell austauschbar macht. (⇨ 2.18 Serviceorientierte Architekturen)

---

[23] Ja, ja, Datentransferobjekte sind eine Erfindung des Teufels, aber in diesem Fall gibt es Gründe, vgl. [Fowler-isa].

Checkliste:

☑ 3.2.2.1: Existiert ein Schichtenmodell für Anwendungsarchitektur?

☑ 3.2.2.2: Sind die Verantwortlichkeiten und Aufgaben aller Architekturelemente beschrieben?

☑ 3.2.2.3: Sind die Interaktionsprinzipien und Schnittstelleneigenschaften der Architekturelemente erläutert?

☑ 3.2.2.4: Ist die Anwendung von Entwurfs- und Architekturmustern dokumentiert?

☑ 3.2.2.5: Existiert ein Prototyp, der die Brauchbarkeit der Anwendungsarchitektur beweist?

☑ 3.2.2.6: Ist die Anwendungsarchitektur für die gegebene Problemstellung angemessen?

☑ 3.2.2.7: Verlaufen die Zugriffs- und Abhängigkeitsrichtungen von oben nach unten? Bzw. wurden die Gründe dokumentiert, falls dies anders ist?

3.2.3 Verteilungsmodell definieren

Extrakt

- Bestimme die zur Systemlaufzeit vorhandene Hardware (Knoten).
- Lege fest, auf welcher Hardware-Einheit welche Software (Komponenten) laufen soll.
- Bestimme, über welche technischen Wege die vorhandenen Einheiten miteinander kommunizieren.
- Beschreibe dies mit einem Einsatz- und Verteilungsdiagramm.

UML-Grundlagen Einsatz- und Verteilungsdiagramme ⇨332

Das zu erstellende Softwaresystem besteht bei mehrschichtigen Client-Server-Architekturen gewöhnlich aus verschiedenen einzelnen Einheiten, die auf unterschiedliche physische Einheiten verteilt sind und die über bestimmte physische Wege, beispielsweise Internet oder LAN miteinander kommunizieren.

In unserem Fallbeispiel gehen wir von einer zentralen Datenhaltung auf einem Applikationsserver, einem Web-Server sowie unterschiedliche Möglichkeiten für die Clients aus. Es gibt bei Flitz-Auto vier verschiedene Benutzerkreise: die Kunden, die über das Internet reservieren können, das interne Callcenter, das eine umfassendere Anwendung bekommt, die über das firmeninterne LAN läuft sowie Agenturen und Stationen, die der Einfachheit halber ebenfalls über das Internet verbunden sind. Einsatz findet das Verteilungsdiagramm meist bei komplexeren Systemen, bei denen mehrere Server im Einsatz sind und die Aufgaben auf verschiedene Rechner verteilt werden. Das Diagramm stellt dann die Topographie der Systemlandschaft dar und hilft dabei, nach einer Auslieferung zu überüprüfen, ob auch alle Bestandteile des auzuliefernden Systems auf den korrekten Berechnungsknoten installiert wurde und ob auch die korrekten Versionen der einzelnen Komponenten vorliegen.

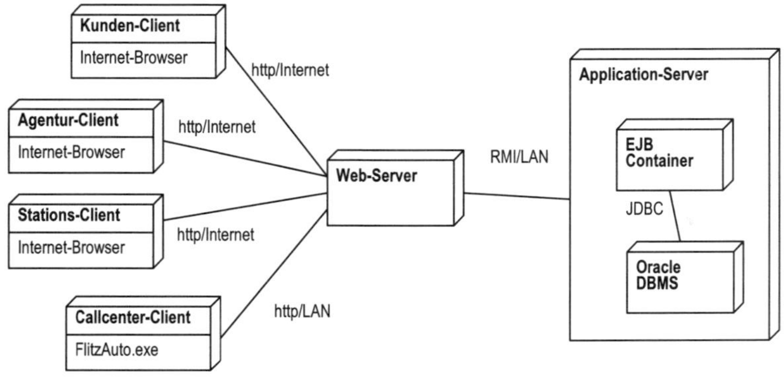

Abb. 3.2-5: Einsatz- und Verteilungsdiagramm für Flitz-Auto

3.2.4 Fachliches Subsystemmodell definieren

Extrakt

- Entwickle auf Basis des Analyse-Klassenmodells und der gegebenen Anwendungsarchitektur ein erstes fachliches Subsystemmodell.
- Definiere zu jedem Geschäftsprozess eine Workflow-Komponente.
- Definiere zu jedem Anwendungsfall eine Anwendungsfallsteuerung.
- Repräsentiere jedes externe System durch eine (Adapter-)Komponente.
- Fasse fachlich zusammenhängende Klassen des Analysemodells zu fachlichen Komponenten oder Subsystemen zusammen.

Abgrenzung: Subsystem, Komponente vgl. ⇨323 und ⇨325

Die Begriffe Subsystem und Komponente sind in der Praxis und in der Literatur leider nicht eindeutig definiert. Eine Komponente ist ein prinzipiell austauschbares und unabhängig verwendbares Stück Software. Neben definierten bereitgestellten und angeforderten Schnittstellen besitzt eine Komponente gewöhnlich eine Default-Implementierung für angeforderte Schnittstellen, um unabhängig funktionieren zu können. Intern besteht eine Komponente ggf. aus weiteren Komponenten und letztendlich einer Menge von elementaren Klassen.

Ein Subsystem ist eher grobgranular und umfasst seinerseits eine Menge von Komponenten oder Klassen und definiert sich letztendlich nur durch die Menge der Elemente, die es umfasst, d.h. es stellt auch eine Menge von Schnittstellen bereit – dies sind jedoch nicht seine eigenen, sondern die der von ihm verwendeten Komponenten.

Anwendungsarchitektur ⇨178

Die angenommene Anwendungsarchitektur ist eine komponentenbasierte Architektur und sieht eine Aufteilung der Anwendungslogik in Komponenten bzw. Subsysteme vor. In dem Subsystemmodell werden die fachspezifischen Elemente des Schichtenmodells konkret definiert. In dem Schichtenmodell in Abb. 3.2-4 sind beispielsweise Workflow-Steuerungen und fachliche Komponenten vorgesehen. Diese werden hier im Folgenden konkret definiert.

Identifizierte Geschäftsprozesse ⇨101 ☑ 3.2.4.1

Definiere zu jedem Geschäftsprozess eine Workflow-Komponente. Während der Analyse wurden für das Fallbeispiel unter anderem die Geschäftsprozesse *Kfz-Verwaltung, Kfz-Vermietung* und *Kundenverwaltung* identifiziert, die nun durch jeweils eine Workflow-Komponente repräsentiert werden (siehe Abb. 3.2-6).

Auf weitere Details zu diesen Workflow-Komponenten wird im Folgenden aus Platzgründen nicht eingegangen.

Abb. 3.2-6: Die Workflow-Komponenten des Fallbeispiels

Systemanwendungsfall-modell
Anwendungsarchitektur ⇨171
☑ 3.2.4.3

Repräsentiere jedes externe System durch eine Komponente. In den Systemanwendungsfallmodellen sind die prinzipiellen Interaktionen des zu entwickelnden Systems mit der Außenwelt, den Akteuren, dargestellt. Akteure können dabei auch externe oder sog. Legacy-Systeme sein. Um die Interaktion mit diesen externen Systemen zu implementieren, ist in der gegebenen Anwendungsarchitektur vorgesehen, diese als Komponenten zu kapseln. In dieser Form können auch Cobol-, PL/1- und andere nicht-objektorientierte Programme gekapselt und eingebunden werden. Der Einfachheit halber wurden in unserem Fallbeispiel keine externen Systeme identifiziert.

Analyse-Klassenmodell ⇨131
☑ 3.2.4.4

Fasse fachlich zusammenhängende Klassen des Analysemodells zu fachlichen Komponenten oder Subsystemen zusammen. Die in dem Analyse-Klassenmodell enthaltenen Klassen sind der wichtigste Ausgangspunkt für die Bestimmung fachlicher Komponenten. Jede der dort enthaltenen Klassen wird in der weiteren Detaillierung und Restrukturierung wahrscheinlich in weitere Klassen untergliedert. Beispielsweise ist die Klasse *Kunde* noch sehr allgemein, wahrscheinlich gibt es verschiedene Arten von Kunden, außerdem haben diese Anschriften, Rufnummern, Bankverbindungen etc., die durch eigene Klassen repräsentiert werden könnten. Andererseits können auch Gemeinsamkeiten in den Analyseklassen existieren; dies ist etwa für die Klassen *Kunde* und *Kundenmitarbeiter* zu vermuten.

☑ 3.2.4.5
Komponenten UML-Grundlagen ⇨323
Einführung ⇨81ff.

Treffen Sie Annahmen darüber, wie groß die Abhängigkeiten und die fachliche Zusammengehörigkeit der Klassen sind und fassen Sie sie gegebenenfalls zu einer Komponente zusammen. In unserem Fallbeispiel (siehe Abb. 3.2-8) entstehen so die Komponenten *Kunde, Vermietung* (enthält auch *Reservierung* und *Rücknahmeprotokoll*) und *Kfz*. Wie die Abb. 3.2-9 zeigt, sind bisher keine direkten Abhängigkeiten zwischen *Kunde* und *Kfz* bekannt.

Identifizierte System-anwendungsfälle ⇨122
☑ 3.2.4.2

Definiere zu jedem Anwendungsfall eine Anwendungsfallsteuerung. In ähnlicher Weise wie mit den Geschäftsprozessen wird nun mit den Anwendungsfällen verfahren. Ausgangspunkt sind hierbei die in der Analyse identifizierten Systemanwendungsfälle, beispielsweise *Callcenter reserviert Kfz.*

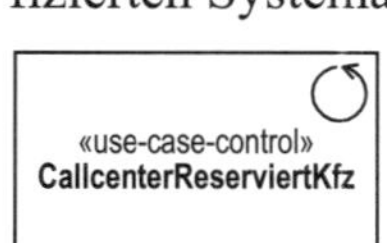

Abb. 3.2-7: Die Anwendungsfallsteuerung für *Callcenter reserviert Kfz*

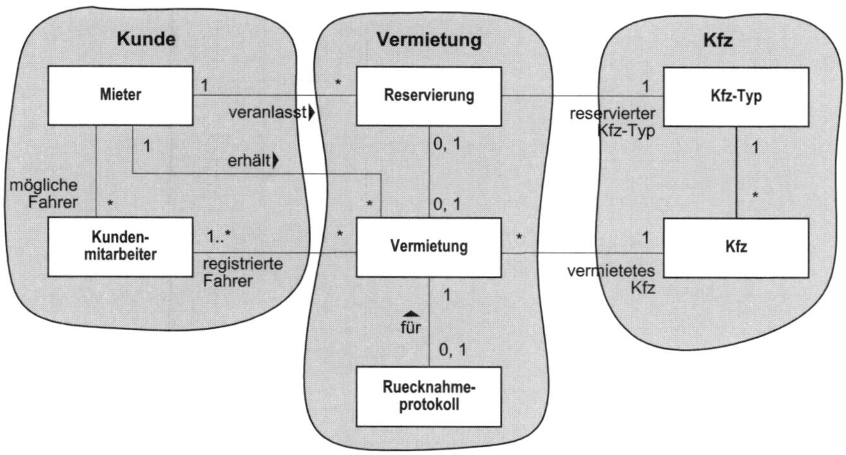

Abb. 3.2-8: Aufteilung der Klassen aus dem Analyse-Klassenmodell auf die geplanten Komponenten

Laut Schichtenmodell ist die Anwendungsfallsteuerung keine eigene Komponente, sondern Teil eines bestimmten fachlichen Subsystems, in diesem Fall der *Kfz-Vermietung*.

Abb. 3.2-9: Ein erstes fachliches Komponentenmodell

Die Abb. 3.2-9 zeigt die Komponenten der Entity-Schicht und wie sie horizontal, das heißt innerhalb einer Schicht miteinander verbunden sind. Es lassen sich aber auch horizontal Einheiten bilden, beispielsweise können alle fachlich zusammenhängenden Dialog-Agenten, Anwendungsfall- und Workflowsteuerungen sowie Entity-Komponenten zu einem Subsystem zusammengefaßt werden. Dies ist in Abb. 3.2-10 abgebildet.

Jedem definierten Subsystem kann dann im Rahmen der Verteilung eine Berechnungsressource zugewiesen werden, auf die das jeweilige Artefakt installiert wird. Zusätzlich wird im zugehörigen Verteilungsdigramm auch die Versionsnummer und die Art der Konfiguration festgehalten und in einem Verteilungsdiagramm dokumentiert.

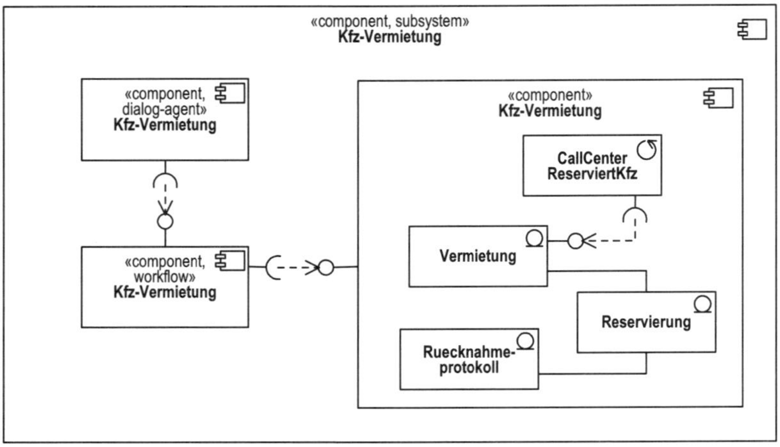

Abb. 3.2-10: Subsystem Kfz-Vermietung

Checkliste:

☑ 3.2.4.1: Können alle identifizierten Geschäftsprozesse entsprechenden Workflow-Komponenten zugeordnet werden?

☑ 3.2.4.2: Können alle identifizierten Systemanwendungsfälle entsprechenden Anwendungsfallsteuerungsklassen oder -komponenten zugeordnet werden?

☑ 3.2.4.3: Sind alle identifizierten externen Systeme durch eine Komponente repräsentiert (gekapselt)?

☑ 3.2.4.4: Kann jede Klasse des Analysemodells einer fachlichen Komponente zugeordnet werden?

☑ 3.2.4.5: Sind die Abhängigkeiten der fachlichen Komponenten definiert worden, soweit sich dies aus dem bisher bekannten Klassenmodell ergibt?

3.2.5 Ablaufverantwortlichkeiten festlegen

Extrakt

- Ordne die einzelnen Aktivitäten und Ablaufschritte verantwortlich jeweils einer Komponente zu.
- Untersuche und dokumentiere ggf. die dynamischen Zusammenhänge und Abhängigkeiten zwischen den Komponenten.

Ordne die einzelnen Aktivitäten und Ablaufschritte verantwortlich jeweils einer Komponente zu. In den vorigen Schritten wurden bereits erste Komponentengrenzen gezogen. Aus den Assoziationen zwischen den Klassen des Analysemodells lassen sich auch strukturelle Abhängigkeiten zwischen den Komponenten ableiten. Das in Abb. 3.2-11 gezeigte Komponentenmodell enthält bereits entsprechende Abhängigkeitsbeziehungen.

Identifizierte Komponenten ⇨180ff.
☑ 3.2.5.1

Ein wichtiges Kriterium für die Komponentenbildung ist die Minimierung der Kopplung und Abhängigkeiten zwischen Komponenten. Hierbei sind auch die durch den Ablauf entstehenden Zusammenhänge von Bedeutung. Im Folgenden wird das Aktivitätsdiagramm des Anwendungsfalles *Kunde reserviert Kfz* aufgegriffen. Jeder Schritt wird nun eindeutig einer Komponente zugeordnet. In vielen Fällen kann die Zuordnung fachlich sehr einfach entschieden werden. Im Zweifelsfall hat die Minimierung der Schnittstellen Vorrang.

Das in Abb. 3.2-11 dargestellte Aktivitätsdiagramm ist nun in zwei Verantwortlichkeitsbereiche (sog. Partitionen) unterteilt, die die mögliche Komponentenstruktur repräsentieren. Es zeigt im Ablauf dieses Anwendungsfalles nur einen Übergang des Kontrollflusses von der Komponente *Kunde* auf die Komponente *Vermietung*. In diesem Fall liegt also eine geringe Abhängigkeit zwischen den Komponenten vor. Formal-semantisch lässt sich aus dem Übergang des Kontrollflusses von einer Komponente zur nächsten keine Abhängigkeit herleiten. Sofern jedoch keine speziellen Entkopplungsmaßnahmen getroffen wurden, wird dies praktisch eine Abhängigkeit darstellen.

Aktivitätsdiagramm
UML-Grundlagen ⇨ 341

Alternativ können die Interaktionen zwischen den Komponenten auch mit Sequenz- oder Kommunikationsdiagrammen untersucht werden.

☑ 3.2.5.2

Bei einer hohen Kopplung sind ggf. Maßnahmen zur Entkopplung zu entwickeln und die Komponentenstruktur zu restrukturieren.

Restrukturierung
☑ 3.2.5.3

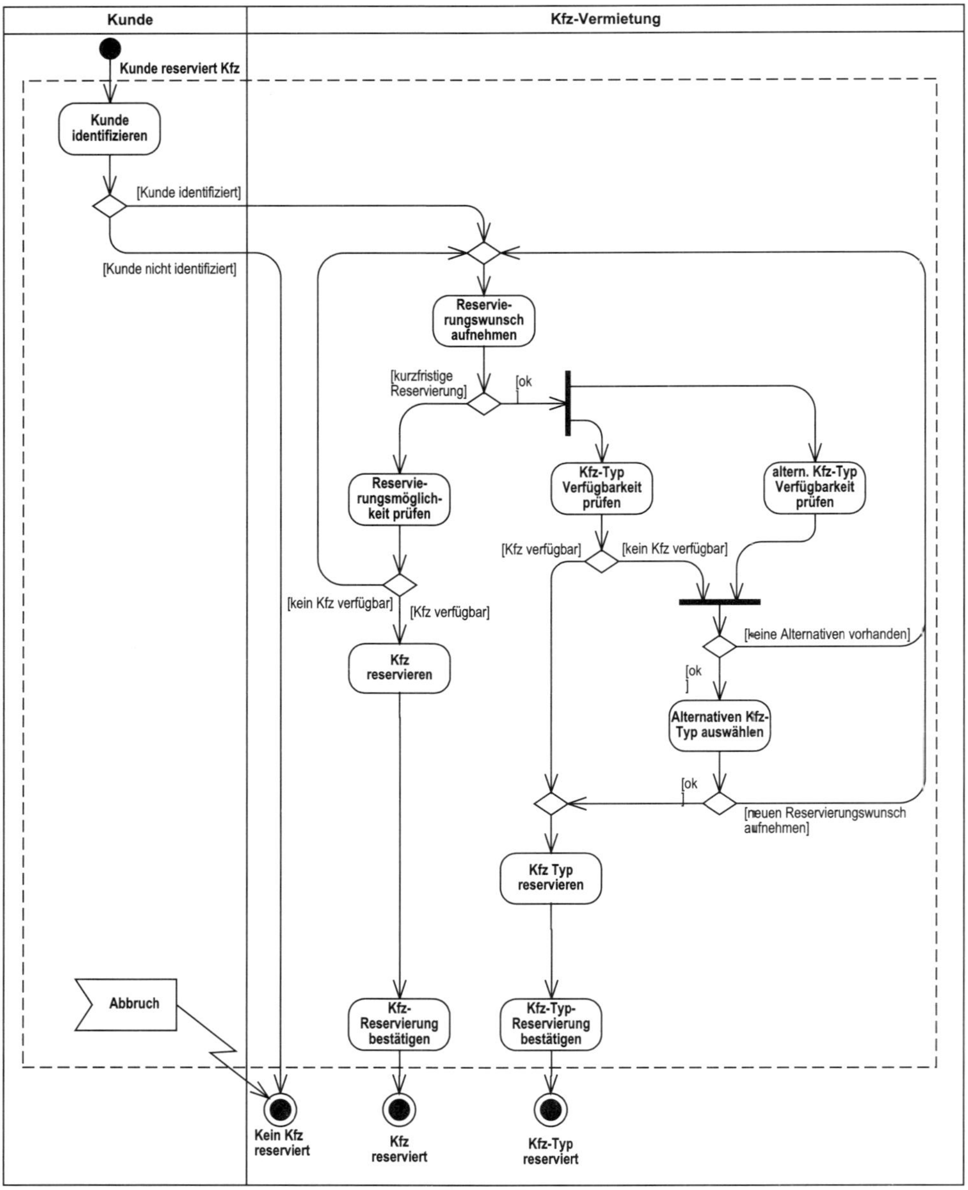

Abb. 3.2-11: Aufteilung der einzelnen Schritte auf die fachlichen Komponenten

Checkliste:

☑ 3.2.5.1: Ist jeder Schritt des Aktivitätsdiagrammes genau einer fachlichen Komponente zugeordnet?

☑ 3.2.5.2: Wurde die dynamische Kopplung der Komponenten durch Untersuchung der Kontrollflusswechsel und Fremdobjektzugriffe bestimmt?

☑ 3.2.5.3: Wurde, sofern notwendig, die Komponentenstruktur restrukturiert, um die Kopplung zu minimieren?

3.2.6 Komponentenspezifische Klassenmodelle entwickeln

Extrakt

- Entwickle ausgehend vom Analyse-Klassenmodell (Problembeschreibung) für jede Komponente ein spezifisches Design-Klassenmodell (Lösungskonzept).
- Repräsentiere alle Assoziationen zu Objekten anderer Komponenten durch fachliche Schlüssel.
- Definiere die Verantwortlichkeiten aller komponentenspezifischen Klassen, d.h. transformiere die Problembeschreibung (Analyse) in ein tragfähiges Lösungskonzept (Design) und restrukturiere ggf. das komponentenspezifische Klassenmodell.

Da Komponenten untereinander anders verbunden sind und anders kommunizieren als normale Objekte (vgl. Einführung Komponenten), sind die komponentenübergreifenden Beziehungen der Klassen aufzulösen und durch entsprechende komponentengerechte Schnittstellen zu ersetzen (Factory-, Observer- und Object-Interfaces). Die Entwicklung der Komponentenschnittstelle wird im Kapitel 3.2.7 *Komponentenschnittstellen entwerfen* (⇨190) gezeigt.

Einführung Komponenten ⇨81
☑ 3.2.6.1

Innerhalb einer Komponente können die Beziehungen zwischen den fachlichen Klassen prinzipiell erhalten bleiben, werden aber gegebenenfalls detailliert und weiterentwickelt. Für jede Komponente ergibt sich so also ein spezifisches Klassenmodell, das unabhängig von den Klassenmodellen anderer Komponenten ist.

Beispielhaft betrachten wir nun die Komponente *Vermietung* näher, deren Klassenmodell zunächst wie folgt aussieht:

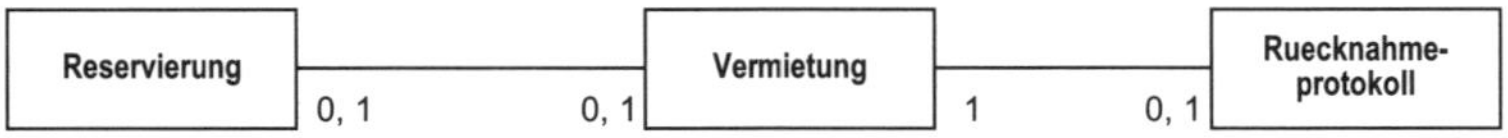

Abb. 3.2-12: Initiales Klassenmodell der Komponente *Vermietung*

Zur Weiterentwicklung dieses Modells werden nun die Verantwortlichkeiten und wichtigsten Eigenschaften der beteiligten Klassen untersucht und geklärt.

☑ 3.2.6.1

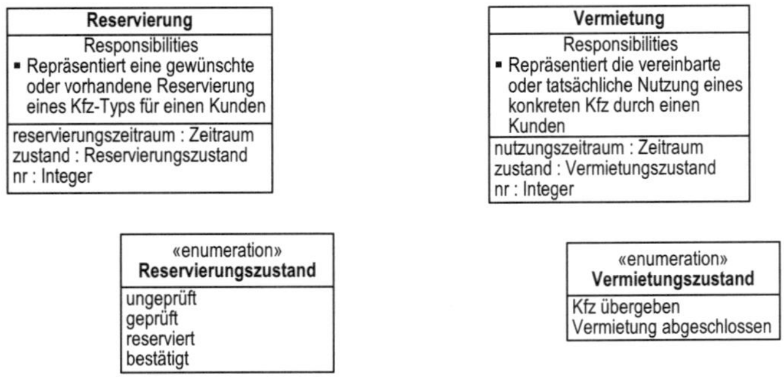

Abb. 3.2-13: Verantwortlichkeiten und wichtige Eigenschaften von Reservierung und Vermietung

☑ 3.2.6.2
Verantwortlichkeiten ⇨39
UML-Grundlagen ⇨287

Es fällt auf, dass die Verantwortlichkeiten von Reservierung und Vermietung sehr ähnlich sind, beide implizieren eine Beziehung zu einem Kunden und haben einen Zeitraum. In vielen Fällen entspricht der Reservierungszeitraum auch dem tatsächlichen Nutzungszeitraum. Beide Klassen verfügen über bestimmte typischerweise zeitlich aufeinanderfolgende Zustände, die zeitlich auch insgesamt eine sinnvolle Zustandsfolge ergeben:

- ungeprüfter Wunsch (d.h. der Wunsch ist ggf. invalide),
- geprüfter Wunsch (Wunsch ist plausibel),
- reserviert (d.h. die mengenmäßige Kfz-Verfügbarkeit wurde überprüft),
- bestätigt (der Kunde hat eine Reservierungsnummer erhalten),
- Kfz übergeben (dem Kunden wurde das Kfz übergeben),
- Vermietung abgeschlossen (das Kfz wurde zurückgegeben).

Genau genommen bestehen sogar zwingende zeitlogische Abhängigkeiten zwischen diesen beiden Zustandsmodellen: Die Vermietung folgt der Reservierung und nicht umgekehrt. Wenn nach einer Reservierung eine Vermietung erfolgt, sollte die Reservierung mindestens im Zustand *reserviert* sein, sonst wäre sie nicht notwendig gewesen.

Kohärenzprinzip ⇨39

Bedingt durch diese zeitlogische Abhängigkeit ist zu überprüfen, inwieweit diese Klassen zusammengefasst und die Verantwortung für die zeitlogische Abfolge der Zustände nicht geteilt, sondern nur von einer einzelnen Klasse repräsentiert werden kann. Das entsprechende Zustandsmodell wird übrigens im Abschnitt 3.2.8 *Zustandsmodelle (weiter-) entwickeln* (⇨193) weiter ausgearbeitet, hier geht es zunächst um das Design-Klassenmodell der Komponente *Reservierung*.

Sobald das Gedankenexperiment, die beiden Klassen zusammenzufassen, begonnen wird, tauchen einige neue Fragen auf, an denen wir merken, dass wir noch nicht alle Anforderungen beisammen haben:

- Falls der tatsächliche Nutzungszeitraum vom Reservierungszeitraum abweicht: Müssen beide Zeiträume gespeichert werden, d.h. im nachhinein nachvollziehbar sein oder nur der zeitlich gesehen jeweils letzte Zeitraum?

- Muss vielleicht sogar jede Änderung des Zeitraumes gespeichert werden?
- Oder zumindest für jeden Zustand?
- Können die Reservierungszustände übersprungen und gleich mit der Vermietung begonnen werden? Darf dann für diese Fälle der gewünschte Kfz-Typ undefiniert bleiben? Oder muss der Kfz-Typ grundsätzlich nur während der Reservierungs-Zustände definiert sein?

Für unser Beispiel nehmen wir einfach die für uns bequemsten Anforderungen an, d.h. es muss nur der jeweils letzte Zeitraum bekannt sein, der Kfz-Typ muss ab dem Zustand *geprüft* stets definiert sein und Reservierungszustände dürfen nicht übersprungen werden.

Das führt uns zu folgendem Klassendesign für die Komponente *Vermietung*:

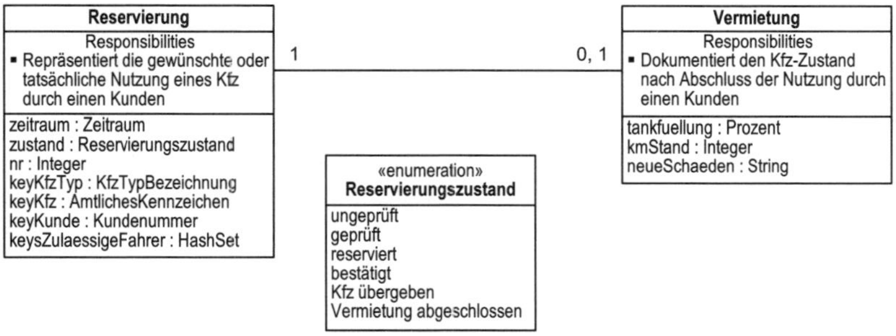

Abb. 3.2-14: Klassendesign für die Komponente *Vermietung*

In diesem Modell sind die ehemaligen Assoziationen zu Objekten anderer Komponenten jetzt durch entsprechende fachliche Schlüsselattribute (*key*...) repräsentiert. Mit der Umwandlung von Assoziationen in fachliche Schlüssel werden Abhängigkeiten zwischen den Komponenten minimiert (mehr hierzu siehe 2.17 Komponenten ⇨81). ☑ 3.2.6.3

Checkliste:

☑ 3.2.6.1: Sind die Verantwortlichkeiten aller Klassen überprüft und detailliert worden?

☑ 3.2.6.2: Ist aus dem Analysemodell (Problembeschreibung) ein angemessenes Designmodell (Lösungskonzept) geworden?

☑ 3.2.6.3: Sind alle Assoziationen zu Objekten anderer Komponenten durch fachliche Schlüssel repräsentiert?

☑ 3.2.6.4: Lassen sich alle Attribute und Operationen einer Klasse den definierten Verantwortlichkeiten zuordnen?

3.2.7 Komponentenschnittstellen entwerfen

Extrakt

- Definiere ausgehend von den Anwendungsfällen für jede identifizierte Komponente die notwendigen Schnittstellen.

Aktivitätsdiagramm *Kfz tel. reservieren* ⇨186

Betrachten Sie die einzelnen Komponenten aus Sicht der Anwendungsfallsteuerung. Als Beispiel nehmen wir hier wieder den Anwendungsfall *Callcenter reserviert Kfz*, dessen zugehöriges Aktivitätsdiagramm gerade in Verantwortlichkeitsbereiche aufgeteilt wurde.

Anwendungsarchitektur ⇨171

Die Anwendungsfallsteuerung ist für die Steuerung dieses Ablaufes zuständig und moderiert die Interaktionen zwischen Dialogsteuerung, Workflow und fachlichen Komponenten. Der im Aktivitätsdiagramm definierte Ablauf wird maßgeblich durch die Anwendungsfallsteuerung implementiert. Die Anwendungsfallsteuerung kann daher Anforderungen an die Schnittstellen der angrenzenden Komponenten formulieren.

Schnittstellen UML-Grundlagen ⇨289

Wir entwickeln nun zwei Schnittstellen, zum einen die Schnittstelle der Anwendungsfallsteuerung selbst (die vom Dialog-Agenten benutzt wird), zum anderen die Schnittstellen zu anderen fachlichen Komponenten (die die Anwendungsfallsteuerung benötigt).

Angebot oder Nachfrage? Nachfrage!

Die UML kennt zwei Varianten der Schnittstellenbeschreibung: bereitgestellte und angeforderte Schnittstellen. Soweit bereits vorhandene angebotene Schnittstellen benutzt werden können, werden diese verwendet. Ansonsten wird immer von der Schnittstellenanforderung ausgehend entworfen. Die Frage lautet also stets „welche anderen Schnittstellen benötige ich“ und nicht „was könnte ich für Schnittstellen bereitstellen“.

Schnittstelle der Anwendungsfallsteuerung. Aus dem Aktivitätsschritt *Kunde identifizieren* können wir nun eine Schnittstellenbeschreibung ableiten. Der Benutzer (serverseitig repräsentiert durch einen Dialog-Agenten) gibt eine Kundennummer ein, diese wird von der Anwendungsfallsteuerungskomponente entgegengenommen, um mit dieser Nummer einen Kunden zu laden. Als Ergebnis werden dem Dialog-Agenten die Kundendaten in Form eines Datentransferobjektes *Kundendaten* zurückgeliefert. Die Abb. 3.2-15 zeigt das soweit entwickelte Design.

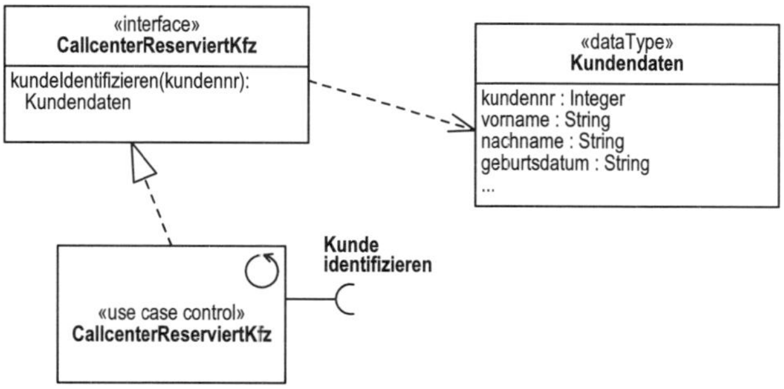

Abb. 3.2-15: Von der Anwendungsfallsteuerung für den Dialog-Agent bereitgestellte Schnittstelle

Die Abhängigkeitsbeziehung zwischen der Schnittstelle *CallcenterReserviertKfz* und der Struktur *Kundendaten* in Abb. 3.2-15 existiert, da die Kundendaten den Rückgabetyp einer Operation in der Schnittstelle darstellen und somit von der Struktur abhängig sind. «data type» ⇨75

Schnittstellen der fachlichen Komponenten. Als nächstes betrachten wir, wie die Ablaufsteuerung ihre Aufgabe erfüllen kann. Sie bekommt die Kundennummer geliefert und soll einen Kunden laden. Anschließend muss sie Daten vom Kunden anfordern und damit ein Datentransferobjekt erzeugen. Daraus können wir nun die notwendige Schnittstelle der Komponente *Kunde* ableiten, die in Abb. 3.2-16 gezeigt wird.

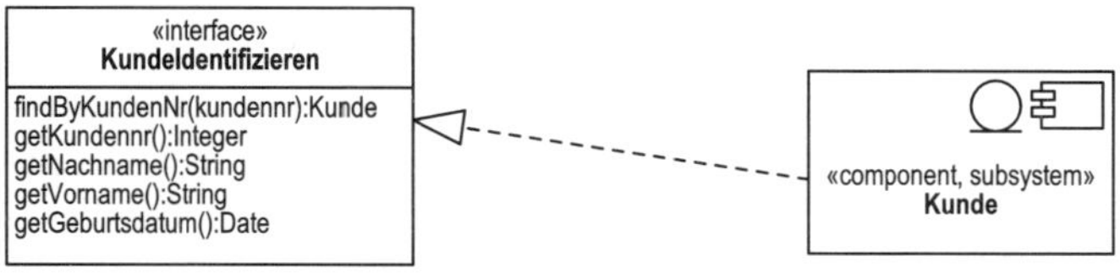

Abb. 3.2-16: Schnittstelle der Kundenkomponente aus Sicht des Anwendungsfalles *Callcenter reserviert Kfz*

Ein Resultat des Schrittes *Kunde identifizieren* (vgl. Abb. 3.2-11) ist das Objekt *Kunde*. Alle aus Aktivitätsschritten resultierenden Objekte bzw. Objektzustände müssen sich in der Schnittstelle wiederfinden. Die Präsentations- bzw. Dialog-Agent-Schicht benötigt hier jedoch kein Kundenobjekt, sondern lediglich primitive einzelne Datenelemente des Kunden, in diesem Fall Vorname und Nachname. Oberhalb der Anwendungsfallsteuerung werden keine fachlichen Objekte mehr verwendet, sondern nur elementare Datentypen wie Integer, String etc. die zu Datentransferobjekten zusammengefasst sind. Die Anwendungsfallsteuerung muss diese Datentransferobjekte mit Daten füllen, wozu sie die fachlichen Objekte, im vorliegenden Fall *Kunde* verwendet und dort *getNachname()* etc. aufruft. *Kunde* ist das Resultat des Konstruktoraufrufes *findByKundenNr(kundennr):Kunde*, wie in der vorigen Abbildung in der Schnittstelle *KundeIdentifizieren* zu sehen ist. ☑ 3.2.7.1

Die bisherigen Sachverhalte und Entwurfsentscheidungen können als Komponentendiagramm dargestellt werden. Zwar wurden bisher erst wenige

Komponenten, Klassen und Schnittstellen näher beschrieben – diese Informationen können damit aber schon mal festgehalten werden.

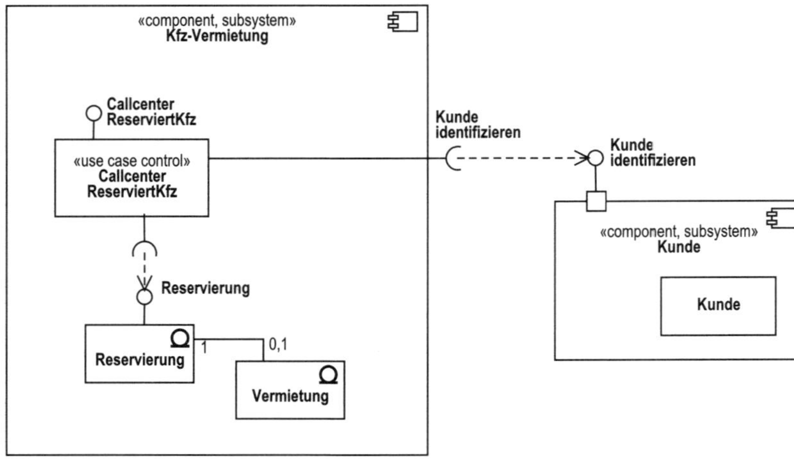

Abb. 3.2-17: Komponentendiagramm für die bisherigen Schnittstellen

In entsprechender Weise würden als Nächstes alle weiteren Aktivitäten im Aktivitätsdiagramm bzw. Anwendungsfall untersucht und die daraus notwendigen Schnittstellen für die Anwendungsfallsteuerung und fachlichen Komponenten abgeleitet.

Es handelt sich hier um einen komponentenorientierten Designansatz, auf weiterführende Erläuterungen und Details zur Modellierung von Komponenten (Stichworte EJB, Object-Interfaces, Home-Interfaces, Observer-Mechanismen, Persistierung etc.) muss jedoch angesichts der Komplexität dieses Themas verzichtet werden.

Checkliste:

☑ 3.2.7.1: Finden sich ausnahmslos alle im Aktivitätsdiagramm enthaltenen Objekte bzw. Objektzustände in den beschriebenen Schnittstellen wieder?

☑ 3.2.7.2: Enthalten die beschriebenen Schnittstellen alle für die Ablaufsteuerung (Anwendungsfallsteuerung) notwendigen Operationen, soweit bisher bekannt?

3.2.8 Zustandsmodelle (weiter-) entwickeln

Extrakt

- Identifiziere die möglichen fachlichen Zustände jedes Objektes.
- Entscheide darüber, wie die identifizierten Zustände modelliert und implementiert werden sollen (z.B. Zustandsautomat, Zusicherungen, Zustandsattribute, Entwurfsmuster „Zustand" etc.).

Ob und wie detailliert während des Designs Zustände modelliert werden, hängt in erster Linie davon ab, ob das Verhalten eines Objektes hierfür als ausreichend signifikant angesehen wird. Objekte, die nur 2–3 verschiedene Zustände besitzen und die die Verhaltensmöglichkeiten eines Objektes wenig beeinflussen, lassen sich meistens auch ohne Modellierung eines Zustandsdiagrammes zufriedenstellend entwerfen.

Grundlagen Zustandsdiagramme⇨350

Nachrichten, die ein Objekt nur in bestimmten Zuständen interpretieren kann, rechtfertigen nur bedingt den Aufwand, Zustandsdiagramme zu erstellen. Häufig ist es ausreichend, solche Situationen unabhängig von Zustandsübergängen u.Ä. zu handhaben, beispielsweise durch Zusicherung bestimmter Attributwerte. Wenn aber eine Vielzahl der Nachrichten eines Objektes zustandsabhängig ist oder mehr als 1–2 Attribute zustandsbestimmend sind, empfiehlt sich eine detaillierte Modellierung der Zustandsübergänge.

Zustandsabhängige Nachrichten

Bereits im vorigen Abschnitt 3.2.6 *Komponentenspezifische Klassenmodelle entwickeln* (⇨187) sind für die Klasse *Vermietung* die wesentlichen Zustände identifiziert worden. Sie werden nun in einem Zustandsmodell explizit beschrieben. Neben der Benennung der einzelnen Zustände geht es hierbei vor allem darum festzulegen, welche Operationen Zuständsänderungen herbeiführen können und welche Operationen zustandsabhängig sind, d.h. nur in bestimmten Zuständen ausgeführt werden dürfen.

Für jeden einzelnen bisher identifizierten Zustand wird nun die Frage gestellt, welche Nachfolgezustände möglicherweise existieren und wie sie erreicht werden können. Dabei tritt beispielsweise die Erkenntnis auf, dass Reservierungen auch wieder storniert werden können, solange das Kfz noch nicht übergeben wurde. Oder dass ein reserviertes Kfz ggf. nie abgeholt wird. In diesem Fall ist der Vorgang mit Ablauf des Reservierungszeitraumes in jedem Fall auch beendet. Das nachfolgende Zustandsmodell in Abb. 3.2-18 berücksichtigt diese Erkenntnisse bereits.

☑ 3.2.8.1
☑ 3.2.8.2
☑ 3.2.8.3

Nicht alle Operationen einer Klasse sind zustandsabhängig. Theoretisch könnten auch alle zustandsunabhängigen Operationen in das Zustandsmodell aufgenommen werden, d.h. sie würden als selbstbezügliche Transitionen zu jedem Zustand auftauchen (ähnlich wie *getReservierungsnr()* bereits in vielen Zuständen auftaucht).

Zustandsabhänige Operation

Stereotyp ⇨294

☑ 3.2.8.4

Da das Modell dann unübersichtlich würde und die wesentlichen Erkenntnisse, nämlich die zustandspezifischen Sachverhalte, untergingen, wird hierauf gewöhnlich verzichtet. Stattdessen können Sie mit Hilfe eines speziellen Stereotyps die entsprechenden Operationen in der Klassendefinition kennzeichnen, beispielsweise folgendermaßen:

```
setZeitraum() «zustandsrelevant»
```

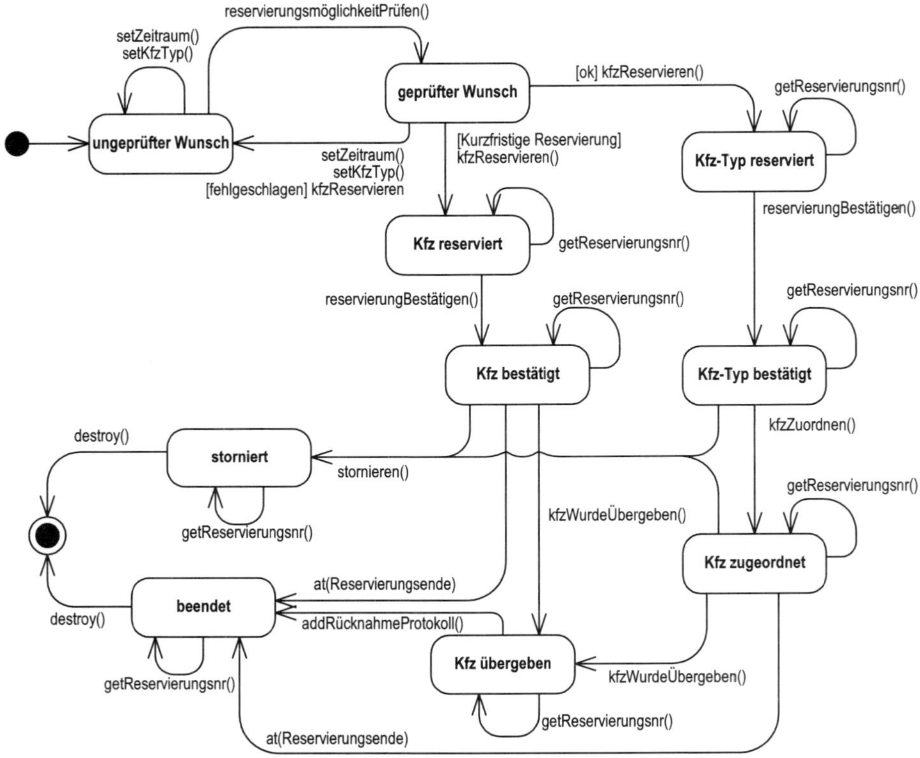

Abb. 3.2-18: Zustandsmodelll der Klasse *Vermietung*

Checkliste:

☑ 3.2.8.1: Sind alle fachlich zulässigen Zustände des Objektes dokumentiert?

☑ 3.2.8.2: Sind die fachlichen Implikationen der identifizierten Zustände durchdacht und berücksichtigt worden?

☑ 3.2.8.3: Sind die möglichen Folgezustände und Transitionen zu jedem einzelnen Zustand untersucht worden?

☑ 3.2.8.4: Sind alle Operationen der betroffenen Klasse als zustandsabhängig bzw. -unabhängig gekennzeichnet worden (z.B. durch einen entsprechenden Eigenschaftswert)?

3.2.9 Objektfluss modellieren

- Extrakt
- Verfeinere die Aktivitätsmodelle durch Modellierung der involvierten Objekte, d.h. bestimme für jeden Schritt die notwendigen ein- und ausgehenden Objekte, Objektzustände bzw. Daten.

Verfeinere die Aktivitätsmodelle durch Modellierung der involvierten Objekte. Aus den Aktivitätsdiagrammen werden somit Objektflussdiagramme. Bei der Ermittlung der ein- und ausgehenden Objekte ist es hilfreich, zunächst die Kontrollflüsse der Reihe nach durchzugehen und jeweils nach den erzeugten oder veränderten Objekten zu fragen.

☑ 3.2.9.10

Objektflussdiagramm ⇨342

Wir nehmen als Beispiel wieder den Anwendungsfall *Kunde reserviert Kfz*: Welche Objekte entstehen beim Schritt *Kunde identifizieren* und ggf. in welchen Zuständen befinden sich die Objekte? Die Antwort ist hier unproblematisch, es entsteht ein Kundenobjekt. Die Zustände des Kunden wurden noch nicht modelliert, es ist auch kein spezieller Zustand gefordert, so dass *Kunde* ohne speziellen Zustand dargestellt wird. Wir notieren daher an dem Schritt *Kunde identifizieren* den ausgehenden Pin *Kunde*.

Dieses Objekt kann (muss aber nicht) von nachfolgenden Schritten verwendet werden. Der Schritt *Reservierung anlegen* verwendet beispielsweise das Kundenobjekt, daher wird in diesem Schritt ein Pin für das Kundenobjekt als Eingang notiert.

In dieser Weise wird jeder Schritt im Ablauf untersucht. Ab dem Schritt *Reservierungswunsch aufnehmen* wird ein Reservierungsobjekt von Schritt zu Schritt weitergereicht. Dabei verändert sich der Zustand des Objektes regelmäßig. Zunächst befindet sich das Objekt im Zustand *[ungeprüfter Wunsch]* bis es schließlich über verschiedene Zwischenschritte beispielsweise in den Zustand *[Kfz reserviert]* versetzt wird. Die dargestellten Zustände müssen definierte Zustände des Objektes sein, in unserem Fall korrespondieren sie also mit den in Abb. 3.2-18 (⇨194) dargestellten Zuständen.

Der Zwischenschritt *Reservierung anlegen* ist notwendig, da der Objektfluss von *Kunde identifizieren* wegen des Ausgangsobjektes *Kunde* nicht direkt auf *Reservierungswunsch aufnehmen* geführt werden kann.

Ein Schritt kann theoretisch mehrere verschiedene Ein- und Ausgangsparameter haben. Jeder Bearbeitung eines Objektes kann somit auch genau einem Schritt und damit letztendlich einer konkreten Operation zugeordnet werden. Strukturmodell und Dynamikmodell werden hier verknüpft. Es wird deutlich, welche Klasse mit welcher Operation für welche Bearbeitung eines Objektes verantwortlich ist.

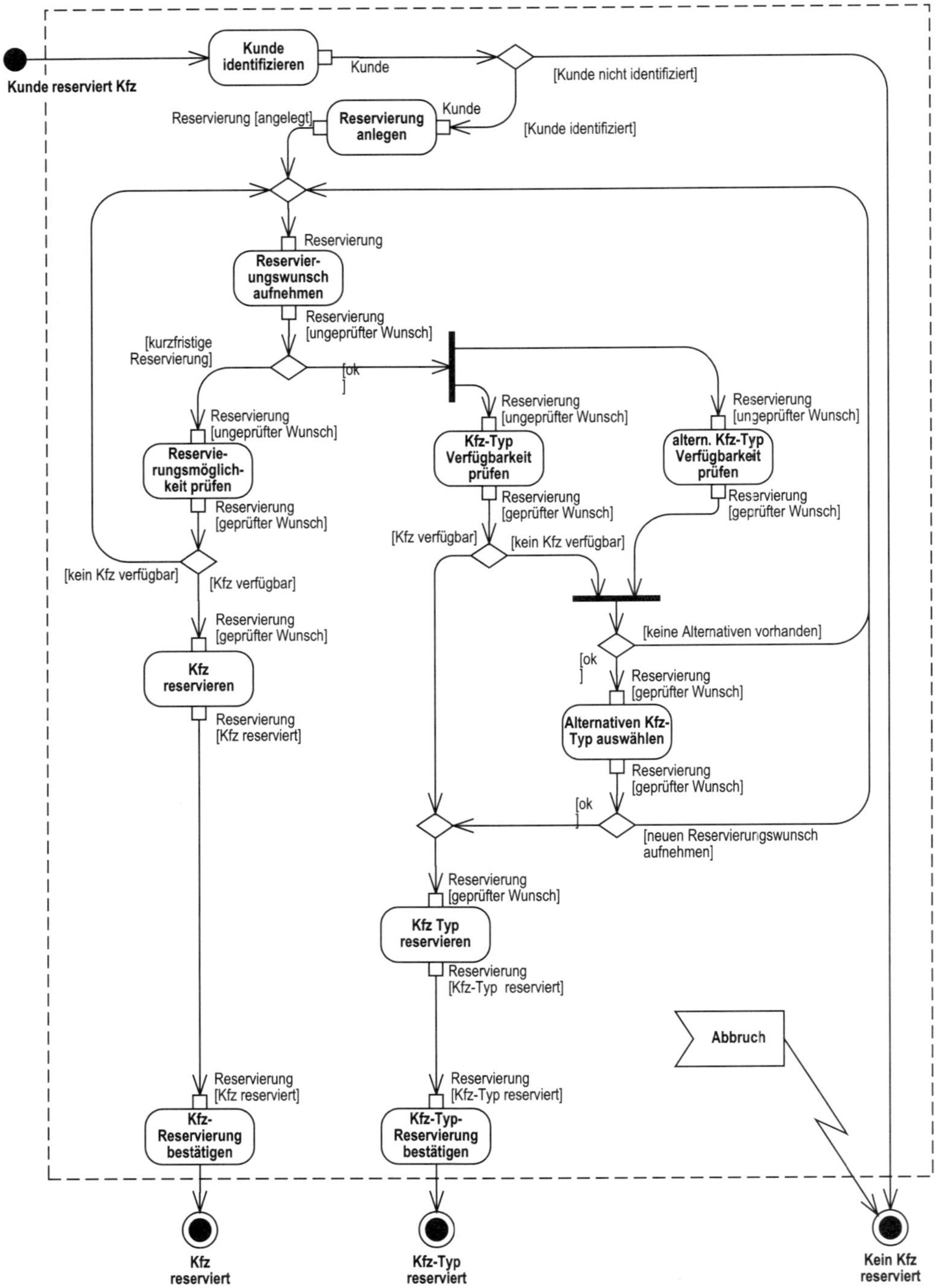

Abb. 3.2-19: Ablauf des Anwendungsfalls *Kunde reserviert Kfz* erweitert um die vorausgesetzten und resultierenden Objekte bzw. Objektzustände

Checkliste:

☑ 3.2.9.10: Sind zu jedem Schritt die ein- und ausgehenden Objekte/Objektzustände notiert?

☑ 3.2.9.11: Stimmen die verwendeten Objektzustände mit denen im entsprechenden Zustandsdiagramm überein?

3.2.10 Interaktionsmodelle entwickeln

Extrakt

- Entwickle für jeden Anwendungsfall ein Sequenz- oder Kommunikationsdiagramm, das den Standardablauf (Gutfall) darstellt.
- Erkenne die Stärken und Schwächen des gewählten Designs in diesen Situationen.
- Entwickle für jeden Anwendungsfall 1–3 Kommunikationsdiagramme, die die wichtigsten Ablaufvarianten bzw. Ausnahmen darstellen.
- Identifiziere noch fehlende Eigenschaften in den betroffenen Klassen, d.h. finde soweit notwendig neue Klassen, Assoziationen, Attribute und Operationen.

Grundlagen

Kommunikationsdiagramme ⇨357

Sequenzdiagramme ⇨361

☑ 3.2.10.1

Kommunikations- und Sequenzdiagramme illustrieren und detaillieren ausgewählte, d.h. zeitlich und klassenmäßig begrenzte Situationen. Sie ergeben sich unter anderem aus den Stimuli an der Systemgrenze (z.B. Dialogschicht). Jede Schaltfläche löst ein Ereignis aus, zu dem in einem Kommunikations- oder Sequenzdiagramm die Verarbeitung beschrieben werden kann. Ähnliches gilt für das Erzeugen, Löschen und Ändern von Objekten oder Assoziationen.

Eine weitere Möglichkeit, die Kommunikation der bisher bekannten Objekte und Komponenten im Zusammenhang mit einem Anwendungsfall (hier: *Callcenter reserviert Kfz*) zu untersuchen, ist es also, Sequenz- oder Kommunikationsdiagramme zu entwickeln. Im Folgenden wird ein Kommunikationsdiagramm entwickelt.

Dabei nimmt man zunächst die beteiligten Objekte und notiert die vorhandenen Assoziationen bzw. Kommunikationswege. Anschließend werden die Nachrichten, die sich die Objekte zur Erledigung ihrer Aufgabe gegenseitig zusenden, auf den Assoziationslinien aufgetragen. Inhaltlich folgt die Kommunikation einem konkreten Szenario, also beispielsweise dem Standardablauf des Anwendungsfalles. Gegebenenfalls werden für weitere wichtige Ablaufvarianten weitere Kommunikationsdiagramme erstellt. Die Nachrichten werden entsprechend ihrer zeitlichen Abfolge durchnummeriert.

Da der zu untersuchende Ablauf nur ein zeitlicher und inhaltlicher Ausschnitt ist, ist es hilfreich, einen externen Akteur zu definieren, der die Kommunikation anstößt. Im folgenden Diagramm ist dieser durch ein Strichmännchen repräsentiert. Dieser Akteur entspricht dem Dialog-Agenten in unserer angenommenen Anwendungsarchitektur.

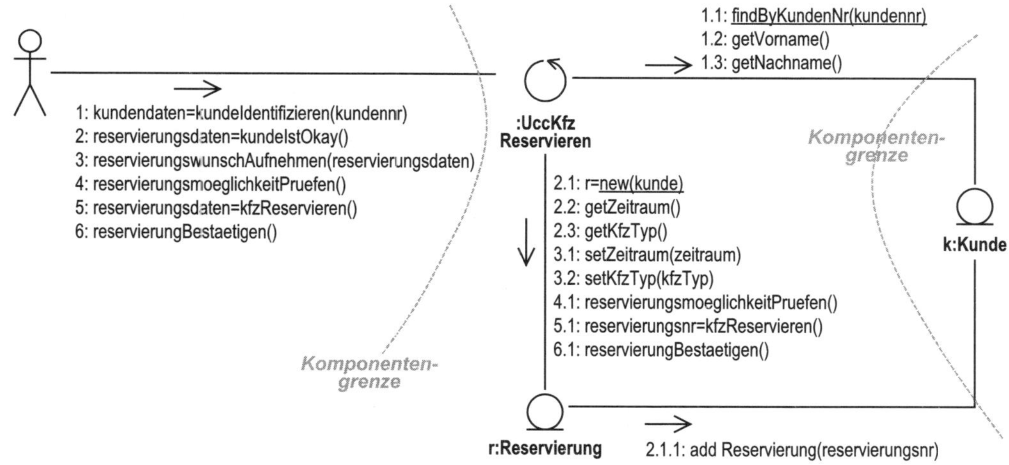

Abb. 3.2-20: Kommunikationsdiagramm für den Anwendungsfall *Callcenter reserviert Kfz*

In dem obigen Beispiel wird das Szenario durchgespielt, dass der Anwender eine gültige Kundennummer eingibt und erfolgreich ein Kfz reserviert. Der Ablauf beginnt mit der Nachricht 1 *kundeIdentifizieren()* an die Anwendungsfallsteuerung. Diese muss sich zur Erledigung dieser Aufgabe ihrerseits an die Kundenkomponente wenden und mit Hilfe von 1.1 *findByKundenNr()* den Kunden suchen. Anschließend holt sich die Anwendungsfallsteuerung vom frisch geladenen Kunden Vor- und Nachname (Nachrichten 1.2 und 1.3) und kann damit nun die für die Nachricht 1 notwendige Ergebnisstruktur *Kundendaten* erzeugen und zurückliefern.

Das Erzeugen des Datentransferobjektes *Kundendaten* wird in dem Diagramm ausgespart, da es trivial ist und hier nicht betrachtet werden soll. Sie können es sich aber später im Programm-Code ansehen.

Programm-Code zu *kundeIdentifizieren()* ⇨229

Als Nächstes meldet der Akteur, dass der Kundenname ok ist (Nachricht 2). Das ist der Auftakt dazu, den nächsten Schritt im Anwendungsfall anzugehen. Hierbei wird von der Anwendungsfallsteuerung ein neues Reservierungsobjekt erzeugt, wobei der zuvor geladene Kunde als Parameter mitgegeben wird (Nachricht 2.1 *new(kunde)*). Da es notwendig ist, dass sich eine Reservierung stets auf genau einen Kunden bezieht und andererseits dann auch der Kunde unmittelbar eine Referenz auf die Reservierung aufbauen soll (vgl. Klassenmodell), wird dem Kunden hierzu die Nachricht 2.1.1 *addReservierung(reservierungnr)* gesendet, wobei die Reservierung ihre Nummer als eindeutigen Schlüssel als Parameter übergibt. Wären *Kunde* und *Reservierung* Objekte derselben Komponente, würden ihre Beziehungen direkt über ihre Objektidentitäten hergestellt (ähnlich wie in Nachricht 2.1 mit dem Parameter *kunde*). Da hier aber Komponentengrenzen passiert werden, werden hier laut Anwendungsarchitektur lediglich fachliche Schlüssel ausgetauscht.

Komponentenübergreifende Assoziationen ⇨81

Klassenmodell vgl. Abb. 3.2-8 ⇨183

☑ 3.2.10.3

Damit kennen sich die beiden Objekte *Kunde* und *Reservierung* gegenseitig. Als Ergebnis zu Nachricht 2 bekommt der Akteur schließlich die initialen Reservierungsdaten zurückgeliefert (die dann beispielsweise als Initialwerte im Dialog angezeigt werden können). Hier fällt auf, dass die Struktur *Reservierungsdaten* bisher noch gar nicht bekannt und definiert ist. Dies gilt es also nachzuholen. Da dies ähnlich einfach ist wie die Definition von Kundendaten in Abb. 3.2-15, wird hier jedoch auf die Darstellung verzichtet (in Abb. 3.2-42 ist dies aber noch zu sehen).

In ähnlicher Weise wird der Ablauf dann bis zur Reservierungsbestätigung durchgespielt.

Kommunikations- und Sequenzdiagramme zu entwickeln ist eine explorative (erforschende) Tätigkeit...

Der im Kommunikationsdiagramm in dieser Art entwickelte Ablauf zeigt nur eine von vielen Ablaufmöglichkeiten, denn Kommunikationsdiagramme sind nicht geeignet, um vollständig alle Abläufe zu repräsentieren – es sei denn, man würde für jede Variante ein eigenes Diagramm erstellen. Da dabei jedoch häufig eine kombinatorische Explosion von Möglichkeiten auftritt, ist dies unrealistisch. Deshalb beschränkt man sich auf 1–3 typische Varianten (den Erfolgsfall und die wichtigsten Ausnahmen/Varianten). Mit Sequenzdiagrammen ist es immerhin theoretisch möglich, verschiedene Varianten in einem Diagramm darzustellen, jedoch geht auch dort zu schnell die Übersicht verloren.

☑ 3.2.10.2

Auch wenn mit dieser Technik nicht alle Details durchdrungen werden können, so ist diese 80-Prozent-Lösung dennoch ausreichend. Mit der Untersuchung des Standardfalls und einiger wichtiger Ausnahmen entsteht ein ganz wesentlicher Erkenntnisgewinn. Viele bisher noch unbekannte Operationen und auch einige neue Objekte werden entdeckt bzw. im Zuge der Diagrammerstellung erfunden. Hier beispielsweise das Datentransferobjekt *Reservierungsdaten*. Die Entwicklung vieler weiterer Kommunikationsdiagramme für alle übrigen Szenarien wäre unter einer Kosten-Nutzen-Betrachtung nicht gerechtfertigt, da ca. 80 Prozent der Erkenntnisse bereits vorliegen. Der Rest ergibt sich beim Entwickeln von Testfällen und beim Ausprogrammieren der Operationen.

... nachdem daraus Erkenntnisse abgeleitet wurden, haben sie ihren Zweck erfüllt und werden nicht mehr benötigt.

Nachdem Sie die Kommunikationsdiagramme entwickelt und damit neue Erkenntnisse gewonnen haben, können Sie die Diagramme eigentlich wieder vergessen, denn mit jeder weiteren Detaillierung und Ausarbeitung des Designs sind sie sofort veraltet.

Checkliste:

☑ 3.2.10.1: Wurde zu jedem Anwendungsfall ein Kommunikations- oder Sequenzdiagramm entwickelt, das den Standardablauf darstellt?

☑ 3.2.10.2: Wurde zu den 1–3 wichtigsten Ablaufvarianten eines Anwendungsfalles je ein Kommunikations- oder Sequenzdiagramm entwickelt?

☑ 3.2.10.3: Sind alle in den Kommunikations- oder Sequenzdiagrammen verwendeten Klassen, Beziehungen, Attribute und Operation vorhanden, d.h. im Klassenmodell definiert?

3.2.11 Attribute definieren

Extrakt

- Ermittle die benötigten Attribute und ordne sie eindeutig den vorhandenen Klassen zu.
- Hinterfrage jedes potentielle Attribut, ob es möglichweise eine eigene Klasse sein sollte.
- Unterscheide Attribute in gewöhnliche Attribute, fachliche Schlüssel, Enumerationen und primitive Typen.
- Bestimme die notwendigen Zusicherungen für die Attribute.

Neben den Operationen sind auch die übrigen, bislang nicht berücksichtigten Attribute zu ermitteln, d.h. der Datenaspekt der Klassen wird näher betrachtet. Hierbei helfen folgende Fragen:

Grundlegendes zu Attributen ⇨281

- Was muss das Objekt wissen (generell, kurzzeitig)?
- Welche Auskünfte muss das Objekt geben können?
- Mit welchen Attributen werden die Eigenschaften des Objektes beschrieben?
- Woher kommt die Information? Was passiert mit der Information im Laufe der Zeit?

Soweit bekannt, werden neben dem Namen auch die Datentypen, Initialwerte und Zusicherungen festgelegt. Neben den üblichen systemgegebenen Standard-Datenelementen wie *Integer, Date, Boolean* usw. sollten weitere, grundsätzliche, benutzerdefinierte Datentypen bzw. Klassen als «primitive» oder «enumeration» angelegt werden: *Personalnummer*, *Kundennummer*, *Kontonummer*, *Euro*, *Plz* usw.

«primitive» ⇨75
«enumeration» ⇨76

Die gefundenen Attribute werden nun kritisch betrachtet. Beispielsweise ist zu überlegen, ob einige Attribute nicht als eigenständige Objekte angesehen werden müssen. Die oben abgebildete Klasse *Kunde* enthält beispielsweise das Attribut *Kundengruppe* – dieses Attribut ist ein entsprechender Kandidat. Das Attribut wird zur Klasse *Kundengruppe* und *Kunde* erhält eine Beziehung zu dieser Klasse. Attribute und Objekte unterscheiden sich dadurch, dass Attribute keine eigene Identität haben und nur über Objekte ansprechbar sind. Objekte haben stets eine eigene, von allen anderen unabhängige Identität, können direkt durch andere Objekte angesprochen und verwendet werden und verfügen über Operationen. Die Fragen zum oben stehenden Beispiel lauten also:

Attribut oder Klasse?

- Verwenden verschiedene fachliche Objekte eine identische Instanz von *Kundengruppe*?

- Führen Assoziationen nur zu *Kundengruppe* hin, aber keine einzige von *Kundengruppe* zu einer fachlichen Klasse?
- Hat eine *Kundengruppe* eine eigenständige Identität?
- Soll die *Kundengruppe* nur innerhalb des Kunden ansprechbar sein oder gibt es auch andere Klassen, die direkte Beziehungen zu *Kundengruppen* unterhalten wollen?
- Muss eine *Kundengruppe* spezielle, eigene Operationen bereitstellen, die über das Setzen und Lesen eines Attributes hinausgehen?
- Ist die *Kundengruppe* etwas, womit selbständig umgegangen wird und was beispielsweise als Navigationseinheit dient?

Sofern der letztgenannte Punkt zutrifft, würde man zu folgendem Modell gelangen:

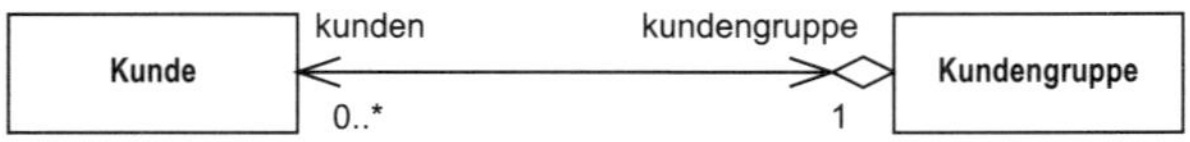

Abb. 3.2-21: *Kundengruppe* als fachliche Klasse modelliert

In der UML ist jedes navigierbare Ende einer Assoziation ein implizites Attribut, das auch entsprechend notiert werden kann. Der Rollenname entspricht dann gewöhnlich dem Attributnamen. Im Beispiel in Abb. 3.2-21 heißt das Assoziationsattribut in Kunde demnach *kundengruppe* und in Kundengruppe *kunden*.

Sieht man Kundengruppe hingegen als Enumeration, wäre das Modell folgendermaßen:

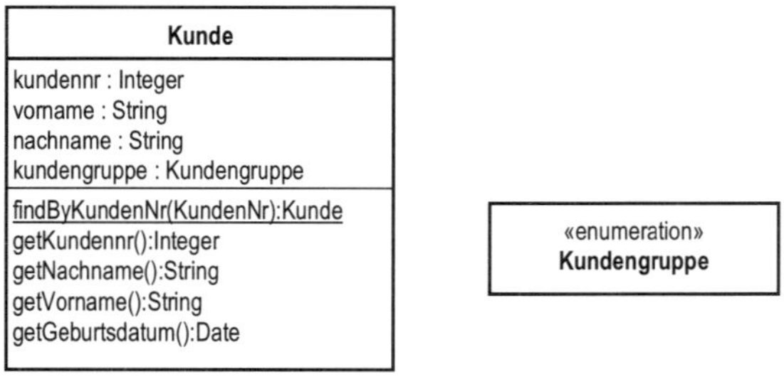

Abb. 3.2-22: *Kundengruppe* als Enumeration modelliert

Enumerationen definieren. Eine Enumeration ist eine konfigurierbare Wertemenge. Dies sind Wertemengen, die anwendungsweit einheitlich definiert sind und den Anwendern gegenüber gewöhnlich konstant erscheinen, die tatsächlich aber konfigurierbar sind. Sie kommen überall dort zum Einsatz, wo die Dateneingabe durch eine vorgegebene Menge möglicher Werte eingeschränkt wird. Typischerweise erscheinen diese Wertemengen in sog. *Drop-Down-Listboxen*.

Beispiele sind Geschlecht (männlich, weiblich), Familienstand (ledig, verheiratet, geschieden, verwitwet), Rufnummernart (Telefon, Telefax, Mobil), Anschriftenart (Privatanschrift, Geschäftsanschrift, Urlaubsanschrift etc.).

In der Klassenmodellierung werden solche Wertemengen nicht über eine Assoziation o.Ä. notiert, sondern als Attribut mit einem entsprechenden Typ. Kennzeichnend ist hierbei, dass es sich um gerichtete Assoziationen mit der Kardinalität 1 handeln würde. Würden diese Wertemengen grundsätzlich als Assoziationen notiert werden, würden die Klassenmodelle überfrachtet und unübersichtlich werden. Dies ist nicht notwendig, da die semantische Information relativ gering und solche Beziehungen aus Sicht der Modellierung uninteressant sind. Deswegen ist es sinnvoller, sie als Attribute zu notieren.

«enumeration» ⇨76

Da es sich bei Enumerationen um einen besonderen Typ handelt, wird hierfür das Schlüsselwort *«enumeration»* verwendet.

Restrukturieren. Die Attribute unter die Lupe zu nehmen, um das bisherige Modell zu konsolidieren, heißt auch, noch einmal Gemeinsamkeiten zwischen den Klassen herauszuarbeiten, Unterschiede zu verallgemeinern, abhängige und unabhängige Eigenschaften zu erkennen und die Klassen gegebenenfalls weiter zu generalisieren. Durch diese Abstraktion werden die Klassen unter Umständen universeller einsetzbar – sowohl im aktuellen als auch für spätere Projekte.

Konsolidieren

Gemeinsamkeiten herausarbeiten

Hier einige weitere Attribut-Beispiele:

Strassenanschrift

Attribut	*Typ*	*Initialwert*	*Zusicherungen u.Ä.*
plz	Plz	„00000“	
ort	String	„Unbekannt“	Länge = 1..30
ortszusatz	String		Länge = 0..30
strasse	String		Länge = 1..30
hausnummer	String		Länge = 0..5

Postfachanschrift

Attribut	*Typ*	*Initialwert*	*Zusicherungen u.Ä.*
plz	Plz	„00000“	
ort	String	„Unbekannt“	Länge = 1..30
postfach	String		Länge = 1..10

Privatperson

Attribut	*Typ*	*Initialwert*	*Zusicherungen u.Ä.*
name	String	„OhneNamen“	Länge = 1..40
vorname	String		Länge = 0..30
titel	String		Länge = 0..20
geburtsdatum	Date		geburtsdatum < today
weiblich	Boolean	false	

Mitarbeiter

Attribut	*Typ*	*Initialwert*	*Zusicherungen u.Ä.*
personalNr	Integer	Lfd.Nr.	personalNr = 1..99999
diktatzeichen	String		Länge = 2..4

Checkliste:

☑ 3.2.11.1: Wurde untersucht, welche Attributkandidaten «primitive» sind?

☑ 3.2.11.2: Wurde untersucht, welche Attributkandidaten eine «enumeration» sind?

☑ 3.2.11.3: Wurde untersucht, welche Attributkandidaten eine fachliche Klasse («entity») darstellen?

☑ 3.2.11.4: Wurden für jedes Attribut jeweils Name, Typ, Initialwert und Zusicherungen festgelegt?

☑ 3.2.11.5: Sind allgemeine und unternehmensspezifische Standards berücksichtigt worden?

☑ 3.2.11.6: Lässt sich jedes Attribut einer Verantwortlichkeit der Klasse zuordnen?

3.2.12 Dialoge spezifizieren

Extrakt

- Untersuche, in welchen unterschiedlichen Kontexten bzw. Anwendungsfällen ein Dialog oder Dialogelement verwendet wird.
- Gestalte die Dialoge so, dass sie in möglichst vielen Kontexten bzw. Anwendungsfällen einheitlich verwendbar sind.
- Spezifiziere alle Dialogelemente nach einem einheitlichen Schema.

Bei einem systematischen Vorgehen in der Anwendungsentwicklung, vor allem in größeren Projekten, ist es nicht unbedingt sinnvoll, Dialoge jeweils komplett und sofort zu gestalten. Dialoge sind die Elemente, mit denen die Anwender direkt konfrontiert werden, ihre Qualität ist deswegen sehr entscheidend für die Akzeptanz der Software und damit auch für den Erfolg des Projektes.

Dialogkontexte

In komplexen Anwendungen treten einzelne Dialoge zumeist in einer Vielzahl verschiedener Kontexte auf. Damit die Anwender nicht für jeden Bearbeitungskontext einen anderen, separaten Dialog vorgesetzt bekommen und auch angesichts der Entwicklungs- und Pflegekosten, ist man bestrebt, Dialoge möglichst universell in verschiedenen Kontexten einsetzen zu können.

Die einfachsten Kontexte sind beispielsweise Neuanlegen, Bearbeiten oder Ansehen von Daten. Hierfür ist in der Regel ein einziger Dialog ausreichend. Bei komplexen Abhängigkeiten in der Neuanlage haben sich so genannte Assistenten-Dialoge bewährt, die die Anwender führen. In anderen Fällen werden den Anwendern mehr Freiräume zugestanden.

Neben diesen trivialen Dialogkontexten wie Neuanlegen und Bearbeiten existieren weitere, zumeist fachlich motivierte Kontexte, die häufig auch mit den möglichen Zuständen ihrer elementaren fachlichen Objekte korrespondieren, beispielsweise Reservierung, Vertrag, abgerechneter Vertrag u.Ä.

Dialoge Aktivitäten Subsysteme Komponenten

Dialogkontexte sind die Schritte der Aktivitätsdiagramme (bzw. Anwendungsfälle, aus denen die Aktivitätsdiagramme hervorgehen). Um diese Zusammenhänge systematisch zu betrachten und aus ihnen Anforderungen ableiten zu können, ist es hilfreich, die identifizierten Dialogkomponenten den betroffenen Schritten zuzuordnen. Auf der Ebene von Anwendungsfällen wurde die Identifizierung von Dialogen bereits gezeigt (vgl. Abb. 3.1-47⇨163). Mit der Verfeinerung der Anwendungsfälle in Aktivitätsmodelle korrespondiert nun die Verfeinerung der Dialoge in Dialogkomponenten. Da die Schritte bereits konkreten Subsystemen bzw. Komponenten zugeordnet sind, erfolgt durch die Zuordnung der Dialogkomponenten zu Schritten implizit eine Zuordnung der Dialogkomponenten zu Subsystemen bzw. Komponenten.

Vgl. in Anwendungsfällen involvierte Dialoge Abb. 3.1-47⇨163

☑ 3.2.12.1 Wenn Dialoge in sehr unterschiedlichen Zusammenhängen eingesetzt werden können, kann eine sinnvolle Gestaltung erst erfolgen, wenn alle Arbeitszusammenhänge bekannt sind. Ansonsten gestaltet man einen Dialog für den aktuellen Arbeitszusammenhang, richtet ihn danach aus, und wenn der Dialog dann auch in einer anderen Situation eingesetzt werden soll, erweitert und modifiziert man ihn entsprechend. Ein Teil der zuvor geleisteten Arbeit wird dadurch ggf. hinfällig.

Dialog-Spezifikation

☑ 3.2.12.2

Dialogelemente spezifizieren. Daher bietet es sich an, zunächst einfach die Anforderungen an Dialoge zu spezifizieren. Dies kann wiederum auf zwei Ebenen geschehen. Zum einen sind die einzelnen Felder und Dialogelemente zu spezifizieren, beispielsweise Länge und Typ des Eingabefeldes *Strasse*. Zum anderen können Dialogelemente zu Gruppen zusammengefasst werden, *Strasse, Plz, Ort* beispielsweise zur Gruppe *Anschrift*. Diese Gruppen können auch Dialogkomponenten genannt werden, es sind dies die kleinsten fachlich sinnvollen Zusammenfassungen einzelner Dialogelemente.

Folgende Informationen gehören zur Spezifikation von Dialogelementen:

Frage/Anforderung	*Beispiel*
Wie heißt das Feld?	geburtsdatum
Ist das Feld grundsätzlich ein Pflichtfeld?	true
Unter welcher Bedingung ist es ein Pflichtfeld?	alter >= 18
Wie ist der Bereich einzugebender Stellen (minimale und maximale Länge)?	(length(name) >= 3) and (length(name) <= 40)
Gibt es eine Vorbelegung bzw. einen Standardwert?	name = "Mustermann"
Wann bzw. unter welcher Bedingung ist das Feld gesperrt?	datum < today
Wann bzw. unter welcher Bedingung ist das Feld ausgeblendet?	datum == null
Von welchem Typ ist das Dialogelement (Eingabefeld, Schaltfläche, Listbox etc.)?	ComboBox
Welche Feldprüfungen sind nach Änderung des Feldes durchzuführen und wie lautet ggf. die Fehlermeldung?	datumVon>datumBis: "Ein negativer Zeitraum ist nicht erlaubt"
Welche Feldprüfungen sind beim Beenden des Dialoges durchzuführen und wie lautet ggf. die Fehlermeldung?	datumVon>datumBis: "Ein negativer Zeitraum ist nicht erlaubt"
Wie lautet der kurze Infotext (für sog. „Bubble help")?	"Postleitzahl"
Wie lautet der lange Infotext (für Statuszeile o.Ä.)?	"Geben Sie eine gültige Postleitzahl ein"
Gibt es eine fest definierte Wertemenge, Berechnungs- oder Selektionsvorschrift?	{"männlich", "weiblich", "??"} {select eintrag from enumerations where typ="geschlecht"}
Welches Ereignis ist auszulösen (z.B. bei Schaltflächen)?	VertragFreigeben
Unter welchen Bedingungen ist dieses Ereignis auszulösen?	datum.isValid: DatumEingegeben

Zu beachten ist, dass zahlreiche formale Prüfungen und Konsistenzbedingungen bereits durch die Dialoge gewährleistet werden können. Dies aller-
Zusicherungen dings nur, um möglichst komfortable und gut benutzbare Dialoge anzubie-

ten. Verantwortlich für die Konsistenz der Daten und Zustände sind trotzdem immer die Fachobjekte, in ihnen müssen alle Zusicherungen implementiert sein, so dass sie niemals in einen undefinierten Zustand geraten. Innerhalb von Dialogen hingegen ist es unvermeidbar, zumindest zeitweise unvollständige und widersprüchliche Daten zuzulassen.

Dialoge können jedoch zusätzlich zu den von den Fachklassen geforderten Zusicherungen weitere Einschränkungen vornehmen, um die Anwender gezielter bzw. restriktiver zu führen.

Checkliste:

☑ 3.2.12.1: Sind für jeden einzelnen Dialog die unterschiedlichen Kontexte bekannt, in denen er verwendet wird?

☑ 3.2.12.2: Ist jedes einzelne Dialogelement vollständig und nach einem einheitlichen Schema spezifiziert?

Einige wichtige Namenskonventionen:

☑ Klassennamen, globale Variablen und Klassenattribute beginnen mit einem Großbuchstaben. Bei zusammengesetzten Wörtern beginnt jedes mit einem Großbuchstaben, ohne dass Unterstriche eingefügt werden.

☑ Attribute, temporäre Variablen, Operationen und Parameter beginnen mit einem Kleinbuchstaben. Bei zusammengesetzten Wörtern beginnen alle weiteren mit einem Großbuchstaben, ohne dass Unterstriche eingefügt werden.

☑ Implementierungsdetails, besonders Typangaben sollten nicht im Namen eines Bezeichners erwähnt sein.

☑ Namen mit semantischem Gehalt sind solchen mit Typangabe vorzuziehen (*sizeOfArray* statt *anInteger*).

☑ Namen von Bezeichnern sollten so gewählt sein, dass man sie innerhalb von Anweisungen wie einen Satz lesen kann.

☑ Operationen, die Boolean als Ergebnis zurückliefern, sollten mit dem Präfix *is* oder *has* versehen werden (*isEmpty, hasPrinted*).

☑ Namen von Operationen sollten aktive Verben und Imperative enthalten (*loescheRechnung, oeffneKundenakte*).

☑ Kommentartexte sollten aus vollständigen Sätzen bestehen und eine aktive, die Verantwortlichen nennende Sprache beinhalten (statt „Das Element wird angefügt." besser „Fügt das Element an.").

☑ Operationen, die den Wert eines Attributes zurückliefern, tragen den gleichen Namen wie die Variable und je nach Programmiersprache ein vorangestelltes *get*.

☑ Operationen, die den Wert eines Attributes verändern, tragen den gleichen Namen wie die Variable und je nach Programmiersprache ein vorangestelltes *set*., der Parameter beschreibt den erwarteten Typ.

☑ Temporäre Variablen sollten stets nur für einen Zweck verwendet werden, anderenfalls sind mehrere Variablen zu deklarieren.

3.2.13 Design-Diskurs

Extrakt

- Im Folgenden werden für einen ausgewählten Teilbereich des Fallbeispiels verschiedene Designalternativen dargestellt und ihre Stärken, Schwächen und Implikationen kritisch diskutiert.

Wir machen jetzt einen Zeitsprung und stellen uns vor, wir sind ein bis zwei Iterationen weiter und aus der in Abschnitt 4.2 identifizierten Komponente *Kunde* ist mittlerweile eine umfassendere Geschäftspartner-Komponente geworden. Das entsprechende Klassenmodell soll nun (weiter-) entwickelt werden. Wir gehen davon aus, dass folgende Begriffe in diesem Zusammenhang aufgetaucht sind:

- Geschäftspartner
- Kunde
- Kundenakte
- Ansprechpartner
- Lieferant
- Lieferantenakte
- Unternehmen
- Privatperson
- Bankverbindung
- Telekommunikationsverbindungen (kurz: RufNr)
- Anschrift
- Mitarbeiter

Zunächst einmal werden alle aufgelisteten Begriffe als mögliche Klassen angesehen. Doch wie sind ihre Verantwortlichkeiten und Beziehungen untereinander und wie können sie in einem Designmodell angemessen dargestellt werden? Diese und andere Fragen werden im Folgenden diskutiert.

Die Begriffe *Unternehmen* und *Privatperson* existieren nicht eigenständig, sondern stets nur im Zusammenhang mit den Begriffen *Geschäftspartner, Kunde, Lieferant, Ansprechpartner* und *Mitarbeiter* (*„Ein Kunde ist ein Unternehmen oder eine Privatperson.“*).

Der Begriff *Geschäftspartner* ist ein Oberbegriff für *Kunde, Lieferant, Ansprechpartner* und *Mitarbeiter.*

Folgende Begriffe werden also zunächst als Klassen betrachtet: *Geschäftspartner, Privatperson, Unternehmen, Kunde, Lieferant, Ansprechpartner* und *Mitarbeiter*. Dem Bereich *Anschriften* wenden wir uns später zu.

Beziehungen identifizieren. Nachdem die Klassen identifiziert wurden, werden nun ihre Beziehungen untereinander untersucht, d.h. ihre Assoziationen, Aggregationen und Vererbungsbeziehungen.

Die folgenden Erläuterungen enthalten einige Beispiele, die wichtige Designregeln verletzen. Anhand von ihnen soll gezeigt werden, welche Schwierigkeiten entstehen können und wie man es besser nicht machen sollte. Die entsprechenden Abbildungen enthalten jeweils einen traurigen Smiley, um anzuzeigen, dass die Lösung problematisch ist.

Geschäftspartner und seine Rollen. Wie bereits im vorigen Abschnitt erwähnt, ist der *Geschäftspartner* ein Oberbegriff für *Kunde, Lieferant, Ansprechpartner* und *Mitarbeiter*. Außerdem existieren die Begriffe *Unternehmen* und *Privatperson* nicht eigenständig, sondern nur im Zusammenhang mit einem Geschäftspartner. Ein Kunde (als eine Spezialisierung des Geschäftspartners) kann beispielsweise entweder eine Privatperson oder ein Unternehmen sein. Der Versuch, diese Sachverhalte mit Hilfe von Vererbungsbeziehungen darzustellen, würde zu folgendem Klassendiagramm führen:

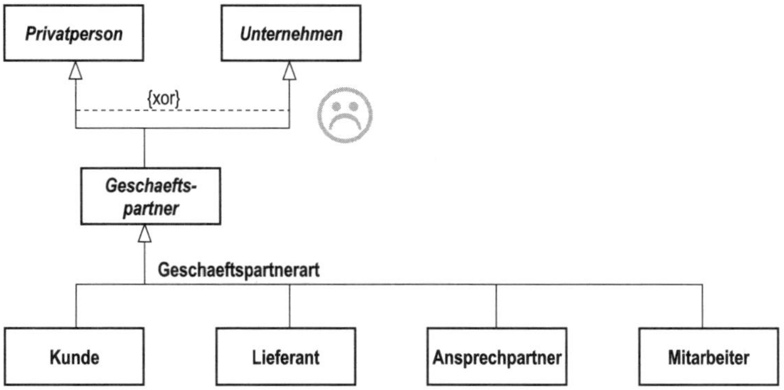

Abb. 3.2-23: Geschäftspartnermodellierung mit XOR[24] (Oder)-Vererbung (Variante 1)

Dieses Modell ist jedoch unbefriedigend: Zum einen bedarf es der Mehrfachvererbung (sogar mit exklusivem Oder), zum anderen sind Ansprechpartner und Mitarbeiter zwar auch Geschäftspartner, allerdings immer Privatpersonen, niemals Unternehmen.

Mehrfachvererbung ⇨302, 303

Zusicherungen ⇨369

Die folgende Abbildung zeigt einen Ansatz, der es zuläßt, dass Kunden und Lieferanten Privatpersonen oder Unternehmen sein können, Ansprechpartner und Mitarbeiter jedoch nur Privatpersonen.

24 Die XOR-Beziehung ist kein offizieller Bestandteil der UML 2.x mehr und wird hier sowie in den folgenden Abbildungen lediglich zur Diskussion verschiedener (mangelhafter) Lösungen verwendet.

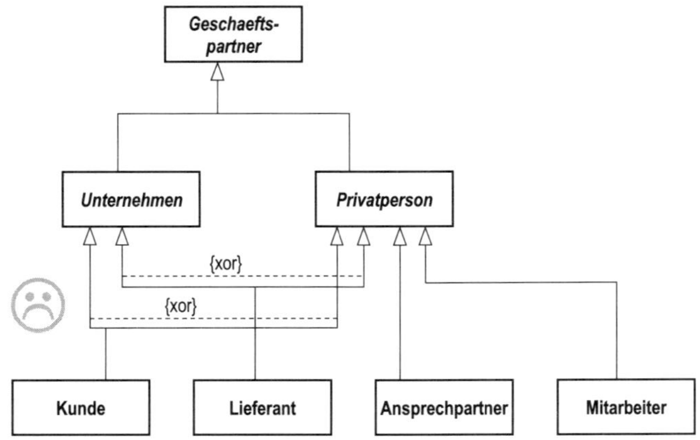

Abb. 3.2-24: Geschäftspartnermodellierung mit XOR (Oder)-Vererbung (Variante 2)

Für *Kunde* und *Lieferant* besteht nun immer noch das Problem der Mehrfachvererbung. Um diese zu vermeiden, könnte man auf folgende Lösung kommen, die jedoch in weniger trivialen Fällen schnell zu einer kombinatorischen Explosion von Möglichkeiten führen könnte.

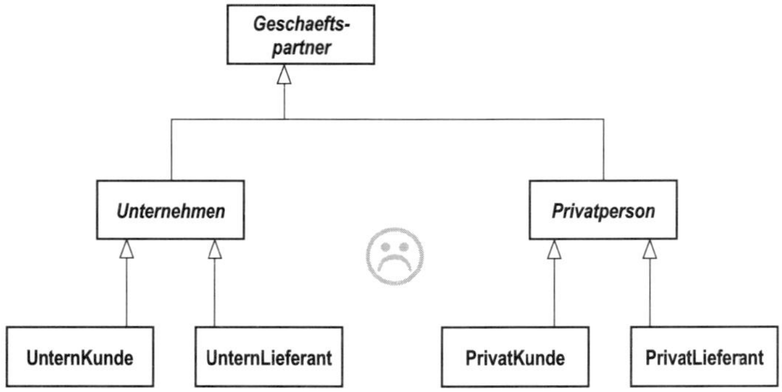

Kombinatorische Explosion der Vererbungsbeziehungen

Abb. 3.2-25: Geschäftspartnermodellierung mit kombinatorischer Vererbungshierarchie

Die Abb. 3.2-26 zeigt eine Lösung, bei der *Privatperson* und *Unternehmen* jeweils Bestandteil (Komposition) eines konkreten Geschäftspartners sind. Das Modell berücksichtigt, dass Kunde und Lieferant entweder eine Privatperson oder ein Unternehmen sind, niemals jedoch beides gleichzeitig. *Ansprechpartner* und *Mitarbeiter* hingegen besitzen immer genau ein Personenobjekt.

Diese Variante deckt die Anforderungen zwar ab, würde bei weiterer Detaillierung jedoch sehr wahrscheinlich kompliziert werden. Da *Unternehmen* und *Privatperson* nicht mit der abstrakten Klasse *Geschäftspartner* verknüpft sind, sondern mit ihren konkreten Ausprägungen, wäre auch die Kommunikation zwischen den Unternehmens- bzw. Personendaten und den konkreten Geschäftspartnern dort anzusiedeln. Das heißt, die hierfür notwendigen Operationen müssten – obwohl ähnlich oder identisch – in den vier konkreten Geschäftspartnerausprägungen redundant gepflegt werden. Dies sollte aus Qualitäts- und Aufwandsgründen vermieden werden.

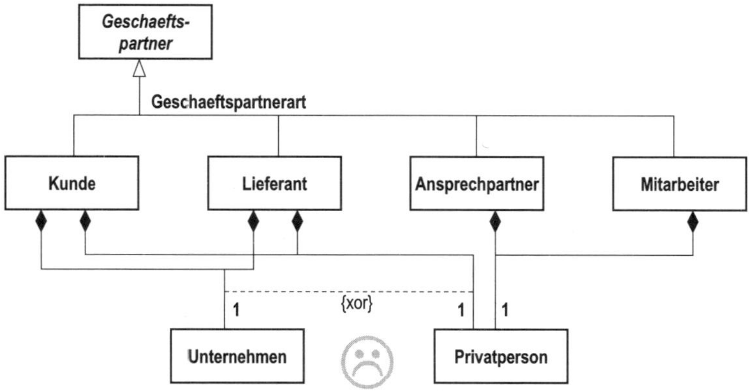

Abb. 3.2-26: Geschäftspartnermodellierung mit XOR (Oder)-Kompositionen

Die Oder-Zusicherung zwischen den Kompositionsbeziehungen von Unternehmen und Privatperson lassen sich auch mit Hilfe von OCL-Ausdrücken beschreiben. Die oben notierte Oder-Zusicherung ist nur eine Kurzschreibweise; OCL-Ausdrücke sind gemeinhin präziser und daher vorzuziehen. Die folgende Abbildung zeigt den entsprechenden Ausschnitt noch einmal mit OCL-Ausdrücken.

OCL ⇨369

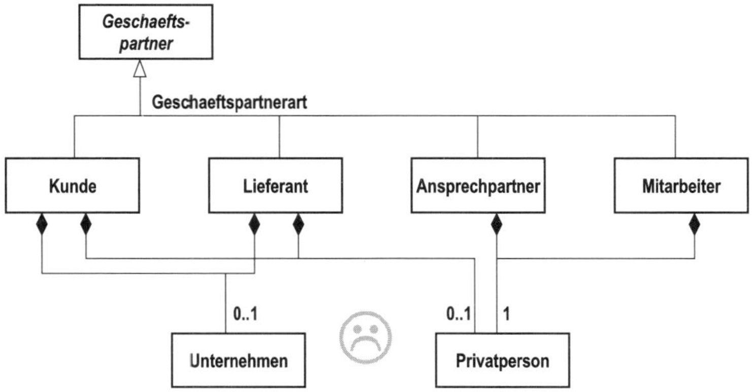


```
context Kunde inv:
    (self.Privatperson->notEmpty implies
    self.Unternehmen->isEmpty)
    and
    (self.Privatperson->isEmpty implies
    self.Unternehmen->notEmpty)
```

```
context Lieferant inv:
    (self.Privatperson->notEmpty implies
    self.Unternehmen->isEmpty)
    and
    (self.Privatperson->isEmpty implies
    self.Unternehmen->notEmpty)
```

Abb. 3.2-27: Geschäftspartnermodellierung Zusicherungen auf Kompositionsbeziehungen (Variante 1)

Es sind jeweils zwei Zusicherungen notwendig. Die erste verbietet einem Kunden, der eine Privatperson referenziert, gleichzeitig ein Unternehmen zu referenzieren. Die zweite fordert genau dies, falls keine Privatperson referenziert wird. Ohne die zweite Zusicherung wäre es einem Kunden möglich, weder ein Unternehmen noch eine Privatperson zu sein.

Zusicherungen ⇨369

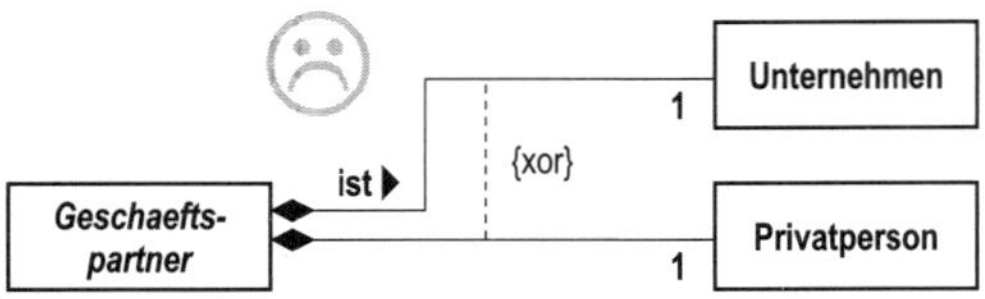

Abb. 3.2-28: Geschäftspartnermodellierung mit XOR (Oder)-Kompositionsbeziehungen

In der folgenden Lösung wird wieder eine Oder-Zusicherung zwischen zwei Kompositionsbeziehungen verwendet. Darum soll zuvor noch einmal gezeigt werden, wie diese in entsprechende OCL-Ausdrücke überführt werden kann.

Das folgende Diagramm stellt nun die angekündigte bessere Lösung dar. *Privatperson* und *Unternehmen* stehen hier in einer Kompositionsbeziehung zum *Geschäftspartner*. Die Ausnahme, dass *Ansprechpartner* und *Mitarbeiter* keine Unternehmen sind, ist als Zusicherung notiert. Die Lösung deckt die Anforderungen ab, enthält aber leider sehr viele Zusicherungen.

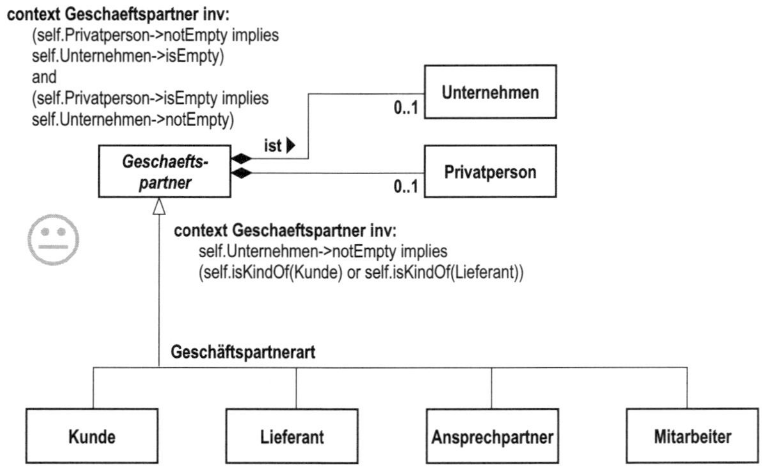

Abb. 3.2-29: Geschäftspartnermodellierung Zusicherungen auf Kompositionsbeziehungen (Variante 2)

Vererbung kritisch prüfen. Auf den ersten Blick erscheint die Spezialisierung nach der Geschäftspartnerart ebenso nahe liegend wie plausibel. Ein Blick auf die Anforderungen stellt dies jedoch in Frage. So wurde beispielsweise festgestellt, dass auch Lieferanten und Mitarbeiter Kunden sein können. Ein Objekt kann aber seine Klassenzugehörigkeit nicht einfach wechseln (zum Beispiel von *Lieferant* zu *Kunde*). Außerdem würde dies den Sachverhalt nicht treffen, denn ein konkreter Geschäftspartner ist nicht abwechselnd mal Lieferant und mal Kunde, sondern er kann beides gleichzeitig

Mitarbeiter und Lieferant können Kunde sein

Vgl. ⇨134

sein. Ein Objekt kann aber nicht gleichzeitig Exemplar von zwei Klassen sein.

Das eigentliche Problem liegt darin, dass die bei der Modellierung verwendete Sichtweise nicht ganz stimmt. Geschäftspartner lassen sich nicht nach Kunden, Lieferanten usw. spezialisieren. Stattdessen sind Kunde, Lieferant usw. mögliche Eigenschaften eines Geschäftspartners. In bestimmten Situationen treten dabei einige dieser Eigenschaften in den Vordergrund, etwa beim Vermieten eines Kfz die Kunden-Eigenschaften.

Spezialisierung versus Rollenzuordnung

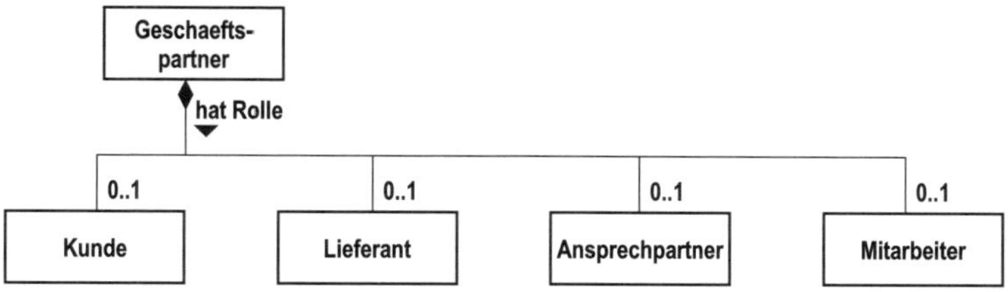

Abb. 3.2-30: Geschäftspartnermodellierung mit Rollen (1. Ansatz)

Kunde, Lieferant, Mitarbeiter und *Ansprechpartner* sind deswegen keine Geschäftspartnerklassen, sondern Geschäftspartnerrollen. Eine Rolle definiert eine spezielle Sichtweise auf ein Objekt und ist eine Eigenschaft des Betrachters, nicht des Betrachteten. Die Sichtweise, d.h. die Rolle, verändert zunächst nur etwas bei demjenigen, der das Objekt betrachtet bzw. verwendet. In unserem Beispiel ist es die Autovermietung bzw. sind es die Anwender der zu entwickelnden Software, die Geschäftspartner in bestimmten Situationen in einer bestimmten Rolle wie Lieferant oder Kunde wahrnehmen. Oben stehendes Klassendiagramm berücksichtigt diese Überlegungen.

Geschäftspartnerrollen

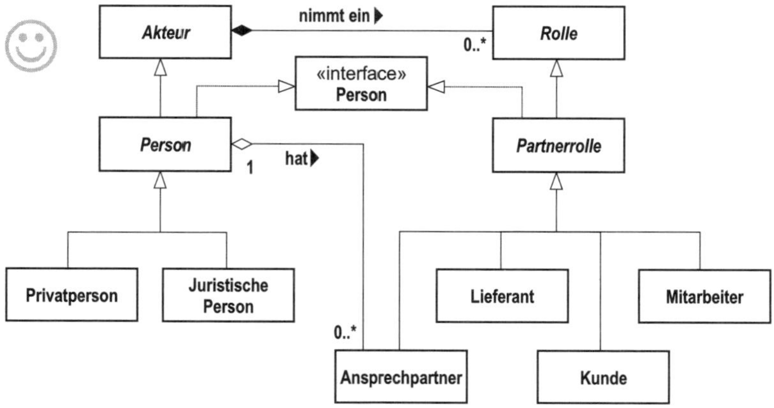

Abb. 3.2-31: Partner-Rollen-Modell

Eine weitere – und im Zusammenhang mit den Geschäftspartnerrollen die letzte – Variante beruht auf dem Akteur-Rollen-Muster (engl. *Actor-Role-Pattern*). Das hier diskutierte Designproblem ist ein klassischer Anwen-

Actor-Role-Pattern

dungsfall für dieses Entwurfsmuster. Es lässt sich in Smalltalk relativ einfach, d.h. mit wenigen Anweisungszeilen implementieren (überschreiben der Methode *messageNotUnderstand*). In Sprachen ohne dynamischer Typbindung und ohne als Objekte zur Laufzeit ansprechbarer Klassen (also in C++, Java und C#) ist dies etwas aufwendiger.

Schnittstellen ⇨289

Besonderes Merkmal dieses Entwurfsmusters ist, dass die verschiedenen Partnerrollen (*Kunde, Lieferant, Mitarbeiter, Ansprechpartner* etc.) Nachrichten an die Person, zu der sie gehören, weiterleiten (propagieren) können. D.h. *Lieferant* kann beispielsweise wie ein Objekt der Klasse *Person* behandelt werden. Alle Nachrichten, die von einem Partnerrollenobjekt nicht direkt interpretiert werden können (der Name der Person, das Geburtsdatum einer Privatperson usw.), werden weitergeleitet an das Personenobjekt (z.B. eine Privatperson) und von diesem beantwortet. Die Klasse *Partnerrolle* stellt die Schnittstelle von *Person* bereit.

Das vorige Diagramm zeigt außerdem eine Beziehung zwischen *Person* und *Ansprechpartner*. Ansprechpartner werden vor allem für juristische Personen benötigt. Häufig existieren auch mehrere Ansprechpartner (für spezielle Aufgabengebiete u.Ä.) zu einer Firma. Es sind aber auch Ansprechpartner für Privatpersonen denkbar, wenn beispielsweise der Ehepartner des eigentlichen Mieters und Fahrers die Kfz-Reservierungen vornimmt.

Um zu unterbinden, dass eine Person sich selbst als Ansprechpartner referenzieren darf, wäre folgende OCL-Zusicherung zu notieren:

```
Ansprechpartner
  self.Person <> self.Akteur
```

Komposition ⇨316

Bankverbindung, Rufnummer und Anschrift. Als Nächstes können nun die Bereiche *Bankverbindung, RufNr* und *Anschrift* in das Klassenmodell integriert werden. Dies gestaltet sich etwas einfacher: Die Objekte aller drei Klassen sind jeweils Teil eines Geschäftspartners. Jede Art von Geschäftspartner verfügt über sie in beliebiger Anzahl (*0..**). Alle drei werden hier als existenzabhängig von ihrem jeweiligen Geschäftspartner angesehen, d.h. es handelt sich um Kompositionsbeziehungen.

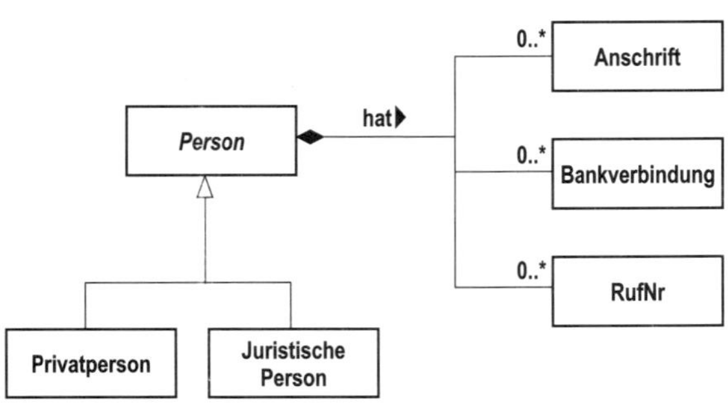

Abb. 3.2-32: Modell für Anschriften, Bankverbindungen und Rufnummern einer Person

Anschrift. Die nähere Untersuchung der Anschrift führt zu der Erkenntnis, dass es verschiedene Arten von Anschriften gibt:

Klassen identifizieren ⇨130

Fachlexikon ⇨135

- Straßenanschrift: Anschrift mit Straße, Plz und Ort
- Postfachanschrift: Anschrift mit Postfach, Plz und Ort
- Großkundenanschrift: Großkundenanschrift bestehend aus Plz und Ort
- Auslandsanschrift: ohne einheitliche Gliederung

Als Diskussionsgrundlage dient das in der folgenden Abbildung skizzierte Modell. Es setzt sich zusammen aus den vier konkreten Anschriftenarten und zwei abstrakten Klassen *Anschrift* und *Inlandsanschrift*.

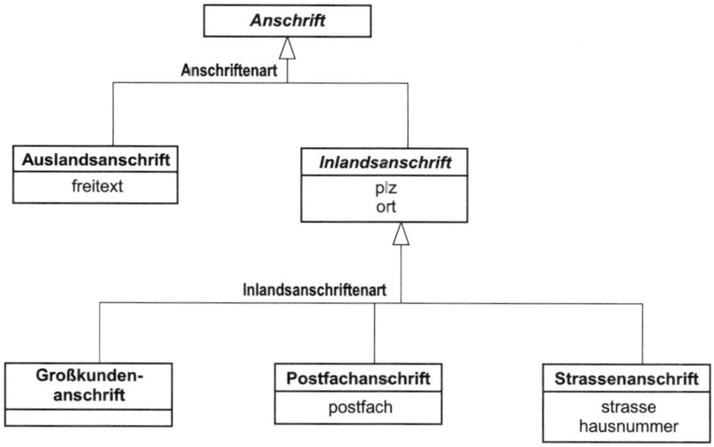

Abb. 3.2-33: Die verschiedenen Arten von Anschriften als Spezialisierungshierarchie modelliert

Dieses Modell zeigt eine auf den ersten Blick plausibel wirkende hierarchische Gliederung der verschiedenen Anschriftenarten. Es ist jedoch zu hinterfragen, ob diese Lösung auch angemessen zu realisieren ist. Unter *angemessen* ist hier gemeint, dass der Aufwand zur Umsetzung bezahlbar bleibt und die Lösung auch ausreichend robust und flexibel ist. Um dies zu klären, ist es hilfreich, nicht nur die Datenseite zu betrachten, sondern sich das Verhalten solcher Objekte zu vergegenwärtigen sowie ihre Präsentation zu berücksichtigen.

Die nächste Abbildung zeigt die vier Dialogvarianten. Die Auswahl der Anschriftenart erfolgt über Optionsfelder (*radio buttons*). Je nach aktivierter Option werden bestimmte Anschriftenfelder ein- bzw. ausgeblendet. Die AnwenderInnen können die Art einer Anschrift jederzeit ändern.

Solange der Anschriftendialog nicht beendet wird, kann die Art jederzeit umgeschaltet werden. Die Inhalte der Felder bleiben – auch wenn sie gerade ausgeblendet sind – erhalten. Sobald der Dialog verlassen wird, werden jedoch nur die Daten der aktuellen Anschriftenart übernommen.

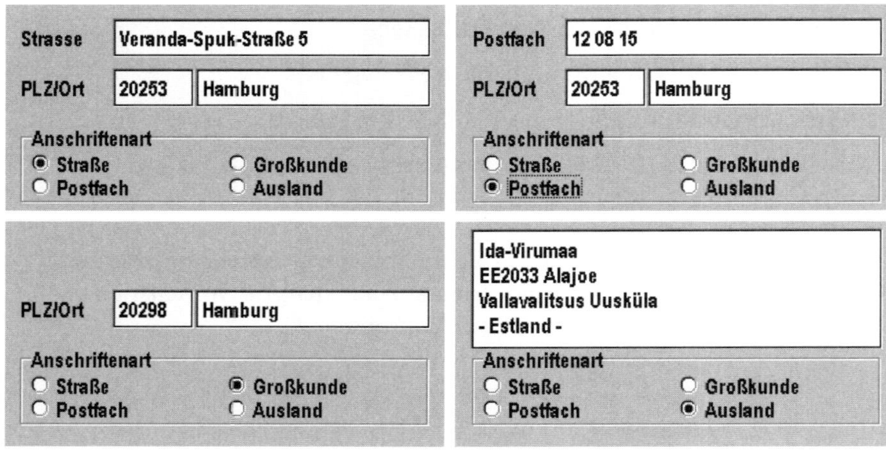

Abb. 3.2-34: Die verschiedenen Anschriftenarten in der Dialogdarstellung

Dynamische Klassifikation

Zurückkommend auf das bisherige Klassenmodell bedeutet die Änderung der Anschriftenart, dass sich die Klassenzugehörigkeit des Anschriftenobjektes ändern müsste – was in Java und C++ nicht vorgesehen und in Smalltalk nicht üblich ist. Genau genommen müsste mit jeder Änderung der Art eine neue Anschrift erzeugt werden, d.h. ein neues Objekt mit eigener Identität. Das jeweils alte Objekt könnte vernichtet werden. Anschriftenobjekte sind Teil eines Geschäftspartners, so dass mit jedem Objektwechsel auch die Aggregationsbeziehung zwischen *Geschäftspartner* und *Anschrift* aktualisiert werden müsste. Bereits diese Überlegungen zeigen, dass im Detail viel Aufwand zu leisten ist, um das Klassenmodell in die Praxis umzusetzen.

Delegation ⇨52

Im Folgenden (Abb. 3.2-35) wird eine Lösung gezeigt, deren besonderes Merkmal eine Schnittstellenklasse darstellt, mit deren Hilfe die innere Struktur verborgen wird. Die Lösung beruht auf dem Entwurfsmuster *Fassade* mit Anleihen beim Muster *Zustand*.

Schnittstellen ⇨289
Entwurfsmuster ⇨78
Pakete ⇨326

Der Vorteil dieser Lösung liegt darin, dass der Besitzer einer Anschrift stets nur mit einer Klasse und einer Schnittstelle konfrontiert wird. Die Delegation der eigentlichen Attribute und Operationen wird versteckt; vier Schnittstellen werden auf eine reduziert. Die Abhängigkeiten zwischen den Klassen (Anschrift und Geschäftspartner) werden dadurch reduziert. Intern ist die Anschrift ganz pragmatisch aufgebaut, d.h. die Attribute *Plz* und *Ort* für die Inlandsanschriften u.a. wurden nicht herausfaktorisiert, da dadurch (wie einige Seiten zuvor zu sehen) abstrakte Klassen mit lediglich ein bzw. zwei Attributen produziert würden. Die Operation *getBriefanschrift()* liefert einen kompletten mehrzeiligen String mit allen wichtigen Bestandteilen der Anschrift zurück, wie er zum Druck von Briefen etc. benötigt wird.

Da Anschriften im laufenden System in größerer Zahl zu erwarten sind, sollte ihre Struktur nicht zu aufwendig sein. Andererseits ist die innere Struktur durch die Schnittstellen gut abgeschirmt, so dass die Änderung und Pflege der internen Repräsentation unproblematisch ist.

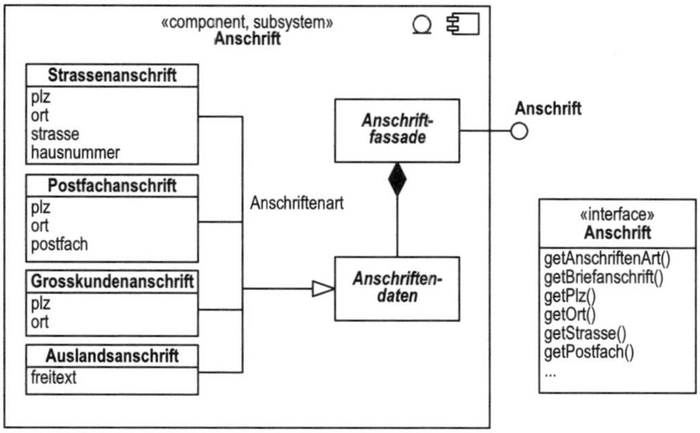

Abb. 3.2-35: Die verschiedenen Anschriftenarten in der Komponente gekapselt und mit einer einheitlichen Fassade versehen

Je nach Prämissen sind aber auch andere Lösungen sinnvoll. Hier sollte lediglich eine Möglichkeit diskutiert werden.

Checkliste:

☑ 4.12.1: Unterstützt eine Unterklasse alle Attribute und Operationen ihrer Oberklasse, d.h. ist eine Unterdrückung von Eigenschaften vermieden worden?

☑ 4.12.2: Ist die innere Bindung einer Klasse groß, d.h. sind zusammengehörende Verantwortlichkeiten in einer Klasse konzentriert?

☑ 4.12.3: Sind die äußeren Abhängigkeiten einer Klasse, d.h. die Verträge/Schnittstellen zu anderen Klassen klein?

☑ 4.12.4: Sind indirekte Navigationen vermieden worden, d.h. das Wissen einer Klasse über Nachbarklassen begrenzt worden?

☑ 4.12.5: Sind Client-Server-Beziehungen zwischen den Klassen entworfen worden (Kooperationsprinzip)?

☑ 4.12.6: Sind die Oberklassen einer abstrakten Klasse auch abstrakte Klassen?

☑ 4.12.7: Definiert eine Unterklasse keine Zusicherungen auf Eigenschaften der Oberklasse?

☑ 4.12.8: Wurden die Beziehungen zwischen den Klassen dahingehend untersucht, ob es fachliche Abhängigkeiten oder eine Hierarchie zwischen den Klassen gibt?

☑ 4.12.9: Wurden Vererbungsbeziehungen hinterfragt und versucht, sie durch Delegation o.Ä. zu ersetzen?

☑ 4.12.10: Wurden die für die Zukunft eher instabilen Strukturen (Klassen und Beziehungen) identifiziert und sind sie klar und eindeutig von den vermutlich stabilen zu unterscheiden?

☑ 4.12.11: Kommt die Klassenstruktur auch bei zukünftigen Erweiterungen ohne kombinatorische Explosion von Beziehungen aus?

☑ 4.12.12: Wurden anstelle von Operationsmodi besser separate Operationen bereitgestellt?

☑ 4.12.13: Überschreitet der Code für eine Operation gewöhnlich nicht eine Seite? Kehren Sie anderenfalls zu Cobol, PL/1 & Co. zurück.

☑ 4.12.14: Sind einheitliche und treffende Namen, Typen und Parameterreihenfolgen definiert worden?

☑ 4.12.15: Sind Fachklassen (Beispiel Klasse *Kfz* mit *Seriennummer, Halter, Farbe* etc.) und Ausprägungsklassen (Beispiel Klasse *Kfz-Typ* mit *Modellnummer, Länge, Anzahl Türen* etc.) getrennt worden?

3.2.14 Testgetriebene Entwicklung

Extrakt

- Entwickle zu jeder bekannten Anforderung die Gutfalltests, überlege was an Negativtests noch fehlt und implementiere diese ebenfalls.
- Erstelle danach die eigentliche Funktionalität und überprüfe die Korrektheit regelmäßig mit Hilfe der automatiserten Tests.

In der konventionellen Softwareentwicklung wird das Problem analysiert und eine Lösung implementiert. Wird im Projekt iterativ inkrementell vorgegangen, so werden immer wieder Teile der Lösung fertig gestellt und über verschiedenen Teststufen auf ihre Fehlerfreiheit und die Übereinstimmung mit den Kundenanforderungen geprüft.

Wird nach dem Wasserfallmodell vorgegangen, so wird davon ausgegangen, das zu Beginn des Projektes alle Anforderungen feststehen, daraus folgt der *ideale Entwicklungszyklus*. Hier werden erst alle Anforderungen analysiert (A), dann wird das Design (D) erstellt, das im Folgenden implementiert (I) wird und es erfolgt nach Fertigstellung der Test (T) des Gesamtsystems.

Erfahrungen aus Softwareprojekten zeigen aber, dass die einzelnen Projektphasen überlappen, woraus sich der *reale Entwicklungszyklus* ergibt. Stehen die Tests nur am Ende der Systemerstellung, passiert es häufig, dass in der Zeit bis zur Auslieferung nicht alle notwendigen Tests durchgeführt werden können.

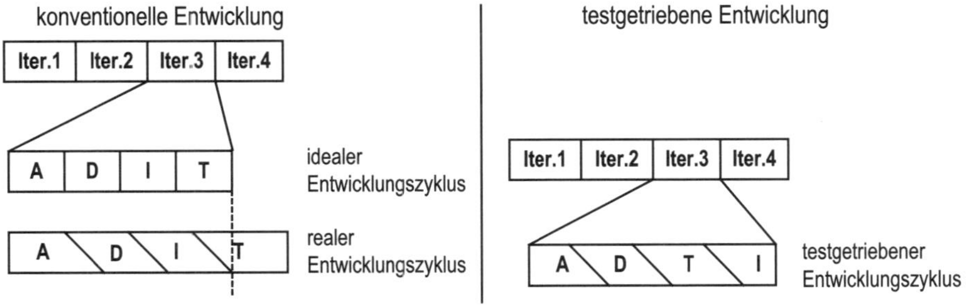

Abb. 3.2-36 : Entwicklungszyklen bei konventioneller Entwicklung

Durch die weggefallenen Tests finden mehr Fehler den Weg bis zum Kunden und es werden mehr Fehlerfindungs- und Fehlerbehebungssitzungen notwendig. Diese Zeit muss im nächsten Entwicklungszyklus wieder aufgeholt werden und schon entfallen erneut Tests.

Testgetriebene Entwicklung, auch „Test-First“-Ansatz genannt, stellt die Entwicklung von Testfällen in den Vordergrund und geht davon aus, dass vor der Implementierung der Lösung überlegt wird, wie der zu implementierende Sachverhalt getestet werden kann.

Teil dieser Überlegung ist natürlich auch, festzuhalten unter welchen Umständen Tests fehlschlagen müssen und für diese Fälle Negativtests durchzuführen. Und zum Beispiel zu prüfen, welche Fehleingaben ein Benutzer in ein Textfeld machen kann, das eigentlich für ein Datum vorgesehen war.

Ist die Anforderung dann in verschiedene kleine Teile aufgespalten, für die die entsprechenden Testfälle erstellt wurden, so ist die Lösungsimplementierung einfacher.

Regressionstests

Aufgrund der Zerlegung in viele kleine Tests, die sicherstellen, dass einmal vorhandene Funktionalität erhalten bleibt und Seiteneffekte bei Änderungen schnell aufgedeckt werden, bekommt man im Gegenzug allerdings eine Menge von Tests, die nur schwer manuell abzuarbeiten ist. Daher sollte die Automatisierung von Tests Bestandteil der testgetriebenen Entwicklung sein.

Testprinzipien. In der konventionellen Entwicklung ist die Testphase nach der Implementierung angesetzt und somit meist erstes Opfer des strikten Zeitplanes, die testgetriebene Entwicklung geht einen anderen Weg.

Iterative Entwicklung

Zu Beginn wird eine Analyse und ein Grobdesign erstellt, die Implementierungsphase wird durch ein Feindesign und die Erstellung der ersten Testfälle für den Implementierungszyklus eingeleitet. Sind die ersten Testfälle erstellt, werden diese Grundlage für die Verifikation der Implementierung. Sind alle Implementierungen für die Iteration erfolgt, so wiederholt sich die Schleife aus Feindesign, Tests und Implementierung für die folgenden Schritte. Der Test am Ende der testgetriebenen Entwicklung ist dann ein letzter Integrationstest der Teilsysteme und des Gesamtsystems und wird durch den Abnahmetest abgeschlossen.

TDD-Zyklus

Verfahren. Für jede der Iterationen wird nach dem Feindesign nach den folgenden Schritten vorgegangen [Beck2002]:

1. Ermittle eine zu implementierende Anforderung.
2. Überlege, welche Tests zur Prüfung notwendig sind.
3. Schreibe einen kleinen Test und überlege dir dabei die Schnittstelle des zu testenden Objekts.
4. Schreibe nur soviel Code, dass der Code compiliert und der Test ausführbar ist.
5. Führe den Test aus und überprüfe, dass er fehlschlägt. („Roter Balken"). So wird sichergestellt, dass der Test auch ausgeführt wird.
6. Schreibe nur soviel Code, dass der Test (und alle bereits vorhandenen) bestanden wird.

7. Führe den Test aus und überprüfe, dass er erfolgreich beendet wird. („Grüner Balken").

8. Wenn es Code-Duplikate oder unverständlichen Code gibt, dann strukturiere den Code um (Refactoring).

9. Führe den Test erneut aus. Es muss immer noch der „Grüne Balken" erscheinen.

Diese Schritte erfolgen für jede Klasse. Aber was muss getan werden, wenn Kettentests oder auch integrative Tests höherer Ebene durchgeführt werden müssen? In diesem Fall liegt die Schwierigkeit in der Abhängigkeit von fremden Programmteilen oder Systemen. Um trotzdem weitestgehend sicher stellen zu können, dass der eigene Programmteil korrekt funktioniert, bieten sich dann Stellvertreterobjekte an.

Stellvertreter bilden die komplexen Implementierungen vereinfacht ab und sind, wie auch die Fremdsysteme, hinter Schnittstellen verborgen.

TDD in der Praxis. Bevor die testgetriebene Entwicklung beginnen kann, gilt es die Testumgebung zu überprüfen. Hierzu müssen im Folgenden ggf. Stellvertreter erstellt werden. Je nach Art des Testobjektes muss eine Teststrategie festgelegt werden, da sich nicht alle Testobjekte auf die gleiche Weise testen lassen. Im Falle von Basisklassen, sind einfache Unit-Tests meist hinreichend, die die Klasse selbst, sowie die zugehörigen Methoden testen. Bei Oberflächen oder auch Datenbankklassen gestalten sich die Tests mit Hilfe von Unit-Tests schwieriger und ein Test von nichtfunktionalen Anforderungen, wie zum Beispiel Antwortzeitverhalten oder Benutzerfreundlichkeit, können durch Unit-Tests nicht abgebildet werden.

Aufbau eines Testfalls

Wurde ein Unit-Test fähiges Objekt gewählt, so wird nun ein Grundgerüst des Testfalles erstellt, das ggf. die Klasse und auch die Methode beinhaltet, die getestet werden soll.

```
public class MitgliedTest() {

...

  // TestMethode
  public void MitgliedErzeugenNameGefuelltOK() {
    Mitglied mgl = new Mitglied();
    mgl.setName("Goldfisch");
    // Anforderung an den Test
    assertTrue(„Goldfisch", mgl.getName());
  }

...

}
```

An dieser Stelle ist die fachliche Klasse Mitglied ggf. noch nicht bekannt und der Test enthält somit noch syntaktische Fehler, dann ist die Klasse zu erstellen und die zu testende Methode soweit zu implementieren, dass sie syntaktisch korrekt ist, also im einfachsten Falle einen konstanten Wert wie zum Beispiel null oder eine negative Zahl zurückgibt.

```
public class Mitglied(){
...
  // Konstruktor
  public void Mitglied(){
  }
  // Methode
  public String getName(){
    return null; // vorerst soll der Test scheitern
  }
...
}
```

Der erste Versuch muss scheitern

Im Testfall wird nun die Anforderung in Form eines Tests codiert. Wird der Test jetzt ausgeführt, so wird er zunächst scheitern, da die fachliche Klasse noch keinerlei Logik enthält. Scheitert dieser Test nicht, so ist zu prüfen, ob er überhaupt ausgeführt wurde. Gegebenenfalls ist die Testklasse in der zugehörigen Test-Suite zu ergänzen.

Diese Kontrolle ist wichtig, um zu verhindern, dass fehlende Tests zu der vermeintlichen Sicherheit führen, die Funktionalität sei gegeben.

Implementierung von Funktionalität

Im nächsten Schritt wird nun in der fachlichen Klasse nur soviel Funktionalität implementiert, wie zur Erfüllung der Anforderung notwendig ist.

```
public class Mitglied(){
...
  // Konstruktor
  public void Mitglied(){
  }
  // Methode
  public String getName(){
    return "Goldfisch"; // Nun wird der Test bestanden
  }
...
}
```

Die Anforderungsdetails an sich können jetzt aus der Analyse- und Design-Dokumentation entnommen werden. Sowohl im Systemkontextdiagramm, als auch in den Anwendungsfällen und den zugehörigen Aktivitätsdiagrammen sind offensichtliche Eigenschaften bzw. Bedingungen enthalten, die direkt ablesbar sind.

Weitere, weniger offensichtliche Prüfungen können sich aus kaskadierten Bedingungen und auch Schleifen ergeben, die in der Analyse schon modelliert wurden siehe auch 3.2.17 Testmethoden.

Bestehen der Tests

Nach erfolgter Implementierung werden dann die Tests ausgeführt und müssen bestanden werden. Im Rahmen der Ausführung der Test-Suite werden nun auch alle anderen Testfälle durchlaufen und wenn diese am Ende alle bestanden werden, so ist auch sicher, dass die Funktionalität, die vorher bestanden hat, auch weiterhin gilt.

Sollte ein Test fehlschlagen, ist es leicht, die Änderungen seit dem letzten Durchlauf nachzuvollziehen, die Ursache einzugrenzen und zu beheben.

Refactoring

Nachdem einige Tests und die zugehörigen Fachlichkeiten implementiert wurden, kann es ein guter Schritt sein, nach mehrfach implementierten fachlichen Aufgaben zu suchen und diese umzustrukturieren, ohne die eigentliche Fachlichkeit zu ändern (Refactoring).

Nach Abschluss des Umstrukturierung werden dann alle Testfälle, die den veränderten Programmteil betreffen, durchlaufen und müssen wieder bestanden werden. Ist dies nicht der Fall, so wurde die Funktionalität verändert. Wird die Änderung nicht eingegrenzt und kann somit nicht behoben werden, so sollte ein Schritt zurück zum Stand vor dem Refactoring wieder hergestellt und das Refactoring erneut durchgeführt werden.

Testorakel

Testfallfindung. Ein Testorakel ist ein Quelle, aus der Testfälle abgeleitet werden können. Wird testgetrieben entwickelt und liegt eine formale Spezifikation vor, so ist diese sicher ein gute Grundlage zur Ermittlung verschiedenster Testfälle. Die erste Quelle kann das Systemkontextdiagramm sein, aus dem hervorgeht, welche Nutzer, abgebildet in den Akteuren, das System haben wird und mit welchen Fremdsystem es kommuniziert. Letzteres lässt Rückschlüsse auf die Schnittstellen zu, bzw. dient als Grundlage sich diese Schnittstellenspezifikation zu beschaffen.

Bei weiterer Verfeinerung können dann die Anwendungsfälle, die mit den Akteuren in Verbindung gebracht werden, als Grundlage für weitere Testfälle, oder auch für die Zuordnung von Testfällen zu verschiedenen Anwendungsszenarien dienen. Werden die Abläufe der Anwendungsfälle mit Hilfe von Aktivitätsdiagrammen abgebildet, so ergeben sich weitere Testfälle, aus den dort enthaltenen Entscheidungen und Schleifen, sowie aus dem ggf. vorhandenen Objektfluss.

Aus den Entscheidungen lassen sich Grenzfalltests über die *Grenzwertanalyse* ableiten, die sicherstellen, dass das Verhalten der Software auch an den Grenzen von möglichen Eingabebereichen korrekt ist. Wertebereiche, die zum gleichen Ergebnis führen, lassen sich zu *Äquivalenzklassen* zusammenfassen. Werden beide Verfahren kombiniert, ist es möglich, die große Menge an möglichen Testfällen auf ein definiertes Minimum zu reduzieren, ohne dabei Risiken einzugehen.

Bedingungen prüfen

Bei komplexen Entscheidungen, die aus mehreren unabhängigen Bedingungen bestehen, müssen alle Bedingungen auf ihre Korrektheit geprüft werden, die *minimale Mehrfachbedingungsüberdeckung* bietet hier die Möglichkeit, durch geschickte Kombination der Werte die Anzahl der Testfälle so zu reduzieren, dass nur ein Testfall mehr gebraucht wird, als Bedingungen vorhanden sind.

Tests in den Diagrammen

Statische Prüfungen auf Anwendungsfaäle

Anwendungsfalldiagramm. Über das Diagramm, das das Rollenkonzept enthält, bzw. die zugehörigen Anwendungsfalldiagramme ist in der Analyse festgehalten worden, wer und was zur Ausführung der Aufgabe notwendigerweise vorhanden sein muss. Für die Planung von Testfällen ist dies eine gute Grundlage um gültige, aber vor allem auch ungültige Wege durch die zu den menschlichen Akteuren gehörigen Dialoge zu testen.

Für die technischen Akteure, meist Fremdsysteme, können dann Maßnahmen getroffen werden, die die Testbarkeit des Systems erhöhen, in dem entweder Beispielimplementierungen oder auch Testdaten erstellt werden, die sicherstellen, dass unabhängig vom Vorhandensein dieser Systeme die eigene Funktionalität getestet werden kann.

Aktivitätsdiagramm. Die Aktivitätsdiagramme enthalten die Grundabläufe der Anwendungsfälle mit den zugehörigen Entscheidungen und Ausnahmen, für die jeweiligen Wege der Entscheidungen können nun relativ leicht Testfälle anhand der Schleifen oder Bedingungsüberdeckung abgeleitet werden, um eine aussagekräftige Testabdeckung herzustellen.

Auch die Ausnahmen werden im nächsten Schritt mit in die Testreihen aufgenommen, je nach Aufwand, die jeweiligen Ausnahmen herzustellen, muss Aufwand und Aussage des Ergebnisses in Relation gesetzt werden.

Konsistenzprüfung auf Diagramme

Eine statische Prüfung, die jederzeit auf Basis der Dokumentation der Analyse erfolgen kann, ist die Konsistenzprüfung auf die Aktionen mit →CallBehavior und den zugehörigen Unterdiagrammen. Vor allem, wenn diese mit Objektfluss erstellt wurden, können tiefergehende Prüfungen auf die Ein- und Ausgabeparameter der Unterdiagramme, die mit dem Objektfluss der Aktion übereinstimmen müssen, getroffen werden.

Auch direkt nach der Aktion folgende Entscheidungen müssen als mögliche Ergebnisse der Verfeinerung erreichbar sein. Gibt es nach der Aktion mehr Entscheidungen, als das Unterdiagramm zulässt, kann es sein, dass Entscheidungswege nie durchlaufen werden. Des Gleichen aber auch, wenn im Diagramm Endknoten erreicht werden, die nicht Bestandteil der Entscheidungen der Aktion sind, in diesem Fall kann es möglich sein, dass das Diagramm, in dem die Aktion modelliert wurde, nicht mehr vollständig definiert ist.

Verteilungsdiagramm. Wurden im Laufe des Entwicklungsprozesses die einzelnen Funktionalitäten erstellt und die fachlichen Komponenten abgeleitet, so ist es zum Test des System notwendig, die einzelnen Bestandteile der Lösung auf die Testsysteme zu installieren. Um den Installationsprozess zu dokumentieren, dient an dieser Stelle das Verteilungsdiagramm.

Statische Prüfung der Installation

Mit dessen Hilfe wird beschrieben, auf welchem Rechner in welcher Laufzeitumgebung welche Softwareteile zur Anwendung kommen.

Ist ein solches Diagramm erstellt worden, so kann vor Beginn der eigentlichen Prüfung kontrolliert werden, in wie fern der Prozess der Installation des Systems auch funktioniert hat. Gegebenenfalls hilft das Verteilungsdiagramm dabei Tests zu vermeiden, die auf einer nicht korrekten Installation durchgeführt würden und spart somit Zeit.

Whitebox-Verfahren. Neben der Möglichkeit Wissen aus den nicht formal verfassten Spezifikationen der Software zu erwerben, gibt es auch die Möglichkeit, vorhandene Quellcodes oder auch Ablaufdiagramme für den Testentwurf zu nutzen. Nun ist als Einschränkung dazu zu sehen, dass wenn auf Glas-Box-Ebene getestet werden soll, leicht die Grenze der Machbarkeit überschritten wird, weil die Menge der Tests unüberschaubar groß wird.

Es sollten folglich nur die Programmteile dem Whitebox-Verfahren unterzogen werden, die sich beim Blackbox-Test oder aber bei Analyse der Fachlichkeit als besonders schwierig herausgestellt haben.

Stellen, die in solchen Fällen genauer untersucht werden müssen, sind Schleifen und komplexe Bedingungen. Es kommt dabei nicht darauf an, ob es geschachtelte Bedingungen sind, oder sie in einem einzigen Befehl hintereinander gereiht sind.

Bedingungsüberdeckung. Bei der Überprüfung von Bedingungen kommt es darauf an, nicht alle Permutationen von Bedingungen durchzuspielen, weil auch dies wieder die Anzahl der Tests unnötig erhöhen würde. Unnötig deshalb, weil ein fehlschlagender Test, bei dem zwei Bedingungen falsch sind, keine Rückschlüsse auf die verursachende Bedingung zulässt.

Minimale Mehrfachbedingungsüberdeckung

Das hier anzuwendende Verfahren ist die minimale Mehrfachbedingungsüberdeckung. Es beschränkt die Prüfungen, auf solche, in denen nur eine Bedingung das Ergebnis bestimmt, die restlichen Bedingungen jedoch ergebnisneutral sind und beinhaltet die folgenden Schritte:

1. Es wird eine Tabelle angelegt, in der für jeden Term, der True oder False sein kann, eine Spalte angelegt wird.

2. Jeder der Terme nimmt den Wert wahr und falsch an, die anderen Terme werden auf den für das Ergebnis neutralen Wert gesetzt. Das Wechseln des jeweils beobachteten Wertes bestimmt dann auch das Ergebnis. Die anderen Terme bleiben hierbei konstant.

3. Je nach dem, wie die Werte gesetzt wurden, können jetzt einige Terme gestrichen werden, weil sie mehrfach vorkommen.

Als optimales Ergebnis sollten sich bei drei Bedingungen vier Testfälle ergeben, also immer ein Testfall mehr, als unabhängige Bedingungen vorhanden sind.

```
If ((nummer > 1) AND (isOk == true) OR (isNew == true))
           T1                 T2                  T3
```

Testfall	T1	T2	T3	Ergebnis	Bemerkung
1	***T***	T	F	T	
2	***F***	T	F	F	
3	T	***T***	F	T	Siehe Zeile 1
4	T	***F***	F	F	
5	T	F	***T***	T	
6	F	T	***F***	F	Siehe Zeile 2

Abb. 3.2-37: Term-Tabelle für minimale Mehrfachbedingungsüberdeckung

In diesem Fall sind also sechs Terme erstellt worden und zwei Terme doppelt, somit sind für die Prüfung vier Testfälle zu erstellen.

Schleifenüberdeckung. Zusätzlich zu den Bedingungen kann es notwendig sein, auch die wiederholenden Durchläufe durch Programmteile zu testen, um zu erkennen, ob die Variablen korrekt initialisiert und im nächsten Lauf auch korrekt inkrementiert werden.

Arten von Schleifen

Insgesamt gibt es drei Arten von Schleifen, die jeweils Auswirkungen auf den Ablauf des Programms haben:

1. Kopfgesteuerte Schleifen, deren Bedingungen zu Beginn der Schleife geprüft werden, was zur Folge haben kann, das der Schleifenrumpf gar nicht durchlaufen wird. Beispiele hierfür ist die For-Schleife oder auch die While-Do-Schleife

2. Fußgesteuerte Schleifen, deren Bedingungen am Ende der Schleife überprüft werden und deren Rumpf mindestens einmal zur Ausführung kommt. Die Do-While und Repeat-Until-Schleifen sind hier klassische Beispiele.

3. Die Endlos-Schleife mit Abbruchbedingung im Schleifenrumpf, die garantiert bis zur Abbruchbedingung ausgeführt wird, deren Rumpfabschnitt hinter der Abbruchbedingung aber nicht unbedingt zur Ausführung kommt. Die Do-Loop-Schleife mit Exit-Bedingung im Rumpf ist hier die Standardform.

Aus den Verhalten der Schleifenarten ergeben sich nun mehrere Interessante Aspekte für die Prüfung von Schleifen:

- Was passiert im Programm hinter der Schleife, wenn diese aufgrund einer nicht zutreffenden Bedingung übersprungen wird?
- Wird die Schleife und die zugehörigen Variablen korrekt initialisiert? Darüber gibt die einmalige Ausführung der Schleife Auskunft.
- Mehrfacher Durchlauf der Schleifen prüft die Inkrementierung. Zweimaliges ausführen stellt dies sicher.
- Zuletzt sollte ein normaler Wert, ggf. auch das Maximum an Durchläufen genutzt werden, um das Verhalten des Programms für diese Anzahl sicherzustellen.

3.2.15 Ablauforientierte Komponententests entwickeln

Extrakt

- Entwickle zu jedem Anwendungsfall die notwendigen Tests zum Testen aller definierten Abläufe.
- Erkenne, welche Operationen und sonstigen Eigenschaften noch fehlen, um einen automatisierbaren Test zu entwickeln.

Eigentlich hätte die Überschrift zu diesem Abschnitt statt „Komponententest entwickeln" auch „Operationen definieren und restrukturieren" heißen können, denn dazu führt dieser Schritt letztendlich. Das Entwickeln von automatisierbaren Tests ist eine Design-Tätigkeit. Beim Entwickeln der Tests ergeben sich gewöhnlich neue Erkenntnisse über die zu realisierenden Sachverhalte, die man bei einem nicht-testgetriebenen Design nicht oder nicht so schnell erhalten würde. Hinzu kommt, dass das Design so angelegt sein muss, dass es hinterher möglich ist, automatisierbare Tests darauf aufzusetzen. Ein Design, bei dem dies nicht von vornherein berücksichtigt wurde, ist häufig nur mit großem Aufwand oder nur partiell testbar.

Testgetriebenes Design führt außerdem zu einer Fokussierung auf das zu erreichende Ergebnis, d.h. zu eher einfachen Lösungen statt zu abstrakten und erzwungen „wiederverwendbaren" Lösungen.

Analyse Aktivitätsdiagramm ⇨142, 195

Bereits während der Analyse konnten auf Basis der Anwendungsfälle bzw. der zugehörigen Aktivitätsdiagramme die ersten Testfälle identifiziert werden. Für jeden ausgehenden Kontrollfluss eines Aktivitätsschrittes wurde mindestens ein Testfall gefordert, damit alle Pfade und Varianten im Test mindestens einmal durchlaufen werden. Für den Anwendungsfall *Callcenter reserviert Kfz* wurden unter anderem folgende Testfälle identifiziert:

Vgl. Testfälle ⇨150

- Gültige Kundennr. eingeben (A1.1)
- Ungültige Kundennr. eingeben (A1.2)
- Gültige Kundennr. eingeben, aber Name passt nicht (A1.3)
- Benutzer bricht Dialog ab (A1.4)
- Ungültigen Reservierungswunsch eingeben (A2.3)
  z.B. Zeitraum aus der Vergangenheit eingeben

Gegen definierte Schnittstellen ⇨163f. testen

Entwickeln, d.h. programmieren Sie nun die entsprechenden Testklassen für diese Testfälle. Getestet werden dabei die in den vorigen Schritten festgelegten Schnittstellen der einzelnen Komponenten. Das hört sich einfach an, führt jedoch dazu, dass Sie die vorhandenen Schnittstellen vielleicht im Nachhinein ändern möchten, damit sie überhaupt oder einfacher testbar sind. Dies ist ein ganz typischer Effekt, der hier gewollt ist, d.h. man restrukturiert die bisherigen Schnittstellen gegebenenfalls.

Die Tests sollten, soweit möglich, automatisiert durchgeführt werden können, d.h. sie sollen sich einfach starten lassen, keine Anwendereingaben erfordern, selbständig die Ergebnisse überprüfen und beliebig oft wiederholt werden können.

Die folgenden Code-Fragmente sind angelehnt an eine Testunterstützung durch JUnit[25] am Beispiel des Use Case-Controllers *UccKfzReservieren*. Zunächst einmal ist die zu testende Operation, in unserem Fall *kundeIdentifizieren()*, rudimentär zu implementieren. Im einfachsten Fall wird ein Kunde mit seiner Kundennummer identifiziert, wie wir dies auch in der Schnittstelle (Abb. 3.2-15) und im Kommunikationsmodell (Abb. 3.2-20) geplant haben. Die entsprechende Operation könnte also wie folgt aussehen:

```
public Kundendaten kundeIdentifizieren(int kundennr) {
  return new Kundendaten();
}
```

Abb. 3.2-38: Rudimentär implementierte Operation *kundeIdentifizieren* der Anwendungsfallsteuerung *UccKfzReservieren*

Diese Operation liefert nur ein leeres Kundendaten-Objekt zurück und ist von daher noch keine vollständige Implementierung. Aber sie liefert zumindest formal ein gültiges Ergebnis und ist ablauffähig.

Jetzt kann die erste Test-Operation geschrieben werden. Beginnen wir mit dem ersten Testfall *A1.1 Gültige Kundennr. eingeben*. Wie kann *kundeIdentifizieren(kundennr)* getestet werden? Zunächst ist ein entsprechender Use-Case-Controller zu erzeugen, dann könnte man einen neuen Kunden erzeugen, um ihn dann anschließend mit *kundeIdentifizieren(kundennr)* wieder zu finden:

```
public void testUccKfzReservieren() {
        // Use Case-Controller erzeugen
        UccKfzReservieren c = new UccKfzReservieren();

        // Zu suchenden Kunden erzeugen
        // Prämisse: jeder Kunde hat ab Erzeugungszeitpunkt
        // eine gültige Kundennr.
        Kunde k1 = new Kunde();


        // Ergebnisobjekt deklarieren
        Kundendaten kd = null;


        // A1.1: Kunde mit gültiger Kundennr. suchen
        kd = c.kundeIdentifizieren(k1.getKundennr());
        assertTrue("Keinen Kunden gefunden", kd != null);
        assertTrue("Falschen Kunden gefunden",
          k1.getKundennr().equals(kd.kundennr));

        ...
```

Abb. 3.2-39: Implementierung des Testfalls A1.1

[25] JUnit ist ein Framework zum automatisierten Testen von Java-Programmen [JUnit].

Der Testfall A1.2 soll überprüfen, ob bei einer ungültigen Kundennummer kein Kunde gefunden wird, wobei wir unterstellen, dass 0 keine gültige Kundennummer ist:

```
...

// A1.2: Kunde mit ungültiger Kundennr. 0 suchen
kd = c.kundeIdentifizieren(0);
assertTrue("Kunde gefunden", kd == null);

...
```

Abb. 3.2-40: Implementierung des Testfalls A1.2

Der Testfall A1.3 soll überprüfen, ob bei einer falschen Kundennummer die Eingabe der Kundennummer wiederholt werden kann:

```
...

// A1.3: Falsche Kundennr. eingeben
// Zunächst "falschen Kunden" erzeugen ...
Kunde k2 = new Kunde();

// ... dann "falschen Kunden" suchen
kd = c.kundeIdentifizieren(k2.getKundennr());
assertTrue("Unerwartet richtigen Kunden gefunden",
  k1.getKundennr() != kd.kundennr);

c.kundeIstFalsch(); // Anwender meldet Differenz ...

// Neuer, jetzt richtiger Versuch:
kd = c.kundeIdentifizieren(k1.getKundennr());
assertTrue(("Keinen Kunden gefunden", kd != null);
assertTrue("Falschen Kunden gefunden",
  k1.getKundennr().equals(kd.kundennr));

...
```

Abb. 3.2-41: Implementierung des Testfalls A1.3

Beim letzten Testfall wurde eine neue Operation *kundeIstFalsch()* verwendet, d.h. erfunden. Diese Operation ist in die Schnittstelle mit aufzunehmen.

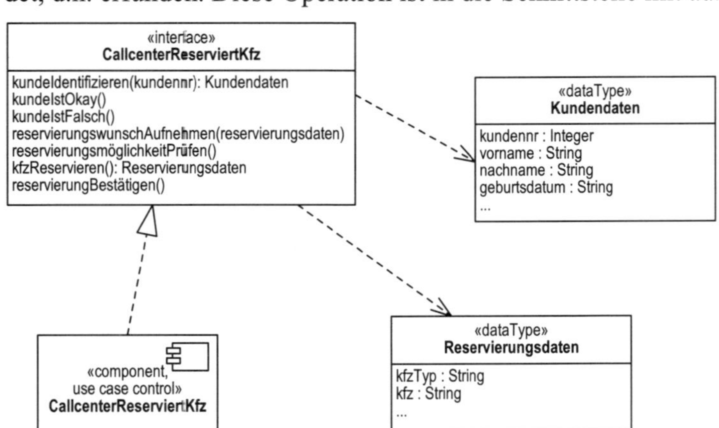

Abb. 3.2-42: Erweiterte Schnittstelle der Anwendungsfallsteuerung

Mit der Nachricht *kundeIstFalsch()* wird dem Controller mitgeteilt, dass der angezeigte Kunde der falsche ist und der Ablauf nicht mit der nächsten Aktivität fortgesetzt werden darf. Um die Frage, wie überhaupt die einzelnen Zustände des Ablaufes kontrolliert werden können, d.h. sichergestellt werden kann, dass bestimmte Nachrichten nur gesendet werden können, wenn der Ablauf einen bestimmten Zustand, d.h. eine bestimmte Aktivität erreicht hat – um diese Frage drücken wir uns hier, da es in diesem Buch nicht um Softwarearchitekturen und Architekturmuster, sondern nur um die Methodik zur Analyse und zum Design geht. [26]

In ähnlicher Weise können alle weiteren Tests programmiert werden. Wenn alle Tests erfolgreich absolviert werden können, sind Sie im Prinzip fertig. Nach jeder Änderung im Code müssen alle Tests wieder laufen. Anfangs laufen die Tests selbstverständlich noch nicht erfolgreich, da bislang nur die Schnittstellen definiert wurden, aber noch jegliche Implementierung, d.h. Funktionalität fehlt. Auf jeden Fall sollten die programmierten Tests aber compilierbar und (auch mit negativem Ergebnis) ausführbar sein. Damit wird überprüft, ob alle notwendigen Operationen überhaupt definiert sind.

Checkliste:

☑ 3.2.15.1: Wurde für jeden identifizierten Testfall ein automatisierbarer Test programmiert?

☑ 3.2.15.2: Sind alle automatisierten Tests compilierbar und (wenn auch mit negativem Ergebnis) ausführbar?

---

[26] Okay, ein paar nahe liegende Möglichkeiten seien erwähnt: je Zustand eine eigene Schnittstelle vorsehen, das State-Pattern [Gamma1996] anwenden, einen konfigurierbaren Zustandsautomaten benutzen [...].

3.2.16 Klassentests entwickeln

Extrakt

- Bestimme, welche Operationen in der Komponentenschnittstelle von welcher Klasse zu verantworten sind.
- Definiere Vor- und Nachbedingungen der Operationen sowie notwendige Invarianten der Klassen.
- Entwickle automatisierbare Tests für alle Operationen.

Aus den programmierten Ablauftests haben sich bereits einige Operationen ergeben. Bei der weiteren Detaillierung und Implementierung dieser Operationen ergeben sich wiederum neue Operationen und der Bedarf, die vorhandenen gegebenenfalls umzustrukturieren.

Hilfreiche Fragen beim Identifizieren der Operationen:

- Welche Serviceleistungen werden vom Objekt erwartet (z.B. Setzen einer Standardanschrift)?
- Welche Zustandsübergänge kommen für das Objekt in Frage?
- Wann beginnt der Lebenszyklus eines Objektes, wann endet er?
- Für welche Beziehungen zu anderen Objekten sind Zufüge- und Entfernungsoperationen notwendig (z.B. Vertrag anfügen)?
- Welche Auskünfte muss das Objekt erteilen können?
- Welche Dateninhalte sind änderbar? Datenänderungen geschehen über Operationen, welche dann u.a. auch die formale und inhaltliche Prüfung der Datenänderung übernehmen können.

Zustandsdiagramme ⇨350

Beim Ermitteln der Operationen kommt es immer wieder zu neuen Einsichten und zu einem neuen Verständnis der Beziehungen zwischen den Klassen. Assoziationen, Aggregationen und Vererbungshierarchie werden als Folge davon gegebenenfalls angepasst.

Zu der Spezifikation einer Operation gehören:

☑ 3.2.16.3

- Signatur
  beschreibt den Namen, die Argumente und den Rückgabetyp der Operation.

☑ 3.2.16.1

- Vorbedingung
  beschreibt den Objektzustand, der vor der Ausführung der Operation gegeben sein muss.
- Nachbedingung
  beschreibt den Objektzustand, der nach der Ausführung der Operation gegeben ist.

- Invariante
  beschreibt den Objektzustand, der während der Ausführung der Operation sowie ganz allgemein gegeben sein muss. Hierzu gehören unter anderem auch Typprüfungen und spezielle Werteprüfungen für die Operationsparameter.
- Semantik
  beschreibt kommentierend die Aufgabe und Bedeutung der Operation.

☑ 3.2.16.2

Nur um das Prinzip zu zeigen, sehen Sie im Folgenden ein einfaches Beispiel zum Testen der Operation *setNachname()*. Eine Invariante ist die Anforderung, dass der Name mindestens ein Zeichen umfassen muss. In OCL formuliert würde dies wie folgt ausgedrückt:

```
context Kunde inv:
  self.nachname.length > 0
```

Getestet wird nun, ob diese Bedingung auch schon unmittelbar nach dem Erzeugen eines Kunden erfüllt ist (in dem der Kunde vielleicht den Standardnamen „Neuer Kunde“ erhält), ob ein gültiger Name angenommen und ein ungültiger nicht angenommen wird. Außerdem sind Extremwerte zu testen. Es wird angenommen, dass der Nachname maximal 40 Zeichen umfassen können muss und gegebenenfalls einfach abgeschnitten wird.

```
public void testSetNachname() {
  // Zu ändernden Kunden erzeugen
  Kunde k1 = new Kunde();

  // Invariante erfüllt?
  assertTrue("Nachname ungültig", k1.getNachname().length() > 0);

  // Nachname ändern
  k1.setNachname("Goldfisch");
  assertTrue("Nachname nicht geändert",
    k1.getNachname().equals("Goldfisch"));

  // Nachname ändern
  k1.setNachname("Schnüffelzinken");
  assertTrue("Nachname nicht geändert",
    k1.getNachname().equals("Schnüffelzinken"));

  // Nachname unzulässig ändern
  k1.setNachname("");
  assertTrue("Nachname unzulässig geändert",
    k1.getNachname().equals("Schnüffelzinken"));

  // Nachname min. Extremwert
  k1.setNachname("3");
  assertTrue("Nachname nicht geändert",
    k1.getNachname().equals("3"));


  // Nachname max. Extremwert (40 Zeichen)
  k1.setNachname(
    "Goldfisch-Schnueffelzinken von der Wiese");
  assertTrue("Nachname nicht geändert", k1.getNachname().equals(
    "Goldfisch-Schnueffelzinken von der Wiese"));
```

```
// Nachname unzulässiger max. Extremwert (41 Zeichen)
k1.setNachname("Goldfisch-Schnueffelzinken von der Südwiese");
assertTrue("Nachname unzul. geändert", k1.getNachname().equals(
  "Goldfisch-Schnueffelzinken von der Südwi"));
```

Abb. 3.2-43: Tests für setNachname()

Wie an diesem Beispiel zu sehen ist, ist der Code zum Testen einer Operation gewöhnlich wesentlich umfangreicher als der zur Implementierung[27]. Das heißt auch, das der Aufwand zur Testerstellung um ein vielfaches höher sein kann, als der einer Implementierung ohne Testautomatisierung. Welcher Aufwand angemessen ist, ist eine Risikoabwägung. In unserem Beispiel ist die maximale Namenslänge wahrscheinlich nebensächlich und der Schaden im Fehlerfall wäre wohl eher niedrig. Der Absturz der Ariane-Rakete ist jedoch auf einen simplen Zahlenüberlauf zurückzuführen. Dort war der Schaden etwas höher. Die Kunst des Testens ist es, die richtige minimale Menge an Tests zu finden, mit denen ein Maximum an Risiko abgesichert werden kann.

Checkliste:

☑ 3.2.16.1: Wurde zu jeder Operation eine Testmethode entwickelt?

☑ 3.2.16.2: Wurde die Semantik jeder Operation beschrieben?

☑ 3.2.16.3: Wurden Invarianten, Vor- und Nachbedingungen zu jeder Operation beschrieben?

☑ 3.2.16.4: Sind alle Operationen kohärent, d.h. erfüllen sie nur eine einzelne Aufgabe?

☑ 3.2.16.5: Sind keine Nebeneffekte aufgrund globaler Variablen möglich und stattdessen entsprechende Informationen als Parameter übergeben worden?

☑ 3.2.16.6: Verhalten sich überschriebene Operationen kompatibel zu denen der Oberklasse?

☑ 3.2.16.7: Enthalten die Operationen keine oder nur wohlbegründete *switch/case*-Anweisungen oder mehrere aufeinanderfolgende *if*-Anweisungen (Inidikator für prozedurales Denken, sog. *Polymorphismus-Angst*)?

☑ 3.2.16.8: Sind die Extremwerte (Minimum, Maximum, Null, Unsinn) aller Parameter berücksichtigt worden, um ein robustes Verhalten in allen Situationen zu erzielen?

☑ 3.2.16.9: Sind allgemeine und unternehmensspezifische Standards berücksichtigt worden?

[27] Dies ist kein Buch über das Testen, darum sind die Beispiele unvollständig.

3.2.17 Testmethoden

Extrakt

- Welche Arten von Testmethoden existieren
- Was diese beinhalten

Die Anzahl durchführbarer Tests ist schon bei kleineren Softwareprojekten relativ schnell in einer Dimension, dass nicht mehr alle Tests durchgeführt werden können. Die Anzahl der Tests muss also auf eine handhabbare Zahl gesenkt werden, ohne dass es größere Auswirkungen auf die Qualität der zu entwickelnden Lösung hat.

Es werden zu diesem Zweck verschiedene Testmethoden angewandt, die sich in mehrere Blöcke unterteilen lassen

Funktionsorientierte Testmethoden

Sind für die Erreichung eines Ergebnisses mehrere mögliche Eingaben denkbar, zum Beispiel Eingabebereiche für das Alter zwischen 18 und 55 Jahren, um einen Kredit bei einer Bank bekommen zu können, so ist es für den Programmablauf irrelevant, ob ein Alter von 18, 20 oder 35 Jahren eingegeben wird. Diese Zusammenfassung von Eingabewerten, die ein gleiches Ergebnis zur Folge haben, wird Äquivalenzklasse für Eingabewerte genannt. Äquivalenzklassen werden außer für die gültigen Bereiche auch für die ungültigen Bereiche erstellt und gegebenenfalls auch entsprechend ihrer Wirkung unterschieden. In unserem Beispiel gäbe es mindestens drei Äquivalenzklassen:

Äquivalenzklasse

- Gültige Werte für Eingaben 18 <= Eingabe <= 55,
- Ungültige zu kleine Werte für Eingaben <18 Jahren,
- Ungültige, weil zu große Werte für Eingaben > 55 Jahren.

Liegen ein oder mehrere Eingabebereiche vor, so sind vor allem die Werte von besonderer Bedeutung, die sich an den Rändern der Eingabebereiche befinden. Gibt es zu unserem Beispiel des Alters auch noch die Abhängigkeit vom Gehalt, um einen Kredit bekommen zu können, so ergebe sich bei einer Gehaltsklasse von 3.000 bis 8.000 Euro folgendes Bild:

1. Gültiges Alter und gültiges Einkommen
2. Gültiges Alter und zu geringes Einkommen
3. Gültiges Alter und zu hohes Einkommen
4. Zu geringes Alter mit gültigem Einkommen
5. Zu hohes Alter mit gültigem Einkommen

6. Zu geringes Alter mit zu geringem Einkommen
7. Zu geringes Alter mit zu hohem Einkommen
8. Zu hohes Alter mit zu geringem Einkommen
9. Zu hohes Alter mit zu hohem Einkommen

Hierbei kann gegebenen Falls auf die Kombination mit mehreren fehlerhaften Eingaben verzichtet werden, um aber abzusichern, dass bei diesen Eingaben das Programm korrekt funktioniert, sollten diese Testfälle aber berücksichtigt werden.

- Grenzwertanalyse
  Ein Verfahren, bei dem aus der Spezifikation entnommene Wertebereiche an den Grenzen vom gültigen zum ungültigen Bereich getestet werden.
- Paarbildungsmethode
  Zur Reduzierung von Testfällen werden nur die Tests durchgeführt, bei denen mindestens zwei Terme den gleichen Wert haben
- Zustandsbasierte Testmethoden
  Für Objekte, die verschiedene Zustände annehmen können, wird eine Zustandstabelle und ggf. auch ein Zustandsdiagramm erstellt. Für einen vollständigen Test werden nun sowohl die gültigen, als auch die ungültigen Zustandsübergänge in Testfälle überführt
- Ursache-Wirkungs-Analyse
  Um eine Wirkung auf die möglichen Ursachen zurückzuführen, werden Ursachen links und Wirkungen rechts notiert. Alle Voraussetzungen von Ursachen, die zu einer Wirkung führen, werden bei diesem Graphen in Relation gesetzt (Ursache-Wirkungs-Graph)

Strukturorientierte Testmethoden

Strukturorientierte Tests setzen voraus, dass Kenntnisse über die Implementierung vorhandne sind, sie dienen dazu, besondere, sich aus dem Programmkontext ergebende Tests durchzuführen.

Die kontrollflussorientierten Tests dienen dazu, zu prüfen, ob auch alle Anweisungen, alle Zweige oder Pfade durchlaufen werden. Mit Hilfe der Bedingungsüberdeckungen kann eine komplexe Bedingung auf ihre Korrektheit geprüft werden.

Überdeckungen

- Kontrollflussorientierte Tests
  - Anweisungsüberdeckungstest (C0 –Test)
    Prüft, ob im Programm jede Anweisung erreichbar ist. Dieser Test wird in der Regel durch den Compiler durchgeführt.
  - Zweigüberdeckungstest (C1 -Test)
    Die Zweigüberdeckung prüft zusätzlich zur Anweisungsüberdeckung auch die leeren else-Zweige eines Programms. Sind keine

leeren Else-Zweige vorhanden, sind Zweig- und Anweisungsüberdeckung gleich.

- Einfacher Bedingungsüberdeckungstest (C2 -Test)
- Mehrfach-Bedingungsüberdeckungstest (C3-Test)
- Pfad-Überdeckungstests (C4 -Test)
  Die Pfadüberdeckung nimmt zur Zweigüberdeckung noch die Kombinationen hinzu, die durch aufeinanderfolgende Bedingungsbefehle auftreten können.

- Datenflussorientierte Tests

  Befassen sich mit Anomalien im Datenfluss des Programms, durch nicht initialisierte Variablen, Variablen die nach der Deklaration und Wertzuweisung nicht mehr genutzt werden und Variablen, die zweimal einen Wert zugewiesen bekommen, ohne dass der zuerst zugewiesene Wert genutzt wurde.

Diversifizierende Testmethoden

Bei diversifizierenden Testmethoden findet kein Vergleich zwischen den Testergebnissen und der Spezifikation, sondern ein Vergleich der Testergebnisse der verschiedenen Versionen statt. Ein Testfall gilt als erfolgreich absolviert, wenn die Ausgaben der unterschiedlichen Versionen identisch sind.

- Back to Back-Test
  Ein Altsystem bzw. eine Parallelimplementierung geben Hinweis auf gültige Eingabe-Ergebnis-Kombinationen und dienen somit als Testorakel für das neue System.

- Mutationen-Test
  Im Quelltext werden verschiedene typische Fehler eingebaut. Es wird dann geprüft, ob die kümstlichen Fehler gefunden werden. Wird ein Fehler nicht gefunden, so werden die Testdaten um entsprechende Testfälle erweitert.

- Regressionstest
  Ist die Menge aller Tests, die durchgeführt werden müssen, wenn ein Programm verändert wurde, also nach einer Fehlerbehebung, Programmerweiterung oder einem Refactoring. Die Regressionstests umfassen alle funktionalen und nichtfunktionalen Prüfungen, zu denen Anforderungen vorhanden sind und die in vorherigen Iterationen funktioniert haben.

Nicht auf die Genauigkeit, sondern auf die Fruchtbarkeit der Begriffe kommt es an.
Werner Heisenberg

4 UML-Grundlagen

In diesem Abschnitt werden Semantik und Notation aller praxisrelevanten Elemente der UML erläutert.

4.1 Einleitung

Hier werden alle notwendigen theoretischen Grundlagen und Modellelemente, die im Fallbeispiel (Methodik, Kapitel 3 ⇨87) benutzt werden oder allgemein wichtig sind, separat beschrieben. Die meisten gehören direkt oder indirekt zur UML. Soweit es sich um notwendige Erweiterungen zur UML handelt, ist dies angemerkt.

Was ist die UML?

Historie ⇨17

Die Unified Modeling Language (UML) ist eine Sprache und Notation zur Spezifikation, Konstruktion, Visualisierung und Dokumentation von Modellen für Softwaresysteme. Die UML berücksichtigt die gestiegenen Anforderungen bezüglich der Komplexität heutiger Systeme, deckt ein breites Spektrum von Anwendungsgebieten ab und eignet sich für konkurrierende, verteilte, zeitkritische, sozial eingebettete Systeme u.v.m.

Wer steht hinter der UML?

1.x

Dieses Buch basiert auf der Version 2.3 der UML. Da UML 2.x in einigen Punkten erheblich von früheren Versionen abweicht, werden alle wichtigen Änderungen gegenüber UML 1.x beschrieben. Die UML ist durch die Object Management Group (OMG) standardisiert und wird von ihr weiterentwickelt. Die OMG ist ein Industriekonsortium, zu ihren Mitgliedern gehören beispielsweise: IBM, HP, SUN, Telelogic, Oracle, Icon, DaimlerChrysler, oose und andere.

Die oose GmbH ist das einzige deutsche (und fast einzige europäische) Unternehmen, das aktiv an der UML 2.3 mitgearbeitet hat.

Warum ist die UML keine Methode?

Bei der UML handelt es sich um eine Sprache und Notation zur Modellierung, sie ist jedoch bewusst keine Methode. Die Initiatoren und Autoren der UML verkennen nicht die Bedeutung einer Methode, betrachten sie jedoch als etwas Eigenständiges. Eine Methode muss die spezifischen Rahmenbedingungen des Anwendungsbereiches, des organisatorischen Umfeldes und vieles mehr berücksichtigen. Die UML kann die Basis für verschiedene Methoden sein, denn sie stellt eine definierte Menge von Modellierungskonstrukten mit einheitlicher Notation und Semantik bereit.

Was ist für die Praxis wichtig?

Die offizielle Spezifikation der UML ist ein komplexes, über tausend engbedruckte Seiten umfassendes Werk. Die UML enthält zahlreiche Details, wobei wahrscheinlich mit 20 – 30 % der Elemente über 80% der Praxisanforderungen erfüllt werden. Dieses Buch fokussiert und beschränkt sich auf alle für die Praxis wichtigen Konstrukte.

UML-Ebenen

Für die Zukunft wird die UML in folgende Detaillierungs- bzw. Vollständigkeitsebenen eingeteilt:

- Ebene 0
  Diese Ebene ist formal durch die UML-Infrastruktur definiert. Grundlegende Strukturelemente und objektorientierte Konzepte werden in Ebene

0 bereitgestellt. Dies ist auch der kleinste gemeinsame Nenner für den Austausch von Modellen zwischen verschiedenen Werkzeugen.

- Ebene 1
  Erweitert Ebene 0 um Anwendungsfälle, Interaktionen, Aktionen und Aktivitäten.
- Ebene 2
  Erweiterte Ebene 1 um Einsatz- und Verteilungselemente, Zustandsautomaten und Profile.
- Ebene 3
  Diese Ebene stellt die vollständige UML zur Verfügung.

Formale Gliederung der Spezifikation

Die UML 2.x ist formal in folgende Teilbereiche gegliedert:

- Infrastructure (Kern der Architektur, Profiles, Stereotypen)
- Superstructure (Statische und dynamische Modellelemente)
- OCL (Object Constraint Language)
- Diagram Interchange (UML Diagrammaustauschformat)

UML-Zertifizierung

Neben den inhaltlichen Neuerungen der UML hat die OMG mit der Version 2.x nun auch Qualifikations-Standards in Form eines dreistufiges Zertifizierungsprogramms eingeführt. Dieses Zertifizierungsprogramm soll sicherstellen, dass UML-Anwender, Trainer, Berater, Werkzeughersteller u.a. ein einheitliches UML-Verständnis und eine Mindestqualifikation aufweisen.

Weiterführende Referenzen

- **Aktuelles OO- und UML-Glossar:**
  http://www.oose.de/oep/desc/glo_e9f9.htm?tid=17
- **Aktuelle UML-Notationsübersicht:**
  http://www.oose.de/software-engineering/uml/notationsuebersicht.html
- **UML-Zertifizierung:**
  http://www.uml-zertifizierung.de
  T. Weilkiens, B. Oestereich: *UML-Zertifizierung*, dpunkt.Verlag
- **Weitere Infos zu Tools, Büchern, Neuigkeiten etc:**
  http://www.oose.de/service/uml-werkzeuge.html
  http://www.oose.de/software-engineering/publikationen.html
  http://www.omg.org/uml/
- **UML-Publikationen der UML-Initiatoren:**
  Grady Booch: *UML User Guide*, Addison Wesley
  Jim Rumbaugh: *UML Reference Manual*, Addison Wesley
- **UML-Kurzreferenz als Becher:**
  http://www.oose.de/software-engineering/uml/uml-becher.html
- **UML-Kurzreferenz als Poster:**
  http://www.oose.de/software-engineering/uml/uml-poster.html

4.1.1 Diagramme im Überblick

Im Folgenden werden alle wichtigen Modellelemente der UML detailliert erläutert. Sie werden nach den Diagrammtypen, in denen sie verwendet werden, gegliedert vorgestellt. Einige Elemente können in verschiedenen Diagrammen enthalten sein; sie werden jeweils im Kontext des Diagramms erörtert, in dem sie primär anzutreffen sind.

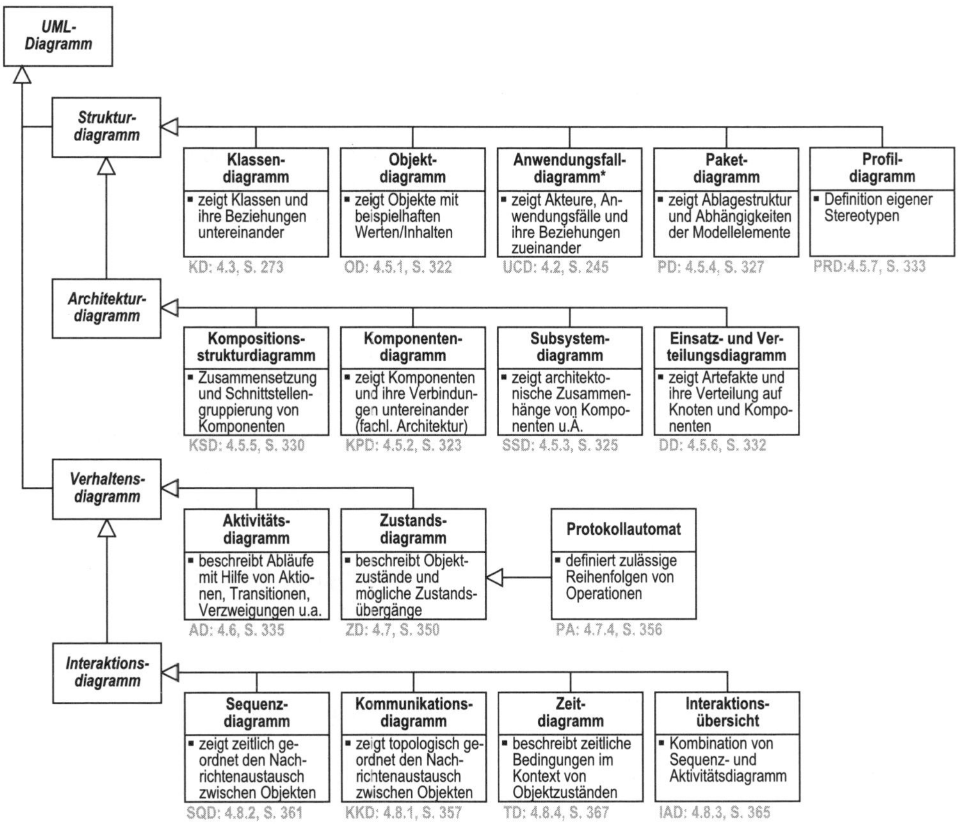

Abb. 4.1-1: UML-Diagramme im Überblick[28]

[28] Diese Übersicht enthält neben den eigentlichen UML-Diagrammen auch die gängigen Ausprägungen davon. Während UML-Modelle und das hinter den Diagrammen stehende Repository in der UML klar definiert sind, können Diagramme, d.h. spezielle Sichten auf das Repository relativ frei definiert werden.

* In der UML-Spezifikation wird das Anwendungsfalldiagramm als Verhaltensdiagramm bezeichnet. Anwendungsfalldiagramme sind genau genommen jedoch ein Strukturdiagramm, weil das Anwendungsfalldiagramm selbst keine Abläufe und Verhaltensweise beschreibt, sondern nur die Struktur (Beziehungen) von Anwendungsfälle und Akteuren. Dieser Fehler ist den UML-Gremien bekannt, jedoch wird er aus politischen Gründen derzeit nicht geändert.

4.2 Anwendungsfälle und Anforderungen

Einleitung. Beim Thema Anwendungsfälle sind zwei grundsätzliche Beschreibungsvarianten zu unterscheiden:

Übersicht

- Anwendungsfalldiagramme
  Dies sind die bekannten Diagramme mit Ellipsen und Strichfiguren, sie zeigen die strukturellen Zusammenhänge und Abhängigkeiten zwischen Anwendungsfällen und Akteuren.

Details und Abläufe

- Anwendungsfallbeschreibungen
  Dies sind natürlichsprachliche Beschreibungen von Arbeitsabläufen, d.h. hier werden die Interaktionen der Akteure mit einem System näher beschrieben. Häufig werden Anwendungsfallbeschreibungen ergänzt um Ablaufdiagramme (Aktivitätsdiagramme), Dialogbeschreibungen u.Ä.

Im Folgenden finden Sie zunächst die für Anwendungsfalldiagramme wichtigen Erläuterungen und anschließend Erläuterungen für Anwendungsfallbeschreibungen.

Praxis

Die UML kennt Anwendungsfälle nur in sehr allgemeiner Form. Für die Praxis ist es hilfreich, verschiedene Arten von Anwendungsfällen zu unterscheiden. Diese werden in den folgenden Abschnitten separat erläutert.

- Geschäftsanwendungsfälle
  Ein Geschäftsanwendungsfall beschreibt einen geschäftlichen Ablauf ohne Berücksichtigung möglicher systemtechnischer Umsetzungen. Im Rahmen einer Geschäftsprozessmodellierung werden Geschäftsanwendungsfälle noch weiter in Kern-Geschäftsanwendungsfälle (die direkt eine Wertschöpfung erbringen) und unterstützende Geschäftsanwendungsfälle unterschieden.
- Systemanwendungsfälle
  Ein Systemanwendungsfall ist die in diesem Buch vorwiegend relevante Art von Anwendungsfall, er beschreibt die Interaktion mit einem (Hard- oder Software-) System.
- Sekundäre Anwendungsfälle
  So bezeichnen wir Anwendungsfälle, die aufgrund einer funktionalen Zerlegung, eigentlich Teil eines gewöhnlichen (primären) Anwendungsfalles sind und nur zur redundanzfreien Beschreibung aus ihren primären Anwendungsfällen herausgelöst werden. Sekundäre Anwendungsfälle können sekundäre Geschäftsanwendungsfälle oder sekundäre Systemanwendungsfälle sein.

4.2.1 Anwendungsfalldiagramm

Verwandte Begriffe: engl. *Use case diagram, use case model, Nutzungsfall-diagramm.*

Definition

Ein Anwendungsfalldiagramm zeigt Akteure, Anwendungsfälle und die Beziehungen zwischen diesen Elementen.

Beschreibung

Geschäftsprozesse, Geschäftsvorfälle

Ein Anwendungsfalldiagramm beschreibt die Zusammenhänge zwischen einer Menge von Anwendungsfällen und den daran beteiligten Akteuren. Es bildet somit den Kontext und eine Gliederung für die Beschreibung, wie mit einem Geschäftsvorfall umgegangen wird.

Keine Ablaufdiagramme

Zu beachten ist, dass Anwendungsfalldiagramme selbst kein Verhalten und keine Abläufe beschreiben, sondern nur die Zusammenhänge der an Anwendungsfällen beteiligten Modellelemente zeigen und ein Hilfsmittel zur Anforderungsermittlung und –verwaltung sind.

Anwendungsfälle sind vor allem dazu da, die Kommunikation mit den zukünftigen Anwendern, dem Auftraggeber, der Fachabteilung o.Ä. zu unterstützen. Anwendungsfälle beschreiben das externe Systemverhalten und die Interaktion der Außenstehenden mit dem System. Sie sind eine Beschreibung *was* das System leisten soll. *Wie* dieses Verhalten entsteht, d.h. welches Systemdesign und welche Realisierung zu diesem äußeren Systemverhalten beiträgt, darüber treffen die Anwendungsfälle gewöhnlich keine Aussage.

Beispiel

Das Anwendungsfalldiagramm in Abb. 4.2-1 zeigt die Teile des Geschäftsprozesses *Zeitschriftenumlauf* in einem Unternehmen, die durch Software unterstützt werden sollen. Jede neu eintreffende Zeitschrift wird zunächst von der Bibliothek registriert. Anschließend wird sie von einem Mitarbeiter inhaltlich ausgewertet. Die vom Auswerter für interessant befundenen Beiträge werden in Kurzform erfasst. Anschließend kreist die Zeitschrift zum Lesen in der Mitarbeiterschaft, was im hier abgebildeten Anwendungsfalldiagramm nicht berücksichtigt ist, da dies nicht durch das zu entwickelnde System zu unterstützen ist. Für den Zeitschriftenumlauf ist jedoch ein Umlaufzettel zu erstellen. Der Umlaufzettel wird an die Zeitschrift geheftet und enthält die Namen der Mitarbeiter, die diese Zeitschrift lesen. Die Erstellung des Umlaufzettels soll vom System unterstützt werden. Sobald der letzte Leser die Zeitschrift an die Bibliothek zurückgegeben hat, wird sie durch die Bibliothek archiviert.

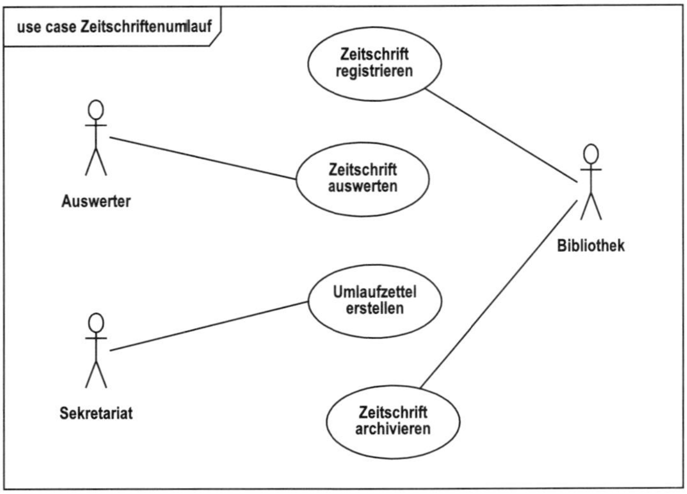

Abb. 4.2-1: Anwendungsfälle des Systems zur Unterstützung des *Zeitschriftenumlaufes*

Aktivitätsdiagramme ⇨335

Die vier Anwendungsfälle in Abb. 4.2-1 von oben nach unten gelesen suggerieren zwar eine Reihenfolge, diese ist aber seitens der UML nicht gegeben und nicht vorgesehen. Sollten Sie es dennoch versuchen, werden Sie sich höchstwahrscheinlich die Nase klemmen. Das Diagramm beschreibt nur, welche Anwendungsfälle es gibt und wer daran beteiligt ist. Wie Abläufe und Reihenfolgen dargestellt werden, sehen Sie im Abschnitt über Aktivitätsdiagramme.

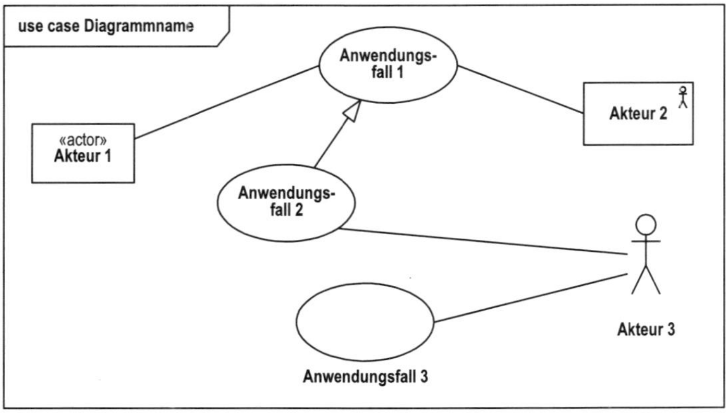

Abb. 4.2-2: Notationselemente des Anwendungsfalldiagramms

Notation

Ein Anwendungsfalldiagramm enthält eine Menge von Anwendungsfällen, die durch einzelne Ellipsen dargestellt werden, und eine Menge von Akteuren, die daran beteiligt sind (Akteure). Die Anwendungsfälle sind durch Linien mit den beteiligten Akteuren verbunden. Ein Rahmen um die Anwendungsfälle symbolisiert die Systemgrenzen.

Die Bezeichnungen der Anwendungsfälle können dabei wahlweise innerhalb der Ellipse oder darunter stehen. Letztere Variante ermöglicht es, unabhängig von der Länge der Bezeichnung stets gleichgroße Ellipsen zu zeichnen, was deshalb von einigen Werkzeugen bevorzugt wird.

4.2.2 Systemkontextdiagramm

Verwandte Begriffe: *Anwendungsfalldiagramm, Kontextdiagramm, top-level use case diagram.*

Definition

Ein Systemkontextdiagramm ist ein Anwendungsfalldiagramm, das alle Akteure dieses Systems zeigt. Es ist kein offizielles eigenständiges UML-Diagramm, sondern eine spezielle Form des Anwendungsfalldiagrammes.

Vgl. Anwendungsfalldiagramm ⇨245

Es stellt die menschlichen und technischen Akteure, also die Nutzer und die beteiligten Fremdsysteme dar, mit denen das System kommuniziert. Die Darstellung dient der Abgrenzung des Systems und zeigt auf, welche Funktionalitäten ggf. durch Fremdsysteme realisiert werden und folglich nur Schnittstellenaufrufe erfolgen müssen.

Notation

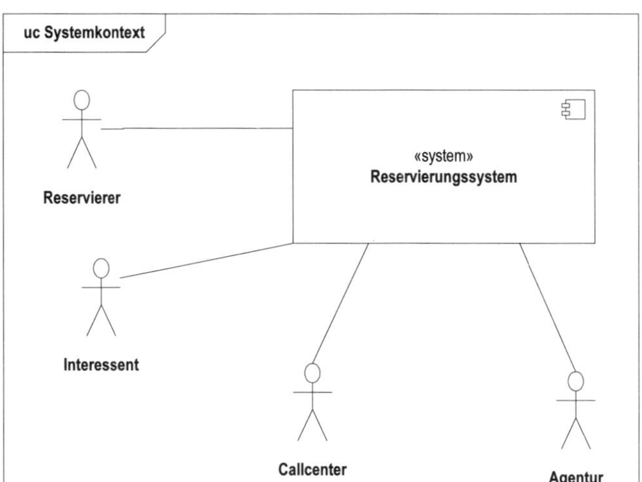

Abb. 4.2-3: Notation Systemkontextdiagramm

4.2.3 Realisierung von Anwendungsfällen

Verwandte Begriffe: *realize, Realisierungsbeziehung.*

Definition

Eine *Realisierung* ist eine Beziehung zwischen einem Element, das eine Anforderung beschreibt und einem Element, das diese Anforderungen umsetzt.

Notation

Abhängigkeitsbeziehung ⇨318

Die Realisierungsbeziehung wird als Abhängigkeitsbeziehung, d.h. mit einer gestrichelten Linie und einem offenen Pfeil dargestellt, wobei der Pfeil auf das zu realisierende Element zeigt. In früheren UML-Versionen wurde zusätzlich das Schlüsselwort «realize» verwendet.

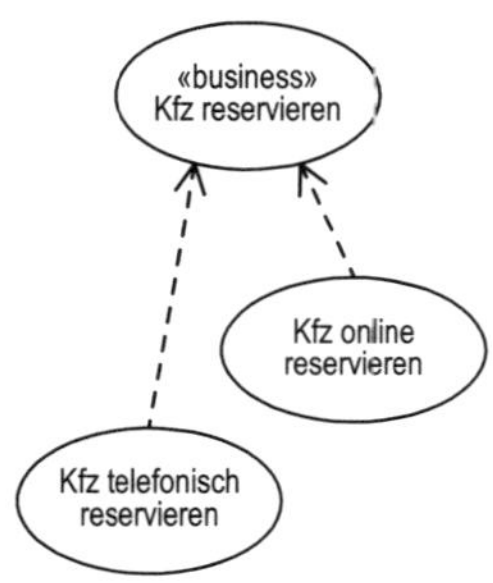

Abb. 4.2-4: Realisierungsbeziehung für Anwendungsfälle

Beschreibung

Siehe Abschnitt 4.4.9 *Abhängigkeitsbeziehung* (⇨318).

4.2.4 Spezialisierung von Anwendungsfällen

Verwandte Begriffe: *Generalisierung, Spezialisierung, Vererbung, inheritance, realize.*

Definition

Spezialisierung und *Generalisierung* sind Abstraktionsprinzipien zur hierarchischen Strukturierung der Semantik eines Modells.

Taxonomie

Eine Spezialisierung (bzw. Generalisierung) ist eine taxonomische[29] Beziehung zwischen einem allgemeinen und einem speziellen Element (bzw. umgekehrt), wobei das speziellere Element weitere Eigenschaften hinzufügt und sich kompatibel zum allgemeinen Element verhält.

[29] Griech., *taxis*: „Anordnung"; Taxonomie: „Einordnung in ein System".

Notation

Die Spezialisierungsbeziehung wird mit einem großen, nicht ausgefüllten Pfeil dargestellt, wobei der Pfeil von dem speziellen Element zum allgemeinen Element zeigt.

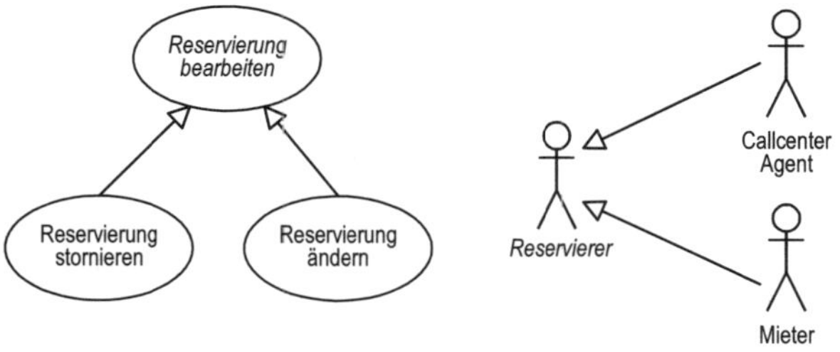

Abb. 4.2-5: Spezialisierung von Anwendungsfällen und Akteuren

Beschreibung

Die Spezialisierungsbeziehung kann auf Anwendungsfälle und Akteure angewendet werden. Dabei werden Eigenschaften hierarchisch gegliedert, d.h. Abläufe und Anforderungen allgemeinerer Bedeutung werden allgemeineren Anwendungsfällen oder Akteuren zugeordnet (Oberelement bzw. Superelement, Superakteur) und speziellere Aspekte werden Anwendungsfällen oder Akteuren zugeordnet, die den allgemeineren untergeordnet sind (Unterelement, Subelement).

Vererbung

Die Eigenschaften des allgemeineren Elementes werden an die entsprechenden spezielleren weitergegeben, d.h. vererbt. Ein spezialisierter Anwendungsfall verfügt demnach über alle spezifizierten Anforderungen und Eigenschaften seines Ober-Anwendungsfalles. Die Subelemente erben alle Eigenschaften ihrer Oberelemente, können diese überschreiben und erweitern, jedoch nicht elimieren bzw. unterdrücken.

Für Anwendungsfälle bedeutet dies beispielsweise, dass ein Schritt in einem Ober-Anwendungsfall auf jeden Fall auch in einem Unter-Anwendungsfall enthalten ist. Umgekehrt können im Unter-Anwendungsfall zusätzliche Schritte und Anforderungen enthalten sein. Ist einem Anwendungsfall ein Akteur zugeordnet, so wird diese Akteur-Beziehung automatisch auch an alle spezialisierten Anwendungsfälle vererbt, wie dies in der Abb. 4.2-5 am Beispiel des Reservierers zu sehen ist. In dem Unter-Anwendungsfall können Akteure aber spezieller ausgeprägt sein.

4.2.5 Enthältbeziehung, Erweiterungsbeziehung

Verwandte Begriffe: *Include-Beziehung, Extend-Beziehung.*

Definition

Mit einer Enthältbeziehung wird ein Anwendungsfall in einen anderen Anwendungsfall eingebunden und logischer Teil von diesem.

Mit einer Erweiterungsbeziehung hingegen lässt sich ausdrücken, dass ein Anwendungsfall unter bestimmten Umständen und an einer bestimmten Stelle (dem sog. Erweiterungspunkt, engl. *Extension point*) durch einen anderen erweitert wird.

Beschreibung

Teile von Anwendungsfällen, die in mehreren Anwendungsfällen in identischer Weise vorkommen, können in einen eigenen Anwendungsfall ausgelagert werden und per Enthältbeziehung wieder eingebunden werden, um so eine redundante Beschreibung der identischen Teile zu vermeiden. Durch die Enthältbeziehung werden anders als bei der Spezialisierungsbeziehung keine Eigenschaften weitervererbt.

Notiz ⇨297

Die Erweiterung ist immer von einer Bedingung abhängig, die als Zusicherung neben der Erweiterungsbeziehung als Notiz zu notieren ist.

Notation

Die Enthält-Beziehung wird dargestellt durch einen gestrichelten Pfeil mit offener Pfeilspitze, der in Richtung auf den enthaltenen Anwendungsfall zeigt.

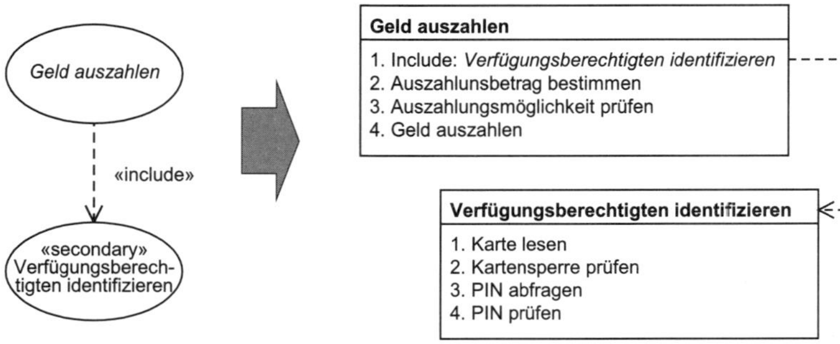

Abb. 4.2-6: Die Enthält-Beziehung im Anwendungsfalldiagramm und ihre Bedeutung in der Anwendungsfallbeschreibung

Vgl. sekundärer Anwendungsfall ⇨261

Während bei der Enthältbeziehung der Pfeil vom Basisanwendungsfall auf den einzubindenden Anwendungsfall zeigt, ist es bei der Erweiterungsbeziehung umgekehrt, hier zeigt der Pfeil auf den zu erweiternden Basisanwendungsfall.

Praxis

Die Enthältbeziehung sollte nur dann verwendet werden, wenn der eingebundene Teil in mindestens zwei Anwendungsfällen vorkommt, sonst könnte jeder beliebige Schritt ausgelagert werden, wodurch nichts gewonnen wäre.

Die Enthältbeziehung wird gewöhnlich sekundäre Anwendungsfälle einbinden, also solche, die einen unvollständigen Ablaufteil enthalten. Theoretisch ist es jedoch auch möglich, andere primäre Anwendungsfälle einzubinden. Über Enthältbeziehungen eingebundene sekundäre Anwendungsfälle können ihrerseits auch wieder weitere Anwendungsfälle einbinden.

Weitere Erläuterungen und Beispiele in Abb. 3.1-41 ⇨154

Die Erweiterungsbeziehung hatte bis UML 1.1 eine andere Bedeutung und etwas andere Notation und ist bis heute ein sehr fragliches Modellelement. Die im Vergleich zur Enthältbeziehung entgegengesetzte Pfeilrichtung ist durch die semantische Nähe zur Spezialisierungsbeziehung zwar argumentierbar, in der Praxis jedoch eine beliebte Fehlerursache. Ebenfalls sind die Kriterien, wann die Erweiterungsbeziehung verwendet werden sollte, nicht eindeutig festzulegen. Aus diesen Gründen ist es empfehlenswert, die Erweiterungsbeziehung grundsätzlich nicht zu verwenden! Die Enthältbeziehung ist ausreichend, denn der konkrete Einbindungspunkt und eine eventuelle Bedingung ergeben sich sowieso erst aus der Anwendungsfallbeschreibung bzw. dem dazugehörigen Aktivitätsdiagramm. Es besteht also kein echter Bedarf für die Erweiterungsbeziehung.

Vermeide die Erweiterungsbeziehung!

1.x

Mögliche Ausnahmen, für die die Erweiterungsbeziehung hilfreich sein kann, sind die Darstellung von Erweiterungspunkten in Plugin-Architekturen und aspektorientierte Konzepte.

Plugin-Architekturen, AOP

4.2.6 Assoziation in Anwendungsfalldiagrammen

Verwandte Begriffe: *Include-Beziehung, Assoziation in Klassendiagrammen.*

Definition

Eine *Assoziation* beschreibt die Relation zwischen einem Akteur und einem Anwendungsfall in einem Anwendungsfallmodell.

Notation

Beziehungen werden durch eine Linie zwischen den beteiligten Elementen dargestellt. An den jeweiligen Enden kann die Multiplizität (Mengenwertigkeit) der Beziehung angegeben werden.

Manche UML-Benutzer verwenden eine *gerichtete Assoziation*, um damit die Initiativrichtung zu beschreiben, d.h. wer die Interaktion beginnt. Formal lässt die UML dies jedoch offen. Der Einfachheit halber sollten keine gerichteten Assoziationen verwendet werden.

Initiativrichtung?

Möglichst keine gerichtete Assoziation benutzen

Abb. 4.2-7: Assoziation zwischen Akteur und Anwendungsfall

4.2.7 Anwendungsfall

Verwandte Begriffe: engl. *Use case, Nutzungsfall, Systemanwendungsfall, Geschäftsanwendungsfall.*

Der Begriff *Use Case* wird unübersetzt auch im deutschen Sprachraum häufig verwendet.

Definition

Ein Anwendungsfall beschreibt anhand eines zusammenhängenden Arbeitsablaufs die Interaktionen mit einem (geschäftlichen oder technischen) System. Ein Anwendungsfall wird stets durch einen Akteur initiiert und führt gewöhnlich zu einem für die Akteure wahrnehmbaren Ergebnis.

Beschreibung

Geschäftsprozesse, Geschäftsvorfälle

Ein Anwendungsfall ist die Beschreibung einer typischen Interaktion zwischen dem Anwender und dem System, d.h. er stellt das extern wahrnehmbare Verhalten in einer begrenzten Arbeitssituation dar. Er beschreibt Anforderungen an das System, d.h. *was* es leisten muss, aber nicht *wie* es dies leisten soll. Ein Anwendungsfall kann verschiedene Ablaufvarianten umfassen. Eine einzelne spezielle Ausprägung eines Anwendungsfalles wird *Szenario* genannt. Ein Anwendungsfall beschreibt eine Menge möglicher Szenarien. Der Kontext eines Anwendungsfalls ist normalerweise begrenzt durch das, was ein Akteur in einem Arbeitsgang mit einem System macht.

Szenarien

Notation

Ein Anwendungsfall wird grafisch dargestellt durch eine Ellipse, in (oder unter) der der Name des Anwendungsfalles steht. Anwendungsfälle sind durch Linien mit den an ihnen beteiligten Akteuren verbunden. Anwendungsfälle können untereinander Beziehungen haben (Spezialisierungs-, Enthält- und Erweitert-Beziehung).

Namensbildung

Der Name eines Anwendungsfalles sollte möglichst ein aktives Verb enthalten, das die Tätigkeit bzw. den Ablauf beschreibt und ein Substantiv, das den Gegenstand beschreibt, der bearbeitet wird. Beispiele: *Kfz reservieren, Reklamation aufnehmen, Ware anliefern* etc.

Der Anwendungsfallname sollte aus der Perspektive des betrachteten Systems formuliert werden. Wenn beispielsweise ein Kunde bei einem Autohändler ein Auto kauft, wird der Anwendungsfall nicht *Kfz kaufen* (Perspektive des Akteurs) genannt, sondern *Kfz verkaufen* (Perspektive des betrachteten Systems) genannt. Nimmt der Autohändler einen Gebrauchtwagen des Kunden entgegen, wäre die Formulierung *Kfz kaufen* in Ordnung. Formulierungsrichtung

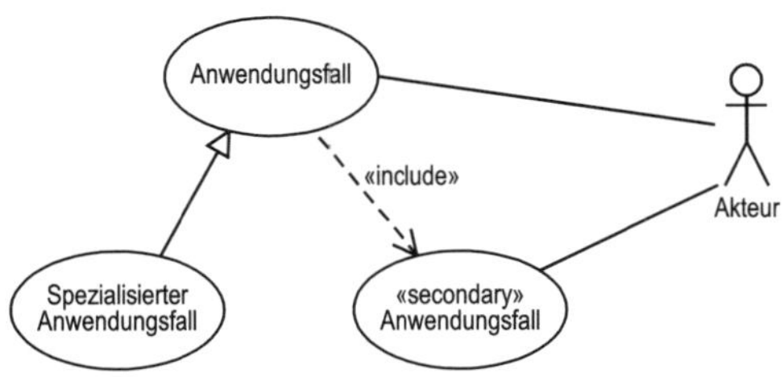

Abb. 4.2-8: Notation von Anwendungsfällen

Kern eines Anwendungsfalles ist aber nicht seine grafische Darstellung, sondern die Beschreibung eines Arbeitsablaufes. Dieser kann in natürlicher Sprache formuliert sein oder in formaler Form als Aktivitätsdiagramm.

Die natürlichsprachliche Beschreibung ist nicht zwingend an eine bestimmte Form gebunden, jedoch hat sich die in Abb. 4.2-9 verwendete Struktur bewährt. Diese Struktur ist kein Bestandteil der UML; die Form mit Auslöser, Ergebnis, Vor- und Nachbedingung sowie essenzielle Schritte ist Konvention des Autors. Struktur

Beschreibung Anwendungsfall				
Name				
Kurzbeschreibung				
Akteure				
Auslöser				
Ergebnis(se)				
Eingehende Daten				
Vorbedingungen				
Nachbedingungen				
Essenzielle Schritte	▪ … ▪ … ▪ usw.			
Offene Punkte				
Änderungshistorie	wann	wer	neuer Status	Was
Sonstiges, Anmerkungen				

Abb. 4.2-9: Typische Struktur einer natürlichsprachlichen Anwendungsfallbeschreibung

Praxis

Vor- und Nachteile natürlichsprachlicher Beschreibungen

Viele geschäftliche und technische Abläufe und Sachverhalte lassen sich sehr gut mit speziellen Diagrammtechniken beschreiben, wie sie auch in diesem Buch zu finden sind, z.B. Aktivitätsdiagramme oder Klassendiagramme. Problematisch hierbei ist jedoch, dass diese Diagramme nur von Spezialisten erstellt und gelesen werden können und Anwender, Fachabteilungsmitarbeiter, Geschäftsmitarbeiter und Geschäftspartner diese nicht oder nur unzureichend verstehen.

Dieser Personenkreis muss die dargestellten Sachverhalte aber verstehen und sogar kritisch beurteilen können, da nur sie letztendlich befähigt oder autorisiert sind, die Richtigkeit festzustellen. Die Grundidee bei Anwendungsfällen ist es daher, Abläufe möglichst in der Sprache der Anwender und Fachabteilungen zu beschreiben, also in Deutsch oder Englisch, und nicht in der speziellen Form oder Sprache der Informatiker oder Betriebsorganisatoren.

Andererseits finden natürlichsprachliche Beschreibungen schnell ihre Grenzen. Natürliche Sprache ist deutlich unschärfer, kann vieldeutig interpretiert werden und komplexe Abläufe lassen sich grafisch viel übersichtlicher darstellen. Seitenlange Textdokumente verstauben eher in Regalen oder auf Festplatten, als dass sie noch sinnvoll genutzt werden. Daher sind natürlichsprachliche Anwendungsfallbeschreibungen kein vollständiger Ersatz für grafische Darstellungen, sondern lediglich eine wichtige Ergänzung.

Bei natürlichsprachlichen Dokumenten besteht auch stets das Problem, dass verschiedene Personen dieselben Sachverhalte sehr unterschiedlich beschreiben. Die Ergebnisse unterscheiden sich dann hinsichtlich des Abstraktionsgrades, der Detailtiefe, des Blickwinkels (von innen, von außen), des Sprachstils, der Verbindlichkeit und Vollständigkeit. Daher ist es sehr wichtig, dass alle Autor(inn)en von Anwendungsfallbeschreibungen sich um Einheitlichkeit bemühen. Hierbei helfen die oben dargestellte Standard-Beschreibungsstruktur sowie folgende Regeln:

Basics

- An jedem Anwendungsfall ist mindestens ein Akteur beteiligt.
- Jeder Anwendungsfall hat einen fachlichen Auslöser und ein fachlich relevantes und wertvolles Ergebnis.
- Die Beschreibung wird stets aus Sicht des zu entwickelnden Systems formuliert, inhaltlich wird jedoch das Verhalten beschrieben, das für den (außenstehenden) Akteur wahrnehmbar ist.
- Die Beschreibung sollte so kurz und abstrakt wie möglich sein und so ausführlich und konkret, wie zum eindeutigen Verständnis nötig ist.

Sekundäre Anwendungsfälle ⇨261

Für sekundäre Anwendungsfälle gelten diese Regeln nur teilweise. Über die in Abb. 4.2-9 ausgeführten Beschreibungselemente hinaus sind im Einzelfall noch weitere sinnvoll oder üblich. Im Folgenden werden einige spezielle Beschreibungselemente näher erläutert:

- Akteure
  Am Anwendungsfall beteiligte Akteure (Rollen). Dies entspricht den in Anwendungsfalldiagrammen notierten Beziehungen zwischen einem Anwendungsfall und den Akteuren.
- Auslöser, Vorbedingungen
  Ein Auslöser ist ein (äußeres) Ereignis, das den Anwendungsfall auslöst. Eine Vorbedingung beschreibt den anwendungsfallspezifischen vorausgesetzten (inneren) Zustand des Systems, bevor der Anwendungsfall eintritt. Der Auslöser sollte in jedem Fall beschrieben werden; die Vorbedingungen nur bei Bedarf, da sie den inneren Systemzustand betreffen, und wahrscheinlich eher für die Softwareentwickler, als für die Fachabteilung von Interesse sind.
- Eingehende Daten
  Welche Daten (Objekte, Informationen) werden im Rahmen des Anwendungsfalles vom System entgegengenommen? Dies sind beispielsweise alle Benutzereingaben. Daten bzw. Objekte, die vom Auslöser mitgebracht werden, müssen nicht explizit genannt werden.
- Ergebnisse, Nachbedingungen
  Ein Ergebnis ist etwas, das bis zum Ende des Anwendungsfalles einem oder mehreren Akteuren zugekommen bzw. geliefert worden ist. Eine Nachbedingung beschreibt den erreichten (inneren) Zustand des Systems, nachdem der Anwendungsfall erfolgreich durchlaufen wurde. Die Ergebnisse sollten stets beschrieben werden, die Nachbedingungen ähnlich wie die Vorbedingungen nur bedarfsweise.
- Ausgehende Daten
  Welche Daten (Objekte, Informationen) werden im Rahmen des Anwendungsfalles vom System ausgegeben? Daten bzw. Objekte die Teil des Ergebnisses sind, werden hier nicht genannt. Unter Ergebnissen bzw. Nachbedingungen werden solche Daten verstanden, die nach Ablauf des Anwendungsfalles noch vorhanden sind (z.B. Druckerzeugnisse, veränderte Objekte), unter ausgehende Daten solche, die nur während des Anwendungsfalles verfügbar sind (beispielsweise Bildschirmanzeigen).
- Invarianten
  Bedingungen, die im Rahmen des Anwendungsfalles stets erfüllt sein müssen.
- Nicht-funktionale Anforderungen
  Zusicherungen, die für Design und Realisierung wichtig sind, Plattform- und Umgebungsvoraussetzungen, qualitative Aussagen, Antwortzeitanforderungen, Häufigkeitsschätzungen, Prioritäten etc. Sofern es sich um Anforderungen handelt, die nicht nur für diesen Anwendungsfall gelten, sollten die entsprechenden Anforderungen separat beschrieben und hier nur referenziert werden.

Vgl. Anforderungen ⇨264

- Essenzielle Schritte
  Beschreibung der einzelnen Ablaufschritte des Anwendungsfalles, ggf. gegliedert in Einzelpunkte. Dies ist der eigentliche Kern eines Anwendungsfalles.

Möglichst keine langen Texte

- Ausnahmen, Fehlersituationen
  Beschreibung der Ausnahme- und Fehlersituationen, die im Rahmen des Anwendungsfalles auftreten können. Damit sind keine technischen Fehler gemeint, sondern fachliche Fehler oder Anwenderfehler. Beispielsweise, wenn dem Anwender die Berechtigung fehlt, Eingabefelder nicht plausibel gefüllt werden können u.Ä.

  Wir empfehlen, Ausnahmen möglichst nicht in natürlicher Sprache zu beschreiben, da in diesem Fall sehr umfangreiche Anwendungsfalldokumente entstehen, die mit großer Wahrscheinlichkeit unübersichtlich sind, schwer zu pflegen (aktuell zu halten) sind und hinterher kaum noch gelesen werden. Stattdessen sollten alle Ausnahmen, Varianten etc. grafisch mit Hilfe von Aktivitätsdiagrammen beschrieben werden.

  In diesem Fall sollte auch in der übrigen Anwendungsfallbeschreibung (Ergebnisse, ein-/ausgehende Daten etc.) nur der Standardfall berücksichtigt werden.

- Regeln, Anforderungen
  Geschäftsregeln, fachliche Abhängigkeiten, Gültigkeits- und Validierungsregeln usw., die im Rahmen des Ablaufes von Bedeutung sind. Da solche Regeln häufig übergreifend, d.h. für mehr als einen einzelnen Anwendungsfall gelten, empfiehlt es sich, in einem Anwendungsfall nicht direkt die Regeln zu beschreiben, sondern sie separat als eigenständige Anforderungen zu formulieren, die vom Anwendungsfall dann referenziert werden.

- Services
  Liste von Operationen und ggf. Objekten, die im Rahmen des Ablaufes benötigt werden (dient zur Überleitung ins Klassendesign).

- Ansprechpartner, weitere Stakeholder, Sitzungen
  Liste der Personen, mit denen der Anwendungsfall erarbeitet bzw. durchgesprochen wurde und Zeitpunkt der Sitzungen. Ggf. mit welchen Personen noch zu sprechen ist, welche Rollen/Funktionen die Beteiligten einnehmen usw.

- Änderungshistorie
  Auflistung der verschiedenen Versionen der Anwendungsfallbeschreibung, jeweils mit Datum, Autor und Inhalt/Gegenstand der vorgenommenen Änderungen.

- Offene Punkte
  Eine Vielzahl von Details zu einem Anwendungsfall lassen sich nicht sofort klären. Um diese Fragen jedoch nicht aus dem Auge zu verlieren und systematisch zu verfolgen, sollte zu jedem Anwendungsfall eine Offene-

Punkte-Liste geführt werden. Für allgemeine und anwendungsfallübergreifende Fragen sollte zusätzlich eine zentrale Liste geführt werden.

- Anmerkungen
  Hier ist beispielsweise Platz zur Dokumentation von Entscheidungen, Diskussionsergebnissen und Hintergrundinformationen im Zusammenhang mit dem Anwendungsfall.
- Dokumente, Referenzen, Dialogbeispiele oder –muster
  Beispieldialoge, Bildschirmkopien, Dialogprototypen, Druck- und Formularbeispiele, Anleitungen, Handbücher und alle anderen Materialien, die den Anwendungsfall veranschaulichen und die in den Gesprächen mit den AnwenderInnen etc. verwendet werden oder zum Kontext gehören.
- Diagramme
  Sequenz- und Kommunikationsdiagramme, die das aus dem Anwendungsfall resultierende oder das hierfür notwendige interne Systemverhalten darstellen. Klassendiagramme, die sich aus dem Anwendungsfall ergebende oder damit korrespondierende statische Modellstruktur zeigen. Aktivitäts- und Zustandsdiagramme, die die Abläufe, die systeminternen Abhängigkeiten und Zustandsänderungen im Zusammenhang mit diesem Anwendungsfall darstellen.

<table>
<tr><th colspan="5">Beschreibung Anwendungsfall</th></tr>
<tr><td>Name</td><td colspan="4">Geld am Automaten auszahlen</td></tr>
<tr><td>Kurzbeschreibung</td><td colspan="4">Einem Verfügungsberechtigten wird durch einen Geldautomaten ein vom Verfügungsberechtigten geforderter Geldbetrag ausgezahlt und vom zugehörigen Konto abgebucht.</td></tr>
<tr><td>Akteure</td><td colspan="4">Verfügungsberechtigter, Kontoführungssystem</td></tr>
<tr><td>Auslöser</td><td colspan="4">Der Verfügungsberechtigte steckt eine Karte in den Geldautomaten.</td></tr>
<tr><td>Ergebnisse</td><td colspan="4">Der Verfügungsberechtigte hat einen Geldbetrag erhalten, der vom Konto abgebucht wurde. Der Verfügungsberechtigte hat seine Karte zurückerhalten.</td></tr>
<tr><td>Vorbedingung</td><td colspan="4">Der Geldautomat ist bereit, eine Karte aufzunehmen.</td></tr>
<tr><td>Nachbedingung</td><td colspan="4">Der Geldautomat ist bereit, eine Karte aufzunehmen.</td></tr>
<tr><td>Eingehende Daten</td><td colspan="4">PIN, Auszahlungsbetrag</td></tr>
<tr><td>Essenzieller Ablauf</td><td colspan="4">▪ Verfügungsberechtigten identifizieren
▪ Angeforderten Geldbetrag bestimmen
▪ Auszahlungsmöglichkeit prüfen
▪ Auszahlung auf Konto buchen
▪ Geldbetrag übertragen</td></tr>
<tr><td>Offene Punkte</td><td colspan="4"></td></tr>
<tr><td>Änderungshistorie</td><td>wann</td><td>wer</td><td>neuer Status</td><td>was</td></tr>
<tr><td>Sonstiges, Anmerkungen</td><td colspan="4"></td></tr>
</table>

Abb. 4.2-10: Beispiel einer natürlichsprachlichen Anwendungsfallbeschreibung

Beispiel

Die Anwendungsfallbeschreibung in Abb. 4.2-10 zeigt ein Beispiel für die Auszahlung von Geld an Geldautomaten.

Checkliste für Anwendungsfälle

- ☑ Ist mindestens ein Akteur beteiligt?
- ☑ Enthält die Anwendungsfallbezeichnung mindestens ein Substantiv und ein aktives Verb?
- ☑ Sind Auslöser und Ergebnis des Anwendungsfalles benannt?
- ☑ Ist der Name des Anwendungsfalles aus der Perspektive des zu entwickelnden Systems formuliert? Ist der Name beispielsweise einsetzbar in die Phrase „Das System möchte <Anwendungsfallname>“?
- ☑ Ist der essenzielle Ablauf des Anwendungsfalles abstrakt, verallgemeinert, vereinfacht, implementierungsunabhängig und technologieneutral beschrieben? Konzentriert er sich auf die eigentliche fachliche Intention?

4.2.8 Geschäftsanwendungsfall

Verwandte Begriffe: engl. *Business use case, Geschäftsfall.*

Dieses Konzept ist kein UML-Bestandteil, sondern eine Erweiterung aus [Oestereich2003a].

Definition

Ein Geschäftsanwendungsfall beschreibt einen geschäftlichen Ablauf, wird von einem geschäftlichen Ereignis ausgelöst und endet mit einem Ergebnis, das für den Unternehmenszweck und die Gewinnerzielungsabsicht direkt oder indirekt einen geschäftlichen Wert darstellt.

Beschreibung

Bei einem Geschäftsanwendungsfall wird die Frage nach der möglichen systemtechnischen Umsetzung noch nicht gestellt, sondern völlig unabhängig davon ganz allgemein aus geschäftlicher Sicht beschrieben. Zeitliche Unterbrechungen im Ablauf sind im Gegensatz zum Systemanwendungsfall zulässig.

Praxis

Im Rahmen eines reinen Softwareentwicklungsprojektes sind Geschäftsanwendungsfälle nicht notwendig. Vielmehr werden sie in Geschäftsprozessmodellierungsprojekten verwendet, die Softwareprojekten vorausgehen können. Wenn bestehende Geschäftsprozesse in einem Unternehmen geschäftlich unverändert, technisch jedoch besser und mit neuer Software unterstützt werden sollen, sind Geschäftsanwendungsfälle eher nebensächlich. Häufig sollen im Rahmen von Softwareentwicklungsprojekten jedoch auch geschäftliche Optimierungen stattfinden (Automatisierung, Reorganisation, Out- und Insourcing, Unternehmensfusionen), dann sind Geschäftsanwendungsfälle wichtig.

Wie wichtig sind Geschäftsanwendungsfälle?

Im Rahmen einer Geschäftsprozessmodellierung werden häufig **Kern-Geschäftsanwendungsfälle** (wertschöpfende Geschäftsanwendungsfälle) und **unterstützende Geschäftsanwendungsfälle** unterschieden.

Wertschöpfend oder unterstützend?

Notation

Geschäftsanwendungsfälle (sowie unterstützende Geschäftsanwendungsfälle) werden wie Anwendungsfälle dargestellt, jedoch mit einem Schrägstrich rechts unten an der Seite. Kern-Geschäftsanwendungsfälle werden mit zwei Schrägstrichen gekennzeichnet.

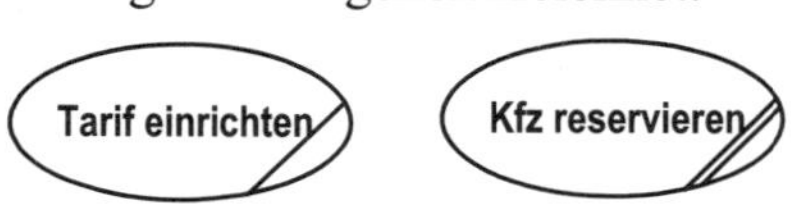

Abb. 4.2-11: Notation von Geschäftsanwendungsfällen (rechts: Kern-Geschäftsanwendungsfall)

Checkliste für Geschäftsanwendungsfälle

- ☑ Siehe alle Fragen aus Checkliste für Anwendungsfälle (⇨258).
- ☑ Ist der geschäftliche Auslöser benannt? Ist das Ergebnis benannt und von geschäftlichem Wert für einen aktiven Geschäftspartner?
- ☑ Trägt der Geschäftsanwendungsfall *direkt* oder *indirekt* zum Unternehmenszweck und einer Gewinnerzielungsabsicht bei?
- ☑ Beschreibt der Name des Geschäftsanwendungsfalles eine Tätigkeit des im Modellierungsfokus liegenden Unternehmens? Welches Verb im Namen des Geschäftsanwendungsfalles beschreibt diese Tätigkeit?
- ☑ Sind die im Geschäftsanwendungsfall vorkommenden Geschäftsobjekte im Singular beschrieben bzw. entspricht die Anzahl der im Namen des Geschäftsanwendungsfalles genannten Geschäftsobjekte genau der Anzahl, die ein Akteur in diesem Geschäftsanwendungsfall zu einem Zeitpunkt betrachtet?

4.2.9 Systemanwendungsfall

Verwandte Begriffe: engl. *System use case*

Definition

Ein Systemanwendungsfall ist ein Anwendungsfall, der speziell das für außen stehende Akteure (Benutzer oder Nachbarsysteme) wahrnehmbare Verhalten eines (Hard-/Software-) Systems beschreibt.

Beschreibung

Aus UML- und Softwareentwicklungssicht ist der Systemanwendungsfall die normale Form eines Anwendungsfalles. In Abgrenzung zu den verschiedenen Arten von Geschäftsanwendungsfällen beschreibt ein Systemanwendungsfall konkret das Verhalten bzw. den Arbeitsablauf, wie er durch ein System (z.B. Software) unterstützt wird. Dabei wird das äußerlich wahrnehmbare Verhalten beschrieben, also was das System macht, aber nicht wie es dies tut.

Ein Systemanwendungsfall soll einen zeitlich zusammenhängenden Ablauf beschreiben und eine fachliche Transaktionseinheit darstellen. Die in einem Systemanwendungsfall beschriebenen Schritte werden entweder ganz oder gar nicht durchgeführt, so dass nach einem Ablauf in jedem Fall ein definierter und zulässiger Systemzustand erreicht wird. Fachlich relevante zeitliche Unterbrechungen sind hierbei nicht vorgesehen.

Notation

Siehe Abb. 4.2-8 (⇨253).

Checkliste für Systemanwendungsfälle

- ☑ Siehe alle Fragen aus Checkliste für Anwendungsfälle (⇨258).
- ☑ Welche Systembenutzer oder welche Nachbarsysteme sind an diesem Systemanwendungsfall beteiligt?
- ☑ Beschreibt der Systemanwendungsfall einen zeitlich zusammenhängenden (kohärenten) Ablauf? Sonst sollte er ggf. in mehrere zerlegt werden.
- ☑ Wird vor allem das nach außen wahrnehmbare Verhalten und weniger die Art der internen Umsetzung beschrieben? D.h. Beschreibung, *was* das System macht und nicht *wie*?

4.2.10 Sekundärer Anwendungsfall

Kein Bestandteil der UML, sondern Erweiterung des Autors.
Verwandte Begriffe: engl. *Secondary use case.*

Definition

Ein sekundärer Anwendungsfall ist ein Anwendungsfall, der einen unvollständigen Teilablauf beschreibt, der in gleichartiger Weise Teil mehrerer anderer Anwendungsfälle ist und deren jeweilige Vollständigkeits- und Abgrenzungskriterien ggf. nicht erfüllt sind.

Notation

Sekundäre Anwendungsfälle werden mit dem Stereotyp «secondary» gekennzeichnet.

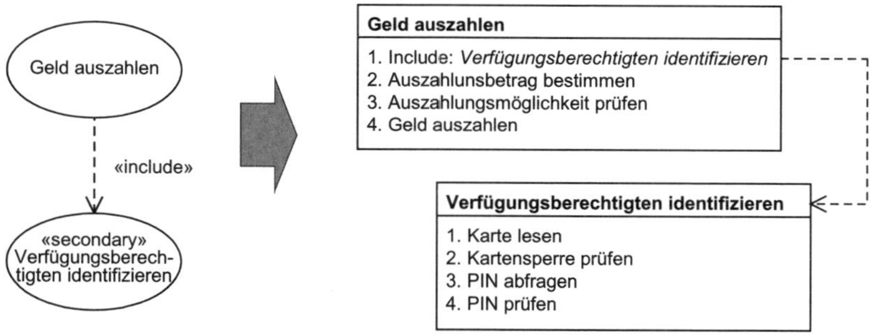

Abb. 4.2-12: Sekundärer Anwendungsfall und Beschreibungen

Beschreibung

Teile von Abläufen die in mehreren Anwendungsfällen in identischer Weise vorkommen, können in eigene sekundäre Anwendungsfälle ausgelagert werden und mittels Enthältbeziehung wieder eingebunden werden. Somit lassen sich redundante Beschreibungen in Anwendungsfällen vermeiden.

Redundanzen vermeiden

Praxis

Die ausgelagerten Teile sind jedoch gewöhnlich unvollständig und erfüllen die an die jeweilige Anwendungsfallart gestellten Bedingungen bezüglich Auslöser, Ergebnis, zeitlicher Kohärenz u.a. nicht. Um diese unvollständigen Anwendungsfälle von anderen zu unterscheiden, werden sie als explizit sekundäre Anwendungsfälle gekennzeichnet. Alle anderen sind demnach (implizit, d.h. wenn nichts weiter angegeben ist) primäre Anwendungsfälle. Sekundäre Anwendungsfälle können Teile von allen anderen Arten von (Kern-, Geschäfts-, unterstützende, System- etc.) Anwendungsfällen beschreiben. In der Praxis werden sekundäre Anwendungsfälle aber vor allem in Systemanwendungsfallmodellen benötigt.

Checkliste für sekundäre Anwendungsfälle

☑ Sekundäre Anwendungsfälle müssen die Kriterien (Auslöser, Ergebnis etc.) der primären Anwendungsfälle nicht erfüllen.

☑ Beschreibt der sekundäre Anwendungsfall einen Ablauf, der in mindestens zwei anderen Anwendungsfällen in identischer Weise als Teilablauf vorkommt?

4.2.11 Abstrakter Anwendungsfall

Verwandte Begriffe: *Geschäftsanwendungsfall, Essenzieller Anwendungsfall.*

Definition

Gemeinsamkeit durch Abstraktion herauslösen

Ein abstrakter Anwendungsfall ist eine Verallgemeinerung einer Menge ähnlicher Anwendungsfälle. Durch diese Verallgemeinerung ist ein abstrakter Anwendungsfall prinzipiell unvollständig und durch spezialisierte konkrete Anwendungsfälle zu vervollständigen.

Notation

Der Name eines abstrakten Anwendungsfalles wird kursiv geschrieben. Im Übrigen ist die Notation wie bei gewöhnlichen Anwendungsfällen.

Beschreibung

Gemeinsamkeiten verschiedener Anwendungsfälle können bei konkreter Übereinstimmung als sekundäre Anwendungsfälle herausgelöst und mittels Enthältbeziehung wieder referenziert eingebunden werden. Ein abstrakter Anwendungsfall enthält auch Gemeinsamkeiten mehrerer anderer Anwendungsfälle, jedoch nicht aufgrund konkreter und exakter Überstimmung, sondern weil sich die dort beschriebenen Sachverhalte durch Abstraktion zusammenfassen lassen.

Abstrakte Anwendungsfälle sind prinzipiell unvollständig beschrieben

Jede Art von Anwendungsfall kann theoretisch ein abstrakter Anwendungsfall sein, d.h. Geschäfts-, System- und sekundäre Anwendungsfälle können abstrakt sein. Wobei Geschäftsanwendungsfälle im Prinzip auch eine Art abstrakter Anwendungsfall darstellen, weil sie von der möglichen systemtechnischen Umsetzung abstrahieren. Im Gegensatz zu dem hier beschriebenen abstrakten Anwendungsfall benötigt ein Geschäftsanwendungsfall jedoch nicht zwangsläufig eine Menge ihn konkretisierender Anwendungsfälle.

Alle in einem abstrakten Anwendungsfall beschriebenen Sachverhalte (Kurzbeschreibung, Auslöser, Ergebnisse, Ablaufschritte etc.) müssen auch in den abgeleiteten spezialisierenden Anwendungsfällen vorkommen, sie dürfen dort jedoch konkreter beschrieben sein.

Beispiel

Die konkreten Anwendungsfälle *Reservierung stornieren* und *Reservierung ändern* können beide abstrakt als *Reservierung bearbeiten* bezeichnet werden. Sie beinhalten in abstrakter Weise mehrere Gemeinsamkeiten, beispielsweise ist jeweils die Reservierung zu identifizieren, die Reservierung zu bearbeiten (konkret: stornieren, ändern) und die Bearbeitung zu bestätigen (konkret: Stornobestätigung, Änderungsbestätigung).

Jeder im abstrakten Anwendungsfall vorkommende Schritt muss auch in den abgeleiteten konkreteren Anwendungsfällen vorkommen. Dabei ist es aufgrund der Konkretisierung möglich, dass sich die Bezeichnung eines Schrittes ändert (konkretisiert), wie in Abb. 4.2-13 der Schritt 3, wo aus „Bearbeitung“ konkret „Stornierung“ oder „Änderung“ wird. Ebenso ist es möglich, dass ein einzelner abstrakter Schritt in den abgeleiteten spezielleren Anwendungsfällen durch mehrere detailliertere Schritte beschrieben wird, wie in Abb. 4.2-13 der Schritt 2, der im Falle der Stornierung in zwei Einzelschritte konkretisiert wird.

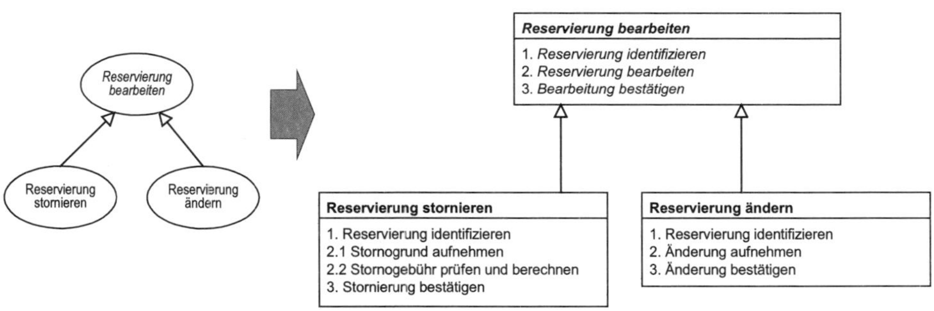

Abb. 4.2-13: Beispiel eines abstrakten Anwendungsfalles

In ähnlicher Weise gilt dies auch für alle anderen Beschreibungselemente eines Anwendungsfalles, d.h. Kurzbeschreibung, Vorbedingung, Nachbedingung etc.

Checkliste für abstrakte Anwendungsfälle

- ☑ Gibt es zu dem abstrakten Anwendungsfall abgeleitete, konkretere Anwendungsfälle?
- ☑ Kommen alle Beschreibungselemente (Schritte etc.) des abstrakten Anwendungsfalles auch in den konkreteren Anwendungsfällen vor? Sind sie dort entweder unverändert oder konkretisiert?
- ☑ Gelten alle mit dem abstrakten Anwendungsfall verbundenen sonstigen Beziehungen (Enthältbeziehungen zu anderen Anwendungsfällen, assozierte Akteure u.a.) auch in gleicher oder konkreterer Weise für die abgeleiteten konkreteren Anwendungsfälle?

4.2.12 Anforderung, Feature & Co

Verwandte Begriffe: engl. *Requirement, Use Case.*

Anforderungen sind kein Bestandteil der UML, können aber strukturiert aufgenommen werden, um Anforderungsanalyse mit UML-Mitteln betreiben zu können.

Definition

Eine *Anforderung* beschreibt eine oder mehrere Eigenschaften oder Verhaltensweisen, die stets erfüllt sein sollen. Anforderungen sind stereotypisierte Anwendungsfälle.

Es werden allgemein *funktionale* und *nichtfunktionale* Anforderungen unterschieden.

Ein *Feature* ist eine Sammlung von Anforderungen.

Auch *Probleme* und *Ziele* werden häufig als eine spezielle Form der Anforderung betrachtet.

Notation

Anforderungen werden grundsätzlich wie Anwendungsfälle in Form von Ellipsen notiert, wobei durch ein entsprechendes Stereotyp («requirement», «feature» etc.) die Art der Anforderung angegeben werden kann.

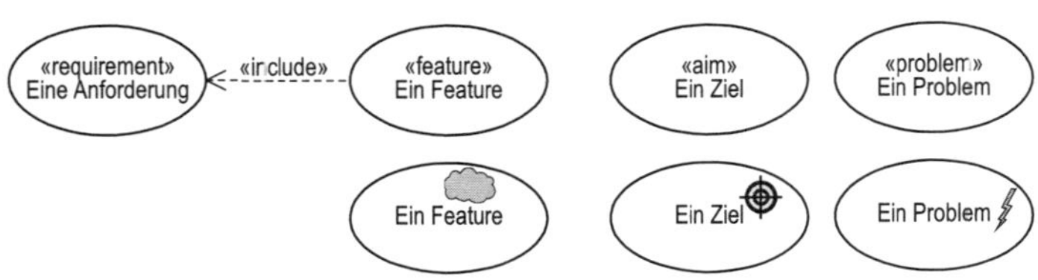

Abb. 4.2-14: Notation der verschiedenen Anforderungstypen

Ähnlich wie bei Anwendungsfällen, wird zu jeder Anforderung eine Detailbeschreibung benötigt, die nicht in UML, sondern in natürlicher Sprache vorliegt. Eine entsprechende Beschreibungsschablone ist in Abb. 4.2-15 zu sehen.

Beschreibung

Die für Anwendungsfälle möglichen Beziehungsformen *Spezialisierung* und *Enthält (Include)* sind auch für Anforderungen verwendbar, ebenso können diese Beziehungen von Anwendungsfällen zu Anforderungen oder umgekehrt definiert werden. So kann beispielsweise ein Feature oder ein Anwendungsfall eine Menge von Anforderungen enthalten, wobei die entsprechenden «include»-Beziehungen dann auf die enthaltene Anforderung zeigen.

In der Abb. 3.1-45 im Kapitel 3.1.13 Übrige fachliche Anforderungen und Regeln beschreiben (⇨161) ist zu sehen, wie die Anforderungen von anderen Modellelementen, beispielsweise Geschäftsanwendungsfällen, referenziert werden können.

Anforderung	**Name der Anforderung**
Art	z.B. Funktionale Anforderung
Beschreibung	Kurze Beschreibung der Anforderung mit 1 – 4 Sätzen.
Stabilität	
Verbindlichkeit	
Priorität	
Details	
Involvierte andere Modellelemente	
Verweise auf andere Geschäftsregeln	
Änderungen	Datum Mitarbeiter Status Kommentar

Abb. 4.2-15: Spezifikationsschablone einer Anforderung (ausgefülltes Beispiel siehe Abb. 3.1-46 ⇨161)

Es werden verschiedene Arten von Anforderungen unterschieden, wie in Abb. 4.2-16 dargestellt. Für Geschäftsregeln am wichtigsten sind die so genannten funktionalen Anforderungen. Im Rahmen von Softwareentwicklungsprojekten werden zusätzlich auch noch die nichtfunktionalen Anforderungen wichtig.

Nichtfunktionale Anforderungen werden wie folgt unterteilt (ISO 9126):

- Zuverlässigkeit
- Benutzbarkeit
- Effizienz
- Änderbarkeit
- Übertragbarkeit

Anforderungen sind in einem abstrakteren Sinne ebenfalls:

- Probleme
- Ziele
- Features
- Fachkonzepte

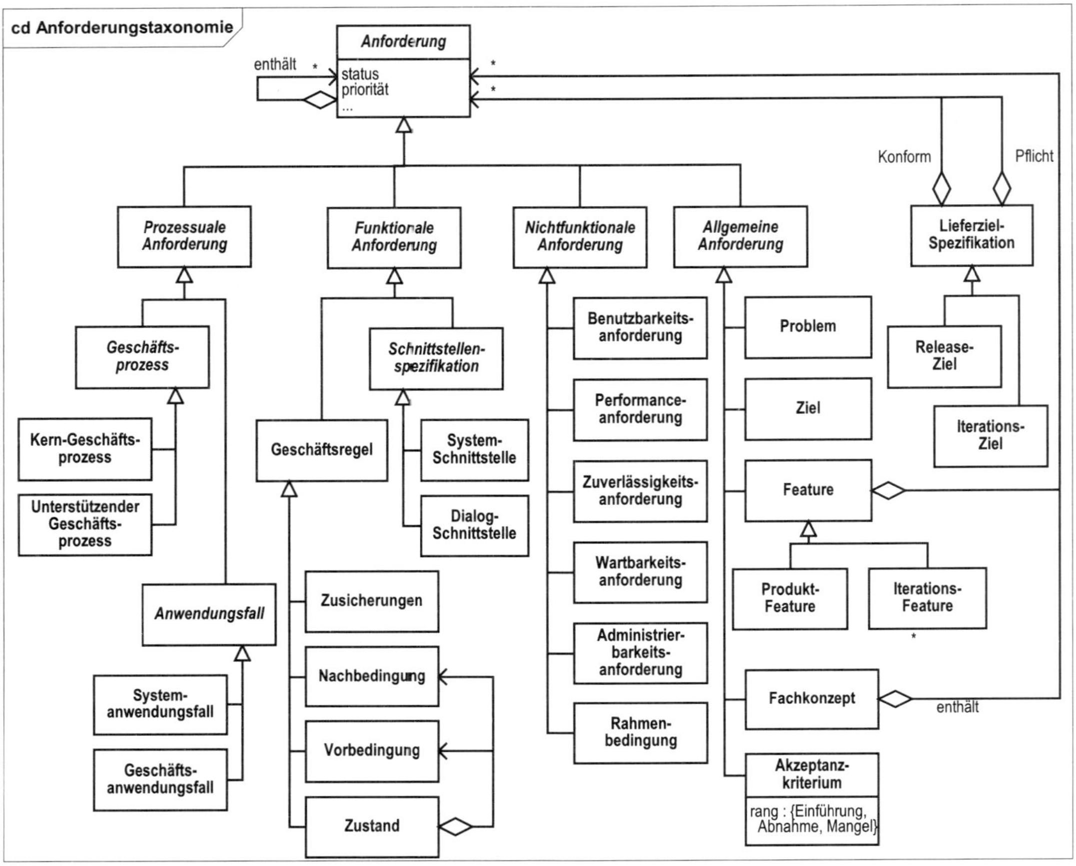

Abb. 4.2-16: Verschiedene Arten von Anforderungen

Praxis

Was ist ein Feature?

Ein besonderes, zu diskutierendes Element ist das *Feature*. Dieser Begriff wird sehr häufig in Projekten verwendet. Beispielsweise wird oft ein Release inhaltlich durch eine Menge realisierter Features definiert. Dennoch ist dieser Begriff alles andere als klar definiert. Jeder scheint etwas anderes darunter zu verstehen. Viele suchen oder wünschen sich eine saubere, objektivierbare Definition.

Die Unschärfe des Begriffes und die bewusste Uneinheitlichkeit können allerdings auch eine Stärke sein, weswegen wir Feature hier wie folgt definieren: *Ein Feature ist eine Sammlung von (häufig noch zu konkretisierenden) Anforderungen.*

Während funktionale und nichtfunktionale Anforderungen gewöhnlich elementare, d.h. sehr detaillierte Anforderungen darstellen und damit jeweils auf einem ähnlichen Abstraktions- und Detaillierungsniveau beschrieben sind, ist dies bei Features nicht der Fall. Als Feature wird manchmal eine kleine Detailanforderung bezeichnet („die Bankleitzahl ist 8-stellig“) oder ebenso ein ganzes (Sub-) System („Es wird eine Kundenverwaltung benötigt“).

Diese möglicherweise große Unterschiedlichkeit in der Granularität von Features ist hier sinnvoll und beabsichtigt! Versuchen Sie nicht, sie krampfhaft zu vereinheitlichen. *Feature* ist der Sammelbegriff für alle Anforderungen, die (noch) nicht in eine der anderen Kategorien hineinpassen. Dadurch sind die Möglichkeiten, aufbauend auf Features zu planen (Projektplanung, Aufwandschätzungen etc.), natürlicherweise sehr eingeschränkt. Früher oder später sind Features daher zu detaillieren und zu untergliedern, so dass elementare und besser handhabbare Anforderungen daraus entstehen, die anderen Anforderungskategorien zugeordnet werden können. Ohne Features (oder eine andere Art von unscharfem Element) zu arbeiten ist jedoch umständlich und praxisfern, da nicht alle Anforderungen, die genannt und identifiziert werden, sofort eindeutig verfeinert werden können. Übergangsweise sollten sie unklar bleiben dürfen.

Features sind zu konkretisierende Anforderungen

Ähnlich ist es mit dem Begriff *Fachkonzept*. Typischerweise schreiben Fachabteilungen Anforderungen in Form von Fachkonzepten, wobei auch diese keine Anwendungsfälle und keine einzelnen funktionalen oder nichtfunktionalen Anforderungen darstellen, sondern allgemeine und übergreifende Anforderungen benennen, die meistens zu einem bestimmten fachlichen Thema gehören. Dies ist häufig an den Namen zu erkennen, die beispielsweise „Gutscheinabwicklung“, „Agenturbetrieb“, „Lieferung in Nicht-Euro-Länder“ u.Ä. heißen. Fachkonzepte beschreiben also fachliche Features.

Was ist ein Fachkonzept?

Der Umgang mit Fachkonzepten erhöht den Aufwand für die anwendungsfallgetriebene Anforderungsanalyse, da Fachkonzepte Anforderungen beschreiben, von denen mehrere Anwendungsfälle betroffen sind. Folglich sind die entsprechenden Abhängigkeiten (welche Anwendungsfälle sind betroffen?) zu erkennen und zu verwalten.

Zwei weitere besondere Arten funktionaler Anforderungen sind Anwendungsfälle und Dialogspezifikationen. Anwendungsfälle sind in der Abb. 4.2-16 enthalten, weil sie selbstverständlich auch Anforderungen beschreiben. Anwendungsfälle sind formal gesehen eine Sammlung von Einzelanforderungen und können prinzipiell auch nichtfunktionale und andere Arten von Anforderungen enthalten. Wir betrachten sie dennoch als eine Art funktionale Anforderung, da sie *vorwiegend* Abläufe und Verhaltensweisen, also funktionale Anforderungen, beschreiben. Ähnlich verhält es sich mit den Dialogspezifikationen, zu denen es im Kapitel 3.2.12 *Dialoge spezifizieren* (⇨205) nähere Erläuterungen gibt.

Anwendungsfälle und Dialogspezifikationen

Vgl. Kap. 4.2 ⇨244

Während die grafische Notation in Form von Ellipsen bzw. Anwendungsfällen nur die Existenz einer Anforderung und ihre Abhängigkeiten und Beziehungen ausdrückt, wird die detaillierte Spezifikation einer Anforderung in natürlicher Sprache vorgenommen, wobei jede Anforderung durch folgende Einzelpunkte beschrieben wird:

- Eindeutige Nummer, ggf. zusätzlich Kurzbezeichnung
- Art der Anforderung
- Beschreibung der Anforderung

  Die Beschreibung erfolgt gewöhnlich in natürlicher Sprache und wird grundsätzlich in Form einer Bedingung formuliert, die stets erfüllt sein muss. Hierfür können alternativ zu natürlicher Sprache auch formale Sprachen wie OCL (Object Constraint Language) oder Prädikatenlogik[30] verwendet werden.
- Klassifizierung der Stabilität

absolut stabil	Die Anforderung wird/kann sich mit großer Wahrscheinlichkeit nie/nicht ändern. Beispiel: *Die Fahrer von Kfz müssen eine geeignete Fahrerlaubnis besitzen.*
stabil	Die Anforderung ändert sich ganz selten. Beispiel: *das gesetzlich vorgegebene Volljährigkeitsalter (zzt. 18 Jahre).*
instabil	Die Anforderung wird gelegentlich oder regelmäßig geändert. Beispiel: *Die Mindestmietdauer beträgt 6 Stunden.*
flüchtig	Die Anforderung ist ständigen Änderungen unterworfen.

  Die Klassifizierung der Stabilität ist hilfreich, um Anforderungen mit vertretbaren Aufwänden flexibel ändern zu können. Je dynamischer das Umfeld, desto wichtiger wird es, stabile Elemente zu identifizieren, um nicht bei jeder Änderung den kompletten Modellierungsbereich betrachten zu müssen.
- Verbindlichkeit der Anforderung (Pflicht, Wunsch, Absicht, Vorschlag)

  Pflichtanforderungen enthalten das Wort „muss" („... muss ... erfüllen"), optionale Anforderungen (Wünsche) enthalten das Wort „sollte". Absichten sind Anforderungen, die wahrscheinlich zukünftig zu erfüllen sind, sie beginnen mit der Phrase „Es ist beabsichtigt, dass ...". Vorschläge sind keine Anforderungen, sondern Ideen von Modellierungsbeteiligten, wie bestehende Anforderungen (besser) gelöst werden könnten.
- Priorität der Anforderung (hoch, mittel, niedrig oder numerische Skala)

  In Softwareentwicklungsprojekten müssen regelmäßig Kompromisse gemacht werden und nicht alle Ziele können in gleicher Weise erreicht oder verfolgt werden. Die Priorität ergibt sich beispielsweise aus der Abwägung von Risiken, Chancen, Kosten, Nutzen, Umsetzbarkeit u.Ä.

[30] Die Prädikatenlogik ist ein Teilgebiet der Logik und beschäftigt sich mit formalen Systemen für Aussagen und Schlussfolgerungen.

- Detailbeschreibung, d.h. Motivation, Ursache, Hintergrund, Ansprechpartner, Unterlagen, Testbarkeit, Beispiele, Randbedingungen (Gesetze, Standards etc.).
- Involvierte andere Modellelemente: Aufzählung/Referenzierung beteiligter bzw. betroffener Klassen, Komponenten und Anwendungsfälle.
- Verweise auf andere abhängige oder zu beachtende Anforderungen.
- Änderungshistorie und Status.

Ein Feature als eine Menge fachlich zusammenhängender Anforderungen kann folgendermaßen spezifiziert werden:

Anforderung	**Name des Features**			
Art	Feature			
Beschreibung	....			
Enthaltene Anforderungen	▪ Anforderung 1 ▪ Anforderung 2 ▪ ...			
Änderungen	Datum	Mitarbeiter	Status	Kommentar

Abb. 4.2-17: Spezifikationsschablone eines Features

Checkliste für Anforderungen

☑ Trägt die Anforderung eine eindeutige Nummer (ID)?

☑ Wurde die Art der Anforderung festgelegt?

☑ Wurde die Anforderung klassifiziert hinsichtlich Stabilität, Verbindlichkeit und Priorität?

4.2.13 Akteur

Verwandte Begriffe: engl. *actor*, engl. *stakeholder*, *Beteiligter, Systemakteur*, *Ereignis*, *Externes System*, *Dialog*, engl. *boundary, control, entity, Classifier*.

Definition

Ein Akteur ist eine gewöhnlich außerhalb des betrachteten bzw. zu realisierenden Systems liegende Einheit, die an der in einem Anwendungsfall beschriebenen Interaktion mit dem System beteiligt ist.

Ein Akteur kann ein Mensch sein, z.B. ein Benutzer, ebenso aber auch ein anderes technisches System, z.B. SAP, das Betriebssystem o.Ä.

Außerdem ist es möglich, auch Ereignisse, wie Zeitereignisse (z.B. Monatswechsel), als Akteure zu modellieren. Es ist jedoch üblich geworden, darauf zu verzichten und statt des Ereignisses nur die echten Akteure zu notieren.

Beschreibung

Akteure = Rollen

Akteure sind beispielsweise die Anwender des Systems. Bei den Akteuren werden allerdings nicht die konkreten beteiligten Personen unterschieden („Gabi Goldfisch"), sondern ihre Rollen, die sie im Kontext des Anwendungsfalls einnehmen („Callcenter-Agent"). Wenn also eine Person in mehreren Rollen auftritt (z.B. *Kundenberatung* und *Antragsannahme*), werden auch mehrere entsprechende Akteure im Anwendungsfalldiagramm notiert.

Multiplizitäten

Akteure besitzen Assoziationen zu Anwendungsfällen, wenn sie an den dort beschriebenen Abläufen beteiligt sind. Die Multiplizität auf der Seite des Anwendungsfalles gibt an, wie oft dieser Anwendungsfall von dem Akteur gleichzeitig ausgeführt werden darf. Wenn keine Angabe gemacht wird, ist die Standardmultiplizität 0..1.

Auf der Seite des Akteurs bedeutet die Multiplizität, wie viele Akteure der angegebenen Rolle am Anwendungsfall beteiligt sein müssen bzw. können. Wenn keine Angabe gemacht wird, ist die Multiplizität 1.

Akteure können untereinander Generalisierungs-/Spezialisierungs-Beziehungen haben, um zwischen ihnen eine hierarchische Gliederung und Abstraktion darzustellen. Assoziationsbeziehungen zwischen Akteuren sind in der UML nicht vorgesehen.

Notation

Die Akteure können in verschiedener Weise dargestellt werden: als textuelles Stereotyp in einem Rechteck oder als visuelles Stereotyp beispielsweise als Strichfigur.

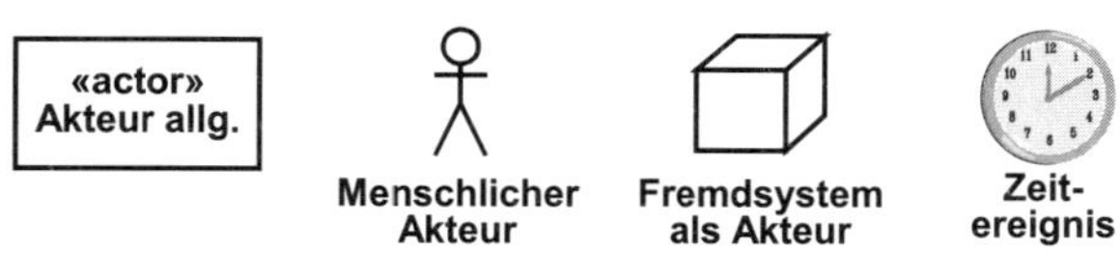

Abb. 4.2-18: Verschiedene Darstellungsformen von Akteuren

Stereotypen ⇨294

Da es verwirrend sein kann, Akteure, die andere technische Systeme repräsentieren, als Strichfiguren darzustellen, gibt es weitere visuelle Stereotypen, beispielsweise einen Würfel zur Darstellung technischer Systeme oder ein Uhrensymbol zur Darstellung eines Zeitereignisses (was gewöhnlich von einem technischen System, etwa dem Betriebssystem ausgelöst wird).

Praxis

Akteure beschreiben die Rollen der am Anwendungsfall Beteiligten. Diese Rollen können generalisiert bzw. spezialisiert werden.

Da Anwendungsfälle dazu verwendet werden, die Anforderungen an das System in Form typischer Abläufe aus Anwendersicht aufzunehmen, ist die Akzeptanz und Verständlichkeit der verwendeten Symbole und Konzepte entscheidend. In der Praxis ist es daher sinnvoll, einfache und/oder eingängige Darstellungen zu benutzen, wie beispielsweise ein Uhrensymbol für ein Zeitereignis (siehe oben).

In einigen UML-Werkzeugen sind Akteure formal, d.h. im Sinne des UML-Metamodells abweichend als stereotypisierte Klassen implementiert, da das gleichnamige Standard-UML-Element *Akteur* einigen für die Praxis unbequemen semantischen Einschränkungen unterliegt.

Systemakteure
Geschäftsakteure

In den oben genannten Fällen sind stets Systemakteure gemeint, im Rahmen der Geschäftsprozessmodellierung können weitere Akteurformen unterschieden werden: außen- und innenorientierte Geschäftsmitarbeiter sowie aktive und passive Geschäftspartner.

UML-Versionshinweis

1.x

Ab UML 2.0 ist ein anderes grafisches Symbol bei Akteuren auch ohne Stereotyp möglich.

Checkliste für Akteure

- ☑ Repräsentiert der Akteur eine Rolle und keine konkrete Person?
- ☑ Trägt der Akteur einen unverwechselbaren Namen? Womit könnte man den Akteur verwechseln, wenn man wollte?
- ☑ Hat der Akteur zumindest zu einem Anwendungsfall oder zu einem anderen Akteur eine Beziehung?
- ☑ Handelt es sich bei dem Akteur um eine von einem Menschen wahrgenommene Rolle oder um ein anderes technisches System?

4.2.14 Anwendungsfallszenario

Verwandte Begriffe: *Szenario*, *Anwendungsfallinstanz*, *Stories*.

Definition

Ein Anwendungsfallszenario ist eine mögliche konkrete Ausprägung eines Anwendungsfalles.

Beschreibung

Während ein Anwendungsfall abstrakt gehalten ist, den Standardfall beschreibt und vielleicht mit Hilfe von Aktivitätsdiagrammen auch alle möglichen Ablaufvarianten vollständig spezifiziert, ist ein Anwendungsfallszenario ein ganz konkreter Ablauf mit konkreten Werten (*„Frau Gabi Goldfisch reserviert vom 7.10.2003 bis 9.10.2003 einen Smart an der Station Goldbekufer“*). Zu einem Anwendungsfall kann es beliebig viele Szenarien geben.

Den MitarbeiterInnen im Anwendungsbereich fällt es manchmal schwer, ihre Tätigkeiten abstrakt oder allgemein gehalten zu beschreiben. Zumindest kann man dies nicht immer voraussetzen. Viel leichter fällt ihnen hingegen die Darstellung ihrer Arbeit anhand konkreter Beispiele. In solchen Fällen können Szenarien verwendet werden. Ebenso um bestimmte, nicht unmittelbar ersichtliche Sonderfälle anhand eines konkreten Beispiels zu beschreiben.

Notation

Anwendungsfallszenarien werden wie Anwendungsfälle dargestellt, jedoch kann das Szenario einen eigenen Namen tragen, der mit einem Doppelpunkt vom Anwendungsnamen getrennt wird. Der Name wird komplett unterstrichen. Vom Szenario geht eine Instantiierungsbeziehung auf den zugehörigen Anwendungsfall.

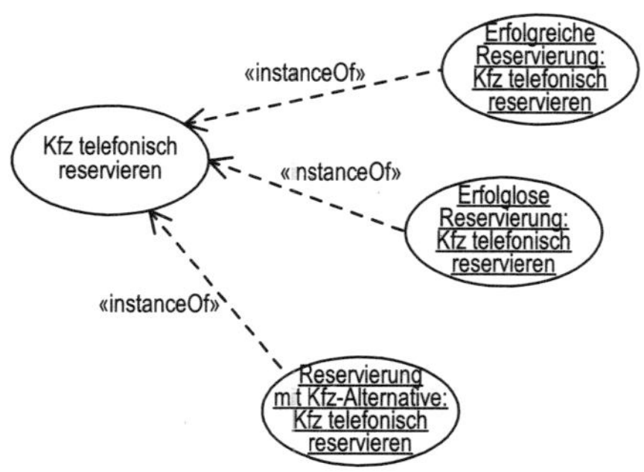

Abb. 4.2-19: Notation von Anwendungsfallszenarien und ihre Zuordnung zu Anwendungsfällen

4.3 Klassendiagramm, Strukturelemente

Verwandte Begriffe: *Objektmodell, Begriffsmodell, Strukturmodell, Datenmodell.*

Definition

Ein Klassenmodell beschreibt, welche Klassen existieren und in welchen Beziehungen sie zueinander stehen.

Notation

Die einzelnen Notationselemente werden in den folgenden Abschnitten detailliert erläutert.

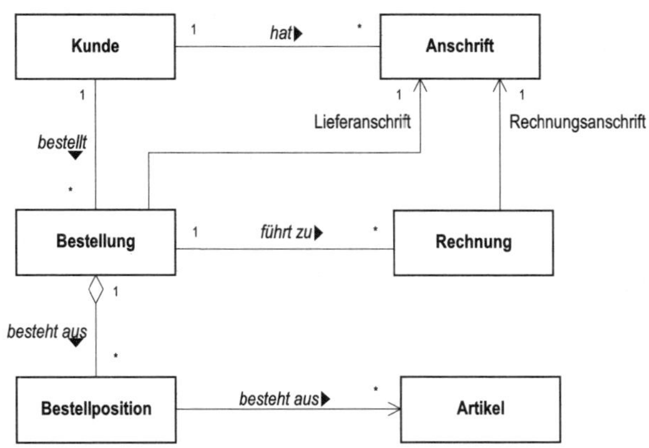

Abb. 4.3-1: Beispiel eines Klassenmodells

Praxis

Klassenmodelle werden aus Klassen, Assoziationen u.Ä. gebildet, wie dies in den folgenden Abschnitten erläutert wird. Vgl. Beispiele ⇨130

Klassenmodelle werden für verschiedene Zwecke verwendet, beispielsweise mit Geschäfts- oder Fachklassen, um fachliche Begriffsmodelle darzustellen oder mit Designklassen, um die Struktur eines Lösungskonzeptes abzubilden. Klassenmodelle können auch auf Programmiersprachencode basieren oder aus diesem extrahiert werden (Reverse-Engineering, Code-Parsing). In diesem Fall wird die Code-Struktur mit Klassendiagrammen visualisiert.

4.3.1 Klasse

Verwandte Begriffe: engl. *class*, *Typ*, *Objektfabrik*

Definition

Objekte ⇨280
Attribute⇨281
Operationen ⇨285

Eine Klasse ist die Definition der Attribute, Operationen und der Semantik für eine Menge von Objekten. Alle Objekte einer Klasse entsprechen dieser Definition.

Beschreibung

Eine Klasse enthält die Beschreibung der Struktur und des Verhaltens von Objekten, die sie erzeugt oder die mit ihr erzeugt werden können. Objekte werden von Klassen produziert und sind die in einer Anwendung zur Programmlaufzeit agierenden Einheiten. Die Definition einer Klasse setzt sich aus Attributen und Operationen zusammen. Das Verhalten eines Objektes wird durch die möglichen Nachrichten beschrieben, die es verstehen kann. Zu jeder Nachricht benötigt das Objekt entsprechende Operationen. Nachricht und Operation werden häufig synonym verwendet, obwohl dies nicht richtig ist.

Unterschied Nachricht/Operation ⇨59

Häufig wird anstelle von *Klasse* auch der Begriff *Typ* verwendet, wobei zu beachten ist, dass Typ die allgemeinere Bezeichnung ist.

Zusicherungen ⇨369
Eigenschaftswerte ⇨293

Neben den Attributen und Operationen beinhaltet eine Klasse auch die Definition eventueller Zusicherungen.

Notation

Klassen werden durch Rechtecke dargestellt, die entweder nur den Namen der Klasse (fettgedruckt) tragen oder zusätzlich auch Attribute und Operationen. Dabei werden diese drei Rubriken – Klassenname, Attribute, Operationen – jeweils durch eine horizontale Linie getrennt. Klassennamen beginnen mit einem Großbuchstaben und sind gewöhnlich Substantive im Singular (Sammlungsklassen u.Ä. ggf. im Plural).

Attribute werden mindestens mit ihrem Namen aufgeführt und können zusätzlich Angaben zu ihrem Typ (d.h. ihrer Klasse), einen Initialwert, Eigenschaftswerte und Zusicherungen enthalten. Siehe Abschnitt 4.3.6 *Attribut* (⇨281).

Operationen werden ebenfalls mindestens mit ihrem Namen, zusätzlich durch ihre möglichen Parameter, deren Klasse und Initialwerte sowie eventuellen Eigenschaftswerten und Zusicherungen notiert. Siehe Abschnitt 4.3.7 *Operation* (⇨285).

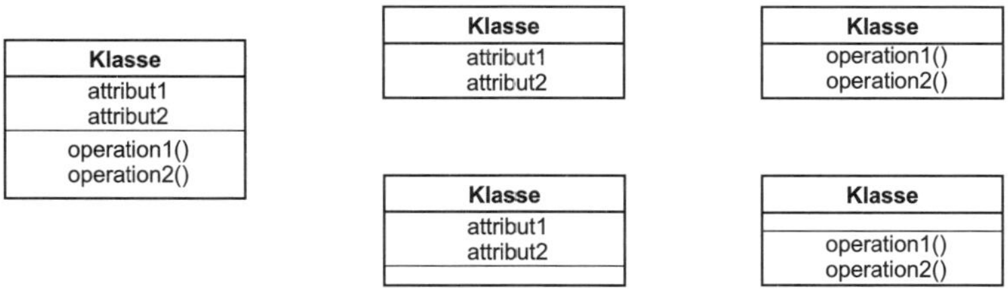

Abstrakte Klassen ⇨278

Paket ⇨326
Attribute ⇨281
Operationen ⇨285

Abb. 4.3-2: Verschiedene Notationsvarianten für Attribute und Operationen

In der obersten Rubrik (Klassenname) stehen oberhalb des Klassennamens in doppelten spitzen Klammern die Klassen-Stereotypen (z.B. *«Fachklasse»*) und unterhalb des Klassennamens stehen in geschweiften Klammern die Eigenschaftswerte. Dem Klassennamen kann der Name eines Paketes vorangestellt werden, wobei zwei Doppelpunkte den Paket- und den Klassennamen trennen.

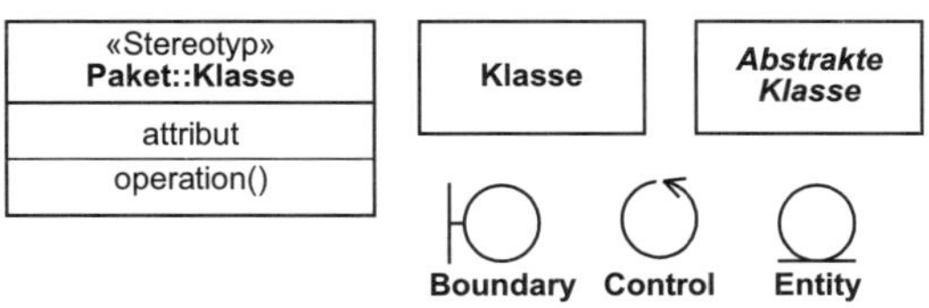

Abb. 4.3-3: Notationsmöglichkeiten für Klassen

Abstrakte Klassen werden durch Kursivschrift des Klassennamens gekennzeichnet. In der UML sind verschiedene Stereotypen vordefiniert, wobei die Symbole dafür seitens der UML nicht festgelegt sind. Über Stereotypen ist es möglich, spezielle Arten von Klassen durch eigene Symbole hervorzuheben. Die wichtigsten sind Boundary, Control und Entity. Siehe hierzu Kapitel *2.15 Klassifizierung von Klassen* (⇨70).

Entity, Control, Boundary & Co ⇨70f.

Zusicherungen können in Notizfeldern oder ganz einfach hinter dem verantwortlichen Element in Klammern notiert werden (siehe Abb. 4.3-4).

Beispiel

Eine Klasse *Kreis* würde beispielsweise die Attribute *radius* und *position* sowie die Operationen *anzeigen(), entfernen(), setPosition(pos)* und *setRadius (neuerRadius)* beinhalten. Ein Paketname ist in der Abbildung nicht angegeben, mit dieser Angabe könnte es aber zum Beispiel *Grafik::Kreis* lauten. Die Zusicherung *{radius > 0}* fordert, dass der Wert des Attributes *radius* stets größer 0 sein muss. Ein Kreis mit einem negativen Radius oder mit dem Radius = 0 ist nicht zulässig. Die Angabe des Initialwertes *(10, 10)* für das Attribut *mittelpunkt* bedeutet, dass beim Erzeugen eines Exemplars der Wert des Attributes hiermit vorbesetzt wird.

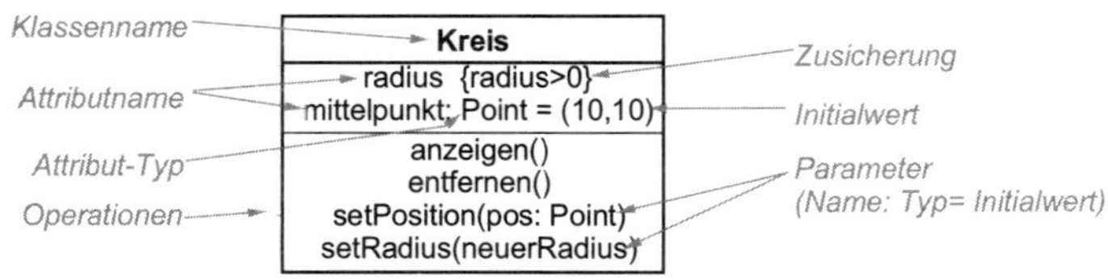

Abb. 4.3-4: Beispiel einer Klasse

UML-Versionshinweis

1.x

Ab UML 2.0 sind Eigenschaftswerte (*property string*) nur an Attributen und Operationen, nicht an Klassen erlaubt.

Boundary, *Control* und *Entity* sind zwar verbreitet, aber keine Standard-UML-Stereotypen.

4.3.2 Parametrisierbare Klasse

Verwandte Begriffe: *Schablone, Klassenvorlage, generische Klasse*, engl. *template*, *parametrisierte Klasse,* engl. *parameterized class,* engl. *bound element, Schablonenbindungsbeziehung*, engl. *template binding relationship.*

Definition

Schablonenklasse
template

Eine parametrisierbare Klasse ist eine mit generischen formalen Parametern versehene Schablone, mit der gewöhnliche (d.h. nicht-generische) Klassen erzeugt werden können. Die generischen Parameter dienen als Stellvertreter für die tatsächlichen Parameter, die Klassen oder einfache Datentypen repräsentieren.

Beschreibung

Bei einer parametrisierbaren Klasse wird keine konkrete Klasse definiert, sondern lediglich eine Schablone (engl. *template*) zur Erzeugung von Klassen. Bei diesen Schablonen handelt es sich normalerweise um eine Makrotechnik, die außer Textersetzung nicht viel kann. Parametrisierbare Klassen sind in statisch typisierten Sprachen ein wichtiges Mittel, um einen wiederverwendbaren Code zu schreiben. C++ und Eiffel unterstützen parametrisierbare Klassen.

Parametrisierte Klasse
bound element

Die mit Hilfe einer parametrisierbaren Klasse entstandene Klasse wird parametrisierte Klasse genannt (engl. *parameterized class, bound element*).

Schablonenbindungsbeziehung

Die Beziehung zwischen den beiden Elementen heißt Schablonenbindungsbeziehung (Template binding relationship).

Beispiel

Ein typischer Anwendungsfall sind Sammlungsklassen, also Klassen, in denen eine Menge von Objekten abgelegt werden kann. Beispielsweise die folgende Warteschlangen-Schablone (C++):

```
template <class Element>
class Warteschlange {
  public:
    void anfuegen(Element* i);
    void entnehmen(Element* i);
    ...
};
```

Diese Warteschlange kann für verschiedene Elementtypen parametrisiert werden, beispielsweise für Patienten im Wartezimmer oder die Teilnehmer eines Verkehrsstaus:

```
class Patient;
class Pkw;

...

Warteschlange<Patient> Wartezimmer;
Warteschlange<Pkw> Stau;
```

Notation

In der grafischen Notation werden parametrisierbare Klassen wie Klassen dargestellt, erhalten jedoch zusätzlich in der rechten oberen Ecke eine Einblendung der Parameter (in einem gestrichelten Rechteck). Klassen, die mit Hilfe einer parametrisierbaren Klasse entstehen, haben einen gestrichelten Vererbungspfeil mit dem Stereotyp *«bind»* zu der parametrisierbaren Klasse.

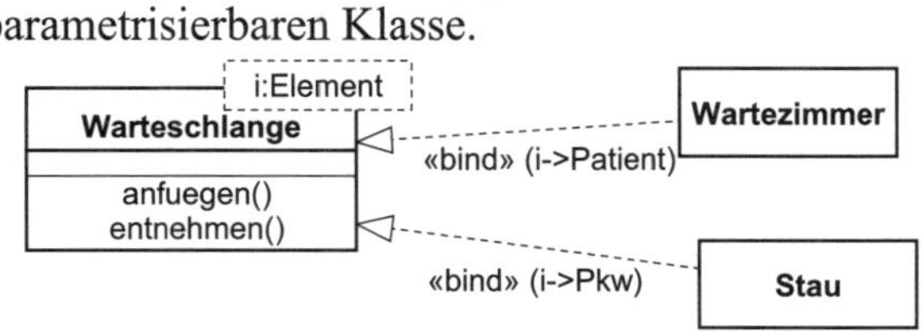

Abb. 4.3-5: Schablonenklasse mit Schablonenbindungsbeziehung.

Eine andere Notationsvariante zeigt die nächste Abbildung, in der die parametrisierte Klasse ohne die *«bind»*-Beziehung gezeigt wird.

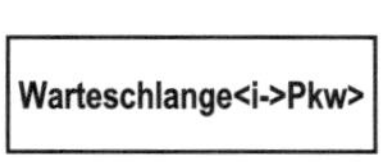

Abb. 4.3-6: Schablonenklasse in Kurzform

Literatur

Schablonenbasierte Programmierung ist ein eigenes Programmierparadigma, lesen Sie hierzu beispielsweise [Alexandrescu2001].

4.3.3 Abstrakte Klasse

Verwandte Begriffe: engl. *abstract class*, *virtuelle Klasse*.

Definition

Klassen ⇨274

Von einer abstrakten Klasse werden niemals Exemplare erzeugt; sie ist bewusst unvollständig und bildet somit die Basis für weitere Unterklassen, die Exemplare haben können.

Beschreibung

Abstrakte Klassen repräsentieren häufig einen Allgemeinbegriff, einen Oberbegriff für eine Menge konkreter Begriffe. So kann *Fahrzeug* ein abstrakter Oberbegriff von *Fahrrad, Pkw, Lkw, Bahn* und *Flugzeug* sein. Von den konkreten Begriffen *Fahrrad, Pkw* etc. gibt es reale Exemplare. Ein Ding, das jedoch einfach nur *Fahrzeug* ist, gibt es nicht. *Fahrzeug* ist lediglich eine Abstraktion, eine Verallgemeinerung.

Oberklasse
Vererbung ⇨299

Eine abstrakte Klasse ist immer eine Oberklasse. Eine abstrakte Klasse, die keine Unterklassen hat, ist sinnlos. Entweder ist sie überflüssig oder es fehlt eine konkrete Klasse als Unterklasse.

Notation

Eine abstrakte Klasse wird wie eine normale Klasse dargestellt, jedoch wird der Klassenname stets kursiv gesetzt. Wahlweise kann unterhalb des Klassennamens {abstract} angegeben werden. Ansonsten können Attribute, Operationen, Zusicherungen usw. Bestandteil der Klasse sein.

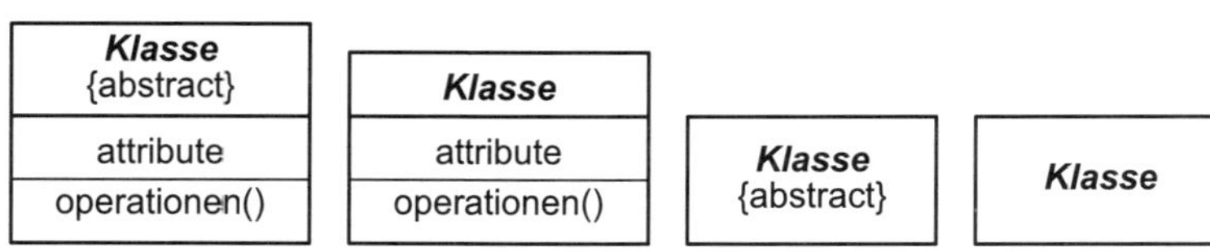

Abb. 4.3-7: Notation abstrakter Klassen

Für handschriftliche Darstellungen ist es etwas umständlich, Klassen als abstrakt zu kennzeichnen. Zum einen ist es mühsam, handschriftlich kursiv zu schreiben. Zum anderen muss man es bereits vorher wissen, eine nachträgliche Kennzeichnung ist nicht möglich. Für handschriftliche Darstellungen verwende ich einfach die Kurzform *{A}*, um eine Klasse als abstrakt zu kennzeichnen.

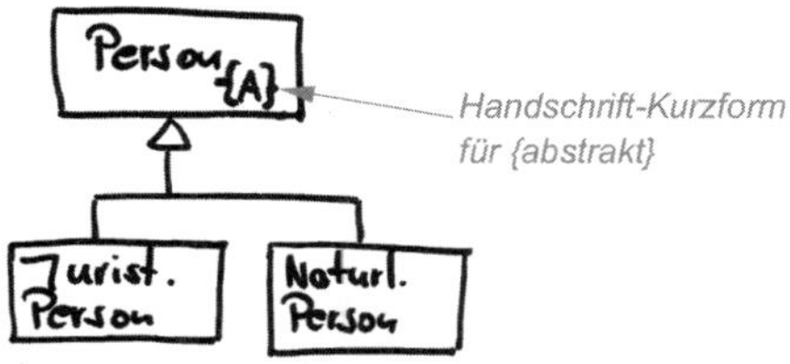

Abb. 4.3-8: Handschriftliche Notation abstrakter Klassen

Beispiel

Die abgebildete Klassenhierarchie zeigt die abstrakte Oberklasse *GeomFigur*. Konkret wird eine geometrische Figur immer ein Dreieck, ein Kreis oder ein Rechteck sein, weswegen dies ihre konkreten Unterklassen sind. Diskriminator ist hier die *Figurenform*.

Diskriminator ⇨299

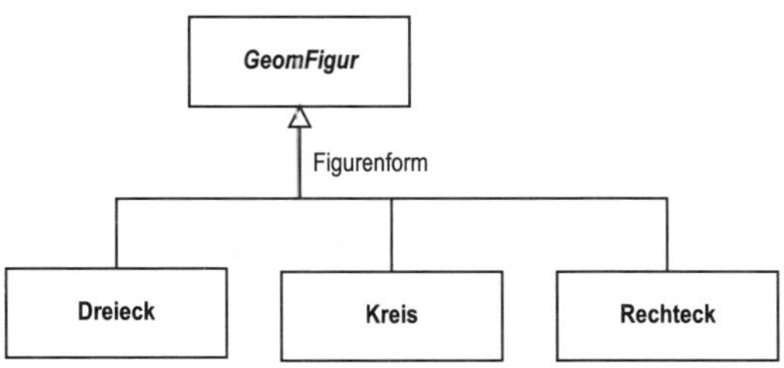

Abb. 4.3-9: Klassenhierarchie mit abstrakter Oberklasse

4.3.4 Aktive Klasse

Verwandte Begriffe: *Klasse*.

Definition

Eine aktive Klasse ist eine Klasse, deren Instanzen jeweils in einem eigenen Thread laufen.

Beschreibung

Für die fachlichen Klassen betrieblicher Informationssysteme sind aktive Klassen gewöhnlich nicht relevant. In eingebetteten und Echtzeit-Systemen hingegen kommt es regelmäßig vor, das bestimmte Prozesse nebenläufig, d.h. mit eigenem Kontrollfluss ausgeführt werden. Klassen, die solche Instanzen mit eigenem Kontrollfluss erlauben, werden aktive Klassen genannt.

Eigener Thread, nebenläufige Prozesse

Notation

Eine aktive Klasse wird wie eine gewöhnliche Klasse notiert, jedoch befindet sich links und rechts an der Innenseite des Rechteckes eine weitere Linie. Alternativ kann die Angabe {active} verwendet werden.

Abb. 4.3-10: Notation einer aktiven Klasse

UML-Versionshinweis

1.x

In UML 1.x wurde ein anderes Symbol verwendet (ein Rechteck mit fettem Rahmen).

4.3.5 Objekt

Verwandte Begriffe: *Exemplar*, *Instanz*, engl. *instance*.

Definition

Klassen ⇨274

Attribute ⇨281
Operationen ⇨285

Ein Objekt ist eine im laufenden System konkret vorhandene und agierende Einheit. Jedes Objekt ist ein Exemplar einer Klasse. Ein Objekt enthält durch Attribute repräsentierte Information, deren Struktur in der Klasse definiert ist. Ein Objekt kann die in der Klasse definierten Nachrichten empfangen, d.h. es besitzt für jede definierte Nachricht entsprechende Operationen. Das durch Nachrichten definierte Verhalten gilt für alle Objekte einer Klasse gleichermaßen, ebenso die Struktur ihrer Attribute. Die Werte der Attribute sind jedoch für jedes Objekt individuell.

Beschreibung

Instanz, Exemplar

Anstelle von *Objekt* kann synonym auch *Instanz* oder *Exemplar* gesagt werden. Der beliebte Begriff *Instanz* ist ein Anglizismus: Der in der englischsprachigen Literatur verwendete Begriff *instance*, der soviel meint wie *Exemplar*, wurde nicht richtig übersetzt.

Eine Klasse enthält die Definition von Objekten, d.h. deren abstrakte Beschreibung. Das Verhalten eines Objektes wird beschrieben durch die möglichen Nachrichten, die es verstehen kann. Zu jeder Nachricht benötigt das Objekt entsprechende Operationen. Nachricht und Operation werden häufig synonym verwendet, obwohl dies nicht richtig ist.

Bei *multipler Klassifikation* ist ein Objekt gleichzeitig Instanz von mehr als einer Klasse (ein eher theoretischer Fall, in den meisten objektorientierten Programmiersprachen ist dies nicht vorgesehen).

Bei *dynamischer Klassifikation* kann ein Objekt nacheinander Instanz von mehr als einer Klasse sein (in Smalltalk prinzipiell möglich, dennoch ebenfalls ein eher theoretischer Fall).

Notation

Objekte werden durch Rechtecke dargestellt, die entweder nur ihren Namen tragen, zusätzlich auch den Namen ihrer Klasse oder auch die Werte bestimmter oder aller Attribute. Werden die Attributwerte angegeben, wird das

Rechteck in zwei, durch eine horizontale Linie getrennte Rubriken aufgeteilt. Zur Unterscheidung von der Klassen-Notation wird der Name des Objektes unterstrichen, außerdem beginnt der Objektname gewöhnlich mit einem Kleinbuchstaben.

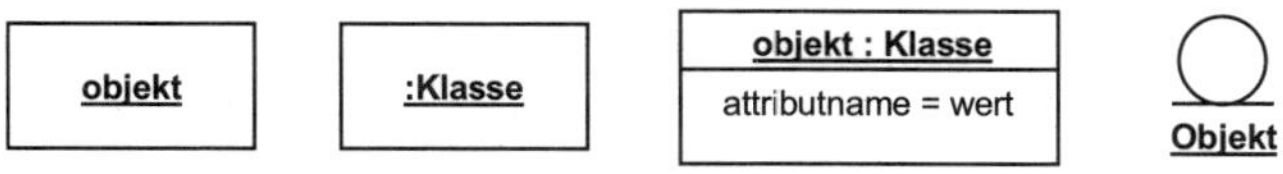

Abb. 4.3-11: Notationsmöglichkeiten für Objekte

Attribute werden mit ihrem Namen und ihrem beispielhaften oder im jeweiligen Zusammenhang aktuellen Wert aufgeführt. Operationen werden nicht genannt, da diese keine Objekt-individuellen Ausprägungen besitzen und für alle Objekte einer Klasse identisch sind. Stattdessen wird in Kommunikations- und Sequenzdiagrammen der konkrete Nachrichtenaustausch zwischen Objekten dargestellt.

Kommunikationsdiagramme ⇨357
Sequenzdiagramme ⇨361

Instanziierungsbeziehungen, d.h. Klassen-Objekt-Beziehungen werden durch einen gestrichelten Pfeil dargestellt. Das Objekt zeigt auf seine Klasse.

Beispiel

vgl. Klasse ⇨274

Die Abbildung zeigt ein Objekt mit dem Namen *einKreis*, welches Exemplar der Klasse *Kreis* ist. Es wird durch die beiden Attribute *radius* und *mittelpunkt* beschrieben, wobei der Radius in diesem Beispiel den Wert *25* und der Mittelpunkt (x, y) den Wert *(10, 10)* hat.

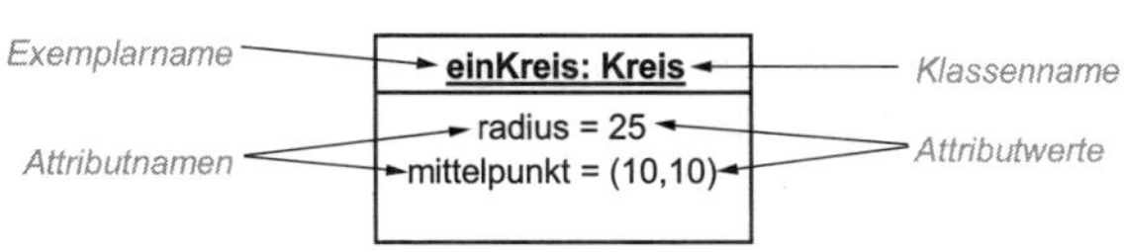

Abb. 4.3-12: Beispiel eines Objektes

4.3.6 Attribut

Verwandte Begriffe: engl. *attribute*, *Variable*, *Instanzvariable*, engl. *member*, *Datenelement*.

Definition

Klassen ⇨274
Objekte ⇨280

Ein Attribut ist ein (Daten-) Element, das in jedem Objekt einer Klasse gleichermaßen enthalten ist und von jedem Objekt mit einem individuellen Wert repräsentiert wird. Im Gegensatz zu Objekten haben Attribute außerhalb des Objektes, von dem sie Teil sind, keine eigene Identität. Attribute sind vollständig unter der Kontrolle der Objekte, von denen sie ein Teil sind.

Beschreibung

Jedes Attribut wird mindestens durch seinen Namen beschrieben. Zusätzlich können ein Datentyp bzw. eine Klasse sowie ein Initialwert und Zusicherungen definiert werden. Die Definition des Attributtyps ist programmiersprachenabhängig: In Smalltalk ist der Wert eines Attributes wiederum ein Objekt, in C++ kann dies auch ein Zeiger, ein zusammengesetzter oder ein elementarer Datentyp (z.B. int) sein. Der Typ bzw. die Klasse eines Attributes wird gewöhnlich angegeben.

Instanzvariable

In Sprachen mit dynamischer Typbindung (z.B. Smalltalk), in denen Attribute (Instanzvariablen) nicht fest an einen Typ gebunden sind, beschreibt die Klassenangabe, welche Klassenzugehörigkeit für das Attribut hier erwartet werden darf, auch wenn die Sprache hier unverbindlich bleibt.

Zusicherungen, OCL ⇨369

Mit *Zusicherungen* kann zusätzlich zur Typangabe der Wertebereich bzw. die Wertemenge des Attributes eingeschränkt oder von anderen Gegebenheiten abhängig gemacht werden. Zusicherungen lassen sich innerhalb des Klassenrechteckes nicht immer sinnvoll unterbringen und sind daher separat zu notieren. Die meisten CASE-Tools beispielsweise bieten extra Spezifikationsdialoge für Attribute an; notfalls sind umfangreichere Zusicherungen als Kommentar festzuhalten. Hier ein einfaches OCL-Beispiel für eine Zusicherung zur Klasse *Kreis* über die möglichen Werte des Attributes *radius*:

```
context Kreis inv: radius > 0
```

Eigenschaftswerte ⇨293
Zustandsdiagramme ⇨350
Read-only, frozen, immutable

Mit der Angabe von *Eigenschaftswerten* können weitere besondere Eigenschaften beschrieben werden. Ein Eigenschaftswert ist zum Beispiel *{read only}*, um anzuzeigen, dass ein Attribut nur gelesen werden darf und {frozen}, um auszudrücken, dass das Attribut nach der Erzeugung und Initialisierung des Objektes nicht mehr geändert werden darf (wird oft auch *immutable* genannt).

Optionale und obligatorische Attribute

Optionale und obligatorische Attribute können durch Angabe einer entsprechenden Multiplizität unterschieden werden:

Multiplizitätsangabe

```
optionalesAttr: Klasse[0..1]
pflichtAttr: Klasse[1]
```

Dynamische Arrays
Komposition

Multiplizitätsangaben sollten nur dann notiert werden, wenn sie nicht [1] sind, was der (informelle) Standardwert ist, d.h. normalerweise werden alle Attribute als Pflichtattribute gesehen. Mengen (beispielsweise dynamische Arrays) können mit [*] notiert werden, wobei damit häufig eine Komposition vorliegt (d.h. die Elemente der Menge verfügen über eine eigene Identität), die dann auch verwendet, d.h. modelliert werden sollte.

Eine Sortierreihenfolge kann mit folgenden Schlüsselwörten definiert werden:

- unordered: nicht geordnet (Standard, wenn Angabe fehlt)
- ordered: Werte sind geordnet

Beispiel:

```
Vorname : String[*] {ordered}
```

Abgeleitete Attribute. Eine besondere Variante sind die so genannten abgeleiteten Attribute. Diese sind innerhalb eines Objektes nicht physisch durch einen Wert repräsentiert, sondern werden automatisch berechnet. Die Berechnungsvorschrift wird in Form einer Zusicherung angegeben. Für abgeleitete Attribute kann ebenfalls ein Typ angegeben werden. Die Angabe eines Intialwertes entfällt bei abgeleiteten Attributen, die Angabe eines Eigenschaftswertes ist normalerweise auch entbehrlich.

Abgeleitete Attribute sind grundsätzlich nicht direkt änderbar. Da Attribute sowieso nicht direkt änderbar sein sollten, können abgeleitete Attribute grundsätzlich auch durch entsprechende Operationen realisiert werden. Abgeleitete Attribute sollten nur von objektinternen Elementen abgeleitet werden und ohne Zugriffe auf benachbarte Objekte auskommen. Andernfalls sollten besser entsprechende Berechnungsoperationen definiert werden.

Abgeleitete Attribute

Sinnvoll ist die Definition abgeleiteter Attribute, um zu kennzeichnen, dass das Zwischenspeichern (engl. *caching*) von Werten an dieser Stelle sinnvoll ist. Üblicherweise wird man dies immer dort vorsehen, wo aus Performanzgründen Berechnungen nicht unnötig wiederholt werden sollen.

caching
Performanz

Klassenattribute (Klassenvariablen) gehören nicht einem einzelnen Objekt, sondern sind Attribut einer Klasse (gilt z.B. für Smalltalk). Das heißt, alle Objekte dieser Klasse können auf ein solches gemeinsames Klassenattribut zugreifen. Klassenattribute können beispielsweise dazu verwendet werden, die erzeugten Objekte einer Klasse zu zählen oder zu numerieren. Mit jedem neuen erzeugten Objekt dieser Klasse wird zum Beispiel ein Zähler inkrementiert.

Klassenattribute

Sichtbarkeit. Je nach Programmiersprache kann auch die äußere Sichtbarkeit von Attributen eingeschränkt werden. In Smalltalk erübrigt sich dies, weil Attribute grundsätzlich nur durch das Objekt selbst anzusprechen sind; alle Zugriffe von außen sind nur über Operationen möglich. Die Zugriffsmöglichkeiten können folgendermaßen deklariert werden:

Sichtbarkeits-
kennzeichen:
public, protected, private

- *public*: für alle sichtbar und benutzbar.
- *protected*: Die Klasse selbst, ihre Unterklassen sowie die als *friend*[31] deklarierten Klassen haben Zugriff.
- *private*: Nur die Klasse selbst und die als *friend* deklarierten Klassen kommen an private Attribute heran.
- *package*: Nur die Klassen im gleichen Paket haben Zugriff auf private Attribute.

Zugriffsrestriktion

---

[31] *Friend* ist ein aus C++ bekannter Mechanismus, mit dem eine Klasse ausgewählten anderen Klassen Zugriffsrechte gewähren kann.

Attribute sollten grundsätzlich nur durch die Klasse, in der sie definiert sind, verwendet werden. Andere Klassen (Ober-, Unter- und assoziierte Klassen) sollten stets nur über Operationen auf sie zugreifen (*private*).

Notation

Attributnamen beginnen mit Kleinbuchstaben, Klassennamen (genauer: Typnamen) mit Großbuchstaben, Eigenschaftswerte und Zusicherungen stehen in geschweiften Klammern.

```
«Stereotyp» Sichtbarkeit attributname:
  Paket::Typ [Multiplizität] = Initialwert {Eigenschaftswerte}
```

Klassenoperationen

Abgeleitete Attribute werden durch einen vorangestellten Schrägstrich „/" gekennzeichnet. Klassenattribute werden unterstrichen und Sichtbarkeitsangaben wie *public, protected, private* und *package* werden mit „+", „#", „-" und „~" gekennzeichnet.

```
+publicAttribut            /abgeleitetesAttribut
#protectedAttribut         klassenAttribut
-privateAttribut
~packageAttribut
```

Abb. 4.3-13: Sichtbarkeits- und andere Kennzeichen für Attribute

Innerhalb einer Klasse werden die Attribute durch eine horizontale Linie vom Klassennamen getrennt und stehen somit in einer anderen Abteilung innerhalb des Klassenrechteckes.

Beispiele

```
name : String = 'Unbekannt'
gebDatum : Date
radius : Integer = 25 {readonly}
/alter : Integer {alter = today - gebDatum}
defaultName = 'Noname'
-versionsNr : Integer
-counter : Integer
time : DateTime::Time
dynamArray[*] {ordered}
name : String[1]
vorname : String[0..1]
vornamen : String[1..5]
```

4.3.7 Operation

Verwandte Begriffe: *Methode*, *Service*, *Prozedur*, *Routine*, *Funktion*, *Botschaft*, *Nachricht*, engl. *message*, *Dienstleistung*.

Definition

Operationen sind Dienstleistungen, die von einem Objekt angefordert werden können, sie werden durch ihre Signatur beschrieben (Operationsname, Parameter, ggf. Rückgabetyp).

Nachricht
Operation
Methode

UML-Versionshinweis

Die Trennung von *Operation* und *Methode* (als Implementierung einer Operation) ist in UML 2.1 weitgehend aufgehoben.

1.x

Beschreibung

Eine Nachricht besteht aus einem Selektor (einem Namen), einer Liste von Argumenten und geht an genau einen Empfänger. Der Sender einer Nachricht erhält i.d.R. genau ein Antwortobjekt zurück. Eine Operation trägt eine innerhalb einer Klassendefinition eindeutige *Signatur*, die sich aus dem Namen der Operation, eventuell vorhandenen Parametern (Argumenten) und einem eventuell vorhandenen Rückgabewert (Funktionsergebnis) zusammensetzt. Die Parameter einer Operation entsprechen in ihrer Definition den Attributen, d.h. sie tragen einen Namen und gegebenenfalls weitere Angaben zum Typ und Standardwert.

Signatur
Parameter
Attribute ⇨281

Operationen können mit *Zusicherungen* versehen werden, die beispielsweise beschreiben, welche Bedingungen beim Aufruf erfüllt sein müssen oder welche Werte die Argumente besitzen dürfen.

Zusicherungen ⇨369

Die Argumente von Operationen können mit den Schlüsselwörtern *in*, *out* und *inout* gekennzeichnet werden, je nachdem ob die Daten in die Operation nur hinein, nur hinaus oder hinein und hinaus gegeben werden.

Richtung = {in, out, inout}

Mit Hilfe von *Eigenschaftswerten* können weitere besondere Eigenschaften beschrieben werden. Eigenschaftswerte sind zum Beispiel *{abstract}*, um anzuzeigen, dass es sich um eine abstrakte Operation handelt, oder *{deprecated}*, um auszudrücken, dass diese Operation nur noch zur Kompatibilität mit früheren Versionen existiert und ansonsten nicht mehr verwendet werden soll.

Eigenschaftswerte ⇨293
{deprecated}

Abstrakte Operationen sind solche, die nur durch ihre Signatur repräsentiert werden und deren Implementierung erst in einer Unterklasse stattfindet. In C++ werden abstrakte Operationen auch rein virtuelle Operationen genannt.

Abstrakte Operationen

Abstrakte Klassen ⇨278

Abstrakte Operationen kann es nur in abstrakten Klassen geben. Abstrakte Operationen, die nicht in einer Unterklasse wiederholt und dort implementiert werden, sind sinnlos.

Query

Static

Operationen, die keine Seiteneffekte haben, d.h. den Zustand des Objektes oder anderer Objekte nicht verändern, können mit {query} versehen werden. Operationen, die als globale Prozedur verwendet werden, also unabhängig von dem konkreten Objekt, über das sie aufgerufen werden, werden als {static} gekennzeichnet.

Unterschied Nachricht/Operation ⇨59

Objekte kommunizieren untereinander durch den Austausch von Nachrichten (Botschaften). Jedes Objekt versteht genau die Nachrichten, zu denen es eine entsprechende Operation besitzt (daher werden die Begriffe Operation und Nachricht häufig synonym benutzt, was jedoch nicht richtig ist). Jedoch kann in den Klassen, die ein Objekt definieren, diese Operation mehrfach definiert sein.

Notation

Die Signatur einer Operation sieht wie folgt aus:

```
«Stereotyp» Sichtbarkeit operationsname
  (Richtung argument : Argumenttyp [Multiplizität] =
  Standardwert {Eigenschaftswerte}, ...): Rückgabetyp {Eigen-
schaftswerte}
```

Beispiel für die Operation *setPosition* der Klasse *Kreis*:

```
+ setPosition(in x : Integer = 1, in y : Integer = 1): Boolean
{abstract}
```

Der Name der Operation beginnt mit einem Kleinbuchstaben. Ein Argument trägt einen mit einem Kleinbuchstaben beginnenden Namen und wird eventuell durch die Nennung eines Datentyps bzw. einer Klasse näher beschrieben. Zwischen Argumentname und -typ steht in diesem Fall ein Doppelpunkt. Für Argumente kann ein Standardwert angegeben werden, was jedoch nur bei der Verwendung von Programmiersprachen mit optionaler Parameterübergabe sinnvoll ist. Der Rumpf einer Operation enthält den Code zur Implementierung und ist deswegen programmiersprachenspezifisch.

Eigenschaftswerte stehen in geschweiften Klammern. Abstrakte Operationen werden wahlweise kursiv gesetzt oder erhalten den Eigenschaftswert *{abstrakt}*:

```
anzeigen()
anzeigen() {abstrakt}
```

Zusicherungen, OCL ⇨369

Abstrakte Operationen

Zusicherungen zu Operationen sind separat zu notieren. Beispiel für eine OCL-Zusicherung zu dieser Operation:

```
context Kreis::setPosition(x : Integer, y : Integer)
  pre: (x > 0) and (y > 0)
```

Klassenoperationen (z.B. in Smalltalk) werden durch Unterstreichung gekennzeichnet.

Sichtbarkeit. Je nach Programmiersprache kann auch die äußere Sichtbarkeit von Operationen eingeschränkt werden. Die Zugriffsmöglichkeiten können folgendermaßen deklariert werden: [32]

Zugriffsrestriktion

- *public*: für alle sichtbar und benutzbar.
- *protected*: Die Klasse selbst, ihre Unterklassen sowie die als *friend*[33] deklarierten Klassen haben Zugriff.
- *private*: Nur die Klasse selbst und die als *friend* deklarierten Klassen kommen an private Attribute heran.
- *package*: Nur die Klassen im gleichen Paket haben Zugriff auf private Attribute.

Die äußere Sichtbarkeit von Operationen durch ein vorangestelltes Sonderzeichen:

Sichtbarkeitskennzeichen

```
+publicOperation()
#protectedOperation()
-privateOperation()
~packageOperation()
```

Abb. 4.3-14: Notation von Sichtbarkeitskennzeichen

Beispiele

```
getPosition(x, y)
getPosition(out x : Integer, out y : Integer)
vergroessern(umFaktor : Real): GeomFigur
+addRufnummer(rufnummer : String, art : Rufart = #Fax)
einzahlen(in betrag : Betrag):Betrag
#freigeben():Vertragsstatus
«create» create()
```

Vgl. Klasse ⇨274

4.3.8 Verantwortlichkeit

Verwandte Begriffe: engl. *responsibility*, *Aufgabe*, *Zweck*.

Definition

Verantwortlichkeit beschreibt, für welche fachlichen Aufgaben eine Klasse verantwortlich ist.

Notation

Viele Modellierungswerkzeuge bieten die Möglichkeit, zu jedem Modellelement eine Kurzbeschreibung anzugeben, dort lassen sich auch Verant-

[32] Die Bedeutung dieser Schlüsselwörter in C++ und Java decken sich nicht ganz, verwenden Sie am besten die Bedeutung aus der von Ihnen eingesetzten Programmiersprache.

[33] *Friend* ist ein aus C++ bekannter Mechanismus, mit dem eine Klasse ausgewählten anderen Klassen Zugriffsrechte gewähren kann.

wortlichkeiten beschreiben. Die Verantwortlichkeiten können in einer eigenen Abteilung der Klasse oder alternativ mit einem Notizfeld notiert werden.

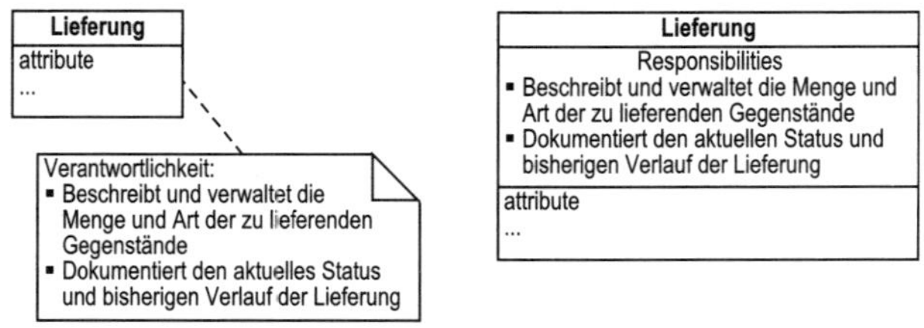

Abb. 4.3-15: Notation von Verantwortlichkeiten in einer Klasse

Erläuterung

Bevor Klassen im Detail modelliert werden, ist es sinnvoll, die Verantwortlichkeit der Klasse zu definieren. Zwar handelt es sich hier um verhältnismäßig unscharfe und abstrakte natürlichsprachige Beschreibungen, aber sie betreffen eines der wichtigsten objektorientierten Prinzipien, das Verantwortlichkeitsprinzip.

Alle in objektorientierten Modellen repräsentierten fachlichen Sachverhalte sind letztendlich genau einer Klasse zuzuordnen. Operationen, Attribute, Geschäftsregeln, Zusicherungen, Assoziationen etc. gehören spätestens in der Realisierung in den Verantwortungsbereich genau einer Klasse. Eine Klasse sollte möglichst nur für einen fachlichen Zusammenhang verantwortlich sein, weil sonst mehr Abhängigkeiten und somit ein instabileres Gesamtdesign entstehen würde.

4.3.9 Enumeration

Verwandte Begriffe: *Aufzählungsmenge*, *Wertemenge*, *Schlüsseltabelle*.

Definition

Eine Enumeration ist eine Menge fester Werte ohne weitere Eigenschaften.

Beschreibung

Vgl. ⇨76

Enumerationen können verwendet werden, um Aufzählungsmengen, beispielsweise Farben, Statusbezeichnungen, Familienstände etc. ohne weitere Konkretisierung zu notieren. Siehe aber auch Abschnitt 2.15.8 *Aufzählung «enumeration»* (⇨76).

Notation

Enumerationen werden dargestellt wie Klassen, jedoch enthalten sie gewöhnlich nur eine Rubrik mit den Aufzählungswerten.

Abb. 4.3-16: Notation einer Enumeration

4.3.10 Schnittstellen

Verwandte Begriffe: engl. *interface, interface class, Schnittstellenklasse.*

Definition

Schnittstellen beschreiben mit einer Menge von Signaturen und Attributen einen ausgewählten Teil des extern sichtbaren Verhaltens und der extern sichtbaren Struktur von Modellelementen (hauptsächlich von Klassen und Komponenten).

Es werden bereitgestellte und benötigte Schnittstellen unterschieden. Eine bereitgestellte Schnittstelle wird von einem Modellelement angeboten und kann von anderen verwendet werden. Eine angeforderte Schnittstelle ist eine von einem anderen Modellelement benötigte Schnittstelle.

Beschreibung

Schnittstellenklasse

Schnittstellen sind Spezifikationen des externen Verhaltens von Klassen (oder anderer Elemente) und beinhalten eine Menge von Signaturen für Operationen sowie Attributen, die Klassen (o.a.), die diese Schnittstelle bereitstellen wollen, implementieren müssen.

Schnittstellen sind mit dem Schlüsselwort *«interface»* gekennzeichnet.

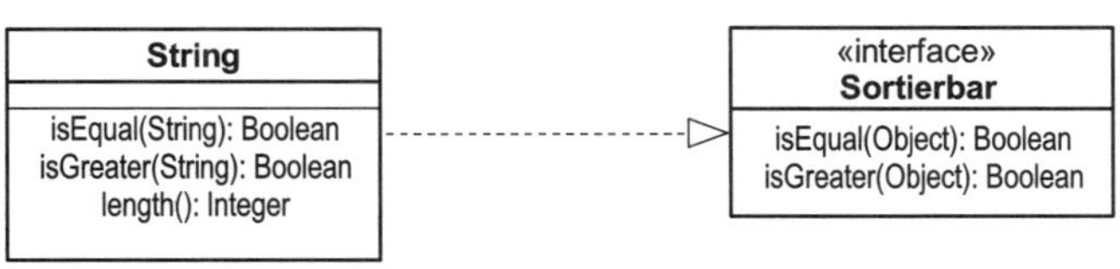

Abb. 4.3-17: *String* realisiert die Schnittstelle *Sortierbar*

Gewöhnliche Klassen, die eine Schnittstelle implementieren wollen, müssen alle in der zugehörigen Schnittstellenklasse definierten Operationen implementieren. Die in der Schnittstelle definierten Operationen sind de facto abstrakte Operationen.

Realisierungsbeziehung ⇨318

Eine gewöhnliche Klasse kann mehrere Schnittstellen implementieren und darüber hinaus weitere Eigenschaften enthalten. Anders ausgedrückt: Eine Schnittstelle beschreibt in der Regel eine Untermenge der Operationen einer

Klasse. Zwischen implementierender Klasse und Schnittstellenklasse besteht eine Realisierungsbeziehung (Schlüsselwort *«realize»*).

Erweiterung von Schnittstellen mit Generalisierung ⇨299

Schnittstellenklassen können andere Schnittstellen erweitern, d.h. Vererbungsbeziehungen zwischen Schnittstellenklassen sind möglich. Es wird hierbei die normale Generalisierungsbeziehung verwendet. Dabei ist zu beachten, dass nur weitere Operationen zugefügt werden können.

Es ist nicht möglich, die Semantik der Schnittstellen-Oberklasse einzuschränken. Alle Invarianten müssen beibehalten werden. Weitere Invarianten können hinzugefügt werden. Ebenso können Einschränkungen auf Parametern und Rückgabetypen gemacht werden.

Mehrfachvererbung ⇨302, 303

Eine Schnittstellenklasse kann mehrere andere Schnittstellen erweitern, d.h. mehrere Oberklassen haben. Da hier nur Mengen von Signaturen zusammengefasst werden, ist dies im Gegensatz zur Mehrfachvererbung bei gewöhnlichen Klassen unproblematisch.

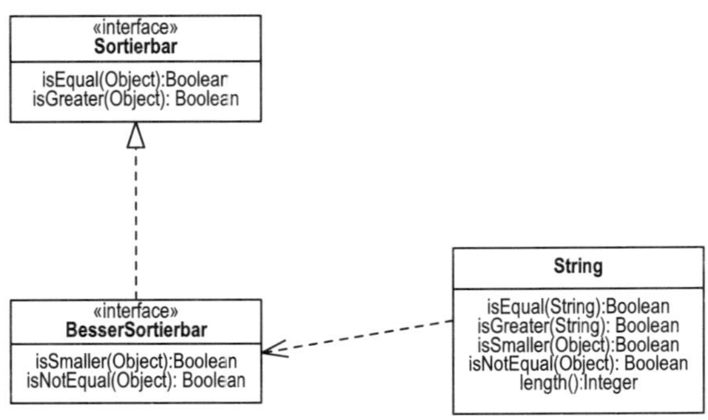

Abb. 4.3-18: Erweiterung und Realisierung von Schnittstellen

Gewöhnliche Klassen können mehrere Schnittstellen implementieren, wobei zu beachten ist, dass die verschiedenen Schnittstellen keine gleichlautenden Signaturen beinhalten sollten, da es nicht zwingend wäre, dass auch ihre Semantik gleichlautend definiert ist.

In jedem Fall müssen die zu implementierenden Schnittstellen zueinander widerspruchsfrei sein. Dies lässt sich unter anderem dadurch erreichen, dass Gemeinsamkeiten in Schnittstellenklassen herausfaktorisiert werden.

Attribute und Assoziationen von Schnittstellen

Attribute gehören im strengeren Sinne nicht in Schnittstellen hinein, da Attribute etwas Internes darstellen und von außen nur über Operationen angesprochen werden sollten. Die UML erlaubt dennoch Attribute in Schnittstellen. Dementsprechend sind auch Assoziationen zwischen Schnittstellen oder zu Klassen zulässig. Werden Attribute in der Schnittstelle definiert, muss sich die implementierende Klasse so verhalten, als würde sie die Attribute besitzen – was zugegebenermaßen eine sehr unscharfe Forderung darstellt. Gewöhnlich genügt es, die entsprechenden getAttribut()- und setAttrbut()-Methoden anzubieten – aber was ist, wenn beispielsweise das Attribut, jedoch bewußt nicht die zugehörige Set-Methode in der Schnittstelle definiert ist?

Um das Schnittstellenkonzept noch etwas mächtiger zu machen, kann man in der Praxis für jede in einer Schnittstelle definierte Signatur beispielsweise folgende Zusicherungen zusätzlich spezifizieren:

Zusicherungen, OCL ⇨369

- Vorbedingung
  Beschreibung der Bedingungen, die vor dem Aufruf der Operation erfüllt sein müssen und die von der Operation (stillschweigend) vorausgesetzt werden können. Die UML kennt und erlaubt eine Vorbedingung.
- Nachbedingung
  Beschreibung der Bedingungen, die bei Beendigung der Operation erfüllt sein müssen. Die UML kennt und erlaubt eine Nachbedingung.
- Invarianten
  Beschreibung der Bedingungen, die stets erfüllt sein müssen. Die UML kennt und erlaubt *eine* Invariante.
- Ausnahmen
  Benennung der Ausnahmen (engl. *exceptions*), die von einer Operation ausgelöst werden können. Dies ist kein UML-Standard, für den Benutzer einer Schnittstelle aber eine wichtige Information.

Zur Notation dieser Zusicherungen eignen sich beispielsweise OCL-Ausdrücke in folgender Form (*throws* ist kein OCL-Standard):

```
context Interfacename
  inv:    ... (boolescher Ausdruck für Invariante)
  pre:    ... (boolescher Ausdruck für Vorbedingung)
  post:   ... (boolescher Ausdruck für Nachbedingung)
  throws: ... (Liste der Ausnahmen/Exceptions)
```

Notation

Schnittstellenklassen werden wie gewöhnliche Klassen notiert, sie tragen jedoch das Schlüsselwort *«interface»*. Eine Abteilung für Attribute ist erlaubt, jedoch meistens nicht vorhanden, da Schnittstellen normalerweise nur Operationen enthalten.

Bereitgestellte Schnittstelle

Für eine bereitgestellte Schnittstelle ist es notwendig, dass das bereitstellende Element eine Realisierungsbeziehung zu der Schnittstelle besitzt. Die andere Möglichkeit, die Implementierung einer Schnittstelle darzustellen, ist ein kleiner nicht ausgefüllter Kreis, der durch eine Linie mit der Klasse verbunden ist, die die Schnittstelle anbietet. Dies soll einen Stecker symbolisieren. Daneben wird der Name der Schnittstelle genannt; er entspricht dem Namen der zugehörigen Schnittstellenklasse.

Bei der Schreibweise mit der Realisierungsbeziehung besteht die Möglichkeit, die durch die Schnittstellenklasse geforderten Operationen abzulesen. Bei der Kurznotation sieht man die von der Schnittstelle geforderten Operationen nicht, sondern nur den Namen der Schnittstellenklasse.

Angeforderte Schnittstelle

Für eine angeforderte Schnittstelle besitzt das anfordernde Element eine Abhängigkeitsbeziehung zu der Schnittstelle. Auch hierfür gibt es eine Kurznotation, jedoch handelt es sich hierbei um einen Halbkreis am Stiel. Dies soll eine Buchse symbolisieren.

Bereitstellung und Anforderung einer Schnittstelle können über eine Abhängigkeitsbeziehung miteinander verbunden werden. Das direkte Zusammenstecken von Stecker und Buchse sieht die UML in einem Klassendiagramm derzeit nicht vor.

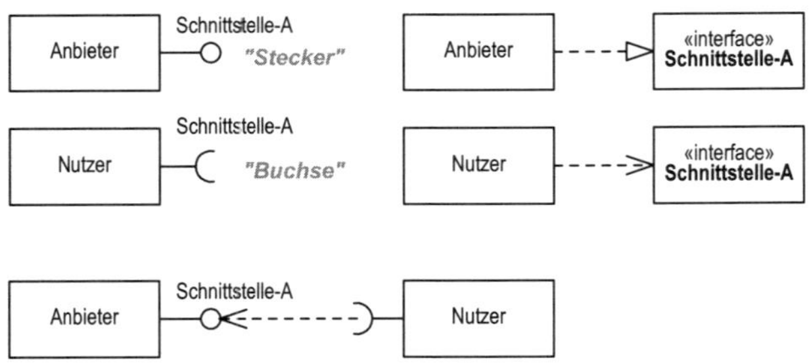

Abb. 4.3-19: Notationsmöglichkeiten für Schnittstellen, Schnittstellennutzung und Schnittstellenbereitstellung

Wie in der Abb. 4.3-18 gezeigt, können Schnittstellen andere Schnittstellen erweitern, hierzu wird eine Vererbungsbeziehung mit Pfeil in Richtung auf die zu erweiternde Schnittstellenklasse gezeichnet.

Beispiel

Weitere Beispiele ⇨52, 191, 321

Die Abb. 4.3-17 zeigt, dass die Klasse *String* die Schnittstelle *Sortierbar* implementiert. Die Schnittstelle *Sortierbar* fordert zwei Operationen: *isEqual()* und *isGreater()*. Objekte, die über diese beiden Operationen verfügen, können sortiert werden. Die Klasse *String* erfüllt die Anforderungen für diese Schnittstelle, da sie unter anderem über die beiden geforderten Operationen verfügt.

Die Abb. 4.3-20 zeigt die Klasse *String*, die eine Schnittstelle mit dem Namen *Sortierbar* anbietet. Diese Schnittstelle wird von der Klasse *SortierteStringListe* genutzt. Das heißt, *SortierteStringListe* nutzt die Eigenschaften von *String*, die in der Schnittstellenklasse *Sortierbar* definiert sind.

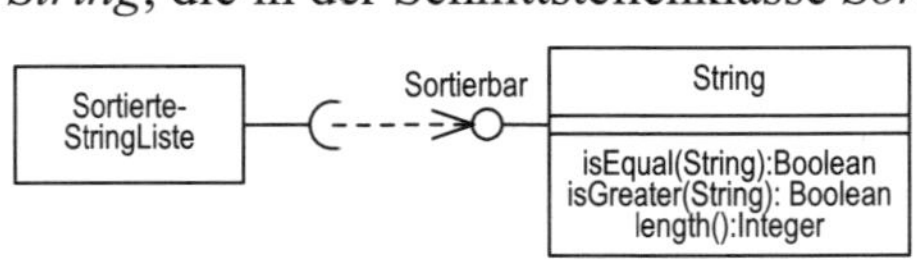

Abb. 4.3-20: Beispiel einer Schnittstellenabhängigkeit

Die Definition von Schnittstellen ist hilfreich, um die Kopplung zwischen Klassen zu explizieren und zu reduzieren. Im obigen Beispiel etwa ist die Schnittstellennutzerin *SortierteStringListe* nur von zwei speziellen Operationen der Klasse *String* abhängig.

Alle übrigen Operationen der Klasse *String* könnten ohne Beeinträchtigung der Sortierbarkeit verändert werden. Eine Information, die man sonst nur durch intensives Studium der Klasse *SortierteStringListe* gewonnen hätte.

In streng typisierten Sprachen wie Java ist die Modellierung solcher Abhängigkeiten gewöhnlich nicht wichtig, der Compiler führt Typprüfungen durch. In dynamisch typisierenden Sprachen wie Smalltalk kann dies interessant sein, um den Export von Schnittstellen und Typen restriktiv zu handhaben.

UML-Versionshinweis

Bis zur UML 1.x konnten Schnittstellen ebenso bereitgestellt werden, die Anforderung einer Schnittstelle war jedoch nur mittels einer Abhängigkeitsbeziehung darstellbar. Das Buchsen-Symbol zur Anforderung ist neu in UML 2.x.

Schnittstellen dürfen ab UML 2.0 neben (abstrakten) Operationen nun auch Attribute beinhalten. Diese Möglichkeit scheint aber eher ein Zugeständnis an bestimmte Komponententechnologien zu sein und sollte konzeptionell möglichst nicht genutzt werden.

4.3.11 Eigenschaftswert

Verwandte Begriffe: engl. *property string*, engl. *tagged value*, *Merkmal, Charakteristikum*, *Zusicherung*, Stereotypattribut.

Das Konstrukt Eigenschaftswert, so wie es aus der UML 1.x bekannt ist, gibt es streng genommen nicht mehr, auch wenn die Handhabung von Stereotypen, Schlüsselwörtern u.Ä. ab UML 2.0 auf dem ersten Blick ähnlich aussieht.

Die in der Praxis relevanten und in diesem Buch verwendeten Eigenschaftswerte (in der UML 2.x *Property Strings* genannt) werden jeweils in Zusammenhang mit den jeweiligen Modellelementen (bspw. Klassen, Attribute, Operationen) erläutert.

Property Strings sind zu unterscheiden von den Stereotypattribute (im Original *Tagged Values* genannt).

Ein tieferes Verständnis dieser Zusammenhänge ist nur im Kontext des UML-Metamodells möglich, siehe daher [Weilkiens2003] und [Weilkiens2004].

4.3.12 Stereotyp

Verwandte Begriffe: *Metamodell-Erweiterungen, Verwendungskontext, Zusicherung, Eigenschaftswert.*

Definition

Metamodell-Erweiterung

Stereotypen sind formale Erweiterungen vorhandener Modellelemente des UML-Metamodelles. Entsprechend der mit der Erweiterung definierten Semantik wird das Modellierungselement, auf das es angewendet wird, direkt semantisch beeinflusst.

Stereotypen führen kein neues Modellelement im Metamodell ein, sondern versehen ein bestehendes mit zusätzlicher Semantik.

Beschreibung

Das Konzept der Stereotypen ist insgesamt nicht trivial. Es zu verstehen bedarf tieferer Einblicke ins Metamodell der UML, was nicht Gegenstand dieses Buches ist. Daher werden hier lediglich die wichtigsten Aspekte dargestellt.

Stereotypen klassifizieren die möglichen Verwendungen eines Modellelementes. Dabei handelt es sich nicht um die Modellierung von Metaklassen, vielmehr werden einem oder mehreren Modellelementen bestimmte gemeinsame Eigenheiten zugeschrieben.

Multiple Stereotypisierung

Ein Modellierungselement kann mit mehreren Stereotypen klassifiziert werden. Auch die visuelle Darstellung eines Elementes kann durch die Zuordnung von Stereotypen beeinflusst werden.

Prinzipiell alle Modellelemente, also sowohl Attribute, Operationen, Beziehungen, Aktionen, Zustände etc., können mit Stereotypen versehen werden.

Stereotypattribute

Stereotypen können Attribute haben, um so zusätzliche Informationen zu speichern.

UML-Ebenen ⇨241

Die Standard-Stereotypen der UML sind in drei Gruppen entsprechend der verschiedenen UML-Ebenen eingeteilt. In Abb. 4.3-24 werden unabhängig von den Ebenen die wichtigsten Standard-Stereotypen aufgeführt. Die Ebenen werden auf Seite 241 näher erläutert.

Notation

Notation

Das Stereotyp wird jeweils vor bzw. über dem Elementnamen (z.B. Klassennamen) platziert und in doppelte spitze Klammern («») geschlossen. Die Zeichen « und » sind jeweils nur *ein* Zeichen und nicht zu verwechseln mit zwei aufeinander folgenden Größer- oder Kleiner-Zeichen (also nicht „<<“ oder „>>“).

Nicht jedes Vorkommen dieser Notation bedeutet, dass es sich um ein Stereotyp handelt. Auch vordefinierte Schlüsselwörter der UML werden in doppelte spitze Klammern geschlossen.

Alternativ zu dieser rein textuellen Notation können spezielle Symbole verwendet werden, siehe die Beispiele in Abb. 4.3-21 mit den Stereotypen *«control»*, *«boundary»* und *«entity»*.

Grafische Symbole

Außerdem steht es Werkzeugen frei, spezielle farbliche oder andere visuelle Unterscheidungen zu benutzen.

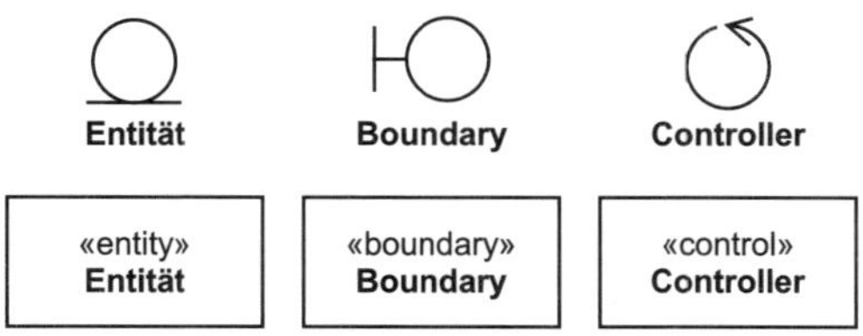

Abb. 4.3-21: Visuelle und textuelle Stereotypen

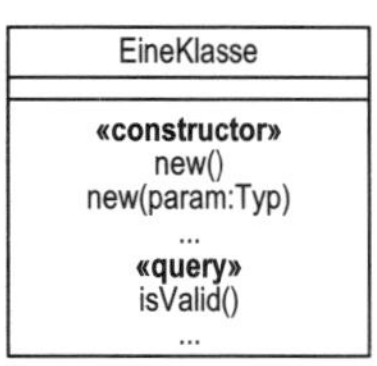

Abb. 4.3-22: Gruppierung von Operationen (ebenso für Attribute möglich) nach Stereotypen.

Stereotypdeklaration

In vielen UML-Modellierungswerkzeugen können neue Stereotypen sehr einfach durch Eingabe eines entsprechenden Namens „definiert" werden. Zu einem Stereotyp gehört jedoch eine konkrete Spezifikation der Semantik, beispielsweise:

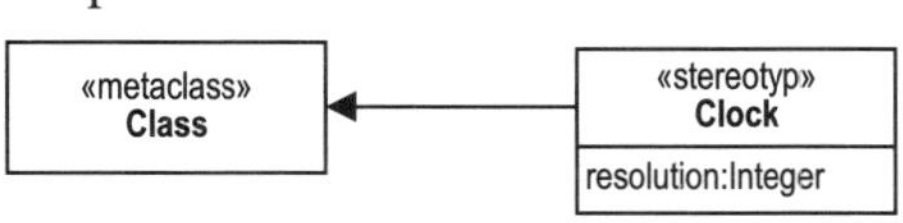

Abb. 4.3-23: Stereotyp-Spezifikation

UML-Versionshinweis

Bis UML 1.3 konnte ein Modellelement nur ein Stereotyp tragen, nun können es beliebig viele sein.

1.x

Standard-Stereotypen der UML (Auszug)

Stereotyp	UML Element	Beschreibung
«call»	Abhängigkeit (Usage)	Aufrufabhängigkeit zwischen Operationen oder Klassen.
«create»	Abhängigkeit (Usage)	Quellelement erstellt Instanzen des Zielelementes.
«instantiate»	Abhängigkeit (Usage)	Quellelement erstellt Instanzen des Zielelementes. (Achtung: Diese Beschreibung ist identisch mit der von «create». Dies war zu Redaktionsschluss dieses Buches noch ein offener Punkt der Spezifikation.)
«responsibility»	Abhängigkeit (Usage)	Quellelement ist verantwortlich für das Zielelement.
«send»	Abhängigkeit (Usage)	Quellelement ist eine Operation, Zielelement ist ein Signal, welches von der Operation gesendet wird.
«derive»	Abstraktion	Quellelement kann bspw. durch eine Berechnung vom Zielelement abgeleitet werden.
«refine»	Abstraktion	Verfeinerungsbeziehung, z.B. zwischen einem Design- und zugehörigem Analyseelement.
«trace»	Abstraktion	Zur Verfolgbarkeit von Anforderungen.
«script»	Artefakt	Skriptdatei (ausführbar auf einem Computer).
«auxiliary»	Klasse	Klassen, die andere Klassen («focus») unterstützen. Fokus-Klassen enthalten die primäre Logik.
«focus»	Klasse	Siehe «auxiliary».
«implementationClass»	Klasse	Implementierungsklasse speziell für eine Programmiersprache, wobei ein Objekt nur zu einer Klasse gehören darf.
«metaclass»	Klasse	Klasse, deren Instanzen wiederum Klassen sind.
«type»	Klasse	Typen definieren eine Menge von Operationen und Attributen und sind in der Regel abstrakt.
«utility»	Klasse	Hilfsklassen sind Sammlungen von globalen Variablen und Funktionen, die zu einer Klasse zusammengefasst und dort als Klassenattribute/-operationen definiert sind.
«buildComponent»	Komponente	Organisatorisch motivierte Komponente.
«implement»	Komponente	Komponente, die keine Spezifikation enthält, sondern nur Implementierung.
«framework»	Paket	Paket, das Framework-Elemente enthält.
«modelLibrary»	Paket	Paket, das Modellelemente enthält, die in anderen Paketen wiederverwendet werden.
«create»	Verhaltenseigenschaft (BehavioralFeature)	Eigenschaft, die Instanzen der Klasse erzeugt, zu der sie gehört (z.B. Konstruktor).
«destroy»	Verhaltenseigenschaft (BehavioralFeature)	Eigenschaft, die Instanzen der Klasse zerstört, zu der sie gehört (z.B. Destruktor).

Abb. 4.3-24: Wichtige Standard-Stereotypen

4.3.13 Notiz

Verwandte Begriffe: *Annotation, Kommentar*, engl. *note*, engl. *comment*.

Definition

Notizen sind Kommentare zu einem Modellelement oder Diagramm ohne semantische Wirkung.

Beschreibung

Mit Notizen können Anmerkungen, Kommentare, Erläuterungen und zusätzliche Beschreibungstexte zu beliebigen UML-Modellelementen gemacht werden, beispielsweise zu Klassen, Attributen, Operationen, Beziehungen u.Ä.

Notation, Beispiel

Notizen werden durch Rechtecke mit einem Eselsohr dargestellt, die einen Text enthalten. Die Notizen werden mit einer gestrichtelten Linie mit dem Modellelement verbunden, auf welches sich die Notiz bezieht, beispielsweise zu einem Attribut. Die Linie darf weggelassen werden, wenn der Kontext eindeutig oder unbedeutend ist.

Beispiel Zusicherung ⇨371

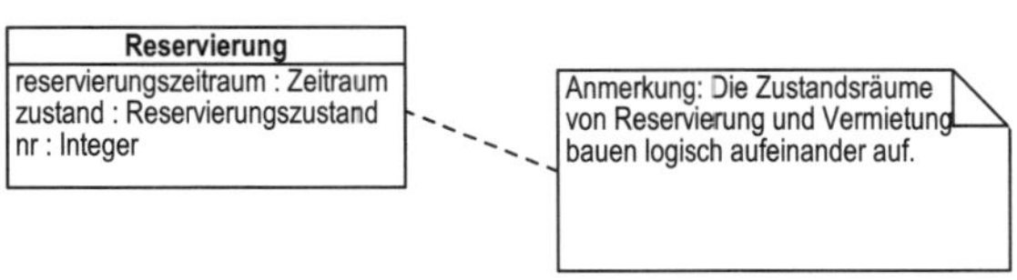

Abb. 4.3-25: Annotation zu Modellelementen

UML-Notationshinweis

Ab UML 2.0 werden Notizen auch verstärkt dazu eingesetzt, semantische Zusatzbeschreibungen zu notieren, beispielsweise Zusicherungen. Dies wurde jedoch in Profilen der OMG bereits vorher praktiziert.

1.x

Die Notiz ist ein semantisch sehr schwaches Konstrukt und sollte dementsprechend nicht für semantisch starke Aussagen verwendet werden. Zusicherungen können in der UML wie eine Notiz dargestellt werden, stellen jedoch ein eigenes (stärkeres) Modellelement dar.

4.4 Beziehungselemente

Die einzelnen Elemente der Unified Modeling Language zur Darstellung statischer Modellsachverhalte werden hier detailliert erläutert – jeweils gegliedert in Definition, Beschreibung, Notation und Beispiel.

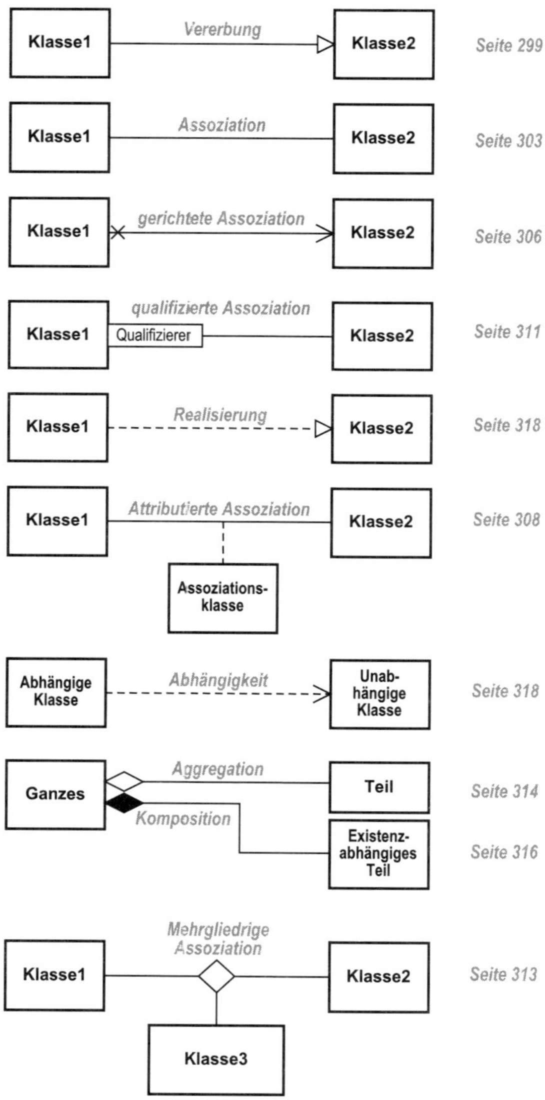

Abb. 4.4-1: Die wichtigsten Beziehungsarten in der Übersicht

4.4.1 Generalisierung, Spezialisierung

Verwandte Begriffe: engl. *inheritance*, *Vererbung*, *Konkretisierung*.

Definition

Vererbung ist ein Programmiersprachenkonzept, d.h. ein Umsetzungsmechanismus für die Relation zwischen Ober- und Unterklasse, wodurch Attribute und Operationen der Oberklasse auch den Unterklassen zugänglich gemacht werden.

Mechanismus (Vererbung)

Generalisierung und Spezialisierung sind Abstraktionsprinzipien zur hierarchischen Strukturierung der Semantik eines Modells.

Strukturprinzip (Generalisierung, Spezialisierung)

Eine Generalisierung (bzw. Spezialisierung) ist eine taxonomische[34] Beziehung zwischen einem allgemeinen und einem speziellen Element (bzw. umgekehrt), wobei das speziellere weitere Eigenschaften hinzufügt und sich kompatibel zum allgemeinen verhält.

Beschreibung

Bei der Generalisierung bzw. Spezialisierung werden Eigenschaften hierarchisch gegliedert, d.h. Eigenschaften allgemeinerer Bedeutung werden allgemeineren Klassen (Oberklassen) zugeordnet und speziellere Eigenschaften werden Klassen zugeordnet, die den allgemeineren untergeordnet sind (Unterklassen). Die Eigenschaften der Oberklassen werden an die entsprechenden Unterklassen weitergegeben, d.h. vererbt. Eine Unterklasse verfügt demnach über die in ihr spezifizierten Eigenschaften sowie über die Eigenschaften ihrer Oberklasse(n). Unterklassen erben alle Eigenschaften ihrer Oberklassen, können diese überschreiben und erweitern, jedoch nicht eliminieren bzw. unterdrücken.

Oberklasse
Unterklasse

Die Unterscheidung in Ober- und Unterklassen erfolgt häufig aufgrund eines Diskriminator genannten Unterscheidungsmerkmales, d.h. eines Charakteristikums. Der Diskriminator (auch: *Generalization Set Name*) bezeichnet den für die hierarchische Strukturierung der Eigenschaften maßgeblichen Aspekt. Dieser ist nicht von selbst gegeben, sondern das Ergebnis einer Modellierungsentscheidung. Beispielsweise könnte man Fahrzeuge aufgrund des Diskriminators *Antriebsart* untergliedern (*Verbrennungsmaschine, Elektrisch, Pferdekraft*). Ebenso aber auch aufgrund des *Fortbewegungsmediums* (*Luft, Wasser, Schiene, Straße*).

Diskriminator

Ob und welcher Diskriminator gewählt wird, hängt vom semantischen Gehalt der Generalisierungsrelation ab. Sofern die erstellten Unterklassen als Elemente einer definierten Aufzählungsmenge betrachtet werden können (Luft, Wasser, ...), ist der Diskriminator meistens nahe liegend. Es ist hilf-

[34] Griech., *taxis*: „Anordnung"; Taxonomie: „Einordnung in ein System".

reich, sich den Diskriminator während des Modellierens explizit zu vergegenwärtigen und ihn auch in die grafische oder textuelle Modellbeschreibung aufzunehmen. Die Wahl des Diskriminators ist dann eine dokumentierte Entwurfsentscheidung.

Partition, Generalisierungsmenge

Die Gesamtheit der Unterklassen, die auf demselben Diskriminator beruhen, wird Generalisierungsmenge oder Partition genannt.

Innerhalb der Klassenhierarchie werden die Attribute und Operationen in genau den Klassen angesiedelt, in denen sie wirklich eine Eigenschaft der Klasse darstellen. Dabei kann es sich auch um eine abstrakte Eigenschaft handeln.

Delegation ⇨52

Andersherum ausgedrückt wird ein Attribut oder eine Operation nicht allein deswegen in einer Klasse angesiedelt, um deren Wiederverwendung in abgeleiteten Unterklassen zu betreiben – auch wenn dies in der Regel der Effekt dieser hierarchischen Strukturierung ist. Ähnlich verhält es sich mit Optimierungs- und Normalisierungseffekten, wie sie von der Datenmodellierung (ERM) her bekannt sind. Entscheidend ist die unterstellte Semantik und die den Klassen zugeschriebene Verantwortlichkeit.

Der Diskriminator ist quasi ein virtuelles Attribut möglicher konkreter Objekte. Er erscheint zwar in keiner Klasse als Attribut, ist jedoch in der Relation zwischen Ober- und Unterklassen implizit enthalten: Die Namen der durch die Diskriminierung entstandenen Unterklassen wären die Attributwerte des impliziten Diskriminatorattributes. Formal ist der Diskriminator der Name der Generalisierungsmenge.

Implementierungs-vererbung

Implementierungsvererbung. In Spezialisierungsbeziehungen wird das Substitutionsprinzip vorausgesetzt, das besagt, dass Instanzen von Unterklassen unter allen Umständen anstelle von Instanzen der Oberklasse einsetzbar sein müssen. Sofern dieses Prinzip verletzt wird und es sich um reine Implementierungsvererbung handelt, sollte die Vererbungsbeziehung mit {substitutable=false} gekennzeichnet werden. Unter Implementierungsvererbung versteht man die rein technisch und pragmatisch motivierte Wiederverwendung von Eigenschaften der Oberklasse ohne weitere konzeptionelle Absichten, die aus konzeptioneller Sicht daher oftmals problematisch ist.

Spezifikationsvererbung, Substitutionsprinzip

Spezifikationsvererbung. Bei der so genannten Spezifikationsvererbung hingegen wird das Substitutionsprinzip vorausgesetzt. Für Operationen, die in Unterklassen überschrieben werden, gilt, dass sie keine strengeren Vorbedingungen haben dürfen als die der Oberklasse und dass die Nachbedingungen mindestens so streng sein müssen wie die der Oberklasse.

Kontravarianzprinzip für Operationsparameter

Ebenso dürfen die Definitionsbereiche in den Parametern der Unterklassenoperationen nicht eingeschränkt werden, d.h. in den Unterklassenoperationen haben die Parameter die gleichen Typen oder sind Obertypen. Für die Rückgabewerte der Operationen gilt, dass diese den gleichen Typ haben müssen wie die der Oberklassenoperation oder ein Untertyp davon sein müssen.

Spezialisierungsvererbung. Die verbreitetste Form der Vererbung ist aber wahrscheinlich die Spezialisierungsvererbung, die auch als *ist-ein*-Vererbung bezeichnet wird: Ein Kreis *ist eine* geometrische Figur. Die Instanzen der Unterklasse stellen hier eine Untermenge der Instanzen der Oberklasse dar. Bei der Spezialisierungsvererbung werden die Definitions- und Wertebereiche und die Vor- und Nachbedingungen von Operationen in der Regel eingeschränkt beziehungsweise verschärft.

Spezialisierungsvererbung

Kovarianzprinzip

Notation

Die Vererbungsbeziehung wird mit einem großen, nicht ausgefüllten Pfeil dargestellt, wobei der Pfeil von der Unterklasse zur Oberklasse zeigt. Wahlweise werden die Pfeile direkt von den Unterklassen zur Oberklasse gezogen oder zu einer gemeinsamen Linie zusammengefasst. Die direkten Pfeile erlauben ein flexibleres Layout und sind auch mit freier Hand gut zu zeichnen. Die zusammengefassten Pfeile betonen stärker die Gemeinsamkeit der Unterklassen, nämlich dass sie Spezialisierungen einer Oberklasse aufgrund *eines* Diskriminators sind.

vgl. Mehrfachvererbung ⇨302

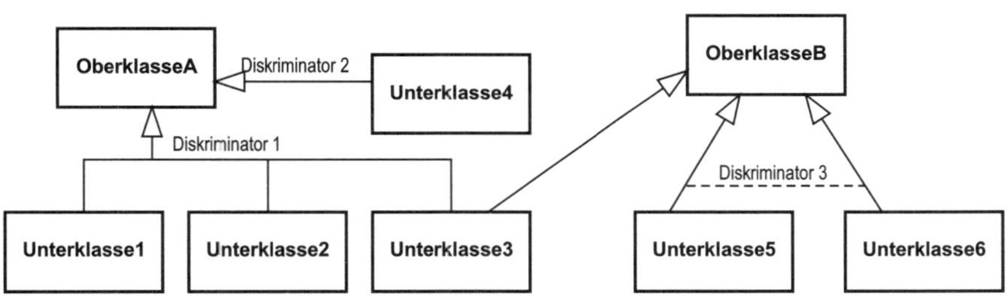

Abb. 4.4-2: Direkte und baumartige Notation von Vererbungsbeziehungen.

Bei der Variante mit direkten Pfeilen werden die Vererbungsbeziehungen, für die der Diskriminator gilt, entweder durch eine gestrichelte Linie verbunden, die dann mit dem Namen des Diskriminators versehen wird. Oder es wird jeder einzelne Vererbungspfeil mit dem Diskriminator gekennzeichnet. Verzichtet man auf die Angabe von Diskriminatoren, ist unklar, ob die Unterklassen eigenständige Spezialisierungen darstellen oder ob sie durch einen gemeinsamen Diskriminator entstanden sind.

Beispiel

Auf einer Fensterfläche sollen Kreise, Rechtecke und Dreiecke angezeigt und bewegt werden können. Die Begriffe *Kreis*, *Rechteck* und *Dreieck* können generalisiert und ganz allgemein als geometrische Figuren bezeichnet werden. Die Klassen *Kreis*, *Rechteck* und *Dreieck* wären demnach Spezialisierungen der gemeinsamen Oberklasse *GeomFigur*; der Diskriminator wäre die *Figurenform*. In der abstrakten Oberklasse sind die Operationen *anzeigen()* und *entfernen()* als abstrakt gekennzeichnet, d.h. alle geometrischen Figuren verfügen über diese Operationen, implementiert werden sie jedoch erst in den konkreten Unterklassen.

Diskriminator: Figurenform

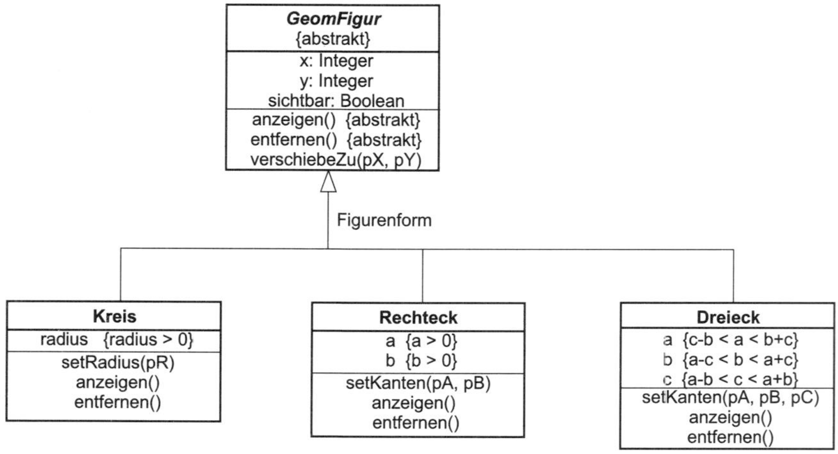

Abb. 4.4-3: Beispiel für Vererbung

vgl. Diskussion ⇨49

Die Attribute *x, y* und *sichtbar* sind Bestandteil aller geometrischen Figuren und deshalb in der Oberklasse angesiedelt. Der *radius* bzw. die Kanten *a, b* und *c* hingegen sind spezielle Eigenschaften der konkreten geometrischen Figuren.

Die konkreten Attribute sind mit Zusicherungen versehen, wie sie für die jeweilige Figur maßgeblich sind. Beispielsweise darf beim Kreis der Radius nicht gleich oder kleiner Null sein und beim Dreieck muss die Summe zweier Kanten jeweils größer sein als die dritte Kante.

Mehrfachvererbung. Der vorangegangene Abschnitt zeigte die Einfachvererbung anhand des Beispiels mit geometrischen Objekten. Jede Klasse besitzt höchstens eine Oberklasse. Bei der Mehrfachvererbung kann eine Klasse mehr als eine Oberklasse besitzen. Statt von einer Klassenhierarchie kann man in diesem Fall auch von einer Klassenheteronomie sprechen.

Nicht alle Programmiersprachen benötigen bzw. unterstützen die Mehrfachvererbung (Smalltalk und Java beispielsweise nicht). Sie ist auch durchaus kritisch zu sehen, denn sie schafft Probleme: Was passiert, wenn verschiedene Oberklassen gleichnamige Eigenschaften beinhalten (die sich natürlich unterschiedlich verhalten können)? Von welcher Oberklasse soll die Unterklasse die Eigenschaft übernehmen? Dieser Konflikt kann in der Regel nur dadurch vermieden werden, dass die Eigenschaft voll qualifiziert, d.h. inklusive der Oberklassenbezeichnung angesprochen wird.

Konflikte bei Mehrfachvererbung

Es lassen sich noch weitere Konfliktsituationen konstruieren. Beispielsweise können die beiden Oberklassen, die eine gemeinsame Unterklasse besitzen, ihrerseits wiederum von einer gemeinsamen Oberklasse abgeleitet sein, so dass eine Eigenschaft in zwei Richtungen weitervererbt wird und später wieder durch Mehrfachvererbung zusammenläuft. Auch hier kann in jeder einzelnen dazwischen liegenden Klasse die Eigenschaft überschrieben werden. Eine Alternative zur Mehrfachvererbung ist die Delegation.

Ein Beispiel für mehrfache Vererbung: Ein Schwein ist sowohl ein Säugetier als auch ein Landbewohner. Es erbt daher die Eigenschaften der Klasse *Säugetier* und die der Klasse *Landbewohner*.

Delegation ⇨52

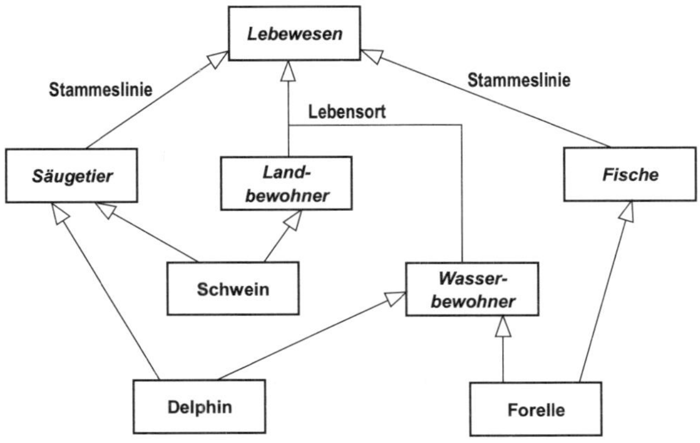

Abb. 4.4-4: Mehrfachvererbung

4.4.2 Assoziation

Verwandte Begriffe: *Aggregation*, *Komposition*, *Relation* und als Instanz einer Assoziation: engl. *link*, *Objektverbindung*.

Definition

Eine Assoziation beschreibt als Relation zwischen Klassen die gemeinsame Semantik und Struktur einer Menge von Objektverbindungen.

Aggregationen ⇨314
Kompositionen ⇨316

Beschreibung

Assoziationen sind notwendig, damit Objekte miteinander kommunizieren können. Eine Assoziation beschreibt eine Verbindung zwischen Klassen. Die konkrete Beziehung zwischen zwei Objekten dieser Klassen wird *Objektverbindung* (engl. *link*) genannt. Objektverbindungen sind also die Instanzen einer Assoziation.

Objektverbindungen (*links*)

Gewöhnlich ist eine Assoziation eine Beziehung zwischen zwei verschiedenen Klassen. Grundsätzlich kann eine Assoziation aber auch rekursiver Natur sein; die Klasse hat in diesem Fall eine Beziehung zu sich selbst, wobei gewöhnlich unterstellt wird, dass jeweils zwei unterschiedliche Objekte dieser Klasse verbunden werden. An einer Assoziation können aber auch drei oder mehr verschiedene Klassen beteiligt sein. Spezielle Varianten der Assoziation sind die Aggregation und die Komposition.

Rekursive Assoziation

Aggregation ⇨314
Komposition ⇨316

Gewöhnlich gilt eine Assoziation für den gesamten Existenzzeitraum der beteiligten Objekte oder zumindest über die Zeitdauer eines Geschäftsvorfalls hinweg. Es können aber auch solche Assoziationen modelliert werden, bei denen die Objektbeziehungen nur zeitweilig gültig sind. Beispielsweise

Temporäre Objektbeziehungen

Sichtbarkeitsangaben ⇨287

weil ein Objekt Argument in einer Nachricht ist und nur lokal innerhalb der entsprechenden Operation dem Empfängerobjekt bekannt ist. In diesem Fall kann zumindest eine Abhängigkeitsbeziehung modelliert werden.

Kardinalität: Anzahl der Elemente

Multiplizität: Bereich erlaubter Kardinalitäten

Die Multiplizität einer Assoziation gibt an, mit wie vielen Objekten der gegenüberliegenden Klasse ein Objekt assoziiert sein kann. Wenn diese Zahl variabel ist, wird die Bandbreite, d.h. Minimum und Maximum angegeben. Liegt das Minimum bei 0, bedeutet dies, dass die Beziehung optional ist.

Rollen, Zusicherungen

Jede Assoziation kann mit einem Namen versehen werden, der die Beziehung näher beschreiben sollte. Auf jeder Seite der Assoziation können Rollennamen dazu verwendet werden, genauer zu beschreiben, welche Rolle die jeweiligen Objekte in der Beziehung einnehmen. Außerdem können Zusicherungen verwendet werden, um die Beziehung speziell einzuschränken.

Außer Rollennamen können auch Sichtbarkeitsangaben auf jeder Seite der Assoziation angebracht werden. Ist beispielsweise eine Rolle als privat (-) deklariert, so kann das Objekt selbst, d.h. die Operationen des Objektes die Assoziation benutzen, benachbarte Klassen erhalten jedoch keinen Zugriff.

Abb. 4.4-5: Assoziation/Aggregation mit Multiplizitäten, Rollennamen und Sichtbarkeitsangabe

Notation

Gekennzeichnete Leserichtung

Beziehungen werden durch eine Linie zwischen den beteiligten Klassen dargestellt. An den jeweiligen Enden kann die Multiplizität der Beziehung angegeben werden. Jede Beziehung sollte mit einem Namen versehen werden, der beschreibt, worin oder warum diese Beziehung besteht. Damit man die Klassennamen und die Bezeichnung der Beziehung in richtiger Richtung lesen kann, kann neben dem Beziehungsnamen ein kleines ausgefülltes Dreieck gezeichnet werden, dessen Spitze in die Leserichtung zeigt (dies ist nicht zu verwechseln mit der Navigationsrichtung, siehe *Gerichtete Assoziation* ⇨306).

Attribute ⇨281

Schnittstelle ⇨289

Ein Beziehungsname kann nur für eine Leserichtung notiert werden, ein kleines ausgefülltes Dreieck zeigt die Leserichtung an. An jedem Ende einer Beziehung können zusätzlich Rollennamen angegeben werden (Namenskonvention wie bei Attributen). Ein Rollenname beschreibt, wie das Objekt durch das in der Assoziation gegenüberliegende Objekt gesehen wird.

Außerdem kann eine Assoziation durch Zusicherungen, Eigenschaftswerte und Stereotypen genauer beschrieben werden.

Zusicherungen ⇨369
Eigenschaftswerte ⇨293
Stereotypen ⇨294

Die Klassen können durch direkte Linien, d.h. auf dem kürzesten Weg oder auch durch rechtwinklige Linien verbunden werden. Dies ist dem persönlichen Geschmack überlassen bzw. durch die Möglichkeiten des Modellierungswerkzeuges vorgegeben.

Die Multiplizität wird als einzelne Zahl oder Wertebereich auf jeder Seite der Assoziation notiert. Ein Wertebereich wird durch Angabe des Minimums und des Maximums, getrennt durch zwei Punkte, notiert (z.B. *1..5*). Ein * ist ein Joker (engl. *wildcard*) und bedeutet *„viele“*.

Multiplizität

Einseitige bzw. gerichtete Assoziationen, bei der nur die eine Seite die andere kennt, aber nicht umgekehrt, sind im Abschnitt über gerichtete Assoziationen beschrieben.

Gerichtete Assoziation ⇨306

Beispiel

In der folgenden Abbildung wird eine Beziehung zwischen einer Firma und ihren Mitarbeitern gezeigt. Die Beziehung wird wie folgt gelesen: *„1 Firma beschäftigt * Mitarbeiter“*. Der * steht für beliebig viele Exemplare.

Abb. 4.4-6: Beispiel einer Assoziation

Zusätzlich zu Beziehungsnamen können an die Beziehung auch Rollennamen angehängt werden, da die Objekte dieser Klassen häufig in einer bestimmten Rolle zueinander in Beziehung treten. Die Firma ist in diesem Beispiel in der Rolle des Arbeitgebers und der Mitarbeiter in der Rolle des Arbeitnehmers. In der Praxis ist es häufig einfacher, sinnvolle Rollennamen zu finden als Beziehungsnamen. Gerade wenn Beziehungen „hat“ o.Ä. heißen, sollte man gezielt nach sprechenden Rollennamen suchen.

Rollen

Weitere Beispiele für Multiplizitätsangaben:

1	genau eins
0..1	null oder eins
0..4	von null bis vier
0..*	größer oder gleich null (Standard, wenn Angabe fehlt)
*	dto.
1..*	größer oder gleich eins

Assoziationen werden dadurch realisiert, dass die beteiligten Klassen entsprechende Referenzattribute erhalten. In dem folgenden Beispiel würde die Klasse *Mitarbeiter* ein Attribut *arbeitgeber* als Referenz auf ein Objekt der Klasse *Firma* erhalten und die Klasse *Firma* ein Attribut *arbeitnehmer* mit einem Sammlungsobjekt (*Collection* bzw. Unterklasse davon), welches die Arbeitnehmer-Objekte referenzierte. Viele Modellierungswerkzeuge verwenden die Rollennamen der Beziehung für die entsprechenden automatisch erzeugten Attribute. Rollennamen korrespondieren in der UML auch formal mit den entsprechenden Attributen.

Assoziation als Java-Beispiel Abb. 2.9-3 ⇨55

UML-Versionshinweis

1.x

Die früher erlaubte Schreibweise, verschiedene Multiplizitätsbereiche durch Komma getrennt aufzulisten, ist in UML 2.1 nicht mehr erlaubt. Um entsprechendes auszudrücken wäre nunmehr eine explizite Zusicherung notwendig.

4.4.3 Gerichtete Assoziation

Verwandte Begriffe: *unidirektionale Assoziation*, *Navigierbarkeit*, *Navigationsausschluss*.

Definition

Eine gerichtete Assoziation ist eine Assoziation, bei der von der einen beteiligten Assoziationsrolle zur anderen direkt navigiert werden kann, nicht aber umgekehrt.

Notation

Navigationsmöglichkeit

Eine gerichtete Assoziation wird wie eine gewöhnliche Assoziation notiert, jedoch hat sie auf der Seite der Klasse, zu der navigiert werden kann, also in Navigationsrichtung, eine geöffnete Pfeilspitze. Multiplizität und Rollenname können theoretisch jedoch auch auf der Seite notiert werden, zu der nicht navigiert werden kann.

Navigationsausschluss

Wenn eine Navigationsrichtung explizit ausgeschlossen werden soll, wird dies durch ein kleines Kreuz auf der Seite der Klasse notiert, zu der nicht navigiert werden soll (die Assoziationslinie wird auf dieser Seite also bildlich durchgestrichen).

Beschreibung und Beispiel

Uni- und bidirektionale Beziehungen

Inverse Assoziation

In der folgenden Abbildung sind verschiedene Assoziationen dargestellt. Die *Rechnung* kann in diesem Beispiel auf die *Anschrift* zugreifen, umgekehrt weiß die Anschrift jedoch nicht, in welchen Rechnungen sie assoziiert wird und kann nicht auf diese zugreifen. Zwischen *Kfz* und *Station* ist es hingegen so definiert, dass in beide Richtungen navigiert werden kann. Wenn keine Navigationsrichtung und kein Navigationsausschluss definiert sind, wie in Richtung auf *Versicherung*, bedeutet dies, dass diese nicht spezifiziert ist, es ist also alles möglich. Theoretisch kann auch in beide Richtungen ein Navigationsausschluss definiert werden, was jedoch fachlich unsinnig ist.

Leserichtung versus Navigationsrichtung

Zu beachten ist auch, dass die Navigationsrichtung (der Pfeil auf der Assoziationslinie) unabhängig von der notierten Leserichtung (ausgefülltes Dreieck, z.B. „enthält") ist. Die Navigationsrichtung trifft eine Aussage darüber, ob ein Objekt auf ein anderes zugreifen kann. Die Leserichtung soll das Verständnis des Assoziationsnamens erleichtern („Rechnung enthält Anschrift" und nicht „Anschrift enthält Rechnung").

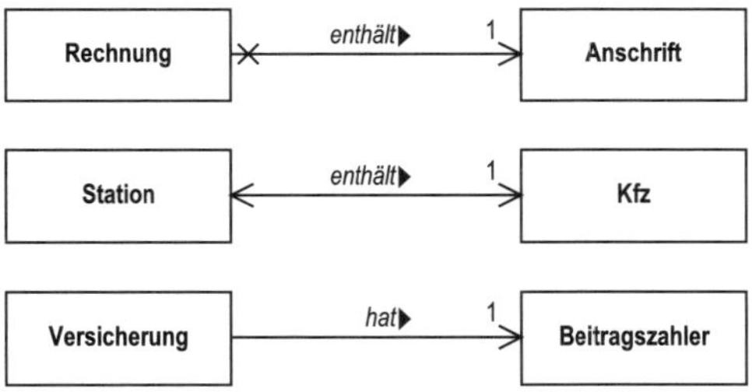

Abb. 4.4-7: Assoziationsrichtungen definieren

Streng objektorientiert gesehen gibt es eigentlich nur unidirektionale, d.h. gerichtete Assoziationen. Bidirektionale Assoziationen sind genau genommen zwei inverse Assoziationen. Folgende Abbildung veranschaulicht dies.

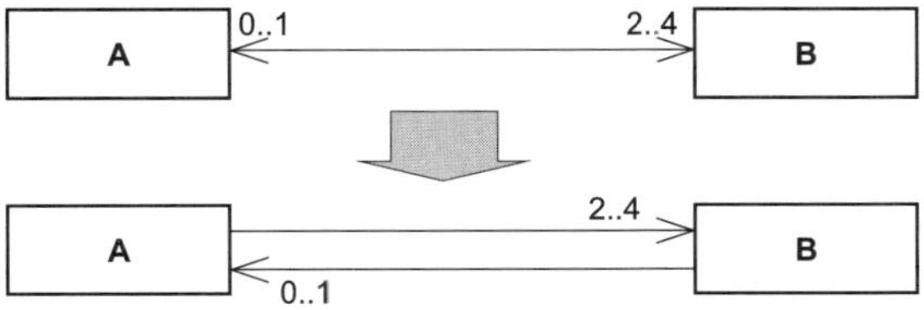

Abb. 4.4-8: Assoziation versus Relation

Verwechselung mit relationalen Beziehungen

Objektorientierte Assoziationen haben somit eine prinzipiell andere Semantik als relationale Beziehungen im Entity Relationship Modeling (ERM), wo grundsätzlich bidirektionale Beziehungen angenommen werden. Gerade OO-Anfänger mit relationalem Erfahrungshintergrund betrachten Assoziationen fälscherlicherweise häufig weiterhin mit relationaler Semantik.

Wenn in objektorientierten Assoziationen nur eine Assoziationslinie ohne Navigationsrichtung gezeichnet wird (obere Beziehung zwischen *A* und *B* in der vorigen Abbildung), ist das eigentlich nur eine Vereinfachung und Kurzschreibweise. Tatsächlich sind es zwei voneinander unabhängige Beziehungen. Für die eine Beziehung trägt die Klasse *A* die Verantwortung, für die andere die Klasse *B*. Eine andere Semantik bzw. Verantwortungsverteilung würde sowohl das Prinzip der Kapselung verletzen als auch die Wiederverwendungsmöglichkeiten begrenzen.

UML-Versionshinweis

1.x

Bis UML 1.x waren Assoziationen standardmäßig bidirektional, wenn keine Richtung angegeben wurde, zumindest wenn man Grady Booch folgte (vgl. [Booch1999] p. 72). Teilweise fand man in der Literatur auch andere Interpretationen, beispielsweise. dass Assoziationen ohne Richtungsangabe in Analysemodellen nicht bidirektional, sondern unterspezifiziert sind. Durch die ab UML 2.0 neue Möglichkeit, Navigationsrichtungen explizit auszuschließen, ist diese Unsicherheit beinahe behoben (leider sind aber formal weiterhin verschiedene, Interpretationsvarianten eröffnende *presentation options* in der UML sepzifiziert).

4.4.4 Attributierte Assoziation

Verwandte Begriffe: *Assoziationsattribute, Assoziationsklasse.*

Definition

Siehe Warnung am Abschnittende

Eine attributierte Assoziation ist ein Modellelement, das sowohl über die Eigenschaften einer Klasse als auch über die einer Assoziation verfügt. Es kann gesehen werden als eine Assoziation mit zusätzlichen Klasseneigenschaften (attributierte Assoziation) oder als Klasse mit zusätzlichen Assoziationseigenschaften (Assoziationsklasse).

Beschreibung

Neben den beschriebenen Formen der Assoziation gibt es noch eine weitere, bei der die Beziehung selbst über Attribute verfügt. Eine attributierte Assoziation ist immer dann nahe liegend, wenn Attribute oder Operationen gefunden werden, die weder der einen noch der anderen Klasse zugeordnet werden können, weil sie nämlich Eigenschaften der Beziehung selbst sind.

Assoziationsklasse

Die Eigenschaften der Beziehung werden als Klasse modelliert, die der Assoziation notationell zugeordnet ist. Semantisch sind Assoziation und Assoziationsklasse identisch, d.h. der Name der Assoziationsklasse entspricht dem Namen der Assoziation. Die Instanzen der Assoziationsklasse sind die konkreten Objektverbindungen zwischen den an der Assoziation beteiligten (normalen) Klassen.

Das Besondere an der attributierten Assoziation ist, dass zwei beteiligte Objekte maximal nur eine Beziehung zueinander haben dürfen. Dies wird gleich anhand eines Beispiels näher erläutert.

Notation

Attributierte Assoziationen werden wie gewöhnliche Assoziationen dargestellt, zusätzlich ist jedoch über eine gestrichelte Linie, die von der Assoziationslinie abgeht, eine weitere Klasse zugeordnet, die so genannte Assoziationsklasse. Die Assoziationsklasse wird ansonsten wie eine gewöhnliche Klasse notiert.

Beispiele

Degenerierte Assoziationsklassen

Die Assoziation zwischen Mitarbeiter und Firma aus dem vorigen Abschnitt kann beispielsweise dahingehend erweitert werden, dass auch Informationen über den Beschäftigungszeitraum berücksichtigt werden.

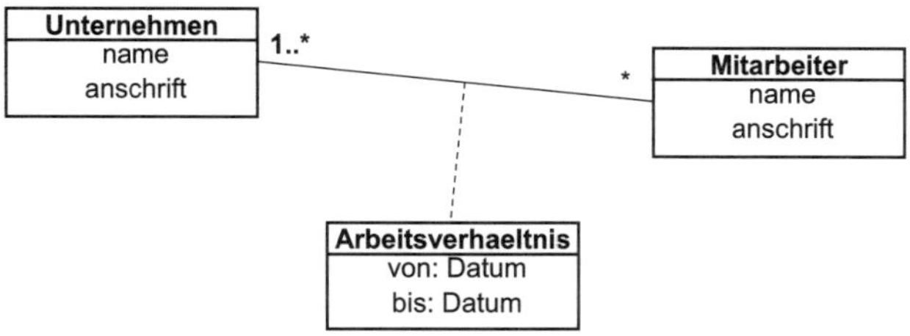

Abb. 4.4-9: Assoziationsattribute

Die Attribute, die diesen Zeitraum beschreiben, gehören weder in die Klasse *Unternehmen* noch in die Klasse *Mitarbeiter*, sondern sind Teil der Beziehung zwischen den beiden. Ebenso könnten auch Operationen Bestandteil von Assoziationsklassen sein. Da die Exemplare der Assoziationsklassen jeweils identisch sind mit den konkreten Objektverbindungen, sind sie nicht eigenständig existenzfähig, sondern von den beiden beteiligten eigentlichen Objekten abhängig.

Man spricht gelegentlich auch von degenerierten Assoziationsklassen; degeneriert deshalb, weil die Klasse keine eigenständigen Objekte beschreibt und keinen Namen tragen muss (eine Assoziation muss keinen Namen haben). Natürlich ist es in diesem Fall sehr sinnvoll, einen Namen anzugeben. Der Name der Assoziation und der Assoziationsklasse ist stets identisch.

Besondere Semantik der Multiplizität

Das Besondere an der attributierten Assoziation ist, dass zwei beteiligte Objekte maximal nur eine Beziehung zueinander haben dürfen. Die Multiplizitäten sagen aus, dass ein Unternehmen *0..** Mitarbeiter haben kann und ein Mitarbeiter mindestens bei einem Unternehmen beschäftigt sein muss.

Im realen Leben kann es vorkommen, dass ein Mitarbeiter mehrfach, in verschiedenen Zeiträumen, für ein Unternehmen gearbeitet hat. Dies ist in einer attributierten Assoziation wie der oben gezeigten nicht möglich! Jeweils zwei beteiligte Objekte dürfen dort nur eine Beziehung zueinander führen. Ein Mitarbeiter kann also nicht zwei Beziehungen zum gleichen Unternehmen führen. Wenn dies aber gewünscht ist, ist eine attributierte Assoziation nicht verwendbar.

Qualifizierte Assoziation ⇨311

Die folgende Abbildung zeigt ein Beispiel, in dem die besondere Semantik der attributierten Assoziation gewünscht ist. Jedem Mitarbeiter werden hier bestimmte Fähigkeiten mit einem Kompetenzgrad zugeordnet. Dabei kann einem Mitarbeiter eine Fähigkeit jeweils nur einmal zugeordnet werden, denn er kann eine Fähigkeit nicht gleichzeitig in mehreren Kompetenzgraden besitzen; man würde immer den höheren Grad nehmen (dieses Beispiel wird übrigens im Abschnitt über qualifizierte Assoziationen noch einmal aufgegriffen).

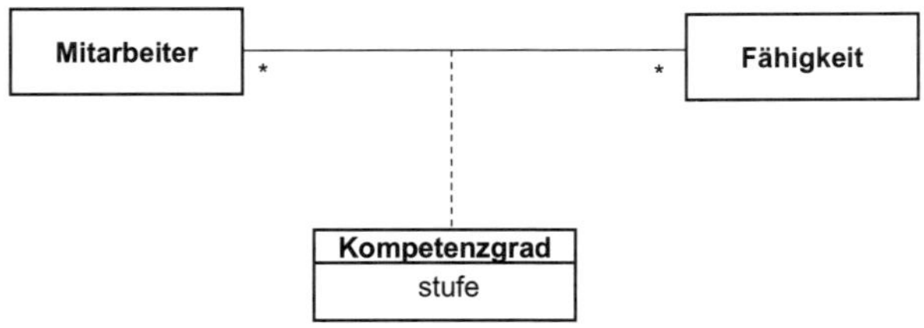

Abb. 4.4-10: Attributierte Assoziation mit sinnvoller Semantik

Im Design werden solche Beziehungen normalerweise aufgebrochen; aus der Assoziationsklasse wird dann eine richtige Klasse. Dabei ist zu berücksichtigen, dass die spezielle Semantik der attributierten Assoziation beibehalten, d.h. ersatzweise durch entsprechende Zusicherungen ausgedrückt wird.

Man beachte außerdem die Übernahme der Multiplizitäten.

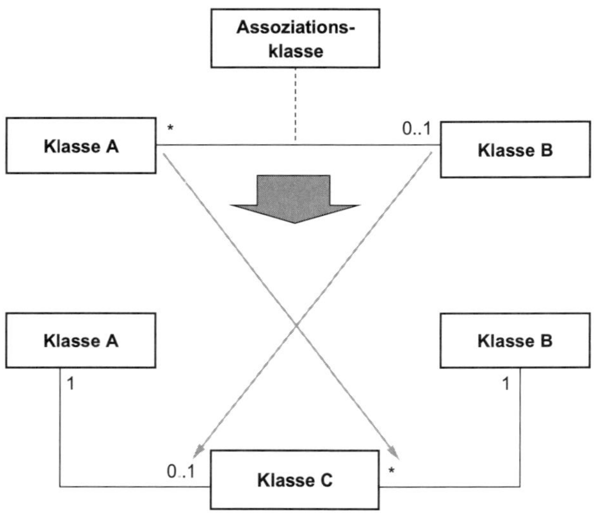

Abb. 4.4-11: Transformation einer attributierten Assoziation in gewöhnliche Assoziationen

Warnung

Die attributierte Assoziation sollte vermieden werden, da sie nicht objektorientiert ist. Bereits die Notation einer einfachen bidirektionalen Assoziation ist etwas, was es in dieser Form in objektorientierten Modellen nicht direkt geben kann, da dort sämtliche Sachverhalte stets einer Klasse verantwortlich zuzuordnen sind. Auch wenn die Assoziationsklasse in der UML formal eine vollwertige Klasse ist, so ist die bidirektionale Assoziation konzeptionell eigentlich nur eine Kurzschreibweise für zwei einzelne, entgegengesetzt gerichtete Assoziationen.

vgl. gerichtete Assoziation ⇨306

Erweitert man nun eine bidirektionale Beziehung um eine Assoziationsklasse und vergegenwärtigt sich dabei, dass eine bidirektionale Beziehung nur eine Kurzschreibweise für zwei gerichtete Assoziationen darstellt, stellt sich die

Frage, an welcher der beiden gerichteten Assoziationen die Assoziationsklasse eigentlich hängt.

Die Verwendung von attributierten Assoziationen führt also zur Verschleierung von Verantwortlichkeiten und bleibt semantisch unbefriedigend, weswegen die in normale Assoziationen aufgebrochene bzw. umgeformte Form vorzuziehen ist.

4.4.5 Qualifizierte Assoziation

Verwandte Begriffe: *Assoziatives Array*, engl. *dictionary*, *qualifizierende Assoziation, partitionierte Assoziation.*

Warnung

Die qualifizierende Assoziation hat eine sehr spezielle Semantik und führt in der Praxis häufig zu Missverständnissen. Verwenden Sie diese Form der Assoziation nur, wenn Sie einen Grund dafür haben und stellen Sie dann sicher, dass alle Beteiligten das gleiche Verständnis über die Bedeutung haben.

Definition

Eine qualifizierte Assoziation ist eine Assoziation, bei der die referenzierte Menge der Objekte durch qualifizierende Attribute in Partitionen unterteilt wird, wobei sich die angegebene Multiplizität auf die zulässige Menge der Objekte einer Partition bezieht.

Beschreibung

Beziehungen, bei denen ein Objekt *viele* (*) Objekte der gegenüberliegenden Seite assoziieren kann, werden normalerweise durch Behälterobjekte im Ausgangsobjekt implementiert. Dies könnte beispielsweise ein Dictionary (assoziatives Feld, Look-Up-Tabelle in der Datenbank o.Ä.) sein. Bei einem Dictionary erfolgt der Zugriff jeweils durch Angabe eines Schlüssels. Die qualifizierte Assoziation ist das UML-Gegenstück zum Programmierkonstrukt Dictionary. Weitere Erläuterungen folgen gleich anhand eines Beispiels.

Notation

Das für die Assoziation benutzte qualifizierende Attribut wird in einem Rechteck an der Seite der Klasse notiert, die über diesen Qualifizierer auf das Zielobjekt zugreift. Es können auch mehrere Attribute in diesem Rechteck angegeben werden. Die Notation entspricht der von Attributen in Klassen, wobei die Angabe von Standardwerten hier nicht in Frage kommt.

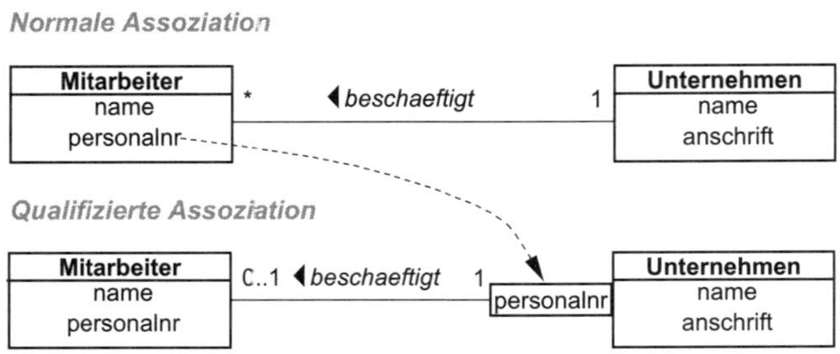

name	personalnr	name
Ludwig Leise	0001	Mega Sound GmbH
Karla Klar	0002	Putz und Blitzblank
Detlef Dorfmeister	0003	abc Systemhaus
Bernd Oestereich	0004	oose.de GmbH

Abb. 4.4-12: Qualifizierte Assoziation

Beispiel

Die Abbildung zeigt die Beschäftigung von Mitarbeitern in einem Unternehmen. Jeder Mitarbeiter hat dabei eine Personalnummer. Aus der oberen normalen Assoziation ist ersichtlich, dass jeder Mitarbeiter zu genau einem Unternehmen gehört und ein Unternehmen eine Menge von Mitarbeitern hat.

In der qualifizierten Assoziation werden die Mitarbeitermengen der Unternehmen partitioniert, d.h. in Untergruppen geteilt. Die Partitionierung erfolgt aufgrund des angegebenen qualifizierenden Attributs, in diesem Fall die Personalnummer. Alle Mitarbeiter eines Unternehmens mit der gleichen Personalnummer gehören zu einer Partition. Da Personalnummern innerhalb eines Unternehmens gewöhnlich eindeutig sind, wird die Kardinalität auf der Seite des Mitarbeiters auf 1 gesetzt. Ein Unternehmen darf hierbei trotzdem beliebig viele Mitarbeiter haben, aber diese müssen alle unterschiedliche Personalnummern haben.

Mitarbeiter verschiedener Unternehmen können gleichwohl gleiche Personalnummern haben, ohne in einer Partition zu landen, da die Partitionierung pro Instanz, d.h. unternehmensspezifisch erfolgt.

Bsp. Attributierte Assoziation ⇨308

Die folgende Abbildung zeigt eine weitere Variante eines Beispiels, das im Abschnitt über attributierte Assoziationen bereits diskutiert wurde. Im hier dargestellten Beispiel kann ein Mitarbeiter Fähigkeiten haben[35], wobei jeder Fähigkeit genau ein Kompetenzgrad zugeordnet wird. Damit wird ausgeschlossen, dass zu einer Fähigkeit mehrere widersprüchliche Kompetenzgrade festgelegt werden können. Außerdem ist die Assoziation gerichtet, d.h. die Kompetenzgrade wissen nichts von den Fähigkeiten der Mitarbeiter.

[35] Oh!

Abb. 4.4-13: Beispiel qualifizierter Assoziation

4.4.6 Mehrgliedrige Assoziation

Verwandte Begriffe: *Ternäre Assoziation, n-gliedrige Assoziation*, engl. *n-ary associtaion*.

Warnung

Die mehrgliedrige Assoziation ist mit verschiedenen semantischen Detailproblemen (Multiplizitätszuordnung, Verantwortlichkeiten) behaftet, ähnlich wie die attributierte Assoziation (⇨) kein objektorientiertes Konzept und in der Praxis fehleranfällig. Versuchen Sie daher nach Möglichkeit den darzustellenden Sachverhalt mit Hilfe von gewöhnliche Assoziationen zu beschreiben.

Definition

Eine mehrgliedrige Assoziation ist eine Assoziation, an der mehr als zwei Assoziationsrollen beteiligt sind.

Beschreibung

Neben den Zweierbeziehungen gibt es abgesehen von den attributierten Assoziationen auch noch drei- und mehrgliedrige Assoziationen, d.h. Assoziationen, an denen drei oder mehr Klassen (genauer: Assoziationsrollen) gleichberechtigt beteiligt sind. Eine Assoziationsrolle wird durch eine Klasse repräsentiert. Eine Klasse kann jedoch auch mehrfach an einer mehrgliedrigen Assoziation beteiligt sein.

Ternäre Assoziation

Da Programmiersprachen mehrgliedrige Assoziationen gewöhnlich überhaupt nicht unterstützen, die gängigen Programmiersprachen haben nicht einmal eine direkte Repräsentationsmöglichkeit für normale Assoziationen[36], müssen sie im Design umgeformt werden.

Verwenden Sie möglichst keine mehrgliedrigen Assoziationen!

[36] Assoziationen werden in einer Klasse gewöhnlich durch Hinzufügen einer Collection und einer Reihe von Standardoperationen (*add.., remove..., count...* etc.) zum Bearbeiten dieser Assoziation realisiert. Die Einhaltung der angegebenen Multiplizitäten wird gewöhnlich innerhalb dieser Standardoperationen realisiert.

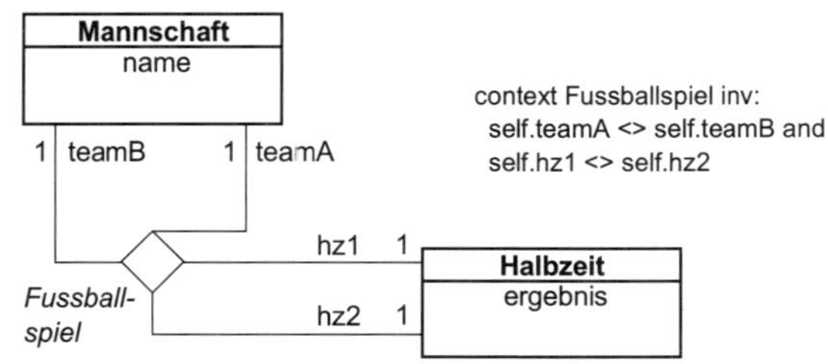

Abb. 4.4-14: Mehrgliedrige Assoziation

4.4.7 Aggregation

Verwandte Begriffe: *Ganzes-Teile-Beziehung*, *Assoziation*

Definition

Eine Aggregation ist eine Assoziation, erweitert um den semantisch unverbindlichen Kommentar, dass die beteiligten Klassen keine gleichwertige Beziehung führen, sondern eine Ganzes-Teile-Hierarchie darstellen. Eine Aggregation soll beschreiben, wie sich etwas Ganzes aus seinen Teilen logisch zusammensetzt.

Beschreibung

Ganzes-Teile-Hierarchie
Aggregation heißt „.. besteht logisch aus ...“

Unter einer Aggregation versteht man die Zusammensetzung eines Objektes aus einer Menge von Einzelteilen. Es handelt sich um eine *Ganzes-Teile-Hierarchie*.

Komposition ⇨316

Delegation ⇨52

Propagieren von Operationen

Kennzeichnend für alle Aggregationen ist, dass das Ganze Aufgaben stellvertretend für seine Teile wahrnimmt. Die Aggregatklasse enthält beispielsweise Operationen, die keine unmittelbare Veränderung im Aggregat selbst bewirken, sondern die Nachricht an seine Einzelteile weiterleiten. Man nennt dies *Propagieren von Operationen*. Im Gegensatz zur Assoziation führen die beteiligten Klassen also keine gleichberechtigte Beziehung, sondern eine Klasse (das Aggregat) bekommt eine besondere Rolle und übernimmt stellvertretend die Verantwortung und Führung.

In einer Aggregationsbeziehung zwischen zwei Klassen muß genau ein Ende der Beziehung das Aggregat sein und das andere für die Einzelteile stehen. Würde auf keiner Seite ein Aggregat stehen, wäre es eine normale Assoziation; würden beide Seiten ein Aggregat verzeichnen, wäre dies ein Widerspruch, sie würden sich gegenseitig ihre Führungsrolle streitig machen.

Aggregationen sind gewöhnlich 1-zu-viele-Beziehungen. Bei 1-zu-1-Beziehungen fehlen meistens die Indikatoren für eine Aggregation.

Komposition ⇨316

In manchen Fällen beschreiben Aggregationen Beziehungen, in denen die Teile vom Ganzen existenzabhängig sind. Das heißt, wenn das Aggregat (das Ganze) gelöscht wird, werden alle Einzelteile ebenfalls gelöscht. Wird ein

Einzelteil gelöscht, bleibt das Aggregat erhalten. Diese strenge Form heißt Komposition und wird später erläutert.

Zu beachten ist, dass der hier beschriebene Unterschied zwischen einer Assoziation und einer Aggregation lediglich Kommentarcharakter hat. Streng genommen sind Assoziation und Aggregation semantisch gleichwertig; so sind sie beispielsweise auch im resultierenden Programmcode nicht unbedingt zu unterscheiden. Die Eigenschaft des Aggregats, auf den Einzelteilen zum Beispiel iterativ zu operieren, lässt sich formal kaum überprüfbar einfordern und stellt mehr oder weniger nur eine Absichtserklärung dar. Rumbaugh spricht deshalb in seinem UML-Buch von einem „Placebo“.[37]

Achtung Placebo: Assoziation und Aggregation sind semantisch gleichwertig.

Anders ausgedrückt: Wenn Sie sich unsicher sind oder gar mit Kollegen darüber diskutieren, welche Variante die richtige ist, machen Sie sich einfach klar, dass es streng genommen sowieso keinen Unterschied gibt. Dennoch ist die Verwendung der Aggregation in der Praxis sinnvoll. Die Aggregation gibt einen wichtigen Hinweis auf die höhere Bindung zwischen den an der Aggregationsbeziehung beteiligten Klassen, was Klassenmodelle besser verstehbar macht. Im Zweifelsfall nehmen Sie die einfachere Variante, also die Assoziation.

Notation

Eine Aggregation wird wie eine Assoziation als Linie zwischen zwei Klassen dargestellt und zusätzlich mit einer kleinen Raute versehen. Die Raute steht auf der Seite des Aggregats, also des Ganzen. Sie symbolisiert gewissermaßen das Behälterobjekt, in dem die Einzelteile gesammelt sind. Im Übrigen gelten alle Notationskonventionen der Assoziation.

Abb. 4.4-15: Eine Raute symbolisiert eine Aggregation

Die Kardinalitätsangabe auf der Seite des Aggregats ist häufig 1, so dass ein Fehlen der Angabe standardmäßig als 1 interpretiert werden kann. Ein Teil kann gleichzeitig zu mehreren Aggregationen gehören.

Ähnlich wie bei Vererbungsbeziehungen können auch Aggregationen baumartig notiert werden, d.h. die einzelnen Linien werden auf der Seite des Aggregats zu einer gemeinsamen Linie mit einer gemeinsamen Raute zusammengefasst.

Beispiele

Das Beispiel *Unternehmen-Abteilung-Mitarbeiter* zeigt, dass ein Teil (*Abteilung*) gleichzeitig auch wieder Aggregat sein kann.

[37] [Rumbaugh1999], S. 148.

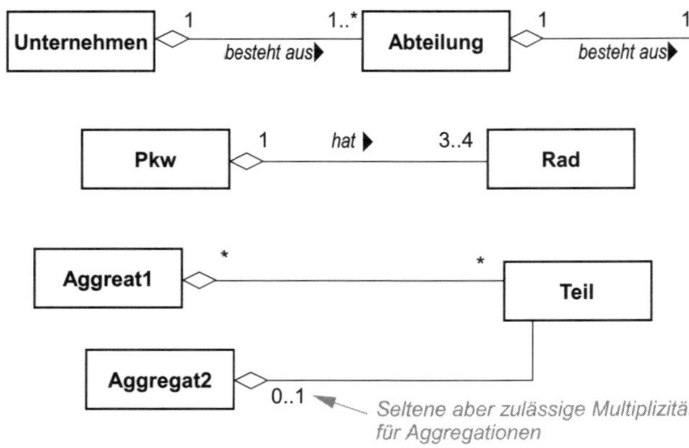

Abb. 4.4-16: Beispiele für Aggregationen

Die folgende Abbildung zeigt eine Aggregation in baumartiger Darstellung:

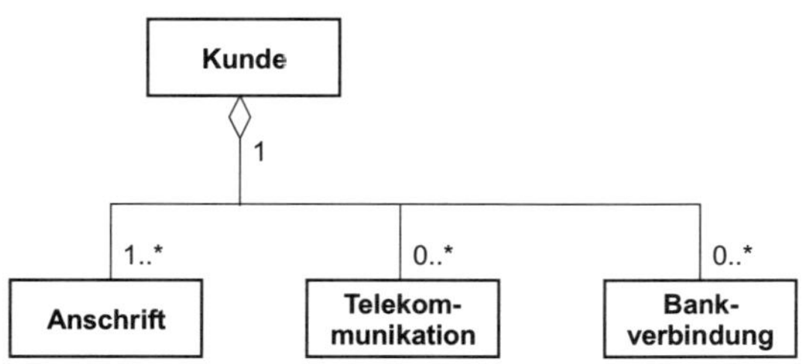

Abb. 4.4-17: Baumartige Aggregationen

4.4.8 Komposition

Verwandte Begriffe: *Aggregation*, *Assoziation*.

Definition

Existenzabhängige Teile

Eine Komposition ist eine strenge Form der Aggregation, bei der die Teile vom Ganzen existenzabhängig sind. Sie beschreibt, wie sich etwas Ganzes aus Einzelteilen zusammensetzt und diese kapselt.

Notation

Die Komposition wird wie die Aggregation als Linie zwischen zwei Klassen gezeichnet und mit einer kleinen Raute auf der Seite des Ganzen versehen. Im Gegensatz zur Aggregation wird die Raute jedoch ausgefüllt.

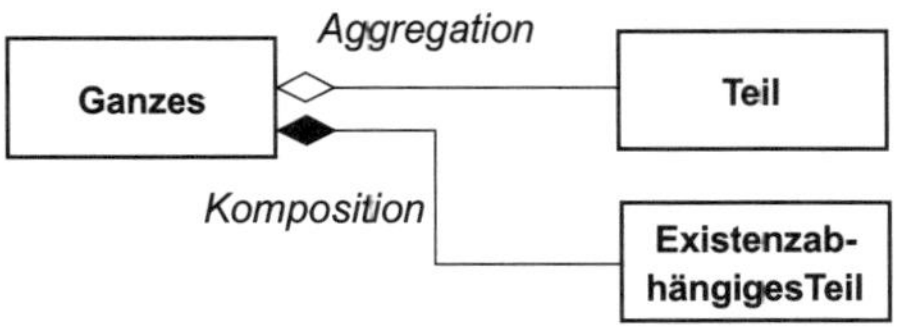

Abb. 4.4-18: Aggregation und Komposition

Beschreibung

.. besteht aus und kapselt

Da eine Komposition eine spezielle Variante der Aggregation ist, gelten die meisten Aussagen über die Aggregation auch für die Komposition. Auch die Komposition ist eine Zusammensetzung eines Objektes aus einer Menge von Einzelteilen. Wie bei der Aggregation nimmt auch bei der Komposition das Ganze stellvertretend für seine Teile Aufgaben wahr. Während man bei der Aggregation sagen kann „... besteht logisch aus ...", würde man bei der Komposition sagen „... besteht aus und kapselt ...".

Folgende Unterschiede sind zu beachten: Die Kardinalität auf der Seite des Aggregats muss immer 0 oder 1 sein. Jedes Teil ist nur Teil maximal eines Kompositionsobjektes, sonst würde die Existenzabhängigkeit widersprüchlich. Die Lebenszeit der Teile ist denen des Ganzen untergeordnet, d.h. sie werden zusammen mit dem Aggregat oder im Anschluss daran erzeugt und sie werden zerstört, bevor das Aggregat zerstört wird.

Kompositionen sind egoistisch: sie teilen nicht

Warum ist die Multiplizität 0,1 neben der Raute zulässig?

Wenn eine Klasse als Teil mehrerer Kompositionen definiert wird, wie beispielsweise in Abb. 4.4-19, dann bedeutet dies, dass sowohl Kreise als auch Polygone aus Punkten bestehen, ein konkretes Punkt-Objekt aber immer nur entweder zu einem Polygon oder einem Kreis gehört. Das entscheidende Merkmal einer Komposition ist, dass die aggregierten Teile niemals mit anderen Objekten geteilt werden. Ein Punkt gehört entweder zu einem Kreis oder zu einem Polygon, aber nicht gleichzeitig zu beiden. Wenn der Punkt zum Polygon gehört (dort also die Kardinalität *1* hat), muss auf der Gegenseite beim Kreis die Kardinalität *0* sein – und umgekehrt.

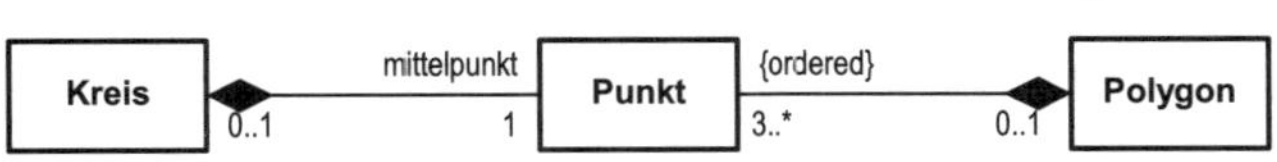

Abb. 4.4-19: Kompositionen teilen sich keine Instanzen

Falls eine variable Multiplizität für die Teile angegeben ist (z.B. *1..**), heißt dies, sie müssen nicht gemeinsam mit dem Aggregat erzeugt werden, sondern können auch später entstehen. Vom Zeitpunkt ihrer Erzeugung an gehören sie aber gewöhnlich sofort zum Ganzen; eine eigene unabhängige Existenz ist ihnen nicht gestattet. Genauso können sie in diesem Fall auch jederzeit vor dem Aggregat vernichtet werden, spätestens jedoch mit diesem.

In C++ führt die Unterscheidung von Aggregation und Komposition zu einer entsprechenden Implementierung (*Zeiger oder Wert*). Smalltalk und Java kennen diese Unterscheidungen nicht, da es dort keine Zeiger o.Ä. gibt; es sind grundsätzlich Referenzen (sic!).

Kompositionsbeziehungen können mit einer Multiplizitätsangabe, einem Beziehungsnamen (mit optionalen Leserichtungspfeil) und mit Rollenbezeichnungen notiert werden. Mehrere Kompositionsbeziehungen zu einem Ganzen können baumartig zusammengefasst werden.

Beispiel

Ein typisches Beispiel für eine Komposition ist die Rechnung mit ihren Rechnungspositionen. Die Rechnungspositionen sind existenzabhängig von der Rechnung. Sobald die Rechnung gelöscht würde, würden auch alle Rechnungspositionen in ihr ebenfalls gelöscht werden. Die Rechnung übernimmt bestimmte Aufgaben für die Gesamtheit, beispielsweise wird die Klasse *Rechnung* Operationen wie *anzahlPositionen()* oder *summe()* enthalten.

4.4.9 Abhängigkeitsbeziehung

Verwandte Begriffe: engl. *dependency, Realisierungsbeziehung, Verfeinerungsbeziehung,* engl. *refinement,* engl. *realization.*

Definition

Eine Abhängigkeit (*Dependency*) ist eine Beziehung von einem (oder mehreren) Quellelement(en) zu einem (oder mehreren) Zielelement(en).

Die Zielelemente sind für die Spezifikation oder Implementierung der Quellelemente erforderlich.

Notation und Semantik

Dargestellt wird eine Abhängigkeit durch einen gestrichelten Pfeil, wobei der Pfeil vom abhängigen auf das unabhängige Element zeigt. Zusätzlich kann die Art der Abhängigkeit durch ein Schlüsselwort oder Stereotyp näher spezifiziert werden, siehe Abb. 4.4-21.

Da das Quellelement bei einer Abhängigkeitsbeziehung das Zielelement für seine Spezifikation oder Implementierung benötigt, ist es ohne das Element unvollständig.

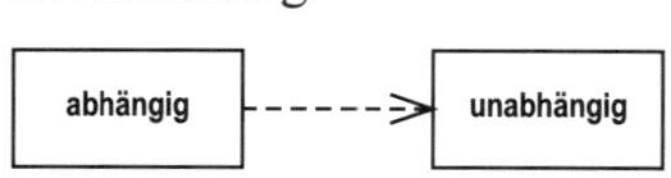

Abb. 4.4-20: Notation einer Abhängigkeitsbeziehung:

Der seltene Fall, dass eine Abhängigkeitsbeziehung mehrere Quell- oder Zielelemente hat, ist in Abb. 4.4-22 dargestellt.

Schlüsselwort/ Stereotyp	Bedeutung
«call»	Stereotyp an Verwendungsbeziehung (*Usage*) Die call-Beziehung wird von einer Operation zu einer anderen Operation definiert und spezifiziert, so dass die Quelloperation die Zieloperation aufruft. Als Quellelement kann auch eine Klasse gewählt werden. Das bedeutet dann, dass die Klasse eine Operation enthält, die die Zieloperation aufruft.
«create»	Stereotyp an Verwendungsbeziehung (*Usage*) Das abhängige Element erzeugt Exemplare des unabhängigen Elementes. Die create-Beziehung wird zwischen Classifiern definiert.
«derive»	Stereotyp an Abstraktionsbeziehung (*Abstraction*) Das abhängige Element ist vom unabhängigen Element abgeleitet.
«instantiate»	Stereotyp an Verwendungsbeziehung (*Usage*) Das abhängige Element erzeugt Exemplare des unabhängigen Elementes. Die create-Beziehung wird zwischen Classifiern definiert.
«permit»	Schlüsselwort für Berechtigungsbeziehung (*Permission*) Das abhängige Element hat die Erlaubnis, private Eigenschaften des unabhängigen Elementes zu verwenden.
«realize»	Schlüsselwort für Realisierungsbeziehung (*Realization*) Das abhängige Element implementiert das unabhängige Element, beispielsweise eine Schnittstelle oder ein abstraktes Element.
«refine»	Stereotyp an Abstraktionsbeziehung (*Abstraction*) Das abhängige Element befindet sich auf einem konkreteren semantischen Niveau als das unabhängige Element.
«trace»	Stereotyp an Abstraktionsbeziehung (*Abstraction*) Das abhängige Element führt zum unabhängigen Element, um semantische Abhängigkeiten nachverfolgen zu können, beispielsweise von einer Klasse zu einer Anforderung oder von einem Anwendungsfall zu einer Klasse.
«use»	Schlüsselwort für Verwendungsbeziehung (*Usage*) Das abhängige Element benutzt das unabhängige Element für seine Implementierung.

Abb. 4.4-21: Verschiedene Arten von Abhängigkeitsbeziehungen

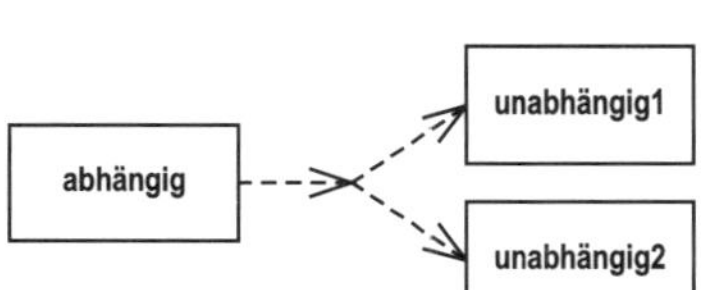

Abb. 4.4-22: Notation mit mehreren Zielelementen (*Supplier*)

Abhängigkeiten können unterschiedliche Ursachen haben. Einige Beispiele hierfür sind:

- Ein Paket ist von einem anderen abhängig. Die Ursache kann hierbei beispielsweise darin bestehen, dass eine Klasse in dem einen Paket von einer Klasse in dem anderen Paket abhängig ist.
- Eine Klasse benutzt eine bestimmte Schnittstelle einer anderen Klasse. Wenn die angebotene Schnittstelle verändert wird, sind in der schnittstellennutzenden Klasse ebenfalls Änderungen erforderlich.
- Eine Operation ist abhängig von einer Klasse, beispielsweise wird die Klasse in einem Operationsparameter genutzt. Eine Änderung in der Klasse des Parameters macht möglicherweise eine Änderung der Operation erforderlich.

Abstraction
Standard-Stereotypen

Die Abstraktionsbeziehung ist eine spezielle Abhängigkeitsbeziehung zwischen Modellelementen auf verschiedenen Abstraktionsebenen. Die Beziehung wird wie eine Abhängigkeitsbeziehung notiert und mit dem Schlüsselwort «abstraction» versehen. Sie können aber nicht verwechselt werden, da die Abstraktion immer zusammen mit einem Stereotyp verwendet wird. Die UML definiert die Standard-Stereotypen «derive», «trace» und «refine».

Zu einer Abstraktionsbeziehung gehört auch immer eine Abbildungsvorschrift, wie die beteiligten Elemente zueinander stehen. Die Angabe kann formal oder informal sein. Eine Abstraktionsbeziehung kann trotz der Pfeilrichtung je nach Stereotyp und Abbildungsvorschrift auch bidirektional sein, was bei der «trace»-Beziehung oft der Fall ist.

Realization

Eine spezielle Abstraktionsbeziehung ist die Realisierungsbeziehung. Es ist eine Beziehung zwischen einer Implementierung und ihrem Spezifikationselement.

Substitution
☑ 4.4.9.5

Die Substitutionsbeziehung ist eine spezielle Realisierungsbeziehung. Sie gibt an, dass Exemplare des unabhängigen Elementes zur Laufzeit durch Exemplare des abhängigen Elementes substituiert werden können, z.B. da die Elemente dieselben Schnittstellen implementieren.

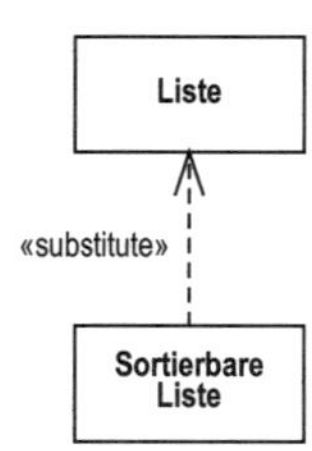

Abb. 4.4-23: Beispiel für eine Substitutionsbeziehung

Usage
☑ 4.4.9.6

Die Verwendungsbeziehung ist eine spezielle Abhängigkeitsbeziehung. Der Unterschied zur Abhängigkeitsbeziehung ist, dass die Abhängigkeit sich nur auf die Implementierung beschränkt und nicht für die Spezifikation gilt. Das heißt, das abhängige Element benötigt das unabhängige Element für seine Implementierung.

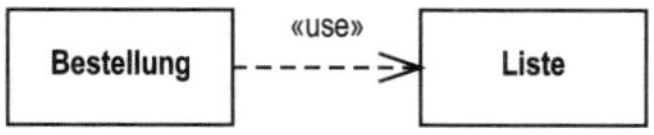

Abb. 4.4-24: Beispiel für eine Verwendungsbeziehung

Es kann also keine Verwendungsbeziehung von einer Schnittstellen ausgehen, aber dafür die Abhängigkeitsbeziehung.

Die Berechtigungsbeziehung ist eine spezielle Abhängigkeitsbeziehung, die dem abhängigen Element Zugriffsrechte auf das unabhängige Element erteilt. In Abb. 4.4-25 bekommt die Klasse *Chef* Zugriffsrechte für die Klasse *Mitarbeiter*. Dadurch kann die Klasse *Chef* auf das private Attribut *gehalt* von *Mitarbeiter* zugreifen.

Permission
☑ 4.4.9.7

Abb. 4.4-25: Beispiel für eine Berechtigungsbeziehung

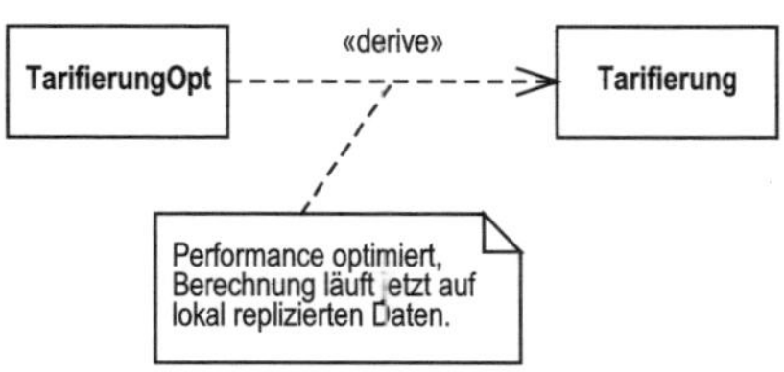

Abb. 4.4-26: Ableitung für eine Optimierung (Abstraktionsbeziehung)

Abb. 4.4-26 zeigt eine Designklasse und ihre optimierte Umsetzung. In vielen Fällen ist eine an die Verfeinerungsbeziehung angefügte Notiz mit einem entsprechenden Erläuterungstext hilfreich.

Beispiel

Weitere Beispiele für Abhängigkeitsbeziehungen finden Sie in Abb. 3.1-42 (⇨156) und Abb. 3.2-15 (⇨191).

UML-Versionshinweis

1.x

In Versionen vor 2.0 wurde die Realisierungsbeziehung durch einen gestrichelten Vererbungspfeil dargestellt. In älteren Versionen wurde der gestrichelte Vererbungspfeil auch für die Verfeinerungsbeziehung verwendet. Dies ist nun einheitlich stets ein Abhängigkeitspfeil mit entsprechendem Schlüsselwort.

4.5 Weitere Strukturdiagramme

4.5.1 Objektdiagramm

Verwandte Begriffe: engl. *object diagram*, *Kollaboration, Kommunikationsdiagramm.*

Beschreibung

Ein Objektdiagramm zeigt eine ähnliche Struktur wie das Klassendiagramm, jedoch statt der Klassen, exemplarisch eine Auswahl der zu einem bestimmten Zeitpunkt existierenden Objekte mit ihren augenblicklichen Werten. Ein Objektdiagramm ist sozusagen ein Schnappschuss der Objekte im System zu einem bestimmten Zeitpunkt.

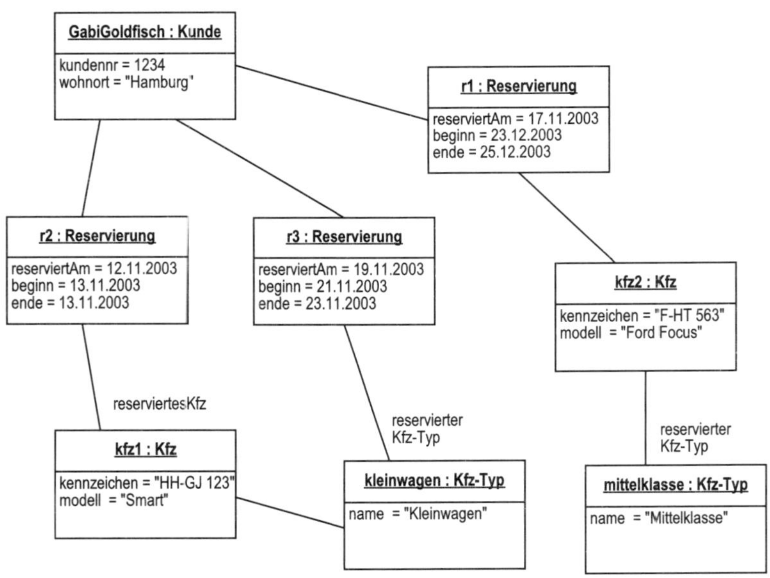

Abb. 4.5-1: Objektdiagramm mit Beispielobjekten des Flitz-Auto-Systems

Kommunikationsdiagramm ⇨357

Es wird eher selten verwendet und eignet sich dazu beispielhaft, ein zur Laufzeit existierendes Objektnetz zu visualisieren.

Kommunikations- und Sequenzdiagramme zeigen keine Objekte, sondern Rollen und haben andere Verwendungszwecke.

4.5.2 Komponentendiagramm

Verwandte Begriffe: engl. *component, Paket, Subsystem, Modul, Baustein, Anwendungsbaustein, Klasse.*

Definition

Eine Komponente (*Component*) ist eine spezielle Klasse, die eine austauschbare Einheit in einem System repräsentiert, deren Bestandteile gekapselt sind.

Die Komponente stellt ihre öffentliche Funktionalität über Schnittstellen nach außen zur Verfügung. Funktionalität, die von außen benötigt wird, wird ebenfalls über Schnittstellen definiert.

Beschreibung

Für den Begriff Komponente gibt es in der Informatik viele verschiedene, häufig auch widersprechende Definitionen und Interpretationen. In UML 1.x wurde Kompenente ebenfalls etwas eigenwillig definiert. UML 2 definiert Komponente nun durchaus entsprechend dem gängigen Komponentenverständnis.

Vgl. Einführung ⇨81

Eine Komponente ist ähnlich wie eine Klasse instanziierbar und kapselt komplexes Verhalten. Mit ihr werden Einheiten gebildet, die eine hohe fachliche Kohärenz haben. Im Gegensatz zur Klasse wird bei einer Komponente zusätzlich auch die prinzipielle Austauschbarkeit (Substituierbarkeit) angestrebt. Eine technische Plattform für Komponenten ist beispielsweise Enterprise Java Beans (EJB).

Definition und Instanz

Es sind Komponentendefinitionen (z.B. „Person“) und Komponenteninstanzen (z.B. „Gabi Goldfisch“) zu unterscheiden.

Eine Komponente besteht intern gewöhnlich aus einer Menge von Klassen. Komponenten stellen nach außen gewöhnlich verschiedene Arten von Schnittstellen bereit:

- **Factory-Services** zum Erzeugen und Laden neuer Komponenteninstanzen. Für EJB heißen diese beispielsweise *findByName(name), findByKey(key)* u.Ä.
- **Observer-Services** zur Einrichtung von Ereignisbenachrichtigungen auf einem abstrakten, d.h. fachlich anonymen Niveau. Diese heißen beispielsweise *addChangeListener, addVetoableChangeListener, removeChangeListener* etc.
- **Object-Services** zur Bereitstellung fachlicher Operationen, beispielsweise von Get- und Set-Operationen, aber auch von fachlich komplexen Operationen. Diese heißen beispielsweise *getKundenNr(), setKundenNr(kundenNr), aktualisiereTagessaldo()* etc.

Unabhängig von den nach außen bereitgestellten Schnittstellen ist die interne Implementierung. Insbesondere die Object-Services können intern völlig anders strukturiert sein, als sie nach außen repräsentiert werden. Jede Komponente stellt somit nach außen ein Typsystem zur Verfügung und wird intern gewöhnlich durch eine Menge von Klassen umgesetzt. Komponenten haben gewöhnlich eigene, von anderen Komponenten unabhängige Persistierungsmechanismen.

Notation und Beispiel

Eine Komponente wird als Rechteck notiert und mit dem Schlüsselwort «component» gekennzeichnet. Zusätzlich kann als visuelles Stereotyp ein Rechteck mit zwei kleinen, auf dem linken Rand sitzenden Rechtecken verwendet werden (das so genannte Lego-Symbol).

Innerhalb der Komponente wird der Name der Komponente und ggf. ihr Typ beschrieben.

Kompositionsdiagramm ⇨330

Außerdem können in der Komponente wiederum weitere Elemente (Objekte, Komponenten, Knoten) enthalten sein. Dadurch besteht allerdings eine gewisse Verwechselungsgefahr mit Kompositionsdiagrammen.

Paketierbares Element:

Die Komponente kann auch als ein Gruppierungselement verwendet werden. Sie darf jedes paketierbare Element (*PackableElement*) besitzen.

Abb. 4.5-2 zeigt ein Beispiel für zwei Komponenten und von welchen Klassen sie realisiert werden. Die angebotenen Schnittstellen der Komponente werden von der Komponente selbst oder den realisierenden Klassen (bzw. allgemein Classifier) implementiert.

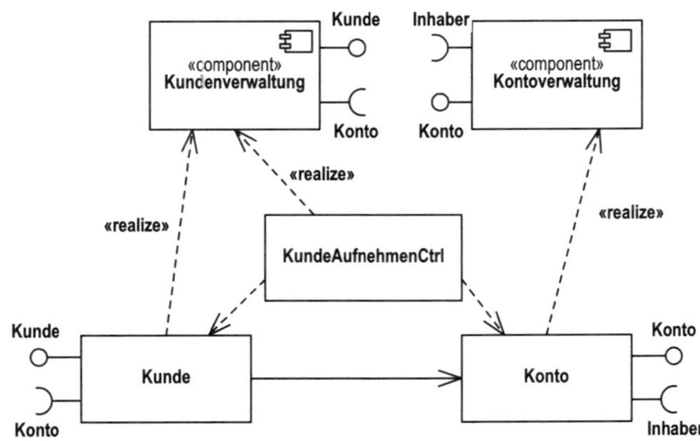

Abb. 4.5-2: Beispiel für Komponenten und der sie realisierenden Klassen

Eine kompakte Darstellung einer Komponente ist die Tabellennotation, wie links in der Abb. 4.5-3 dargestellt.

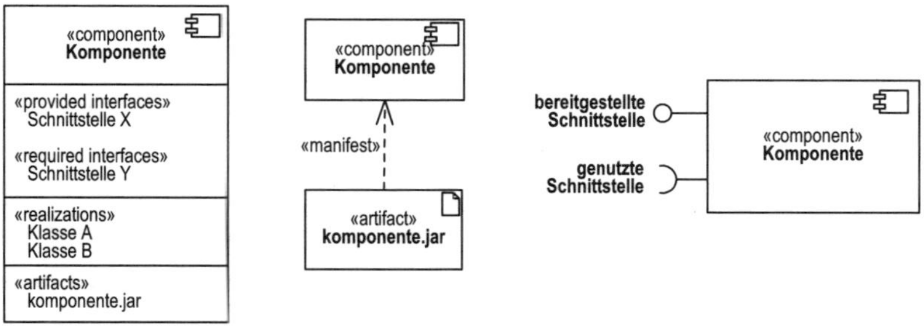

Abb. 4.5-3: Notationsformen für Komponenten

Für die Instanziierung von Komponenten existieren zwei verschiedene Varianten:

- Indirekte Instanziierung
  Eine indirekt instanziierte Komponente wird zur Laufzeit nur durch ihre realisierenden Klassen (oder allgemein Classifier) bzw. deren Instanzen repräsentiert. Diese Variante läßt sich mit den gängigen Programmiersprachen umsetzen.
- Direkte Instanziierung
  Bei der direkten Instanziierung ist zur Laufzeit neben den Instanzen der realisierenden Klasse auch eine Instanz der Komponente vorhanden. Das ist mit gängigen Programmiersprachen nicht möglich. Die Art der Variante wird in der Eigenschaft *isIndirectedInstantiated* der Komponente spezifiziert. Der Standardwert ist *true*, d.h. die indirekte Instanziierung.

UML-Versionshinweis

In UML 1.x wurde eine Komponente dadurch symbolisiert, dass auf dem Rand des Rechteckes zwei kleine Rechtecke platziert waren. Ab UML 2.0 wird nun stattdessen dieses große Rechteck mit den zwei kleinen Rechtecken auf dem Rand als ein Symbol innerhalb der Komponente plaziert. 1.x

In UML 2.0 sind nun auch logische Komponenten möglich, die beispielsweise einen Namensraum für die in ihr enthaltenen Komponenten bilden.

4.5.3 Subsystemdiagramm

Verwandte Begriffe: *Paket*, *Komponente*.

Definition

Ein Subsystem ist eine spezielle Komponente, deren Zweck die Repräsentation einer architektonischen Einheit darstellt.

Ein Subsystem (*«subsystem»*) ist ein Standardstereotyp für Komponenten.

Beschreibung

Es gelten alle wesentlichen Merkmale von Komponenten auch für Subsysteme. Die Abgrenzung von Subsystem und Komponente erfolgt vor allem über ihren jeweiligen Verwendungszweck.

Ein Subsystem ist eine Komponente, die eine Einheit der hierarchischen Dekomposition eines großen Systems ist. Große Systeme werden häufig in der Hierarchie System – Subsysteme – Komponenten strukturiert. D.h. ein Subsystem ist die erste Hierarchieebene nach System. Der Zweck von Subsystemen ist die fachliche Systempartitionierung auf einem verhältnismäßig groben Niveau (Architektur-Niveau) und setzt sich beispielsweise zusammen aus einer Menge von Komponenten und Klassen. Komponenten definieren kleinere fachliche Einheiten, also eher die Mikroarchitektur. Die genaue Verwendung lässt die UML 2 aber bewusst offen. Ein Subsystem wird in der Regel indirekt instanziiert und in Spezifikations- und Realisierungselemente unterteilt.

Notation und Beispiel

Ein Subsystem wird wie eine Komponente dargestellt, trägt jedoch zusätzlich das vordefinierte Stereotyp «subsystem».

Abb. 4.5-4: Subsystem

4.5.4 Paketdiagramm

Verwandte Begriffe: engl. *package, Subsystem, Komponente.*

Definition

Übersicht gewinnen

Pakete sind Ansammlungen von Modellelementen beliebigen Typs, mit denen das Gesamtmodell in kleinere überschaubare Einheiten gegliedert wird. Ein Paket definiert einen Namensraum, d.h. innerhalb eines Paketes müssen die Namen der enthaltenen Elemente eindeutig sein. Jedes Modellelement kann in anderen Paketen referenziert werden, gehört aber zu genau einem (Heimat-) Paket. Pakete können wiederum Pakete beinhalten.

Beschreibung

Pakete können verschiedene Modellelemente enthalten, beispielsweise Klassen und Anwendungsfälle. Sie können hierarchisch gegliedert werden, d.h. ihrerseits wieder Pakete enthalten.

Ein Modellelement, beispielsweise eine Klasse, kann in verschiedenen Paketen benutzt werden, jedoch hat jede Klasse ihr Stammpaket. In allen anderen Paketen wird sie lediglich über ihren qualifizierten Namen

```
Paketname::Klassenname
```

zitiert. Dadurch entstehen Abhängigkeiten zwischen den Paketen, d.h., ein Paket nutzt Klassen eines anderen Paketes.

Abhängigkeit ⇨318

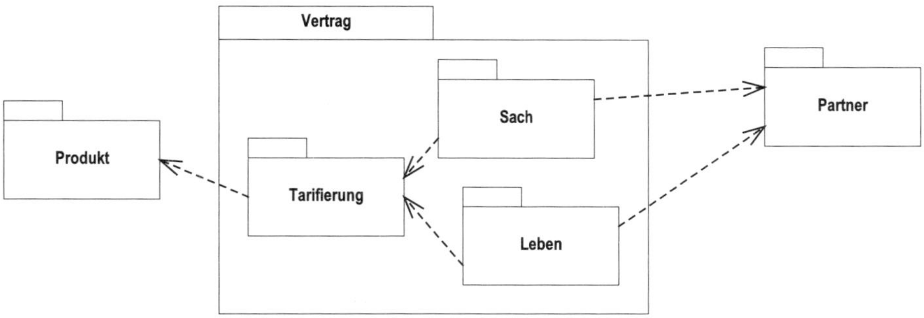

Abb. 4.5-5: Beispiel eines Paketmodells

Ein Paket wird in Form eines Aktenregisters dargestellt. Innerhalb dieses Symbols steht der Name des Paketes. Werden innerhalb des Symbols Modellelemente angezeigt, steht der Name auf der Registerlasche, anderenfalls innerhalb des großen Rechteckes. Oberhalb des Paketnamens können Stereotypen notiert werden.

In der Abb. 4.5-6 finden Sie eine weitere Notationsform für Pakete und ihre Verschachtelungen. Die baumartig zusammengefasste Beziehung mit dem durchgestrichenen Kreis auf der Vertragsseite kann als „enthält" bzw. „besteht aus" gelesen werden (sie wird auch Mitgliedsnotation genannt). Die Semantik aller drei Vertrags-Pakete in Abb. 4.5-5 und Abb. 4.5-6 ist in Bezug auf die Paketverschachtelung identisch. Die Mitgliedsnotation ist nicht nur auf Pakete beschränkt. Auch für andere Elemente wie beispielsweise Klassen, die sich in einem Paket befinden, kann die hierarchische Struktur mit der Mitgliedsnotation dargestellt werden.

Mitgliedsnotation

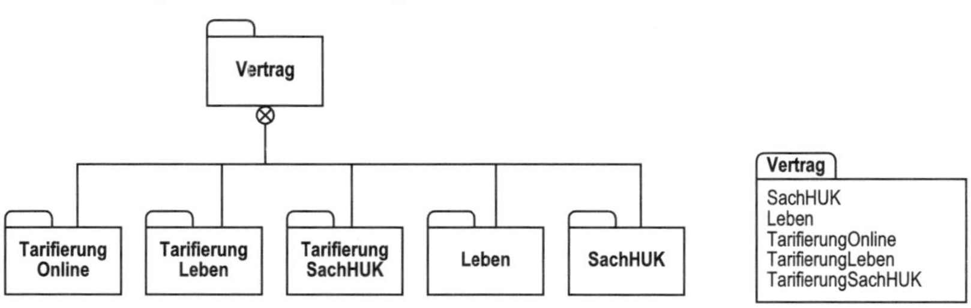

Abb. 4.5-6: Alternative Notationen für Paketstrukturen

In der UML 1.x war die Generalisierung von Paketen möglich, seit UML 2.0 wird hierfür die Merge-Beziehung verwendet.

Generalisierung versus Paket-Merge

Ein Paket-Merge (*PackageMerge*) ist eine Beziehung zwischen zwei Paketen, wobei der Inhalt des Zielpaketes mit dem Inhalt des Quellpaketes durch Generalisierung und Redefinition vermischt wird. Eine wichtige Annahme ist, dass gleichnamige Elemente in verschiedenen Paketen für dasselbe Konzept stehen. Warum diese Annahme wichtig ist, zeigt die Transformationsbeschreibung weiter unten.

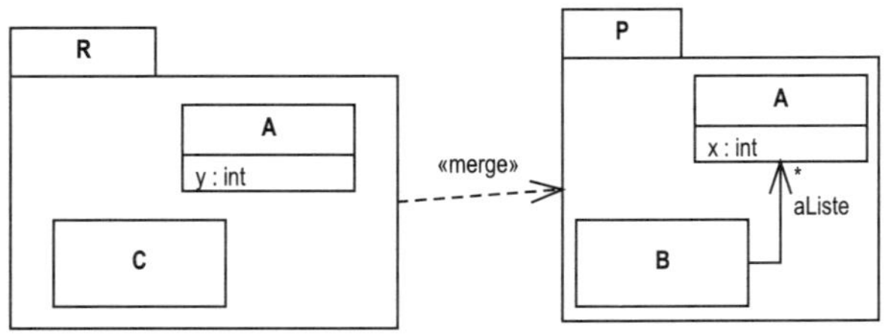

Abb. 4.5-7: Beispiel für ein Paket-Merge

In Abb. 4.5-7 ist ein einfacher Paket-Merge dargestellt. Der Inhalt des Paketes P wird in das Paket R „gemerged“. Das geschieht nach formal definierten Regeln, die auch automatisierbar von einem UML-Werkzeug durchgeführt werden könnten.

1. Die Merge-Beziehung wird in eine Paket-Importbeziehung umgewandelt. Das bedeutet u.a., dass private Elemente nicht in den Paket-Merge mit einbezogen werden.
2. Für jeden Classifier im Zielpaket, der nicht im Quellpaket vorhanden ist, wird ein neuer (leerer) Classifier im Quellpaket angelegt. Zwischen allen Classifiern des Quellpaketes wird nun eine Generalisierungsbeziehung zu gleichnamigen Classifiern des Zielpaketes definiert. Alle Merkmale (*Features*) des Ober-Classifiers werden im jeweiligen Unter-Classifier redefiniert. Damit befinden sie sich alle Merkmale im Besitz des Unter-Classifiers, d.h. des Classifiers im Quellpaket.
3. Generalisierungsbeziehungen zwischen Classifiern im Zielpaket werden auf die entsprechenden Classifier im Quellpaket übertragen.
4. Für jedes Unterpaket im Zielpaket wird ein gleichnamiges Unterpaket im Quellpaket angelegt, sofern es nicht schon vorhanden ist. Zwischen den gleichnamigen Unterpaketen vom Quellpaket und Zielpaket wird eine Paket-Merge-Beziehung definiert. Das gewährleistet eine rekursive Anwendung des Verfahrens auf Unterpakete.
5. Paket- und Elementimportbeziehungen aus dem Zielpaket werden in das Quellpaket übertragen.
6. Alle nicht generalisierbaren Elemente aus dem Zielpaket werden in das Quellpaket kopiert und mit gleichen Beziehungen zu den anderen Elementen versehen.

Wendet man diese Transformationsvorschriften auf das Beispiel in Abb. 4.5-7 an, erhält man das Ergebnis in Abb. 4.5-8. Die Paket-Merge-Beziehung ist also eigentlich nur eine Kurzschreibweise.

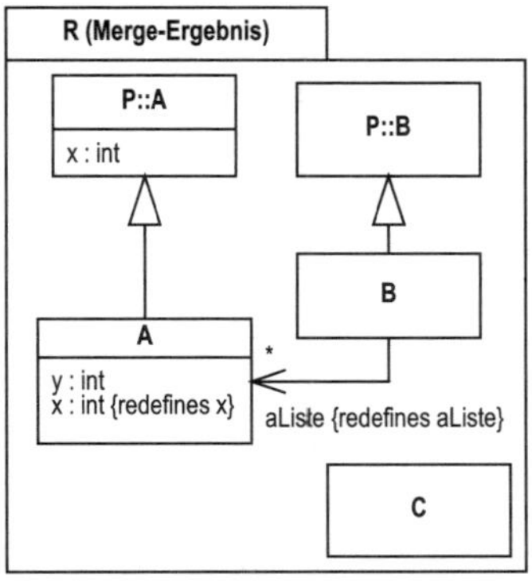

Abb. 4.5-8: Merge-Ergebnis aus Abb. 4.5-7

UML-Versionshinweis

Mitgliedsnotation

1.x

Die Mitgliedsnotation mit dem durchgestrichenen Kreis auf der Seite des Paketes, das andere Pakete enthält (Abb. 4.5-6), gab es auch schon vor UML 2.0, wurde dort jedoch kaum verwendet. Streng genommen war das Paketdiagramm in der Form, wie es allgemein genutzt wurde, in früheren Versionen offiziell nicht vorhanden und lediglich eine Art Klassendiagramm.

4.5.5 Kompositionstrukturdiagramm

Verwandte Begriffe: engl. *composite structure diagram*, *Zusammensetzungsdiagramm, Teile,* engl. *parts*.

Definition

Ein Kompositionsdiagramm zeigt die interne Zusammensetzung einer Komponente oder Klasse.

Beschreibung

Mit Hilfe eines Kompositionsdiagramms kann gezeigt werden, aus welchen Einzelteilen sich eine Komponente (oder Klasse) zusammensetzt und wie diese Teile (engl. *parts*) verbunden sind. Warum dies nicht immer mit den übrigen UML-Mitteln ausgedrückt werden kann und weshalb hierfür Kompositionsdiagramme notwendig sind, dass wird im Folgenden anhand eines Beispiels gezeigt.

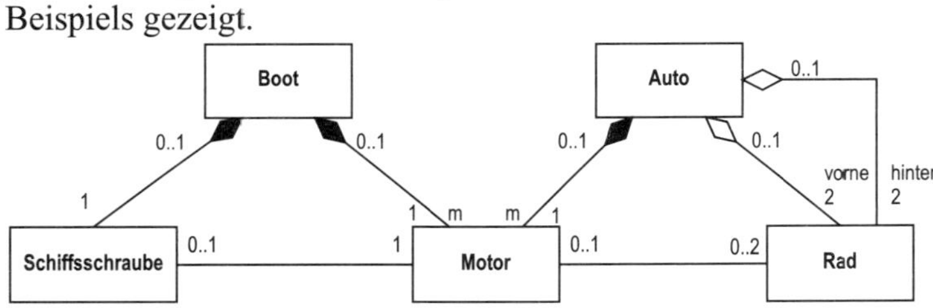

Abb. 4.5-9: Ein einfaches Klassendiagramm als Erläuterungsgrundlage für den Zweck von Kompositionsdiagrammen

Die Abb. 4.5-9 zeigt, wie sich Boote und Autos zusammensetzen. Ein Boot besteht aus einer Schiffsschraube und einem Motor, der die Schiffsschraube antreibt. Ein Auto besteht ebenfalls aus einem Motor, der aber statt einer Schiffsschraube zwei Räder antreibt. Insgesamt besitzt das Auto vier Räder, zwei vorne und zwei hinten.

Welche möglichen und durchaus legalen aber nicht beabsichtigten Objektmodelle sich daraus ergeben können, ist in Abb. 4.5-10 und Abb. 4.5-11 zu sehen. Vielleicht fallen Ihnen noch weitere Varianten ein, z.B. ein Auto mit einem Motor, der die beiden linken Räder antreibt.

Um solche unbeabsichtigten Ausprägungen auszuschließen, können zum einen entsprechende Zusicherungen, beispielsweise als OCL-Ausdruck oder natürlichsprachlich formuliert werden, zum anderen lassen sich Kompositionsdiagramme hierfür verwenden. Der Vorteil der Diagramme liegt in der besseren Visualisierung, die OCL und natürliche Sprache nicht bieten können, verbunden mit einer Eindeutigkeit, die zumindest natürliche Sprache auch nicht leisten kann.

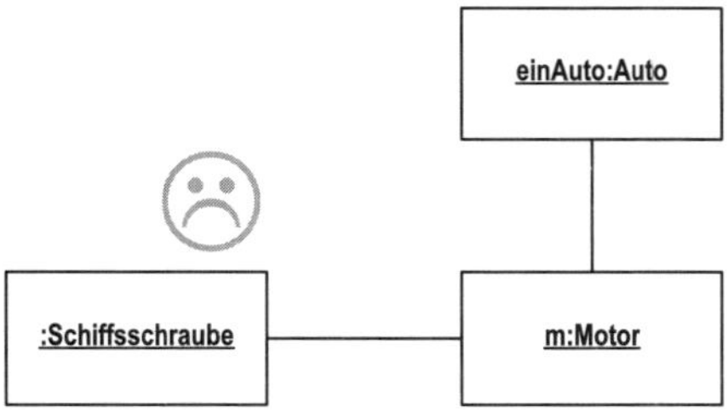

Abb. 4.5-10: Objektdiagramm für eine unsinnige Zusammensetzung eines Autos

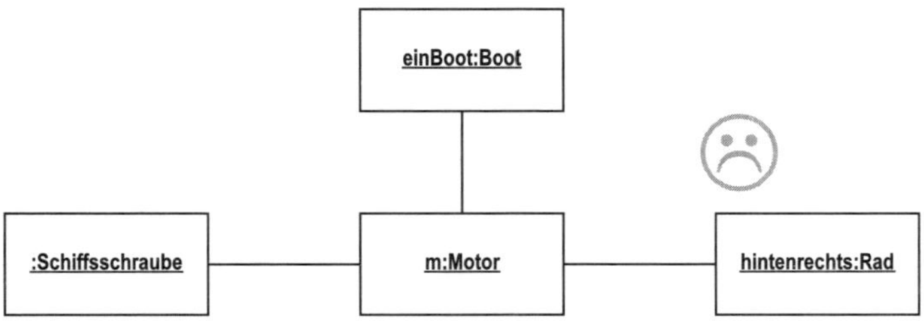

Abb. 4.5-11: Objektdiagramm für eine unsinnige Zusammensetzung eines Bootes

Das Kompositionsdiagramm heißt so, weil es in einem Diagramm die innere Struktur von Kompositionen, d.h. ihre Ganzes-Teil-Beziehungen, darstellen kann.

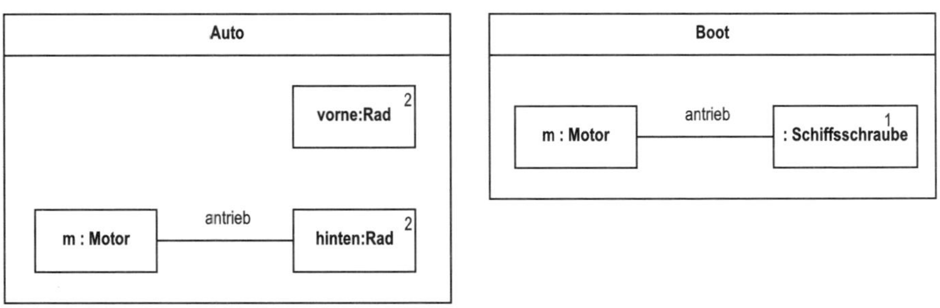

Abb. 4.5-12: Kompositionsstrukturen für sinnvole Zusammensetzungen von Boot und Auto

Abb. 4.5-12 zeigt die beiden sinnvollen Kompositionsstrukturen für Auto und Boot. Das Auto besitzt einen Motor *m*, der die beiden hinteren Räder antreibt. Desweiteren gibt es noch zwei Räder vorne. Im Kontext des Bootes treibt der Motor keine Räder an, sondern eine Schiffsschraube.

Notation

Die Teile werden als Rechtecke innerhalb der Komponente bzw. Klasse dargestellt. Sie können in der rechten oberen Ecke eine Angabe zur Multiplizität enthalten. Die Multiplizität kann alternativ auch hinter dem Namen des Elementes in eckigen Klammern gesetzt werden.

4.5.6 Einsatz- und Verteilungsdiagramm

Verwandte Begriffe: engl. *deployment diagram*, *Einsatzdiagramm*, *Knoten*, *Knotendiagramm*, *Konfigurationsdiagramm*.

Beschreibung

Verteilung der Soft- auf die Hardware

Ein Knoten ist eine zur Laufzeit physisch vorhandene Einheit, die über Rechenleistung bzw. Speicher verfügt, also Computer (Prozessoren), Geräte u.Ä.

Verteilungsdiagramme zeigen, welche Software (Komponenten, Objekte) auf welcher Hardware (Knoten) laufen, d.h wie diese konfiguriert sind und welche Kommunikationsbeziehungen dort bestehen.

Artefakte: Dateien

Die Knoten können «manifest»-Beziehungen zu so genannten Artefakten besitzen, welche die physischen Repräsentanten der Software darstellen, also gewöhnlich die Dateien, beispielsweise *.exe-, *.dll- oder *.jar-Dateien. Die Artefakte haben Manifestationsbeziehungen zu bspw. Komponenten und werden auf Knoten deployed.

Kommunikationslinie

Die Verbindungen zwischen den Knoten beschreiben, über welche Wege die Knoten miteinander kommunizieren können. Hierzu wird neben den Verbindungslinien die Art der Kommunikation näher spezifiziert, beispielsweise *Internet* oder *2 MBit/s. TCP/IP* (genaugenommen ist es nur der Name der Kommunikationslinie, die wiederum eine Variante der Assoziation ist). An den Enden der Verbindungslinie können Multiplizitäten angegeben werden, die die Anzahl der in gleicher Weise eingesetzten Knoten angibt.

Notation

Komponenten ⇨323
Schnittstellen ⇨289
Abhängigkeit ⇨318

Knoten werden durch Quader dargestellt. Knoten, die miteinander kommunizieren, d.h. entsprechende Verbindungen unterhalten, werden durch Kommunikationslinien miteinander verbunden. Auch Schnittstellen und Abhängigkeitsbeziehungen zwischen diesen Elementen sind zulässig.

Häufig werden Diagramme dieser Art mit herkömmlichen Zeichenprogrammen erstellt. Statt ordinärer Quader werden meistens buntere Cliparts verwendet (Drucker-, Computer- u.a. Bildchen).

Bei UML-konformer Verwendung des Einsatz- und Verteilungsdiagrammes bestehen jedoch technologiespezifische Generierungsmöglichkeiten, beispielsweise für EJB-Deployment.

EJB-Deployment generieren

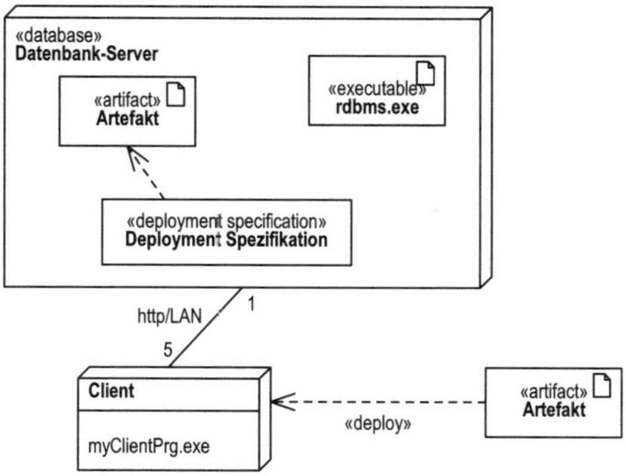

Abb. 4.5-13: Notation des Einsatz- und Verteilungsdiagramms (Deployment)

Die auf einem Knoten laufende Software kann durch eigene Symbole, wie *rdbms.exe* in der Abb. 4.5-13 notiert werden oder durch Auflistung, wie beim Client anhand von *myClientPrg.exe* gezeigt.

4.5.7 Profildiagramm

Verwandte Begriffe : *profile diagram*

Definition

Das Profildiagramm ist seit der Version 2.2 Bestandteil der UML und trägt dem Umstand Rechnung, dass immer mehr Projekte die UML an ihre eigenen Bedürfnisse anpassen.

Notation

Es gelten die Notationselemente aus der UML 2.1.

Beziehungen zwischen Elementen können als «extends», «refine» oder ähnlichem modelliert werden (Abb. 4.5-14).

UML-Versionshinweis

Das Profildiagramm ist neu seit der UML 2.2, vorher wurde ein beliebiges – meist das Klassendiagramm – genutzt, um die Herleitung von verschiedenen Stereotypen zu zeigen.

Praxis

Ein Profildiagramm kann alle Elemente beinhalten, die auch Bestandteil eines Profils sein können. Vgl. hierzu Metamodell der UML.[UML2c]

Je nach Granularität der Darstellung kann dann entschieden werden, ob Profile als Import des gesamten Profils dargestellt werden oder ob – gerade bei Verwendung von Profilen in anderen Profilen – auch die Hierarchie und Herkunft aufgezeigt werden soll.

Das Profildiagramm wurde neu eingeführt, um darzustellen, wie elementar die Verwendung von Profilen in der UML ist. Bisher war es nur möglich andere Diagrammtypen wie z.B. das Klassendiagramm hierfür zu nutzen. Der häufigen Verwendung von Profilen in der UML-Modellierung in vielen Projekten und der daraus folgenden weiten Verbreitung, wird durch die Einführung des Diagrammtyps Rechnung getragen.

Das Profildiagramm stellt die Herleitung der eigendefinierten Stereotypen dar, es dient zur Gruppierung und Sammlung von spezialisierten oder umdefinierten UML-Stereotypen.

Zur Definition wird ein neues Diagramm erstellt, in dem dann zunächst der Namensbereich des Profils erstellt wird. Innerhalb des Profils werden dann die einzelnen Elemente nach gleichem Schema wie bisher modelliert. Ein Beispiel ist in Abb. 4.5-14 dargestellt.

Wird ein vorhandener Stereotyp um neue, speziellere Eigenschaften erweitert, so wird die «extends»-Beziehung genutzt. Bei einer Umdefinition eines eigenen Stereotypen wird die «refines»-Beziehung verwendet.

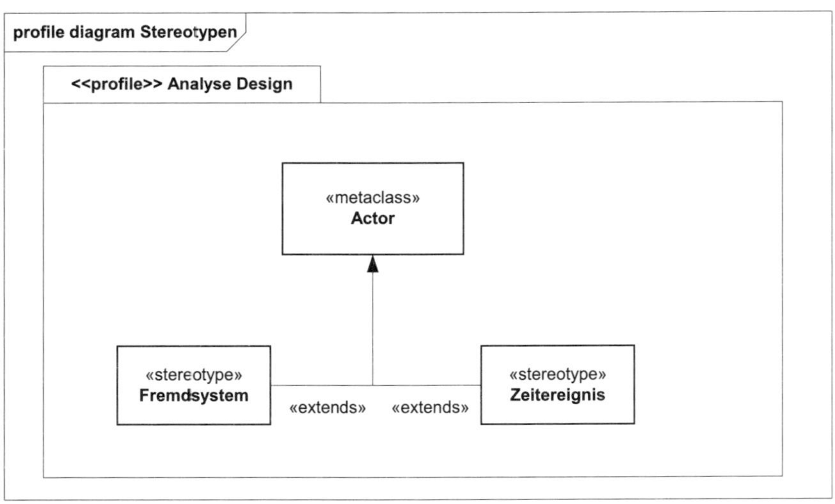

Abb. 4.5-14: Beispiel eines Profildiagramms

4.6 Aktivitätsdiagramm

Verwandte Begriffe: *activity diagram*, *Ablaufdiagramm*; *flow chart*, *Programmablaufplan*, *Objektflussdiagramm*.

Definition

Ein Aktivitätsdiagramm beschreibt einen Ablauf und wird definiert durch verschiedene Arten von Knoten, die durch Objekt- und Kontrollflüsse miteinander verbunden sind. Es werden Aktions-, Objekt- und Kontrollknoten unterschieden.

Notation

Ein Aktivitätsdiagramm besteht aus Start- und Endknoten (früher: Start- und Endzustand), einer Reihe von (Aktions-, Kontroll- und Objekt-) Knoten sowie Objekt- und Kontrollflüssen, mit denen diese Knoten verbunden sind. In Abb. 4.6-1 sehen Sie ein Beispiel hierfür. Das gesamte Modell wird Aktivität genannt und trägt den Namen *Kfz reservieren*. Innerhalb dieser Aktivität befinden sich eine Reihe von Aktionskonten (*Kunde identifizieren, Reservierungswunsch aufnehmen* etc.), die die elementaren Ablaufschritte darstellen sowie zwei Entscheidungsrauten (Kontrollknoten), die entsprechend der angegebenen Bedingungen an den ausgehenden Kontrollflüssen den Kontrollfluss verzweigen.

Im unteren Teil des Beispiels befindet sich der Objektknoten *Reservierungsbestätigung*, zusammen mit den ein- und ausgehenden Kanten (Pfeilen) des Objektknotens wird dies auch Objektfluss genannt.

UML-Versionshinweis

In UML 2.0 heißen die Schritte nicht mehr Aktivitäten, sondern Aktionen und das was hier als Aktivitätsdiagramm beschrieben wird, heißt jetzt Aktivität. 1.x

Die Semantik der Aktivitätsdiagramme entspricht jetzt weitgehend der Petrinetzsemantik. Insofern gibt es sehr viele weitreichende Veränderungen im Detail.

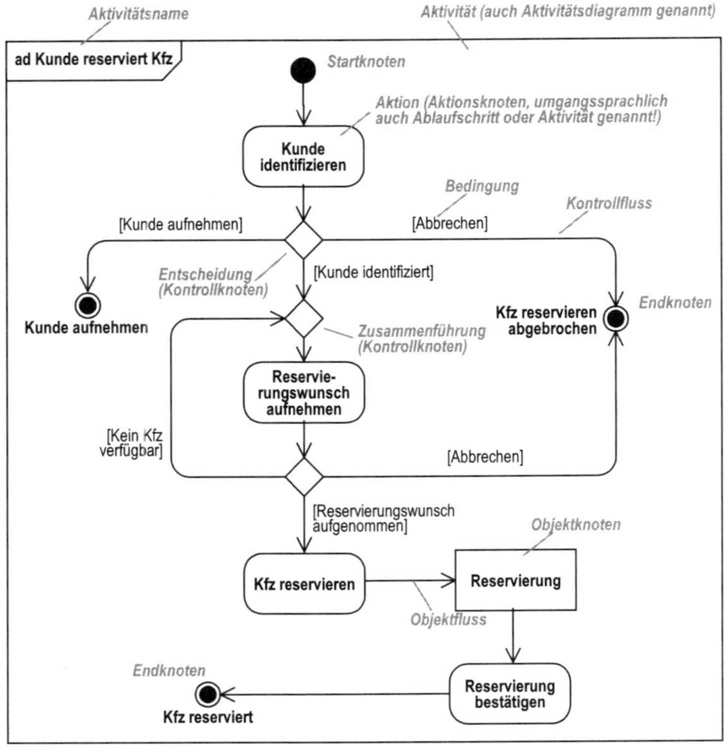

Abb. 4.6-1: Beispiel eines Aktivitätsdiagramms

Praxis

Mit Aktivitätsdiagrammen können Abläufe, wie sie beispielsweise in Anwendungsfällen in natürlicher Sprache beschrieben sind, grafisch dargestellt werden. Mit natürlicher Sprache können gewöhnlich nur sehr einfache Abläufe verständlich beschrieben werden, mit Aktivitätsdiagrammen hingegen ist es möglich, auch sehr komplexe Abläufe mit vielen Ausnahmen, Varianten, Sprüngen und Wiederholungen noch übersichtlich und verständlich darzustellen.

Die Semantik der einzelnen Modellelemente unterscheidet sich teilweise trotz gleicher Bezeichnungen erheblich von den Modellelementen in UML 1.x. Beachten Sie hierzu unbedingt den Versionshinweis am Ende des Abschnittes.

Am verwirrendsten für den Umstieg von UML 1.x-Aktivitätsdiagrammen zu denen in UML 2.0 ist die Bezeichnung *Aktivität*. Das Element, das am ehesten der Bedeutung der 1.x-Aktivitäten entspricht, ist die Aktion, während ein ganzes Aktivitätsmodell nun Aktivität genannt wird. Um diese Bezeichnungsprobleme zu vermeiden, verwende ich in diesem Buch häufig den Begriff Ablaufschritt oder Schritt und meine damit einen Aktionsknoten.

Aktionen sind das primitivste (d.h. elementarste) Modellelement zur Beschreibung von Verhalten. Allerdings ist eine hierarchische Schachtelung in der Weise möglich, dass ein Aktionsknoten wiederum eine Aktivität aufruft. In der Abb. 4.6-3 existiert innerhalb der Aktivität *A* ein Aktionsknoten *B*. Der Aktionskonten *B* ruft die Aktivität *B* auf, die wiederum aus den Schritten *E*, *F* und *G* besteht. D.h. in einem Aktivitätsdiagramm kann ein einzelner Ablaufschritt wiederum ein Unter-Aktivitätsdiagramm enthalten, was durch ein kleines Gabelsymbol innerhalb des Knotens gekennzeichnet wird. Wichtig ist zu wissen, dass beispielsweise der Aktionsknoten *B* formal nicht identisch ist mit der gleichnamigen Aktivität *B*, sondern das der Aktionsknoten *B* das Verhalten der Aktivität *B* aufruft. Typischerweise haben Aktion (Schritt) und Aktivität aber den gleichen Namen und sind darüber zuzuordnen.

In diesem Sinne können Aktivitäten wiederum Aktivitäten beinhalten, was bei der korrekten Begriffswahl (Aktion oder Aktivität) eine erhöhte Aufmerksamkeit erfordert. Für die Projektpraxis sind Vereinfachungen zu erwarten, d.h. es wird streng genommen zu falschen Begriffsverwendungen kommen.

In diesem Buch verwende ich ebenfalls vereinfachend und angelehnt an UML 1.x den Begriff *Aktivitätsdiagramm* oder *Aktivitätsmodell*, wenn eine UML 2.0-Aktivität gemeint ist und die Begriffe Schritt, Ablaufschritt oder Aktivitätsschritt, wenn ein Aktionsknoten gemeint ist, der ggf. auch weiter untergliedert werden kann.

Begriffswahl für Aktionsknoten: Schritt, Ablaufschritt, Aktivitätsschritt

Abb. 4.6-2: Notation von Aktivitätsparametern

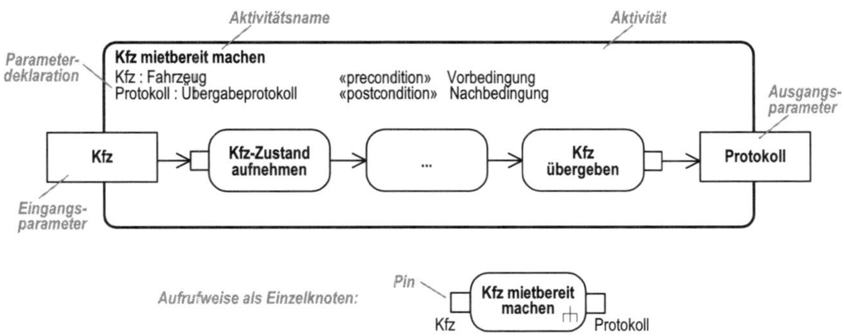

Sofern nur einfache Diagrammelemente wie Aktionen und Kontrollflüsse verwendet werden, sind solche Diagramme weitgehend allgemein verständlich. Bei Verwendung spezieller Konstrukte wie beispielsweise Signale, Objektknoten etc. sind hingegen grundlegende UML-Kenntnisse notwendig. Die einzelnen möglichen Elemente werden in den folgenden Abschnitten ausführlich dargestellt und erläutert.

Ein- oder ausgehende Objekte in einem Aktivitätsmodell werden als Parameter der Aktivität bezeichnet. Diese Objekte werden auf dem Rahmen platziert und zusätzlich unterhalb des Namens der Aktivität mit Typangabe aufgelistet.

Vor- und Nachbedingung

Innerhalb einer Aktivität können mit den Schlüsselwörtern «precondition» und «postcondition» Vor- und Nachbedingungen für die Aktivität definiert werden. Die Vorbedingung beschreibt den vorausgesetzten Zustand beim Eintritt in die Aktivität, die Nachbedingung den Zustand beim Verlassen der Aktivität.

Eine Aktion ist entweder eine elementare Aktion oder besitzt wiederum Unteraktionen, d.h. eine Aktion kann verschachtelt sein und eine komplette Aktivität beeinhalten. Aktionen mit Unteraktivitätsmodellen können durch ein kleines Gabelsymbol innerhalb der Aktion gekennzeichnet werden.

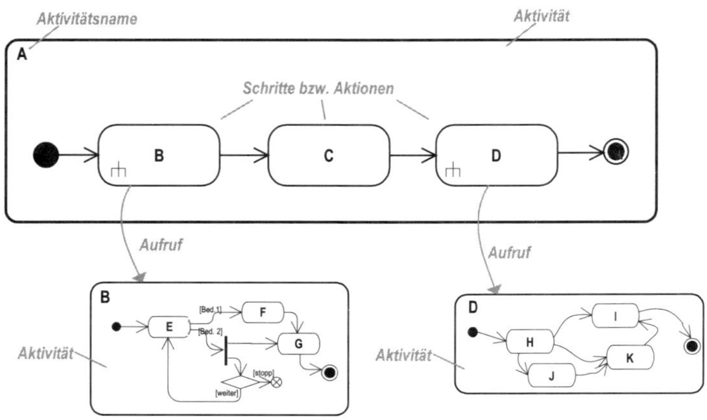

Abb. 4.6-3: Verschachtelung von Aktivitäten

Konnektoren

Kontrollflüsse können mit Konnektoren versehen werden, um lange, quer durchs Diagramm laufende Linien zu vermeiden oder Kontrollflüsse beispielsweise auf einem anderen Blatt fortzuführen. Ein Konnektor ist ein Kreis, in dem ein eindeutiger Bezeichner steht, beispielsweise ein Buchstabe. Ein Konnektor muss immer ein gleichnamiges Gegenstück haben. Die Bedeutung ist, dass die Transition implizit zwischen den beiden Konnektoren fortgeführt wird.

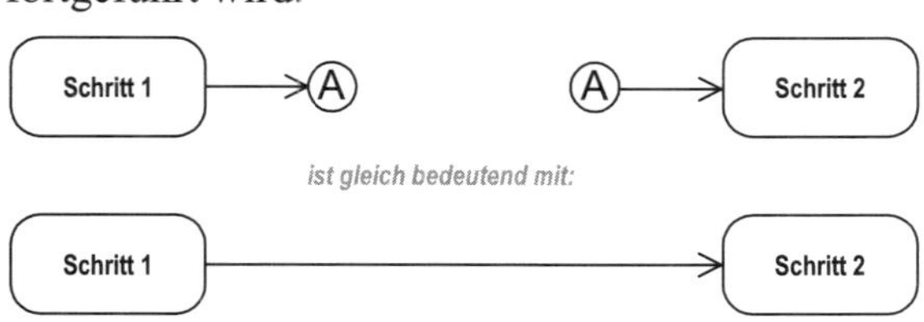

Abb. 4.6-4: Notation von Konnektoren

Semantik

Eingehende Kontrollflüsse, Start der Aktion

Eine Aktion hat gewöhnlich einen eingehenden und einen ausgehenden Kontrollfluss. Ein eingehender Kontrollfluss löst die Aktion aus. Sofern zu einer

Aktion mehrere eingehende Kontrollflüsse existieren, müssen *alle* diese Kontrollflüsse vorliegen (d.h. ein Token anliegen), bevor die Aktion startet (implizite Synchronisation).

Ausgehende Kontrollflüsse, Ende der Aktion

Die Beendigung einer Aktion ist verbunden mit dem Bereitstellen eines Tokens an den ausgehenden Kontrollflüssen. Die Beendigung einer Aktion erfolgt erst, wenn alle ausgehenden Kontrollflüsse dazu bereit sind. Hat eine Aktion mehrere ausgehende Kontrollflüsse, „feuern" alle Kontrollflüsse gleichzeitig. Sind ausgehende Kontrollflüsse mit Bedingungen versehen, feuern die, denen es möglich ist sofort.

Trennung von Aufruf und Verhalten

Die einzelnen Schritte (Aktionen) im Ablauf sind eigentlich nur Aktivitätsaufrufe, d.h. die UML unterscheidet zwischen einer Aktion und einem Aktivitätsaufruf. Somit wird es beispielsweise möglich, eine Aktion in mehreren Aktivitätsdiagrammen zu verwenden, d.h. von mehreren Ablaufkontexten her aufzurufen (streng genommen ist es nicht die Aktion, die mehrfach verwendet werden kann, sondern ihr Verhalten). Ebenso kann damit ein verschachtelter Unterablauf aufgerufen werden.

Startknoten, Endknoten

Ein Startknoten hat ausgehende, aber keine eingehenden Kontrollflüsse. Ein Ablaufende oder Endknoten hat mindestens einen eingehenden, aber keine ausgehenden Kontrollflüsse.

Ein Aktivitätsdiagramm besitzt mindestens einen Start- und einen Endknoten oder entsprechende Parameter. Existieren mehrere Startknoten, lösen sie jeweils eigene, d.h. nebenläufige Kontrollflüsse aus. Existieren mehrere Endknoten, führt jeder Endknoten zur sofortigen Beendigung aller Aktionen im gesamten Diagramm. Bei Erreichen eines Ablaufendes wird nur der zum Ablaufende führende Kontrollfluss gestoppt, alle Übrigen laufen weiter.

UML-Versionshinweis

1.x

Bis UML 1.x waren Aktivitätsdiagramme als Mischung von Zustandsdiagrammen, Petrinetzen und Ereignis-Diagrammen definiert, was zu allerlei theoretischen und praktischen Problemen führte. Eine der wichtigsten Neuerungen in UML 2.0 ist die komplette Neudefinition der Aktivitätsdiagramme. In diesem Bereich hat sich sehr viel geändert:

- Die einzelnen Schritte im Ablauf heißen nicht mehr *Aktivitäten*, sondern *Aktionen*. Um Verwirrung zu vermeiden, wird in diesem Buch häufig der Begriff *Ablaufschritt* oder *Schritt* verwendet.
- Eine Menge von Schritten, also letztendlich ein Ablaufdiagramm bzw. Teilablauf, wird nun *Aktivität* genannt.
- Aktivitätsdiagramme verfügen jetzt über eine Petrinetz-ähnliche Semantik.
- Während bis UML 1.x jede eingehende Transition einen Ablaufschritt gestartet hat, ist jetzt eine implizite Synchronisation vorhanden, d.h. alle eingehenden Kontrollflüsse müssen vorliegen, damit die Aktion startet.

- Es existieren einige neue Elemente:
  - Aktivitäten können Objektknoten als Ein- und Ausgangsparameter haben.
  - Es können Vor- und Nachbedingungen für Aktivitäten definiert werden.
  - Anfangs- und Endzustand heißen jetzt *Startknoten* und *Endknoten*. Zusätzlich gibt es jetzt das *Ablaufende*.
  - Verantwortlichkeitsbereiche (früher sog. Schwimmbahnen, jetzt allgemeiner Partitionen genannt) können mehrdimensional sein, jede Aktion kann mehreren Partitionen zugeordnet werden.
  - Es können unterbrechbare Bereiche definiert werden, die asynchron durch ein eintreffendes Signal verlassen, d.h. unterbrochen werden.
  - Nebenläufigkeit und nebenläufige Mengenverarbeitung können definiert werden.
  - Kontrollflüsse, die im Diagramm sehr weite Entfernungen zurücklegen, können mit Hilfe von Konnektoren vereinfacht dargestellt werden.
  - Synchronisationsbalken können individuelle Zusammenführungsspezifikationen haben.

4.6.1 Kontrollknoten

Verwandte Begriffe: *Splitting*; *Synchronisation*, *Teilung, Zusammenführung, Verzweigung*.

Definition

Ein *Startknoten* ist ein Startpunkt eines Ablaufes in einem Aktivitätsdiagramm. Der Begriff Anfangsknoten ist synonym zu verwenden.

Ein *Endknoten* beendet den beschriebenen Ablauf, d.h. alle Aktionen und Kontrollflüsse.

Ein *Ablaufende* beendet einen einzelnen Objekt- und Kontrollfluss.

Eine *Entscheidung* (auch Verzweigung genannt) ist ein Kontrollknoten mit einem oder mehr ausgehenden Objekt- und Kontrollflüssen, an dem aufgrund von Bedingungen entschieden wird, welcher von mehreren weiterführenden Kontrollflüssen fortgesetzt werden soll.

Eine *Synchronisation* (Konjunktion, UND-Verknüpfung) ist ein Kontrollknoten, bei dem auf alle eingehenden Objekt- und Kontrollflüsse gewartet wird, bevor der Kontrollfluss fortgesetzt wird.

Eine *Teilung* (Splitting) ist ein Schritt im Ablauf, an dem ein eingehender Objekt- und Kontrollfluss ohne Bedingungen sofort in mehrere ausgehende nebenläufige Kontrollflüsse geteilt wird.

Eine *Zusammenführung* (Disjunktion, ODER-Verknüpfung) ist ein Kontrollknoten, bei dem jeder von mehreren eingehenden Objekt- und Kontrollflüssen sofort zur einem gemeinsamen ausgehenden Kontrollfluss führt.

Notation

Ein Startknoten wird durch einen ausgefüllten Kreis dargestellt. Ein Endknoten hat zusätzlich einen äußeren Ring. Ein Ablaufende wird dargestellt durch einen nichtausgefüllten gekreuzten Kreis.

Eine Entscheidung wird durch eine nicht ausgefüllte Raute dargestellt, die einen eingehenden und mehrere ausgehende Kontrollflüsse hat.

Eine Synchronisation wird durch einen Balken repräsentiert, der mehrere eingehende und einen ausgehenden Kontrollfluss hat.

Eine Teilung wird ebenfalls durch einen Balken dargestellt, der aber einen eingehenden und mehrere ausgehende Kontrollflüsse hat.

Eine Zusammenführung wird dargestellt durch eine nicht ausgefüllte Raute mit mehreren eingehenden und einem ausgehenden Kontrollfluss.

Entscheidung und Zusammenführung können ebenfalls kombiniert werden, die Raute hat dann mehrere eingehende und mehrere ausgehende Kontrollflüsse.

Synchronisation und Teilung können ebenfalls kombiniert werden, der Balken hat dann mehrere eingehende und mehrere ausgehende Kontrollflüsse. Mischformen sind möglich

Außerdem kann eine individuelle Spezifikation des Verhaltens definiert werden (siehe *{joinSpec=...}* bei der spezifizierten Synchronisation), wozu die ein- und ausgehenden Kontrollflüsse ggf. eindeutig zu benennen sind.

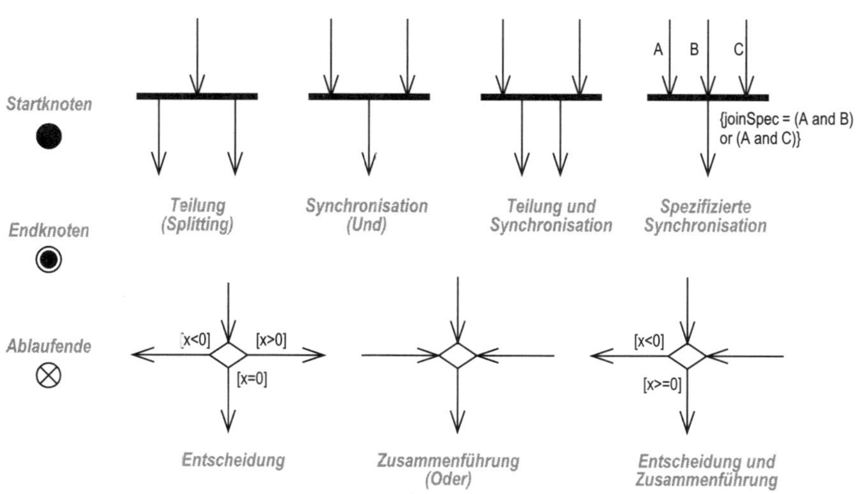

Abb. 4.6-5: Notation von Entscheidung, Synchronisation, Teilung und Zusammenführung

UML-Versionshinweis

1.x

In früheren UML-Versionen war es notwendig, dass es zu einer Teilung des Kontrollflusses auch ein entsprechendes Gegenstück gab, bei dem die Kontrollflüsse wieder synchronisiert wurden. Dies ist durch die Petrinetz-Semantik jetzt nicht mehr notwendig.

4.6.2 Objektknoten, Objektfluss und Parameter

Verwandte Begriffe: *Objekt*, *Objektzustand*.

Definition

Ein *Objektknoten* gibt an, dass ein Objekt oder eine Menge von Objekten existiert. Sie können als ein- oder ausgehende *Parameter* in Aktivitäten verwendet werden.

Ein *Objektfluss* ist wie ein Kontrollfluss, bei dem jedoch Objekte (Objekttoken) transportiert werden.

Notation und Beispiele

Objektknoten werden durch so genannte Pins dargestellt. Dies sind kleine, am äußeren Rand eines Aktionsknotens anliegende Quadrate.

Alternativ können Objektknoten durch Rechtecke dargestellt werden, die den Namen des Objektes und optional in eckigen Klammern den Objektzustand enthalten.

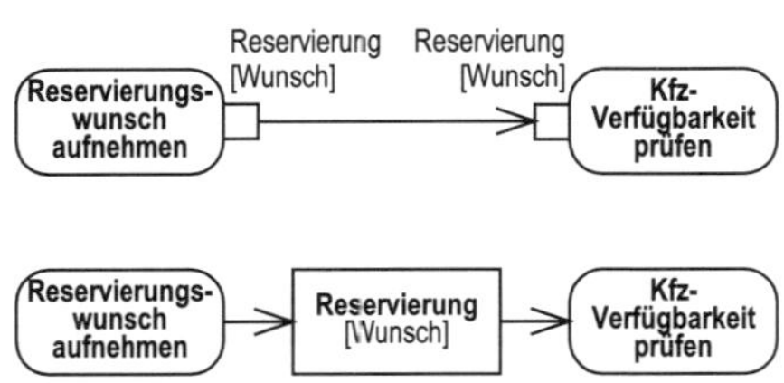

Abb. 4.6-6: Notation und Beispiele Objektknoten

Ein Objektfluss wird genauso notiert wie ein Kontrollfluss, nur das in der Mitte ein Objektknoten steht, d.h. der Pfeil von oder zu einem Objektknoten führt.

Parameter werden als Objektknoten notiert, die auf dem Rahmen einer Aktivität liegen.

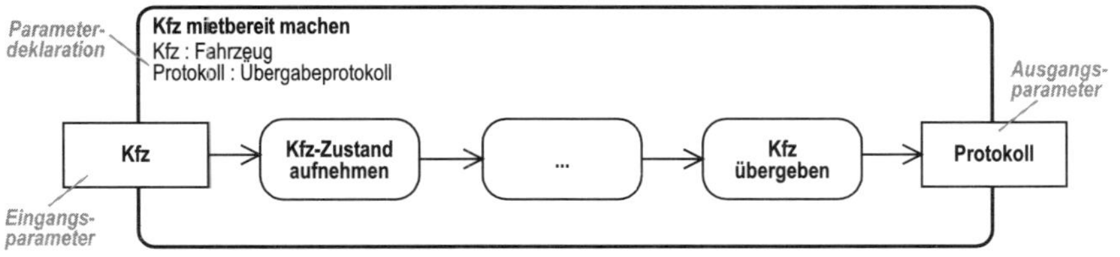

Abb. 4.6-7: Notation von Parametern

Innerhalb einer Aktivität können außerdem die Parameter mit Namen und Typ näher spezifiziert werden.

Semantik

Während die Semantik für mehrere ausgehende Kontrollflüsse an einem Aktionsknoten so definiert ist, dass die Bedingungen aller ausgehenden Kontrollflüsse erfüllt und zur Aufnahme eines Tokens bereit sein müssen, gilt für ausgehende Objektknoten (Pins) eine andere Semantik. Gehen von einem Pin mehrere Kanten ab, gilt eine Exklusiv-Oder-Semantik, d.h. der erste Kontroll- bzw. Objektfluss der einen Token aufnehmen kann, übernimmt sofort den Kontrollfluss, die anderen ausgehenden Kanten gehen leer aus.

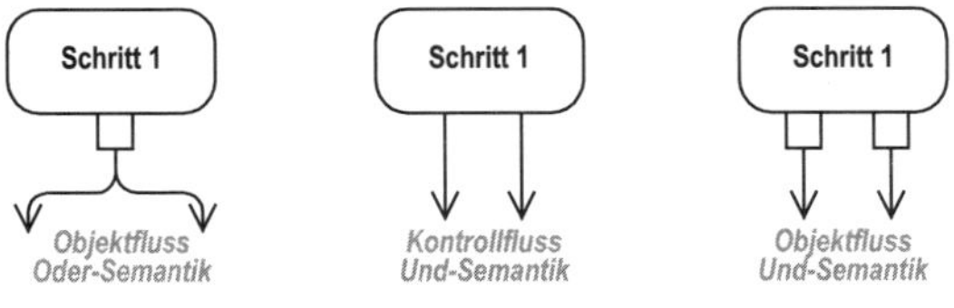

Abb. 4.6-8: Und-/Oder-Semantik bei Kontroll- und Objektflüssen

Praxis

Mit dem Objektfluss wird ausgedrückt, dass die entsprechenden Objekte von den Aktionsknoten vorausgesetzt bzw. erzeugt oder verändert werden. Eine Aktion startet erst dann, wenn die benötigten Objekte vorliegen. Am Ende der Aktion werden die neuen oder geänderten Objekte bereitgestellt.

Zustände von Objekten müssen nicht modelliert werden, die Notation von Objektzuständen ist lediglich eine Möglichkeit, solche Sachverhalte hervorzuheben, soweit dies von besonderer Bedeutung ist.

Parametergruppe. Pins können wiederum zu Gruppen zusammengefasst werden. In diesem Fall wird eine Menge von Pins durch einen gemeinsamen, ebenfalls am Aktionsknoten anliegenden Rahmen umschlossen. Parametergruppe (parameter sets)

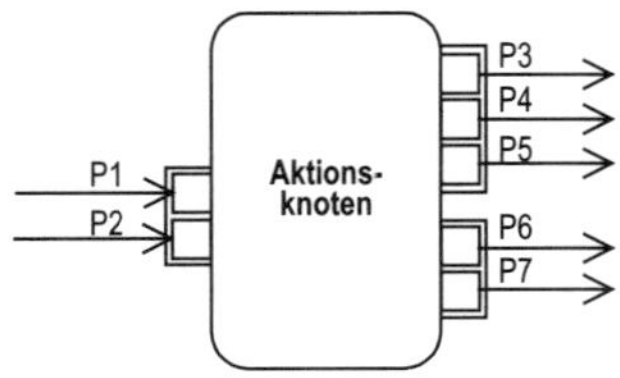

Abb. 4.6-9: Notation von Parametergruppen

Innerhalb einer Parametergruppe müssen alle definierten Objekte bereitstehen, bevor die Aktivität startet. Umgekehrt müssen erst alle Objekte einer Parametergruppe bereitgestellt sein, bevor der Kontrollfluss weiter geht.

Sofern mehrere Parametergruppen definiert werden, ist zu beachten, dass der Objektfluss immer nur mit einer von mehreren Parametergruppen fließen kann. Während bei normalen ausgehenden Objekt- und Kontrollflüssen alle vorliegen müssen und der Kontrollfluss an alle weitergegeben wird, gilt dies bei Parametergruppen nur jeweils für eine Gruppe. Wenn also in dem Beispiel in Abb. 4.6-9 die Objekte P6 und P7 vorliegen, geht der Kontrollfluss weiter. Die andere Parametergruppe mit P3, P4 und P5 kommt nicht mehr zum Zuge.

Exceptions

Ausnahmeparameter. Ausnahmeparameter führen zu einem Kontrollfluss unabhängig und unter Ausschluss aller anderen Parameter. Tritt die entsprechende Ausnahme auf, geht der Kontrollfluss unabhängig von allen anderen Kontroll- und Objektflüssen über den Ausnahmeparameter weiter. Ausnahmeparameter werden durch ein kleines Dreieck gekennzeichnet.

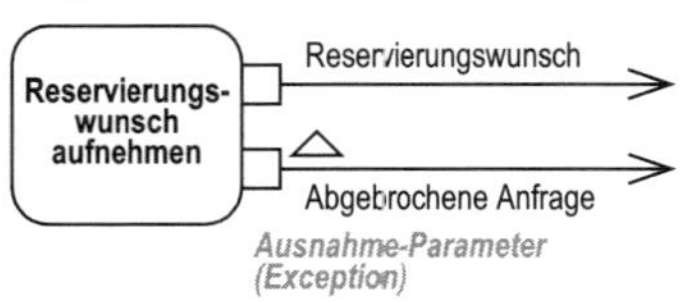

Abb. 4.6-10: Notation von Ausnahmeparametern

Streams. Gewöhnlich werden von Aktivitäten Objekte erzeugt, verändert oder vorausgesetzt und der Kontrollfluss richtet sich danach, wann diese Objekte vorliegen. Ein anderes Konzept sind sog. Streams, hierbei handelt es sich um einen permanenten Objektfluss, d.h. bestimmte Aktivitäten produzieren mehr oder weniger kontinuierlich Objekte und diese werden ebenso kontinuierlich an andere Aktivitäten weitergegeben. Streams werden ähnlich notiert wie Objektknoten, erhalten jedoch zusätzlich das Schlüsselwort *{stream}* oder werden grafisch durch einen ausgefüllten Pin dargestellt.

Eingehende Streams werden erst verarbeitet, wenn alle übrigen nicht-stream Objekt- und Kontrollflüsse vorliegen.

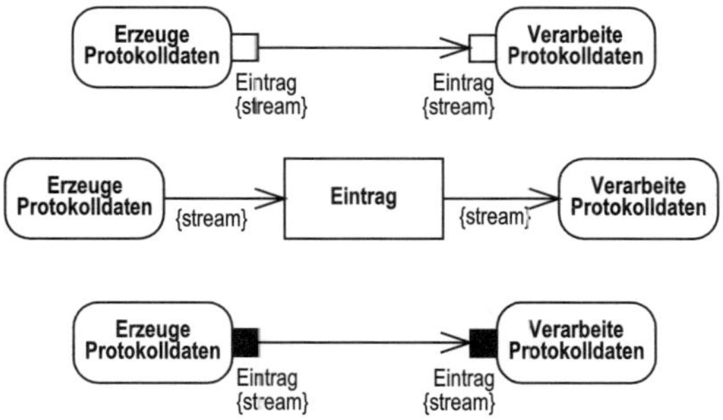

Abb. 4.6-11: Notationsmöglichkeiten für kontinuierliche Objektflüsse (Streams)

UML-Versionshinweis

In früheren UML-Versionen gab es deutlich weniger Modellierungsmöglichkeiten und Modellelemente. Neu sind die Pins (eigenes Modellelement), Parametergruppen, Ausnahmen und Streams. 1.x

4.6.3 Partitionen (Verantwortlichkeitsbereiche)

Verwandte Begriffe: *Schwimmbahnen, swimlane, Eigenschaftsbereiche.*

Definition

Eine Partition (Verantwortlichkeits- bzw. Eigenschaftsbereich) beschreibt innerhalb eines Aktivitätsmodells, wer oder was für einen Knoten verantwortlich ist oder welche gemeinsame Eigenschaft sie kennzeichnet.

Notation

Partitionen können grafisch dargestellt werden durch senkrechte Linien, wodurch das Diagramm in Bahnen aufgeteilt wird, die aussehen wie Schwimmbahnen. Die Knoten eines Aktivitätsdiagramms befinden sich stets genau innerhalb einer Bahn.

Seit UML 2.0 sind auch mehrdimensionale Partitionen möglich, was aber grafisch recht bald unübersichtlich wird.

Eine andere Form Partitionen zu notieren, ist den Namen der Partition in Klammern direkt in den Knoten zu schreiben.

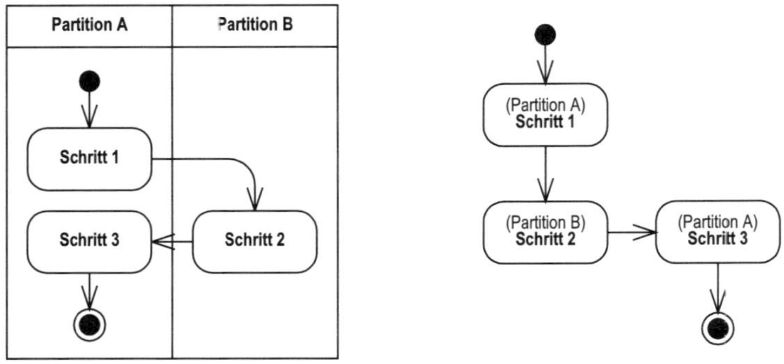

Abb. 4.6-12: Notation von Verantwortlichkeitsbereichen

Erläuterung

Aktivitätsdiagramme können in Partitionen bzw. Verantwortlichkeitsbereiche unterteilt werden, mit denen die Knoten anderen Elementen und Strukturen zugeordnet werden können. Nach welchen Sachverhalten die Partitionen unterschieden werden, ist frei wählbar. Beispielsweise lässt sich damit ausdrücken, zu welcher Organisationseinheit oder Komponente ein Teil eines Aktivitätsablaufes gehört.

Multiple Partitionen

Ein Knoten kann mehreren Partitionen zugeordnet werden (multiple Partitionen). Die beiden Notationsformen (in Schwimmbahnen und im Knotensymbol) können kombiniert werden.

UML-Versionshinweis

1.x

Die Notation innerhalb des Knotens wurde in der Praxis teilweise auch schon verwendet, ohne dass dies offiziell vorgesehen war. Für die Praxis neu ist allerdings die Mehrdimensionalität.

4.6.4 Signale und unterbrechbare Bereiche

Verwandte Begriffe: *signal*, *event*, *Unterbrechung*.

Definition

Ein empfangenes Signal ist die Benachrichtigung über ein zu beachtendes Vorkommnis, das einen Objektfluss auslöst. Der ausgehende Objektknoten enthält das empfangene Signal.

Ein gesendetes Signal ist ein Vorkommnis, über das während eines Kontrollflusses benachrichtigt wird.

Notation

Das Senden eines Signals wird dargestellt durch ein Rechteck, das auf einer Seite spitz ist. Bei Signalen, die empfangen werden, wird ein Rechteck gezeichnet, bei dem auf einer Seite eine Spitze hineinragt. Für Zeitereignisse (Signalempfang) kann alternativ ein Sanduhrsymbol verwendet werden.

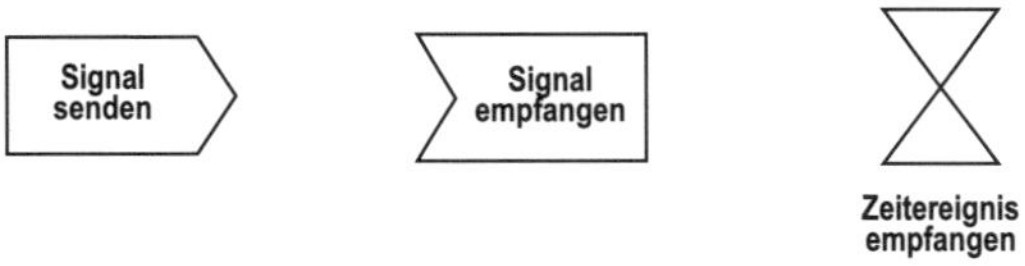

Abb. 4.6-13: Notation Signale

Erläuterung

Während eines Kontrollflusses können Singale gesendet oder empfangen werden. Damit können beispielsweise verschiedene nebenläufige Prozesse synchronisiert und auf äußere Ereignisse reagiert werden.

In ähnlicher Form lassen sich auch innerhalb von Aktivitätsdiagrammen unterbrechbare Bereiche definieren. Knoten, die innerhalb eines unterbrechbaren Bereiches liegen, werden durch Eintritt des Ereignisses (Signalempfang) sofort unterbrochen und der Kontrollfluss an anderer definierter Stelle fortgesetzt.

Hier wird ein innerhalb des unterbrechbaren Bereiches liegendes Signalempfang-Symbol verwendet, dessen weiterführender Kontrollfluss beim Empfang des Signales aktiv wird und für den die anderen laufenden Kontrollflüsse und Aktivitäten im unterbrechbaren Bereich unterbrochen werden. Ein unterbrechbarer Bereich wird durch einen gestrichelten Rahmen innerhalb eines Aktivitätsdiagrammes gekennzeichnet.

Der unterbrechbare Bereich ist unabhängig von einem Signalempfang. Er wird aber häufig in Kombination damit verwendet. Entscheidend ist die Unterbrechungskante. Ihr Ursprung kann auch eine Aktion oder Entscheidung sein.

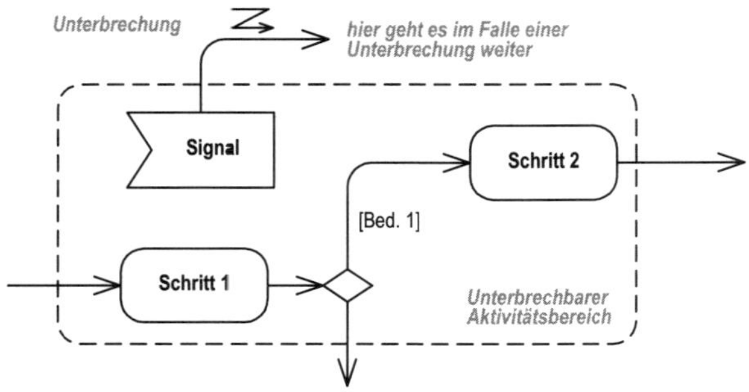

Abb. 4.6-14: Notation eines unterbrechbaren Bereiches

UML-Versionshinweis

1.x

Signalempfang und Signalsendung gab es auch schon vor UML 2.0, unterbrechbare Bereiche konnten aber in früheren Versionen nicht definiert werden und stellen somit eine wichtige Erweiterung dar.

4.6.5 Mengenverarbeitungsbereiche

Verwandte Begriffe: engl. *Expansion Regions*

Definition

Ein Mengenverarbeitungsbereich ist ein zusammenhängender Teilbereich eines Aktivitätsdiagrammes, über dessen Grenze mengenwertige Objektknoten (z.B. Listen) fließen, deren Einzelelemente innerhalb des Bereiches nebenläufig oder sequenziell verarbeitet werden.

Notation

Der Mengenverarbeitungsbereich wird durch eine gestrichelte Linie umrahmt. Der Bereich ist mit den Schlüsselworten «parallel», «iterative» oder «stream» versehen. Auf dem Rahmen befindet sich ein Vierfach-Pin-Symbol (vier aneinander gereihte kleine Quadrate, engl. *list pin box*), das die Menge der eingehenden Objekte darstellt und ein weiteres gleiches Symbol, welches die Menge der ausgehenden Objekte symbolisert. Innerhalb des Bereiches befinden sich ganz normal Knoten und Kontrollflüsse.

Wenn der Mengenverarbeitungsbereich nur einen einzelnen Knoten enthält, kann alternativ auch als Kurzschreibweise ein normaler Aktionsknoten gezeichnet werden, der an seiner Außenseite die Vierfach-Pin-Symbole trägt.

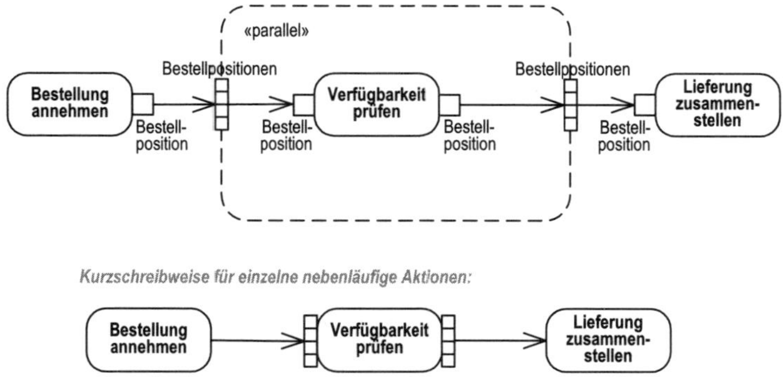

Abb. 4.6-15: Notation nebenläufiger Mengenverarbeitung

Beschreibung

Grundsätzlich ist es nicht notwendig, dass die ein- und ausgehenden Mengen identisch sind. Es können andere Objekte in der Menge vorhanden sein und auch eine andere Anzahl. Beispielsweise kann für jedes eingehende Objekt ein oder mehrere neue Objekte erzeugt werden. Oder es werden eingehende Objekte gefiltert, so dass die ausgehende Menge kleiner ist.

Mit dem Schlüsselwort «parallel» wird gekennzeichnet, dass die einzelnen Objekte zeitlich parallel zueinander verarbeitet werden können. Mit dem Schlüsselwort «iterative» wird eine sequenzielle Verarbeitung der Objekte gekennzeichnet.

UML-Versionshinweis

1.x

In früheren Versionen gab es auch bereits so genannte Iterationen, diese waren aber bezüglich ihrer Semantik und praktischen Handhabung mangelhaft. Die jetzige Notation und Semantik ist eine deutliche Verbesserung.

concurrent

Das Schlüsselwort «concurrent» wurde von in der finalen UML-Version 2.0 in «parallel» umbenannt.

4.7 Zustandsdiagramm

Verwandte Begriffe: engl. *state diagram*, engl. *state transition diagram*, engl. *state machine*, *Zustandsübergangsdiagramm*, *Endlicher Automat*.

Definition und Beschreibung

Ein Zustandsdiagramm zeigt eine Folge von Zuständen, die ein Objekt im Laufe seines Lebens einnehmen kann und aufgrund welcher Stimuli Zustandsänderungen stattfinden.

Ein Zustandsdiagramm beschreibt eine hypothetische Maschine (Endlicher Automat), die sich zu jedem Zeitpunkt in einer Menge endlicher Zustände befindet. Sie besteht aus:

- einer endlichen, nicht-leeren Menge von Zuständen;
- einer endlichen, nicht-leeren Menge von Ereignissen;
- Zustandsübergängen;
- einen Anfangszustand
- und einer Menge von Endzuständen.

Die einzelnen Bestandteile werden in den folgenden Abschnitten näher erläutert.

Beispiel

weiteres Beispiel ⇨194

Das folgende Beispiel zeigt die Zustandsübergänge für eine Flugreservierung. Sofern die Namen des Ereignisses und der Aktionsoperation übereinstimmen, ist nur die Operation aufgeführt. Der Startzustand führt bei Einrichtung des Fluges in den Zustand *OhneReservierung*. Bei Eintritt in diesen Zustand wird die Operation *Ruecksetzen* ausgeführt. Wird nun eine Reservierung für diesen Flug vorgenommen, wechselt das Objekt in den Zustand *TeilweiseReserviert*. Mit dem Ereignis *Reservieren* ist die gleichnamige Aktion *Reservieren* (realisiert durch eine Operation) verbunden. In dieser Operation findet die eigentliche Reservierung statt und der interne Reservierungszähler wird aktualisiert. Nach Abschluss dieser Aktion befindet sich das Objekt im Zustand *TeilweiseReserviert*.

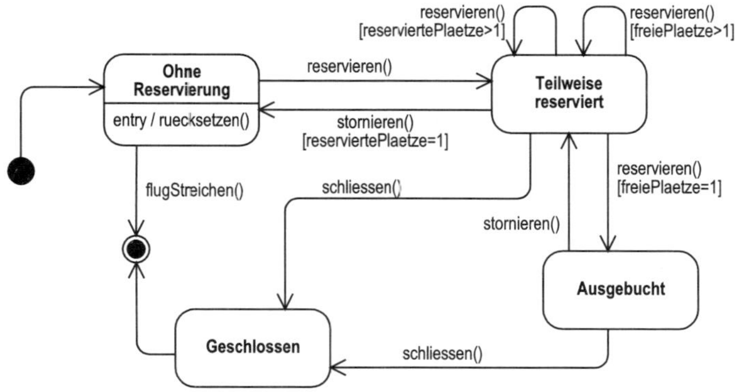

Abb. 4.7-1: Beispiel Zustandsdiagramm

Jede weitere Reservierung führt zur selben Aktion. Solange noch freie Plätze vorhanden sind, bleibt das Objekt im Zustand *TeilweiseReserviert*. Ist nur noch ein Platz frei, wird in den Zustand *Ausgebucht* gewechselt. Die Stornierung von reservierten Plätzen erfolgt in ähnlicher Weise. Das Zustandsdiagramm beschreibt also, durch welche Ereignisse welche Aktionen ausgelöst werden und wann diese (und damit der Aufruf der entsprechenden Operationen) zulässig sind.

4.7.1 Zustand

Verwandte Begriffe: *state, Startzustand, Endzustand.*

Definition

Ein Zustand gehört zu einem Zustandsautomaten, beispielsweise einer Klasse und stellt eine fachlich motivierte Abstraktion bzw. Zusammenfassung einer Menge von möglichen Attributwerten dar, die die Objekte dieser Klasse einnehmen können. Zustandsdiagramme beschreiben das innere Zustandsmodell eines Objektes.

Notation

Zustände werden durch abgerundete Rechtecke dargestellt, in denen der Name des Zustandes steht. Um Diagramme übersichtlicher zu gestalten, können Zustände mehrfach in einem Diagramm vorhanden sein.

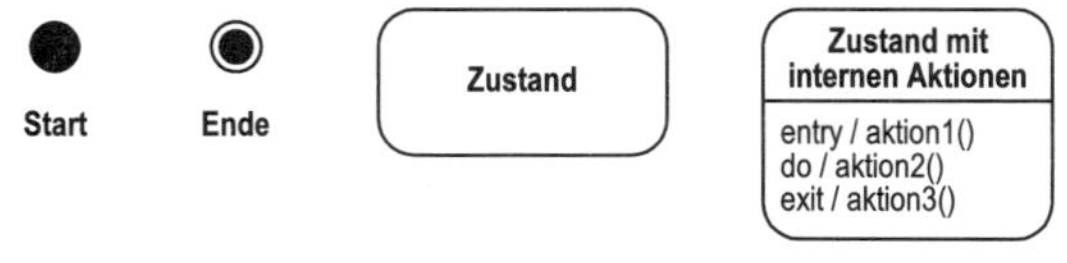

Abb. 4.7-2: Notation eines gewöhnlichen Zustandes sowie Start- und Endzustand

Erläuterung

Nicht jede Änderung eines Attributwertes des Objektes wird hier als Zustandsänderung angesehen. Die Abstraktion besteht darin, nur solche Ereignisse zu berücksichtigen, die das Verhalten des Objektes maßgeblich beeinflussen. Ein Zustand kann demnach auch als Zeitspanne zwischen zwei Ereignissen angesehen werden.

Start- und Endzustand

Zwei besondere Zustandstypen sind Start- und Endzustände (siehe aber auch ⇨340). Zu einem Startzustand kann kein Übergang stattfinden, von einem Endzustand führt kein Ereignis mehr weg.

Nicht jede Klasse muss über Zustände verfügen, sie muss dazu ein entsprechendes signifikantes Verhalten zeigen. Können alle Operationen eines Objektes unabhängig von seinem inneren Zustand in beliebiger Reihenfolge aufgerufen werden, ist eine Zustandsmodellierung nicht erforderlich.

Übergänge von einem Zustand zum nächsten werden durch Ereignisse ausgelöst. Ein Ereignis besteht aus einem Namen und einer Liste möglicher Argumente. Ein Zustand kann Bedingungen an diese Ereignisse knüpfen, die erfüllt sein müssen, damit der Zustand durch dieses Ereignis eingenommen werden kann. Bedingungen können unabhängig von einem speziellen Ereignis definiert werden.

Ereignisse können Aktionen innerhalb eines Zustandes auslösen, die durch entsprechende Operationen realisiert werden. Drei spezielle Auslöser sind vordefiniert:

- entry
  löst automatisch beim Eintritt in einen Zustand aus,
- exit
  löst automatisch beim Verlassen eines Zustandes aus,
- do
  wird immer wieder ausgelöst, solange der Zustand aktiv ist, d.h. nicht verlassen wird.

4.7.2 Ereignis und Zustandsübergang

Verwandte Begriffe: *event, Transition, Trigger.*

Definition

Ein Ereignis ist ein zu beachtendes Vorkommnis, das in einem gegebenen Kontext eine Bedeutung hat, sich räumlich und zeitlich lokalisieren lässt und gewöhnlich einen Zustandsübergang (Transition) auslöst.

Notation

Transitionen werden durch Pfeile von einem Zustand zum nächsten notiert. Ein Pfeil kann auch auf den gleichen Zustand zurückführen.

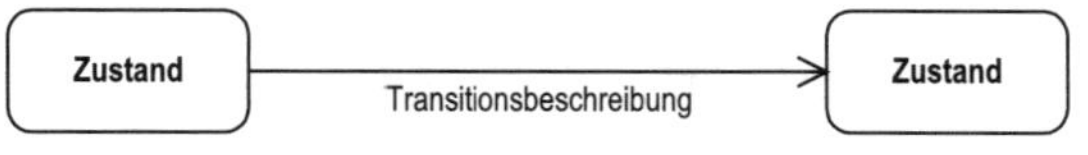

Abb. 4.7-3: Notation von Zustandsübergängen

Auf den Pfeilen werden die Transitionsbeschreibungen in folgender Form aufgetragen:

```
ereignis(argumente)
[bedingung]
/operation(argumente)
```

Senden, Empfangen, Entscheidung, Splitting, Synchronisation.

Wenn im Rahmen einer Transition Ereignisse gesendet oder empfangen werden sollen, werden hierfür entsprechende Symbole verwendet wie sie in Abb. 4.7-4 zu sehen sind (genau genommen sind Signale senden und empfangen Alternativnotationen für Signalereignisse und Aktionen). Außerdem können Entscheidungsrauten, Splitting und Synchronisation verwendet werden, wie sie bei Aktivitätsdiagrammen auch üblich sind.

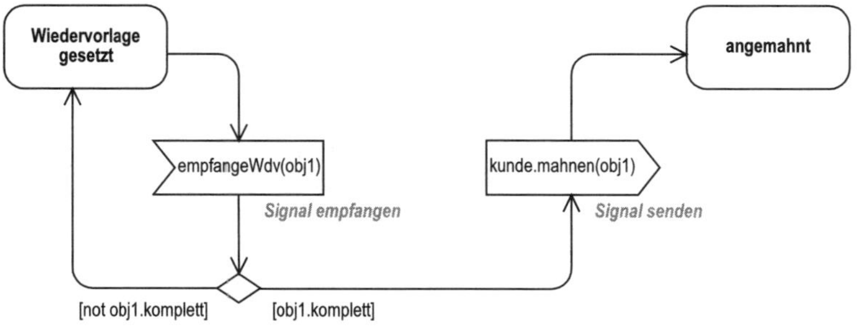

Abb. 4.7-4: Senden und Empfangen in Transitionen

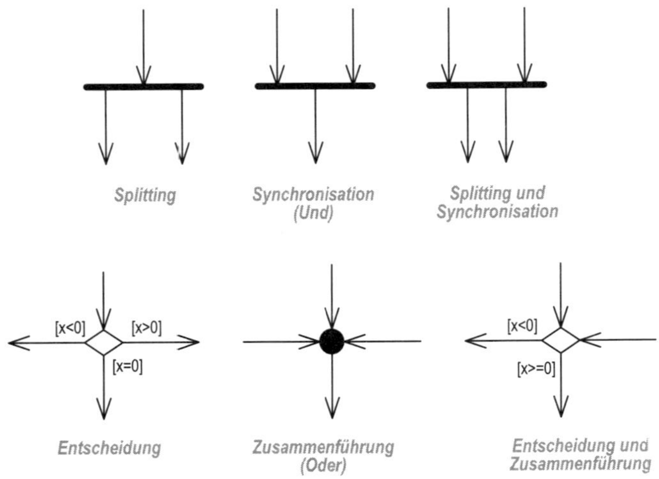

Abb. 4.7-5: Zusammenführung, Teilung und Verzweigung von Transitionen

Zu beachten ist an dieser Stelle, dass die Zusammenführung ein Punkt und nicht wie im Aktivitätsdiagramm eine Raute ist, es besteht an dieser Stelle Verwechslungsgefahr.

Erläuterung

Übergänge von einem Zustand zum nächsten werden durch Ereignisse ausgelöst. Ein Ereignis besteht aus einem Namen und einer Liste möglicher Argumente.

Ein Ereignis kann folgende Ursachen haben:

- Eine (für eine Transition definierte) Bedingung wird erfüllt.
- Das Objekt erhält eine Nachricht.
- Zeitereignisse (after, at)

Aus Zuständen und Ereignissen lassen sich Zustandsdiagramme bilden, die beschreiben, wann ein Objekt bestimmte Ereignisse erhalten darf und welche Folgen das für den Status des Objektes hat. Bestimmte Ereignisse können nur dann sinnvoll verarbeitet werden, wenn sich das Objekt in einem dafür geeigneten Zustand befindet. Ebenso kann ausgedrückt werden, dass ein Ereignis zu unterschiedlichen Aktionen führen kann, je nachdem, in welchem Zustand sich das Objekt befindet und welche Bedingungen an das Ereignis geknüpft sind.

ε-Übergang

Zustandsübergänge werden gewöhnlich durch Ereignisse ausgelöst, die auf den Pfeilen zwischen den Zuständen notiert werden. Übergänge ohne Ereignisbeschriftung werden automatisch ausgelöst, sobald die mit einem Zustand verbundenen Aktionen abgeschlossen sind (so genannte ε-Übergänge (Epsilon-Übergänge)).

Ereignisse können mit Bedingungen versehen werden. Die an ein Ereignis geknüpften Bedingungen müssen erfüllt sein, damit der Zustandswechsel stattfinden kann. Die Bedingung kann unabhängig von dem Ereignis definiert werden.

Bedingung

Zwei spezielle in der UML definierte Ereignisse sind *at* und *after*:

- at(ausdruck)
  Der Ausdruck muss einen exakten, absoluten Zeitpunkt beschreiben. Sobald dieser Zeitpunkt erreicht ist, feuert die Transition. Wenn der Ausdruck beispielsweise *at(vorlagedatum)* lautet, würde vom vorgehenden Zustand zum nachfolgenden gewechselt, sobald das aktuelle Tagesdatum dem Wert in *vorlagedatum* entspricht.
- after(ausdruck)
  Hier muss der Ausdruck einen relativen Zeitpunkt beschreiben, beispielsweise würde *after(3 hours)* bedeuten, dass genau 3 Stunden nachdem der vorgehende Zustand erreicht wurde, der Wechsel zum nächsten Zustand stattfindet.

at, after

UML-Versionshinweis

In UML 1.x enthielt die Transitionspezifikation die Möglichkeit, Signale zu senden. Ab UML 2.0 sind hierfür nun spezielle Symbole zum Senden und Empfangen vorgesehen.

1.x

Das Zeitereignis when() heißt nun at().

4.7.3 Unterzustand

Zustände können in weitere, entweder sequentielle oder parallele, Unterzustände geschachtelt sein. Bei gleichzeitigen, konkurrierenden Unterzuständen wird das Zustandssymbol durch gestrichelte Linien in weitere Abschnitte unterteilt.

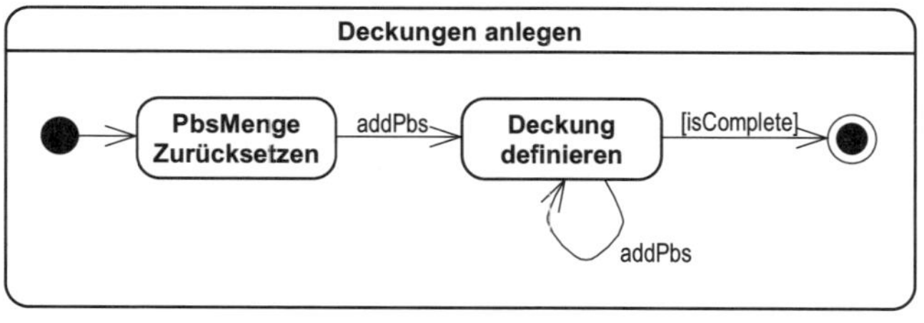

Abb. 4.7-6: Verschachtelte Zustände

Das obige Beispiel zeigt eine sequentielle Verschachtelung. Beim Abschluss eines Versicherungsvertrages wird ein Produkt ausgewählt (z.B. Hausratversicherung), das aus mehreren Produktbausteinen (*Pbs*) besteht (Fahrraddiebstahl, Glasbruch etc.). Für jeden Produktbaustein muss eine Deckung erzeugt werden. In der Abbildung wird der Zustand *„Deckungen anlegen“* aus diesem Zusammenhang gezeigt.

Die folgende Abbildung zeigt die Notation paralleler Unterzustände.

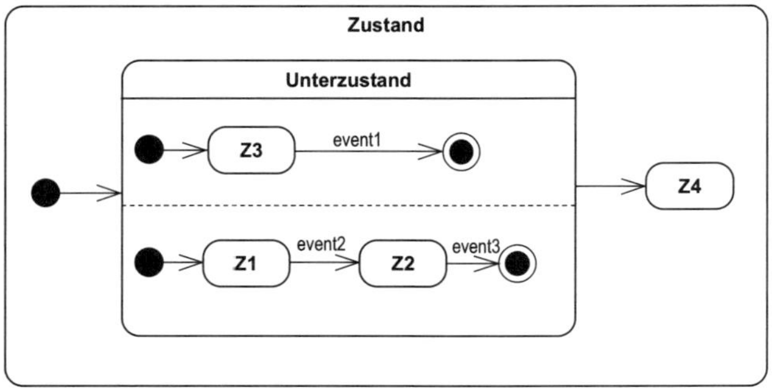

Abb. 4.7-7: Parallele Unterzustände

4.7.4 Protokollautomat

Verwandte Begriffe: engl. *protocol state machine*, *Protokoll-Zustandsautomat*, *Zustandsautomat*, *Zustandsdiagramm*.

Definition

Ein Protokollautomat ist eine spezielle Form des Zustandsdiagrammes, das dazu dient, lediglich die möglichen und verarbeitbaren Ereignisse ohne weitergehendes Verhalten zu beschreiben.

Beschreibung und Notation

Ein Protokollautomat ist dazu gedacht, eine spezielle einzuhaltende Reihenfolge von Operationen zu definieren. Konkret bedeutet dies, dass Protokollautomaten keine internen Aktionen (*entry, exit* etc.) definieren und keine *send*-Aktionen verwendet werden. Transitionen können Vor- und Nachbedingungen haben.

Protokollautomaten werden mit dem Schlüsselwort {protocol} gekennzeichnet.

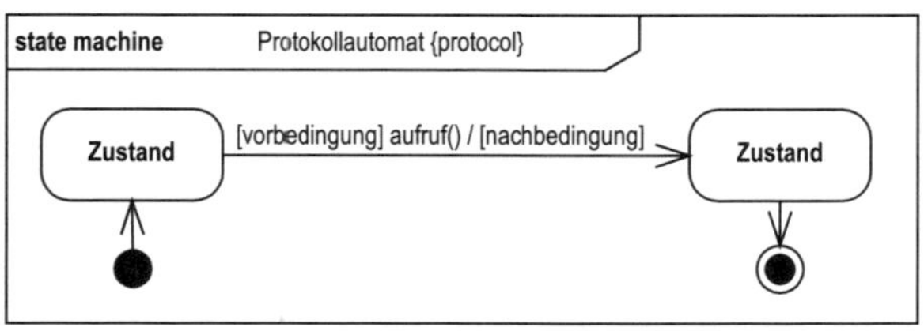

Abb. 4.7-8: Notation eines Protokollautomaten

1.x

UML-Versionshinweis

Dieses Modellelement ist neu ab UML 2.0

4.8 Interaktionsdiagramme

4.8.1 Kommunikationsdiagramm

Verwandte Begriffe: engl. *collaboration diagram*, *Kommunikationsdiagramm*, *Kooperationsdiagramm*, *Interaktionsdiagramm*, *Objektdiagramm*, *Ausprägungsdiagramm*.

Definition

Ein Kommunikationsdiagramm zeigt eine Menge von Interaktionen zwischen ausgewählten Rollen in einer bestimmten begrenzten Situation (Kontext) unter Betonung der Beziehungen zwischen den Rollen und ihrer Topographie.

Beschreibung

Sequenzdiagramm ⇨361

Objektverbindung, Assoziation ⇨303

Ein Kommunikationsdiagramm zeigt ähnliche Sachverhalte wie ein Sequenzdiagramm, jedoch aus einer anderen Perspektive. Beim Kommunikationsdiagramm stehen die Rollen und ihre Zusammenarbeit untereinander im Vordergrund; zwischen ihnen werden ausgewählte Nachrichten gezeigt. Der zeitliche Verlauf der Kommunikation zwischen den Rollen, der beim Sequenzdiagramm im Vordergrund steht, wird beim Kommunikationsdiagramm durch Nummerierung der Nachrichten verdeutlicht. Damit zwei Rollen miteinander kommunizieren können, muss der Sender einer Nachricht nicht notwendigerweise eine Referenz (z.B. eine Assoziation) auf das Empfängerobjekt haben.

Die zeitliche Abfolge der Nachrichten, die Namen der Nachrichten und Antworten und ihre möglichen Argumente werden im Kommunikationsdiagramm dargestellt. Ebenso können auch Iterationen bzw. Nachrichten-Schleifen dargestellt werden.

Es kann für die Darstellung von Entwurfssachverhalten benutzt werden und, in etwas detaillierterer Form, von Realisierungssachverhalten.

Ein Kommunikationsdiagramm ist stets eine Projektion des dahinter stehenden Gesamtmodells und ist konsistent zu diesem.

Wie Sequenzdiagramme so sind auch Kommunikationsdiagramme gut geeignet, einzelne Ablaufvarianten zu beschreiben. Kommunikationsdiagramme sind jedoch nicht und Sequenzdiagramme nur theoretisch geeignet, um Verhalten präzise oder vollständig zu definieren. Hierzu sind Aktivitäts- und Zustandsdiagramme die bessere Wahl.

Kommunikationsdiagramme sind ein sehr schönes Hilfsmittel, um eine spezielle Ablaufsituation zu erklären oder zu dokumentieren. Sie lassen sich am

Flip-Chart oder auf einer Tafel schnell skizzieren und diskutieren. Der Einsatz eines Werkzeugs zur Erstellung eines Kommunikationsdiagramms ist sinnvoll, wenn man das Diagramm zur besonderen Beschreibung eines Sachverhaltes in die Dokumentation aufnehmen möchte und zur Konsistenzsicherung.

Notation

Zwischen den Rollen werden Linien gezeichnet, auf denen dann die Nachrichten notiert werden. Ein kleiner Pfeil zeigt jeweils die Richtung der Nachricht vom Sender zum Empfänger. Sofern mit der Nachricht Argumente mitgegeben werden, werden auch diese aufgeführt. Mögliche Antworten können ebenfalls dargestellt werden, sie werden in der Form *antwort= nachricht()* vor die eigentliche Nachricht gesetzt.

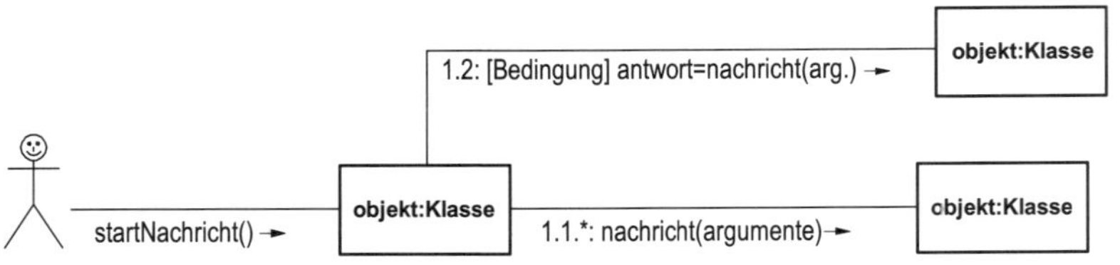

Abb. 4.8-1: Notation des Nachrichtenaustausches als Kommunikationsdiagramm

Die zeitliche Abfolge der Nachrichten wird durch Sequenznummern verdeutlicht. Die erste Nachricht beginnt mit der Nummer 1. Die interaktionsauslösende, von außen kommende Nachricht (Start-Nachricht) wird ohne Nummer dargestellt. Optional kann die Start-Nachricht von einem Akteur-Symbol losgehen.

Folgende Syntax liegt der Nachrichtenbezeichnung zugrunde:

```
Sequenzausdruck attribut = Nachrichtenname(Parameterliste):
  Rückgabewert

b = getBeispiel():15
```

Abb. 4.8-2: Syntax und Beispiel der Nachrichtenbezeichnungen

Die einzelnen Bestandteile haben folgende Bedeutung:

Sequenzen

- Sequenzausdruck:
  Um die Reihenfolge der Nachrichten zu zeigen, werden die Nachrichten aufsteigend nummeriert. Sofern innerhalb einer Operation, die eine empfangene Nachricht interpretiert, wiederum neue Nachrichten abgesendet werden, erhalten diese eine neue, durch einen Punkt getrennte Unter-Sequenznummer. Damit kann man einer Nachricht die Tiefe ihrer Schachtelung innerhalb anderer Nachrichten ansehen. Beispiel: Die Nachricht 2.1.3 folgt somit der Nachricht 2.1.2. Beide wurden während der Interpretation der Nachricht 2.1. gesendet.

  Anstelle von Nummern können auch Zeichenfolgen verwendet werden. Der Sequenzausdruck, sofern angegeben, wird mit einem Doppelpunkt abgeschlossen.

Eine Iteration, d.h. das wiederholte Senden einer Nachricht, wird durch ein Sternchen „*" gekennzeichnet. Um die Iteration näher zu beschreiben, beispielsweise die Anzahl der Iterationen, kann in eckigen Klammern eine entsprechende Angabe in Pseudocode oder in der verwendeten Programmiersprache erfolgen. Beispiel: Iteration

```
1.2.*[i := 1..n]:
```

Bei der Iteration wird davon ausgegangen, dass alle Nachrichten nacheinander gesendet werden. Soll eine parallele Ausführung dargestellt werden, folgen dem Sternchen zwei vertikale Linien:

```
1.2.*||[i := 1..n]:
```

Ebenso kann eine in Pseudocode oder in der jeweiligen Programmiersprache notierte Bedingung angefügt werden, die erfüllt sein muß, damit die Nachricht ausgeführt werden darf. Damit ist es möglich, nicht nur individuelle Szenarien darzustellen, sondern generelle Interaktionsstrukturen. Beispiel:

```
1.2.*[x > 5]:
```

- Antwort:
  Die von einer Nachricht gelieferte Antwort kann mit einem Namen versehen werden. Dieser Name kann dann wiederum als Argument in anderen Nachrichten verwendet werden. Der Gültigkeitsbereich verhält sich analog zu lokalen Variablen innerhalb der sendenden Nachricht und kann auch eine solche sein. Es kann auch der Name eines Objekt-Attributes sein. Antwort

- Nachrichtenname (Parameterliste):
  Name der Nachricht, gewöhnlich gleichlautend zu einer entsprechenden Operation, die die Nachricht interpretiert. Angegeben wird die Signatur der Operation. Signatur, Operation ⇨285

Kein UML-Standard, aber nützlich: Rollen, die innerhalb des dargestellten Szenarios erzeugt werden, sind mit *«new»* gekennzeichnet, Rollen, die währenddessen zerstört werden, werden mit *«destroyed»* gekennzeichnet und Rollen, die währenddessen erzeugt und wieder zerstört werden, mit *«transient»*. Stereotypen ⇨289

Die Beziehung zwischen zwei Rollen, die Grundlage für den Nachrichtenaustausch ist, kann verschiedene Ursachen haben, die in dem Diagramm speziell gekennzeichnet werden können. Nachrichten können hierfür mit folgenden Stereotypen notiert werden:

- *«association»*
  Der Beziehung liegt eine Assoziation, Aggregation oder Komposition zugrunde. Dies ist der Standardfall, die Angabe kann daher entfallen.

- *«global»*
  Das empfangende Objekt ist global.

- *«local»*
  Das empfangende Objekt ist lokal in der sendenden Operation (und somit *«new»* oder *«transient»*).
- *«parameter»*
  Das empfangende Objekt ist ein Parameter in der sendenden Operation.
- *«self»*
  Das empfangende Objekt ist das sendende Objekt.

Synchronisations-merkmale

Folgende Synchronisationsbedingungen werden unterschieden:

- Bei der synchronen Nachricht (dargestellt durch eine geschlossene und ausgefüllte Pfeilspitze) wartet der Sender, bis der Empfänger die Nachricht angenommen hat.
- Die asynchrone Nachricht (dargestellt durch eine offene Pfeilspitze) landet in der Warteschlange des Empfängers. Wann er die Nachricht annimmt, interessiert den Absender nicht.

Beispiel

Das folgende Beispiel[38] zeigt den Nachrichtenaustausch zwischen vier verschiedenen Objekten bei der Reservierung eines Bestellartikels. Die erste Nachricht *reserviere(b)* enthält als Argument das Objekt *b* (die *Bestellung*), weswegen an der Verbindung zum Objekt *Bestellung* das Stereotyp *«parameter»* notiert ist.

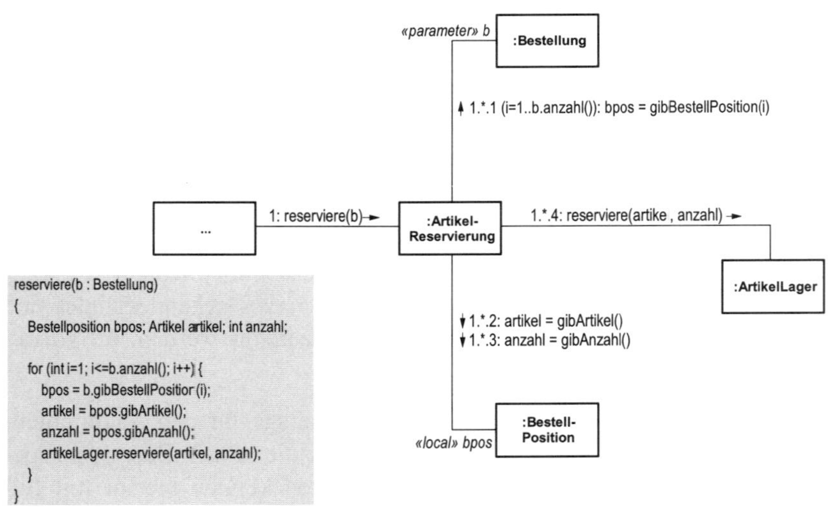

Abb. 4.8-3: Beispiel Kommunikationsdiagramm

Die Nachricht *1.*.1* an das Bestellungsobjekt wird innerhalb einer Schleife wiederholt *[i=1..*]*, als Antwort wird jedesmal eine Bestellposition *bpos*

[38] Wenn Sie sich das Design genau ansehen, stellen Sie fest, dass es vielleicht etwas ungeschickt ist und restrukturiert werden müsste. Aber es enthält alle wichtigen Notationselemente zu diesem Diagrammtyp.

zurückgegeben. Dieser werden dann jeweils die Nachrichten *1.*.2* und *1.*.3* gesendet, deren Antworten (*artikel, anzahl*) als Parameter in der folgenden Nachricht *1.*.4* an das *ArtikelLager* verwendet werden.

Weitere Beispiele von Nachrichten:

- Einfache Nachricht:
  `2: anzeigen(x, y)`
- Verschachtelte Nachricht mit Antwort:
  `2.3.4: i = count(block)`
- Bedingte Nachricht:
  `[x > 7] 1: check()`
- Synchronisierte und iterative Nachricht:
  `5.1.*: notify(x)`

UML-Versionshinweis

Bis UML 1.x hieß das Kommunikationsdiagramm noch Kollaborationsdiagramm (engl. collaboration diagram).

1.x

4.8.2 Sequenzdiagramm

Verwandte Begriffe: engl. *sequence diagram*, *Interaktionsdiagramm*, *Ereignispfaddiagramm*, engl. *event trace diagram*, *Szenario*, *Nachrichtendiagramm*, *Reihenfolgediagramm*.

Definition

Eine Sequenz zeigt eine Reihe von Nachrichten, die eine ausgewählte Menge von Beteiligten (Rollen und Akteuren[39]) in einer zeitlich begrenzten Situation austauscht, wobei der zeitliche Ablauf betont wird.

Beschreibung

Das Sequenzdiagramm kann die gleichen Sachverhalte wie ein Kommunikationsdiagramm zeigen, jedoch aus einer anderen Perspektive und mit sehr viel weitergehenden Möglichkeiten. Beim Kommunikationsdiagramm steht die Zusammenarbeit der Rollen im Vordergrund. Der zeitliche Verlauf der Kommunikation zwischen den Rollen wird durch Nummerierung der Nachrichten angedeutet.

Kommunikationsdiagramm ⇨357

Beim Sequenzdiagramm steht der zeitliche Verlauf der Nachrichten im Vordergrund. Die Rollen werden lediglich mit senkrechten Lebenslinien gezeigt. Der zeitliche Verlauf der Nachrichten wird dadurch hervorgehoben. Die Zeit verläuft dabei von oben nach unten.

Lebenslinien

[39] Im Folgenden verwende ich der Einfachheit halber nur den Begriff Objekt.

Beispiel

Kommunikationsdiagramm Beispiel ⇨360

Das folgende Beispiel zeigt die gleiche Situation wie das Beispiel zum Kommunikationsdiagramm, nur ohne Schleife. Weitere Erläuterungen zu diesem Beispiel lesen Sie bitte dort nach. Das Sequenzdiagramm mit Steuerungsfokus zeigt deutlich, wann welche Rolle aktiv sind.

Notation

Rollen werden durch gestrichelte senkrechte Linien dargestellt. Oberhalb der Linie steht der Name bzw. das Rollensymbol. Die Nachrichten werden als waagrechte Pfeile zwischen den Rollenlinien gezeichnet. Auf ihnen wird die Nachricht in der Form *nachricht(argumente)* notiert.

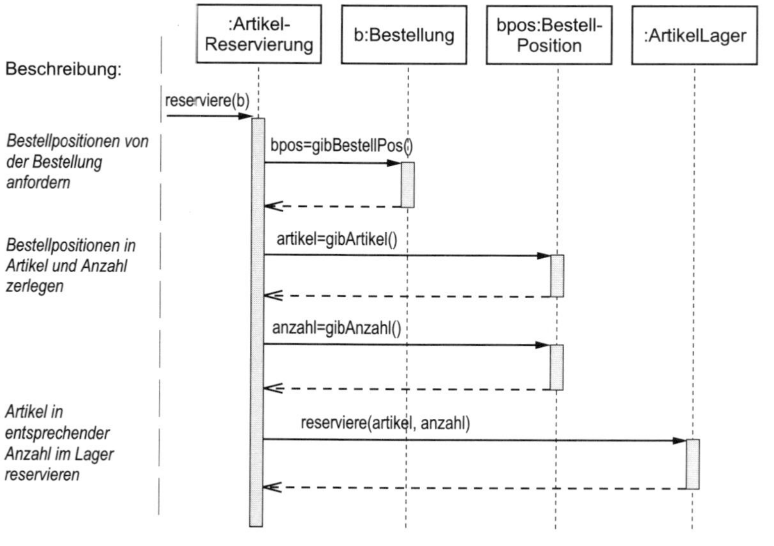

Abb. 4.8-4: Einfaches Beispiel eines Sequenzdiagrammes

synchron und asynchron

Synchrone Nachrichten haben eine gefüllte Pfeilspitze, asynchrone Nachrichten eine offene Pfeilspitze. Antworten sind optional und werden durch eine gestrichelte Linie mit offener Pfeilspitze dargestellt.

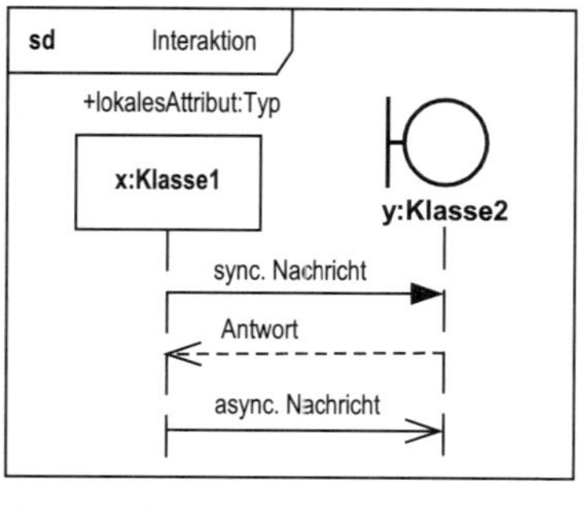

Abb. 4.8-5: Grundform des Sequenzdiagrammes

Die Überlagerung der gestrichelten Lebenslinien durch breite, nichtausgefüllte (oder graue) senkrechte Balken symbolisiert den Steuerungsfokus. Der Steuerungsfokus ist optional und gibt an, welche Rolle gerade die Programmkontrolle besitzt, d.h. welche Rolle gerade aktiv ist.

Steuerungsfokus

Die Rollen können als Rechtecke oder mit entsprechenden visuellen Stereotypen dargestellt werden, wie in Abb. 4.8-5 das Element *y:Klasse2*.

Lokale Attribute, die beispielsweise als Schleifenzähler o.Ä. verwendet werden können, werden oben links im Diagramm deklariert.

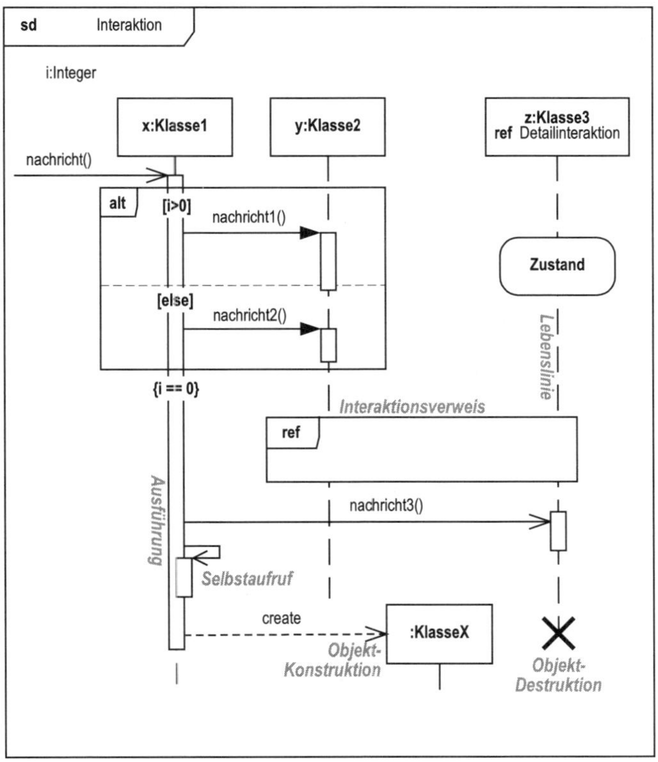

Abb. 4.8-6: Fortgeschrittenere Notationselemente

Das Erzeugen (Objektkonstruktion) und Entfernen (Objektdestruktion) von Rollen kann in Sequenzdiagrammen ebenfalls dargestellt werden. Die Konstruktion einer neuen Rolle wird durch eine Nachricht, die auf ein Rollensymbol trifft, angezeigt, die Destruktion eines Objektes durch ein Kreuz am Ende des Steuerungsfokus.

Konstruktion und Destruktion

Ebenso können Zustände notiert werden, wie in Abb. 4.8-6 der Zustand des Objektes *z:Klasse3*. Dies besagt, dass sich das Objekt zu diesem Zeitpunkt in dem genannten Zustand befindet.

Zustände

Referenzierung bzw. Verschachtelung

Sequenzdiagramme können verschachtelt werden, d.h. es kann ein Verweis auf ein weiteres detailliertes Sequenzdiagramm notiert werden (mit dem Hinweis *ref*).

Alternative Abläufe

Es existieren verschiedene vordefinierte Operatoren, beispielsweise *alt*, um alternative Abläufe und Verzweigungen auszudrücken. Der Zweck von Sequenzdiagrammen ist es, genau ein Szenario darzustellen und nicht eine Menge von verschiedenen Abläufen. Insofern ist diese Möglichkeit mit großer Vorsicht zu verwenden. Wenn Sie die Vielzahl der Ablaufmöglichkeiten ausdrücken möchten, verwenden Sie besser ein Aktivitätsdiagramm. Beim Sequenzdiagramm erhalten Sie sonst recht bald eine kombinatorische Explosion von Möglichkeiten und unübersichtliche, mehrfach verschachtelte Diagramme.

Operator	Beding./Param.	Bedeutung
alt	[beding. 1] [beding. 2] [sonst]	Verzweigung zu einer von mehreren Möglichkeiten.
loop	minint maxint [beding.]	Der Block wird als Schleife wiederholt. Die Schleife wird mindestens *[minint]* mal aber maximal *[maxint]* mal wiederholt, falls die angegebene Bedingung *[beding.]* wahr ist. Der Einfachheithalber kann auch *loop while [beding.]* oder *loop until [beding.]* verwendet werden.
break	[beding.]	Wird innerhalb einer Schleife verwendet. Wenn dieser Block erreicht wird, endet die umgebende Schleife.
opt	[beding.]	Optionale Sequenz. Die Teilsequenz wird nur ausgeführt, wenn die angegebene Bedingung wahr ist.
par		Mit diesem Operator wird angezeigt, dass die enthaltenen Teilsequenzen nebenläufig in eigenen Threads ausgeführt werden.
ref		Dies ist ein Verweis (und streng genommen kein Operator) auf ein weiteres Sequenzdiagramm, das an dieser Stelle eingebunden ist.

Abb. 4.8-7: Ausgewählte Operatoren und Schlüsselwörter für Teilsequenzen

Innerhalb von Sequenzdiagrammen können auch zeitliche Bedingungen notiert werden, wie dies in Abb. 4.8-8 gezeigt wird.

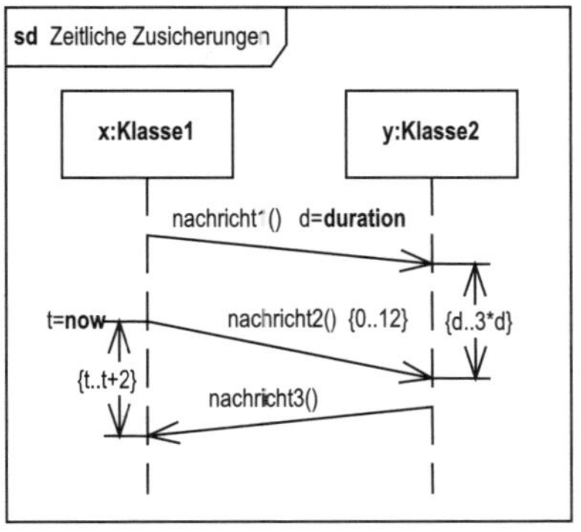

Abb. 4.8-8: Zeitliche Bedingungen in Sequenzdiagrammen

UML-Versionshinweis

1.x

Einige Details sind in Version 2.0 dazugekommen. Auch vorher wurden schon Schleifen, Verzweigungen u.Ä. verwendet, jedoch waren diese offiziell nicht oder nur rudimentär spezifiziert. Seit UML 2.0 liegt mit dem Operator-Konzept eine detaillierte und eindeutigere Spezifikation vor.

Dennoch bleibt die Bedeutung von Sequenzdiagrammen eher nachrangig. Zur vollständigen Ablaufspezifikation sind sie im Gegensatz zu Aktivitätsdiagrammen ungeeignet. Insofern werden Sequenzdiagramme in der Praxis hauptsächlich zur Veranschaulichung oder zur theoretischen Überprüfung einzelner, besonderer, ausgewählter Abläufe verwendet.

4.8.3 Interaktionsübersicht

Verwandte Begriffe: *Sequenzdiagramm*, *Aktivitätsdiagramm*, *Interaktionsübersichtsdiagramm*, *Übersichtsdiagramm*.

Definition

Eine Interaktionsübersicht ist ein Aktivitätsdiagramm, in dem Teilabläufe durch referenzierte oder eingebettete Sequenzdiagramme repräsentiert sind.

Beschreibung

Die Verwendung dieses Diagramms kann helfen, eine Menge einzelner Sequenzdiagramme mit Hilfe eines umgebenden Aktivitätsdiagrammes in einen zeitlogischen Kontext zueinander zu setzen. Wobei dies selbstverständlich auch durch ein Sequenzdiagramm möglich wäre, da dies andere Sequenzdiagramme referenzieren kann.

Mischung aus Aktivitäts- und Sequenzdiagramm

Unter Umständen kann es hilfreich sein, einen einzelnen Schritt oder eine Teilsequenz eines Aktivitätsdiagramms durch ein Sequenzdiagramm verständlicher oder konkreter auszudrücken.

Insgesamt ist der Einsatzzweck jedoch unklar. Dieses Diagramm ist neu seit UML 2.0, und wurde bislang in der Praxis nicht angetroffen. Aktivitäts- und Sequenzdiagramme beschreiben beide Abläufe, dies ist die Gemeinsamkeit, jedoch stellen Sequenzdiagramme exemplarische und konkrete, damit aber auch prinzipiell unvollständige Spezifikationen dar, während Aktivitätsdiagramme abstrakter, aber dafür zur vollständigen Ablaufspezifikation mit allen Varianten und Ausnahmen geeignet sind. Beide Diagramme verfolgen also einen anderen Zweck und haben ein anderes Einsatzgebiet.

Mit einer Interaktionsübersicht können Interaktionen in eine sachlogische Reihenfolge gebracht werden, z.B. einen Testablauf (ein konkreter Test lässt sich gut durch Sequenzdiagramme darstellen).

Notation

In der Abb. 4.8-9 ist im oberen Teil ein Verweis auf ein verschachteltes und im unteren Teil ein direkt eingebettetes Sequenzdiagramm zu sehen. Die Umgebung ist ein durch Start- und Endknoten begrenztes Aktivitätsdiagramm.

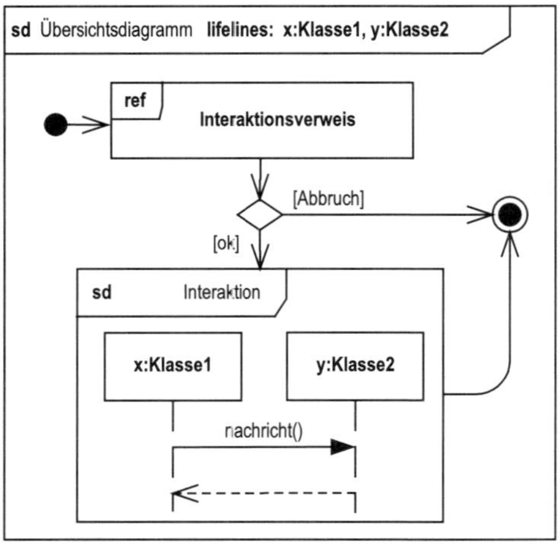

Abb. 4.8-9: Notation eines Übersichtsdiagramms

UML-Versionshinweis

1.x

Dieses Diagramm ist neu seit UML 2.0

4.8.4 Zeitdiagramm

Verwandte Begriffe: *Zeitverlaufsdiagramm, Zeitdiagramm, Timingdiagramm*, engl. *timing diagram*.

Definition

Ein Zeitdiagramm beschreibt die zeitlichen Bedingungen von Zustandswechseln mehrerer beteiligter Objekte. Es handelt sich hierbei um die gleichen Elemente wie in Sequenz- und Kommunikationsdiagrammen.

Notation

Ein Zeitdiagramm besteht aus zwei Achsen. Auf der horizontalen Achse verläuft von links nachs rechts linear die Zeit. Auf der vertikalen Achse werden verschiedene zu betrachtende Objekte und ihre Zustände aufgetragen. Mit Hilfe von Linien kann der Zusammenhang zwischen Zustandswechsel im Verlauf der Zeit dargestellt werden. Auf der Zeitachse können Zeitpunkte und Zeiträume benannt und zu erfüllende Bedingungen definiert werden.

Beschreibung

Mit einem Zeitdiagramm können sehr spezielle Zeitanforderungen definiert werden. Es lassen sich zeitliche Abhängigkeiten im Kontext eines Zustandswechsels beschreiben sowie zu beachtende zeitliche Grenzen.

Für die Spezifikation von Echtzeitsystemen haben die Zeitdiagramme eine große Bedeutung. Ähnliche Diagramme sind in der Elektronik und Elektrotechnik schon seit langem bekannt. In der UML sind diese Diagramme in der Form adaptiert worden, dass der Bezug zu Objekten und Objektzuständen möglich ist.

Formal ist das Zeitdiagramm nur eine spezielle Sicht auf das Interaktionsmodell, ähnlich wie das Sequenzdiagramm.

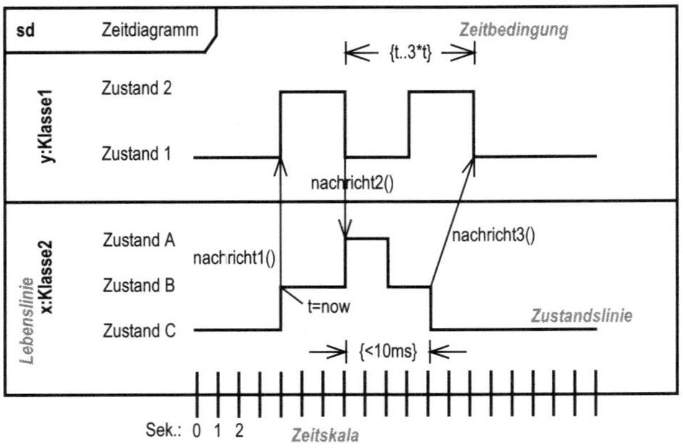

Abb. 4.8-10: Notation eines Zeitdiagramms

UML-Versionshinweis

1.x

Dieses Diagramm ist neu seit UML 2.0.

4.9 Zusicherungen

Verwandte Begriffe: engl. *constraint*, engl. *assertion*, *Einschränkung, Integritätsregel*, *Bedingung, Eigenschaftswert*, *Stereotyp*, *Invariante*.

Definition

Eine Zusicherung ist ein Ausdruck, der die möglichen Inhalte, Zustände oder die Semantik eines Modellelementes einschränkt und der stets erfüllt sein muss. Dabei kann es sich um einen formalen OCL-Ausdruck (Object Constraint Language), eine semi-formale oder natürlichsprachliche Formulierung handeln. Zusicherungen in Form reiner boolescher Ausdrücke werden auch *assertions* genannt. OCL

Beschreibung

Eine Zusicherung beschreibt eine Bedingung oder Integritätsregel. Sie kann die zulässige Wertemenge eines Attributes beschreiben, Vor- oder Nachbedingungen für Nachrichten bzw. Operationen angeben, einen speziellen Kontext für Nachrichten oder Beziehungen einfordern, strukturelle Eigenschaften zusichern, eine bestimmte Ordnung definieren, eine zeitliche Bedingung stellen u.Ä. Integritätsregel

Zusicherungen repräsentieren zusätzliche semantische Information zu einem Modellelement. Natürlichsprachig formulierte Zusicherungen bleiben jedoch maschinell generell uninterpretiert, d.h. sie dienen den Designern als Wissensspeicher und Merker, ihr Inhalt wird aber nicht automatisch in Code umgewandelt.

Stereotyp ⇨289
Notiz ⇨297
Abhängigkeit ⇨318

Zusicherungen und Eigenschaftswerte sollten nicht verwechselt werden, es handelt sich hierbei um zwei unterschiedliche aber ähnlich notierte Konstrukte.

Notation

Zusicherungen werden in geschweifte Klammern gefasst, wenn sie direkt an einem Modellelement hängen oder im OCL-Stil über das Schlüsselwort *context* eingeleitet werden:

```
{ Zusicherung }
{ Name: Zusicherung }

context VerantwortlichesModellelement inv:
  Zusicherung
```

Abb. 4.9-1: Prinzipielle Notation von Zusicherungen im OCL-Stil

4.9.1 Object Constraint Language (OCL)

Die Object Constraint Language (OCL) ist eine einfache formale Sprache, mit der UML-Modellen weitere Semantik zugefügt werden kann, die mit den übrigen UML-Elementen nicht oder nur umständlich ausgedrückt werden könnte.

Die OCL ist aus einem Ansatz der IBM zur Beschreibung von Geschäftsregeln für Versicherungsanwendungen u.Ä. hervorgegangen und hat ihre Wurzeln in der Syntropy-Methode [Cook1994]. Der OCL-Formalismus basiert auf der Mengentheorie und hat große Ähnlichkeit mit der Sprache Smalltalk und mit der Prädikatenlogik.

In diesem Abschnitt wird keine vollständige OCL-Referenz gegeben, sondern nur die wichtigsten Elemente erläutert. Eine ausführliche Beschreibung finden Sie in [Warmer1999].

Self und Context. OCL-Ausdrücke werden gewöhnlich durch einen Kontext für eine spezifische Instanz eingeleitet in der Form:

```
context Gegenstand inv:
  self.eigenschaft
```

Abb. 4.9-2: *self* und *context* in OCL

Self ist hierbei eine spezifische Instanz von Kontext. *„inv:"* steht hierbei für Invariante. Statt *„context ... inv:"* zu schreiben, kann alternativ der Kontextgegenstand einfach unterstrichen werden, wie die nächsten Beispiele zeigen (dies ist verbreitet, jedoch kein UML-Standard). Beispiele hierzu:

```
Person
  self.alter

Unternehmen
  self.mitarbeiter->size

Unternehmen : u
  u.mitarbeiter->size
```

Abb. 4.9-3: Beispiele für *context* und *self*

Im letzten Fall wird für den Kontextgegenstand (*Unternehmen*) ein Alias (*u*) eingeführt.

Benannte Zusicherungen. Grundsätzlich können den Zusicherungen auch eigene Namen gegeben werden, die Syntax dafür und ein Beispiel sehen so aus:

```
context Gegenstand inv constraintName:
  ...
context Person inv Volljaehrigkeit:
  self.alter >= 18
```

Abb. 4.9-4: Notationsprinzip und Beispiel für benannte Zusicherungen

Außer Invarianten können auch Vor- und Nachbedingungen spezifiziert werden, für die die Schlüsselwörter *pre* und *post* verwendet werden. Außer zu Klassen lassen sich auch Zusicherungen zu Operationen u.Ä. angeben:

```
context Typ::operation(p1 : type1): ReturnType
  pre:  parameterOk: p1 = ...
  post: resultOk:    result = ...
```

Abb. 4.9-5: Operationszusicherung

result ist im Übrigen ein vordefiniertes Schlüsselwort, mit dem das Ergebnis, d.h. der Rückgabewert einer Operation abgefragt werden kann. Die Vor- und Nachbedingung im obigen Beispiel sind außerdem ebenfalls mit einem frei wählbaren Namen (*parameterOk* und *resultOk*) versehen worden.

Eine weitere Möglichkeit zur Formulierung von OCL-Ausdrücken sind die so genannten Unterausdrücke mit dem Schlüsselwort *let*:

```
context Kfz inv istNeuwagen:
  let alter : Integer = Date.now.year - self.kaufdatum.year in
  alter <= 2
```

Abb. 4.9-6: Unterausdrücke mit *let*

4.9.2 Beispiele

Attribut-Zugriff

Die beiden ersten Beispiele definieren Einschränkungen auf die Werte von Attributen (Mitarbeiter, Chef und Person sind Klassen, Gehalt und Alter sind Attribute):

```
mitarbeiter.gehalt < chef.gehalt

person.alter > 18
```

Abb. 4.9-7: Einfaches Beispiel für Zusicherungen auf Attribute

Mengen-Zugriff

Die nächsten Ausdrücke stellen Mengenoperationen dar. Mengenoperationen beginnen mit einem Pfeil „->“:

```
person.anschriften->isEmpty
  „prüft, ob die Menge der Anschriften leer ist"

person.anschriften->size
  „ermittelt die Anzahl der Anschriften der Person"

mitarbeiter->select(alter > 30)
  „liefert die Untermenge aller Mitarbeiter, die
  älter als 30 Jahre sind"
```

Abb. 4.9-8: Beispiel für Mengenoperationen

Bei der Navigation entlang von Assoziationen wird für den Zugriff auf die gegenüberliegende Assoziationsseite der Rollenname der gegenüberliegenden Klasse verwendet. Sofern kein Rollenname notiert ist, kann der Klassenname verwendet werden.

Untermengen-Zusicherung. Im unten stehenden Beispiel mit den Assoziationen zwischen den Klassen *Projekt* und *Mitarbeiter* wird zugesichert, dass sich der Leiter des Projektes aus der Menge der Projektmitglieder rekrutiert.

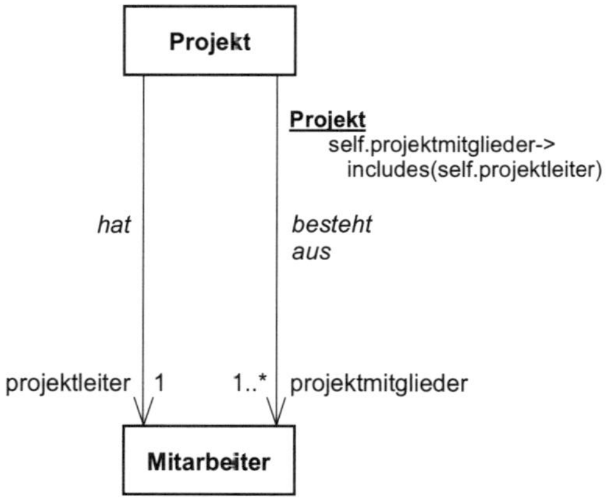

Abb. 4.9-9: Untermengenzusicherung

Der OCL-Ausdruck

```
context Projekt inv:
  self.projektmitglieder->includes(self.projektleiter)
```

Untermengen-Zusicherung

besagt, dass die Mengenoperation *includes()*, die auf die Menge der Projektmitglieder angewendet wird und der als Argument der Projektleiter mitgegeben wird, *true* ergeben muß. *Self* ist hierbei eine Instanz der Klasse *Projekt*.

OCL ⇨370
weitere Beispiele ⇨211f.

In älteren Versionen und Publikationen zur UML findet man Beispiele für grafisch notierte Zusicherungen, beispielsweise einen Abhängigkeitspfeil mit der Zusicherung *{subset}*. Diese Art der Zusicherung sollte vermieden werden, da sie nur für einfache Fälle darstellbar und nicht für komplexere Zusicherungen geeignet ist.

Konsistenz-Zusicherung

Konsistenz. Ähnlich ist es beim folgenden Beispiel. Hier wird zugesichert, dass eine Rechnung zum gleichen Kunden gehört wie der Vertrag, auf dem sie basiert.

Damit kann ein Kunde nur Rechnungen zu bestehenden Verträgen erhalten. Die Assoziation *Rechnung-Kunde* ist in diesem Beispiel redundant, daher muss ihre Konsistenz durch eine Zusicherung definiert werden. Gewöhnlich vermeidet man redundante Beziehungen. Falls sie jedoch notwendig oder sinnvoll sind, lassen sich die aus der Redundanz resultierenden Probleme über solche Konsistenzzusicherungen handhaben.

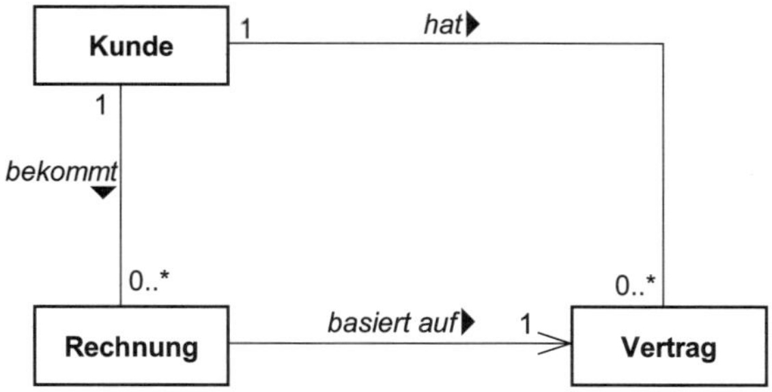

context Rechnung inv:
self.vertrag.kunde = self.kunde

Abb. 4.9-10: Beispiel einer Konsistenzzusicherung

Mit dem OCL-Ausdruck wird auch deutlich, wer für die Konsistenz verantwortlich ist. Es ist dies der Kontext, mit dem der Ausdruck eingeleitet wird und auf den sich *self* bezieht. In diesem Fall sind es die Instanzen der Klasse *Rechnung*.

Oder-Zusicherung
vgl. 211

Oder. Ein weiteres Beispiel für Zusicherungen zwischen Beziehungen ist das Folgende, in dem zugesichert wird, dass eine Person entweder nur In- oder nur Auslandsanschriften hat (es handelt sich hier also um ein exklusives Oder). Personen, die gleichzeitig In- und Auslandsanschriften haben, sind nicht vorgesehen. Dieses Beispiel ist zugegebenermaßen etwas konstruiert. Oder-Zusicherungen für Assoziationen gelten nicht gerade als besonders elegantes Design und sollten mit Bed8 verwendet werden;-)

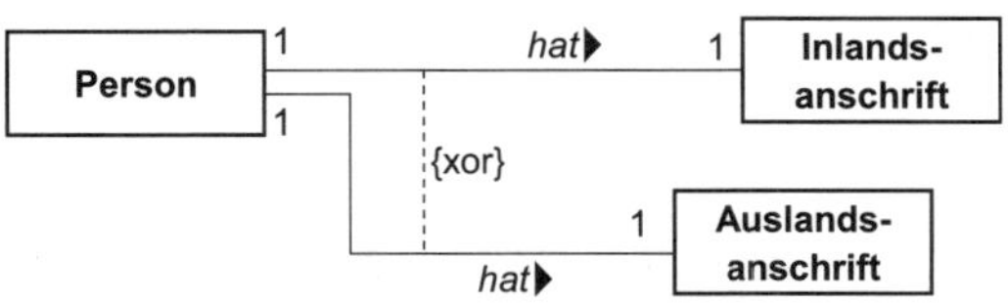

Abb. 4.9-11: Oder-Zusicherung grafisch notiert

Wie bereits weiter oben erwähnt, taugen grafische Zusicherungen gewöhnlich nur für einfache Fälle, OCL-Ausdrücke hingegen für beliebig komplexe, weswegen OCL-Zusicherungen vorzuziehen sind. Die Oder-Zusicherung als OCL-Ausdruck lautet wie folgt:

```
context Person inv:
  listeInlandsanschriften->isEmpty xor
  listeAuslandsanschriften->isEmpty
```

Abb. 4.9-12: Oder-Zusicherung als OCL-Ausdruck

Wert-Zusicherung

Werte. In der Abbildung mit den Klassen *Rechteck* und *Dreieck* werden Zusicherungen auf die möglichen Werte der Attribute gemacht. Im Rechteck wird zugesichert, dass die Attribute größer 0 sind. Im Dreieck wird zugesichert, dass die Werte nur die für Dreiecke zulässigen Konstellationen einnehmen können.

Abb. 4.9-13: Werte-Zusicherung direkt notiert

Der im Attributabschnitt der Klasse Rechteck notierte Ausdruck

```
{a > C}
```

ist eine Kurzschreibweise für

```
context Rechteck inv: a > 0
```

Ordnungs-Zusicherung

Aggregationen ⇨314

Ordnung. In dem nächsten Beispiel wird eine Ordnung zugesichert: Die Namensliste ist nach den Nachnamen der Personen geordnet. „Geordnet" ist kein vordefinierter Ausdruck und lässt sich mit OCL-Mittel auch kaum ausdrücken. Um immerhin einen halbwegs formalen Ausdruck zu erzielen, könnte man die eigentliche Zusicherung aber immerhin als natürlichsprachlichen Kommentar in einen OCL-Kontext setzen:

```
context Seminar inv:
  „Die Elemente in teilnehmerliste sollen nach
  Person.nachname sortiert sein"
```

Abb. 4.9-14: Ordnungszusicherung als natürlichsprachliche Beschreibung

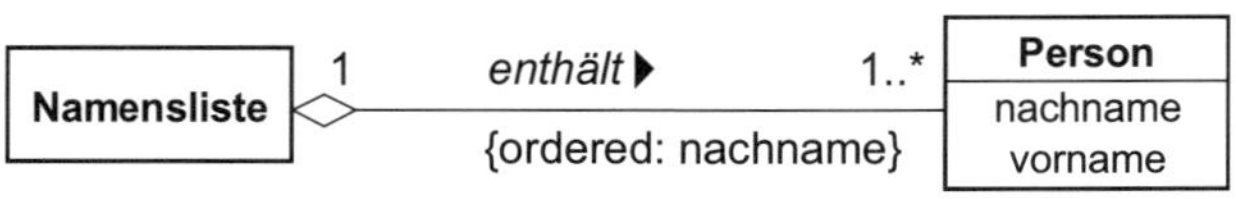

Abb. 4.9-15: Ordnungszusicherung als Assoziationsdetail

Formel-Zusicherung

Formeln. Ein weiteres Beispiel für die Verwendung von Zusicherungen ist die Definition der Berechnungsvorschriften für abgeleitete Attribute. Die folgende Abbildung zeigt die Klasse *Person*, in der das Alter ein vom Geburtsdatum und dem aktuellen Tagesdatum abgeleitetes Attribut darstellt. Abgeleitete Attribute werden durch einen vorangestellten Schrägstrich gekennzeichnet. Links wird die Zusicherung direkt hinter das Attribut geschrieben, rechts wird sie innerhalb einer Notiz notiert. Beide Notationsformen sind möglich.

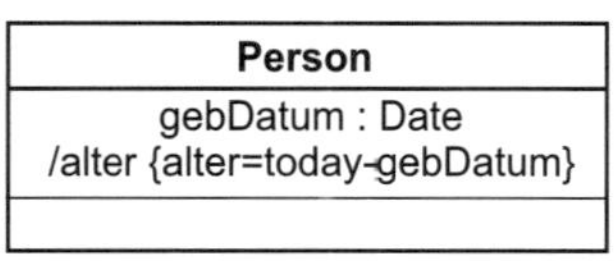

Abb. 4.9-16: Berechnungsformel eines abgeleiteten Attributs

Enumeration

Enumerationen (Aufzählungen) stehen ebenfalls innerhalb geschweifter Klammern, zum Beispiel:

```
farbe : {rot, blau, gruen}
```

oder präziser beschrieben

```
context farbe inv:
  (self = #rot) or (self = #blau) or (self = #gruen)
```

Abb. 4.9-17: Enumerationszusicherung

Allerdings sind Enumerationszusicherungen in der Regel vermeidbar und durch eine eigene Klasse (hier die Klasse *Farbe*) zu beschreiben.

Gerontologische Zusicherung

Zum Abschluss dieses Abschnittes noch ein Beispiel mit einer Zusicherung auf eine Aggregation. Es zeigt eine Ansammlung von Personen, die an einer Butterfahrt teilnehmen. Damit die Rentner unter sich bleiben, wurde vorsorglich notiert, dass die Teilnehmer über 65 Jahre alt sein müssen: Eine Butterfahrt ist eine Aggregation von älteren Menschen.

context Butterfahrt inv:
teilnehmer->forAll(p | p.alter>65)

Abb. 4.9-18: Heizdecken sind optional

Es stellt sich die Frage, wo und wie solche Zusicherungen, gerade auch objektübergreifende, letztendlich realisiert werden. Hierbei ist es wichtig, die Verantwortlichkeit für die Einhaltung der Zusicherung zu bestimmen, also die Frage zu beantworten, welche Klasse die Verantwortung zu tragen hat. In dem Beispiel *Kunde-Rechnung-Vertrag* (Abb. 4.9-10) gibt der OCL-Ausdruck darüber Auskunft; es ist dort die Rechnung.

In dem obigen Beispiel ist die Verantwortungsfrage ebenfalls einfach zu klären. Für die Aggregationsbeziehung, das ist aus der Navigationsrichtung abzuleiten, ist die Klasse *Butterfahrt* verantwortlich. Dort ist auch die Zusicherung anzusiedeln. Die Klasse *Butterfahrt* wird eine Operation bereitstellen, um der Teilnehmermenge weitere Personen zufügen zu können, z.B. *addTeilnehmer(teilnehmer:Person)*. Innerhalb dieser Operation ist das Alter zu prüfen. Hier angedeutet die Umsetzung in Java:

```
class Butterfahrt {
  private Vector teilnehmerliste;

  public void addTeilnehmer(Person teilnehmer) {
    if (teilnehmer.getAlter() > 65} {
      teilnehmerliste.add(teilnehmer);
    }
    ...
```

Abb. 4.9-19: Umsetzung der Butterfahrt-Zusicherung in Java

Da die Teilnehmer nicht jünger werden können, ist diese Form der Umsetzung in Ordnung. Grundsätzlich wäre zu beachten, dass die Zusicherung in diesem Beispiel nur bei der Aufnahme eines neuen Teilnehmers geprüft wird, die Zusicherung aber auch zu jedem späteren Zeitpunkt eingehalten werden muss, was die OCL-Zusicherung in der Abbildung auch fordert, die gezeigte Java-Umsetzung aber nicht erzwingt.

4.9.3 Vordefinierte OCL-Basistypen und -operationen

Folgende Basistypen sind in der OCL vordefiniert:

Typ	Beispiel
Boolean	true, false
Integer	1, 2, 23, 12045
Real	3.14, 0.266
String	'Raumschiff'
Set	{55, 23, 47}, {'rot', 'blau', 'gelb'}
Bag	{55, 23, 47, 5}, {12, 8, 8}
Sequence	{1..10}, {8, 17, 25, 26}

Set, *Bag* und *Sequence* sind Unterklassen von *Collection*. *Set* ist eine Menge, in der kein Element doppelt vorkommt, in einem *Bag* können Elemente beliebig häufig vorkommen. *Sequence* ist ein *Bag*, jedoch sind die Elemente geordnet.

Folgende Auswertungsreihenfolge gilt:

1. Punkt-Operationen („.“) haben höchste Priorität.
2. Unäre Operatoren („not“).
3. Binäre Operatoren („+“, „and“).
4. Innerhalb binärer Operatoren gilt die normale Reihenfolge: Punkt vor Strichrechnung, von links nach rechts etc.
5. Klammerung „(“ und „)“ erzwingt eine andere Reihenfolge.

Folgende Operationen sind für die Basistypen vordefiniert:

Integer, Real		
Ausdruck	Ergebnistyp	Beschreibung
i1 = i2	Boolean	Liefert true, wenn i1 und i2 gleich sind
i1 + i2 : Integer	Integer	
i1 + i2 : Real	Real	
r1 + i1	Real	
r1 round	Integer	

Boolean		
Ausdruck	Ergebnistyp	Beschreibung
a and b	Boolean	Liefert true, wenn a und b true sind
a or b	Boolean	Liefert true, wenn mindestens einer der beiden Werte a und b true ist
a xor b	Boolean	Liefert true, wenn genau einer der beiden Werte a und b true ist
not a	Boolean	Liefert Negation von a
a implies b	Boolean	(not a) or (a and b), d.h. wenn a true ist, soll auch b true sein
if a then a1: OclAusdr else a2:OclAusdr	a1.type	Wenn a true ist, wird der Ausdruck a1 ausgewertet, sonst a2
a = b	Boolean	Liefert true, wenn a und b gleich sind

Collection		
Ausdruck	Ergebnistyp	Beschreibung
s1 = s2	Boolean	Enthalten s1 und s2 die gleichen Elemente?
s.size	Integer	Anzahl der Elemente von s
s.sum	Integer oder Real	Summe aller Elemente aus s, sofern diese numerisch sind
s.includes(e)	Boolean	Ist e Element der Menge s?
s.isEmpty	Boolean	Ist die Menge leer (size=0)?
s.exists(Ausdr)	Boolean	Enthält die Menge s ein Element, für das der Ausdruck true ergibt?
s.forAll(Ausdr)	Boolean	Ergibt der Ausdruck true für alle Elemente der Menge?

Set		
Ausdruck	Ergebnistyp	Beschreibung
s1.union(s2)	Set	Vereinigungsmenge von s1 und s2
s1.intersection (s2)	Set	Schnittmenge von s1 und s2
s1–s2	Set	Alle Elemente aus s1, die nicht in s2 sind
s.include(e)	Set	Alle Elemente aus s plus dem Element e
s.exclude(e)	Set	Alle Elemente aus s ohne dem Element e
s1.symmetric Difference(s2)	Set	Alle Elemente aus s1 und s2, die nicht gleichzeitig in s1 und s2 vorkommen
s.select(Ausdr)	Set	Untermenge von s mit den Elementen, für die der Ausdruck true ergibt
s.reject(Ausdr)	Set	Untermenge von s mit den Elementen, für die der Ausdruck false ergibt
s.collect(Ausdr)	Bag	Bag der Ergebnisse des Ausdruckes, angewendet auf alle Elemente von s
s.asSequence	Sequence	Liefert s als Sequence
s.asBag	Bag	Liefert s als Bag

Bag		
Ausdruck	Ergebnistyp	Beschreibung
b1.union(b2)	Bag	Vereinigungsmenge von b1 und b2
b1.intersection (b2)	Bag	Schnittmenge von b1 und b2
b.include(e)	Bag	Alle Elemente aus b plus dem Element e
b.exclude(e)	Bag	Alle Elemente aus b ohne dem Element e
b.select(Ausdr)	Bag	Subbag von b mit den Elementen, für die der Ausdruck true ergibt
b.reject(Ausdr)	Bag	Subbag von b mit den Elementen, für die der Ausdruck false ergibt
b.collect(Ausdr)	Bag	Bag der Ergebnisse des Ausdruckes, angewendet auf alle Elemente von s
s.asSequence	Sequence	Liefert s als Sequence
s.asSet	Set	Liefert s als Set

Sequence		
Ausdruck	Ergebnistyp	Beschreibung
s1.append(s2)	Sequence	Sequence s1, gefolgt von den Elementen aus s2
s1.prepend(s2)	Sequence	Schnittmenge von s1 und s2
s.first	Element.Typ	Erstes Element aus s
s.last	Element.Typ	Letztes Element aus s
s.at(i)	Element.Typ	i-tes Element aus s
s.include(e)	Sequence	Alle Elemente aus b plus dem am Ende angefügten Element e
s.exclude(e)	Sequence	Alle Elemente aus b ohne dem ersten Vorkommen des Elementes e
s.select(Ausdr)	Sequence	Subsequence von b mit den Elementen, für die der Ausdruck true ergibt
s.reject(Ausdr)	Sequence	Subsequence von b mit den Elementen, für die der Ausdruck false ergibt
s.collect(Ausdr)	Sequence	Sequence der Ergebnisse des Ausdruckes, angewendet auf alle Elemente von s
s.asBag	Bag	Liefert s als Bag
s.asSet	Set	Liefert s als Set

5 Anhang

5.1 Glossar

Das Glossar wurde freundlicherweise von der Firma oose Dienstleistungen für innovative Informatik GmbH zur Verfügung gestellt und befindet sich in aktueller Version unter http://www.oose.de/glossar. Sie können dort übrigens auch zu jedem Begriff persönliche Anmerkungen oder Vorschläge öffentlich sichtbar hinterlegen bzw. die Kommentare anderer lesen.

Abgeleitete Assoziation ⇨Assoziation, ⇨Abgeleitetes Element
Eine abgeleitete Assoziation ist eine Assoziation, deren konkrete Objektbeziehungen jederzeit aus den Werten anderer Objektbeziehungen und ihrer Objekte abgeleitet (berechnet) werden können.

Abgeleitetes Attribut ⇨Attribut, ⇨Abgeleitetes Element
Ein abgeleitetes Attribut wird aus den Werten anderer Attribute berechnet. Abgeleitete Attribute können nicht direkt geändert werden und werden durch eine Berechnungsoperation implementiert oder gesetzt.

Abgeleitetes Element (UML: *derived element*)
Ein Modellelement, das jederzeit durch ein anderes Element berechnet werden kann und nur der Klarheit wegen gezeigt wird oder für Designzwecke zugefügt wird, ohne dass es jedoch weitere semantische Information zufügt.

Abhängigkeit ⇨Abhängigkeitsbeziehung

Abhängigkeitsbeziehung (UML: *dependency*)
Eine Abhängigkeit ist eine Beziehung von einem Quellelement zu einem Zielelement. Das Zielelement ist für die Spezifikation oder Implementierung des Quellelementes erforderlich.

Ablaufschritt ⇨Aktionsknoten

abstract class ⇨Abstrakte Klasse

Abstrakte Klasse (UML: *abstract class*)
Von einer abstrakten Klasse werden niemals Exemplare erzeugt; sie ist bewusst unvollständig und bildet somit die Basis für weitere Unterklassen, die Exemplare haben können.

Abstrakte Operation ⇨Operation
Eine Operation, für die nur eine ⇨Signatur, jedoch keine Anweisungsfolge definiert ist, d.h. die Operation ist definiert, aber noch nicht implementiert. Sie wird in einer abgeleiteten Klasse implementiert. C++: virtuelle Operation.

Abstrakter Datentyp (ADT)
Das Konzept des abstrakten Datentyps ähnelt dem der Klasse. Unter einem abstrakten Datentyp versteht man die Zusammenfassung von Daten und der mit ihnen ausführbaren Operationen.

Abstraktion
Abstraktion ist eine Methode, bei der unter einem bestimmten Gesichtspunkt die wesentlichen Merkmale eines Gegenstandes oder Begriffes herausgesondert werden.

action state ⇨Aktivität

activity diagram ⇨Aktivitätsdiagramm

actor ⇨Akteur

aggregation ⇨Aggregation

Aggregation (UML: *aggregation*) ⇨Assoziation, ⇨Komposition
Eine Aggregation ist eine Assoziation, bei der die beteiligten Klassen keine gleichwertige Beziehung führen, sondern eine Ganze-Teile-Hierarchie darstellen. Eine Aggregation beschreibt, wie sich etwas Ganzes aus seinen Teilen zusammensetzt. Formal ist eine Assoziation der Aggregation gleichwertig, die Besonderheit der Ganze-Teile-Beziehung hat keine formale Semantik, sondern lediglich hilfreichen Kommentarcharakter.

Akteur (UML: *actor*)
Ein Akteur ist eine gewöhnlich außerhalb des betrachteten bzw. zu realisierenden Systems liegende Einheit, die an der in einem Anwendungsfall beschriebenen Interaktion mit einem System beteiligt ist.

Aktive Klasse ⇨Aktives Objekt
Eine aktive Klasse ist eine Klasse, deren Instanzen jeweils in einem eigenen Thread laufen.

Aktives Objekt ⇨Aktive Klasse
Instanz einer aktiven Klasse.

Aktivität (UML: *action state*)
Eine Aktivität beschreibt einen Ablauf und enthält verschiedene Arten von Knoten, die durch Objekt- und Kontrollflüsse miteinander verbunden sind.

Aktivitätsdiagramm (UML: *activity diagram*)
Ein Aktivitätsdiagramm stellt eine Aktivität dar, die Begriffe werden synonym verwendet.

Aktivitätsschritt ⇨Aktionsknoten

Analyse
Mit (objektorientierter) Analyse werden alle Aktiviäten im Rahmen des Softwareentwicklungsprozesses bezeichnet, die der Ermittlung, Klärung und Beschreibung der Anforderungen an das System dienen (d.h. die Klärung, *was* das System leisten soll).

Anforderung
Eine Anforderung beschreibt eine oder mehrere Eigenschaften oder Verhaltensweisen, die stets erfüllt sein sollen.

Annotation ⇨Notiz

Anwendungsfall (UML: *use case*)⇨ Geschäftsanwendungsfall, ⇨ Systemanwendungsfall
Ein Anwendungsfall beschreibt anhand eines zusammenhängenden Arbeitsablaufes die Interaktionen mit einem (geschäftlichen oder technischen) System. Ein Anwendungsfall wird stets durch einen Akteur initiiert und führt gewöhnlich zu einem für die Akteure wahrnehmbaren Ereignis.

Anwendungsfalldiagramm (UML: *use case diagram*)
Ein Anwendungsfalldiagramm zeigt Akteure, Anwendungsfälle und die Beziehungen zwischen diesen Elementen.

Anwendungsfallmodell (UML: *use case model*)
Ein Modell, das die (vorwiegend) funktionalen Anforderungen an ein System in Form von Anwendungsfällen beschreibt (meist in Form eines oder mehrerer Anwendungsfalldiagramme).

Anwendungskomponente ⇨Komponente
Anwendungskomponenten sind fachliche ⇨Subsysteme.

Architektur
ist die Spezifikation grundlegender übergreifender Eigenschaften und Möglichkeiten einer Lösung, die im Verlauf der Weiterentwicklung nur schwierig rückgängig zu machen sind.

Argument
Konkreter Wert eines ⇨Parameters.

assertion ⇨Zusicherungen
Assertions sind boolesche Ausdrücke, die niemals unwahr werden sollten und anderenfalls auf Fehler hinweisen. Typischerweise sind *assertions* nur zur Entwicklungszeit aktiviert.

association ⇨Assoziation

association class ⇨Assoziationsklasse

association role ⇨Assoziationsrolle

Assoziation (UML: *association*) ⇨gerichtete Assoziationen, ⇨bidirektionale Assoziationen
Eine Assoziation beschreibt eine Relation zwischen Klassen, d.h. die gemeinsame Semantik und Struktur einer Menge von ⇨Objektbeziehungen. Es werden ⇨gerichtete Assoziationen (nur einseitig direkt navigierbar) und ⇨bidirektionale Assoziationen (beidseitig direkt navigierbar) unterschieden.

Assoziationsklasse (UML: *association class*) ⇨Attributierte Assoziation, ⇨Aufgebrochene Assoziation, ⇨Degenerierte Assoziationsklasse
Ein Modellelement, das sowohl über die Eigenschaften einer Klasse als auch über die einer Assoziation verfügt. Es kann gesehen werden als Assozia-

tion mit zusätzlichen Klasseneigenschaften (Attributierte Assoziation) oder als Klasse mit zusätzlichen Assoziationseigenschaften (Assoziationsklasse).

Assoziationsrolle (UML: *association role*)
Die Rolle, die ein Typ oder eine Klasse in einer Assoziation spielt. Eine Rolle repräsentiert eine Klasse in einer Assoziation. Gewöhnlich befinden sich Assoziationen zwischen zwei Klassen. Eine Klasse kann aber auch eine Assoziation zu sich selbst haben; in diesem Fall sind die beiden Enden der Assoziation nur durch die Rollenangabe zu unterscheiden.

attribute ⇨Attribut

Attribut (UML: *attribute*)
Ein Attribut ist ein (Daten-) Element, das in jedem Objekt einer Klasse gleichermaßen enthalten ist und von jedem Objekt mit einem individuellen Wert repräsentiert wird.

Attributierte Assoziation ⇨Assoziation, ⇨Assoziationsklasse
Eine Assoziation, die über eigene Attribute verfügt.

Aufgebrochene Assoziation ⇨Assoziation, ⇨Assoziationsklasse
Eine ⇨attributierte Assoziation, bei der die Attribute zu einer gewöhnlichen Klasse überführt und die attributierte Assoziation unter Einbeziehung dieser neuen Klasse in zwei gewöhnliche Assoziationen umgeformt wurde.

Basisklasse ⇨Oberklasse

Behälterklasse ⇨Sammlung

Beziehung (UML: *relationship*)
UML-Modellelemente können verschiedene Arten von Beziehungen untereinander haben. Klassen können beispielsweise Spezialisierungsbeziehungen, Assoziationen, Realisierungs- und Abhängigkeitsbeziehungen haben.

Bidirektionale Assoziation ⇨Assoziation
Eine bidirektionale Assoziation ist eine beidseitig direkt navigierbare Assoziation, d.h. eine Assoziation, bei der von beiden beteiligten ⇨Assoziationsrollen zur jeweils anderen direkt navigiert werden kann.

Bindung ⇨Dynamische Bindung

Botschaft ⇨Nachricht

bound element ⇨Gebundenes Element

Businessklasse ⇨Klasse, instanziiert: ⇨Businessobjekt

Businessmodell (Businessklassenmodell)⇨Fachklassenmodell
Ein Businessmodell ist ein Klassenmodell, dass ausschließlich oder vorwiegend ⇨Businessklassen (fachlich elementare Begriffe) in Form von Klassen enthält.

Businessobjekt ⇨Objekt
Ein Businessobjekt repräsentiert einen Gegenstand, ein Konzept, einen Ort oder eine Person aus dem realen Geschäftsleben in einem fachlichen geringen Detaillierungsgrad, d.h. einen fachlich elementaren Begriff (Vertrag, Rechnung etc.). Für die praktische Umsetzung sind Businessobjekte auf rein fachlich motivierte Eigenschaften reduzierte Aggregationen fundamentaler Fachobjekte (⇨Fachklassen: Rechnungspositionen, Anschrift etc.), zu denen alles weitere delegiert wird. Sie definieren typischerweise vor allem Schnittstellen und sind eine Art Fassade.

class ⇨Klasse

class diagram ⇨Klassendiagramm

Classifier
Classifier ist eine abstrakte Basisklasse im Metamodell der UML und gemeinsame Basisklasse u.a. der Modellierungselemente Klasse, Anwendungsfall und Komponente. Ein Classifier definiert einen Namensraum, ein Typ, kann generalisiert werden und aggregiert eine Menge von Merkmalen, z.B. Operationen und Attribute.

collaboration ⇨Kollaboration

collaboration diagram ⇨Kollaborationsdiagramm

collection ⇨Sammlung

component ⇨Komponente

component diagram ⇨Komponentendiagramm

composition ⇨Komposition

concrete class ⇨Konkrete Klasse

concurrency ⇨Nebenläufigkeit

constraint ⇨Zusicherung

Containerklasse ⇨Behälterklasse

CRC-Karten (Klassenkarte)
Karteikarten, auf denen der Name der Klasse (Class), ihre Aufgaben (Responsibilities) und ihre Beziehungen (Collaborations) beschrieben werden.

Datenabstraktion
Hierunter versteht man das Prinzip, nur die auf ein Objekt anwendbaren Operationen nach außen sichtbar zu machen. Die tatsächliche innere Realisierung der Operationen und die innere Struktur des Objektes werden verborgen, d.h. man betrachtet abstrakt die eigentliche Semantik und lässt die tatsächliche Implementierung außer Acht.

Datentyp
Oberbegriff für primitive Datentypen und Aufzählungstypen. Ein einfacher Datentyp ist ein Typ, dessen Werte keine Identität haben.

Default-Implementierung ⇨Standard-Implementierung

Degenerierte Assoziationsklasse
Die (namenlose) ⇨Assoziationsklasse einer ⇨attributierten Assoziation.

Delegation
ist ein Mechanismus, bei dem ein Objekt eine Nachricht nicht (vollständig) selbst interpretiert, sondern an ein anderes Objekt weiterleitet (propagiert).

dependency ⇨Abhängigkeit

deployment diagram ⇨Verteilungsdiagramm

derived element ⇨Abgeleitetes Element

Design
(Software-)Design ist die kreative Erarbeitung eines Lösungs- und Gestaltungskonzeptes für ein gegebenes Problem innerhalb eines gegebenen Lösungsraumes. Speziell werden alle Aktiviäten im Rahmen des Softwareentwicklungsprozesses bezeichnet, mit denen ein Modell logisch und physisch strukturiert wird und die dazu dienen zu beschreiben, *wie* das System die vorhandenen Anforderungen grundsätzlich erfüllt.

Diskriminator
Ein Diskriminator ist ein Unterscheidungsmerkmal für die Strukturierung der Modellsemantik in ⇨Generalisierungs- bzw. Spezialisierungsbeziehungen.

domain ⇨Problembereich

Domäne ⇨Problembereich

Domänenmodell ⇨Fachklassenmodell

Dynamische Bindung, Späte Bindung
Hierunter ist zu verstehen, dass eine ⇨Nachricht erst zur Programmlaufzeit einer konkreten ⇨Operation zugeordnet wird, die diese Nachricht dann interpretiert.

Dynamische Klassifikation
Ein Objekt ist nacheinander Instanz unterschiedlicher Klassen einer Untertypenstruktur, d.h. es kann seine Klassenzugehörigkeit während seiner Lebenszeit ändern.

Eigenschaftsbereich⇨Partition

Eigenschaftswert (UML: *property, tagged value*)
Eigenschaftswerte sind benutzerdefinierte, sprach- und werkzeugspezifische Schlüsselwörter, die die Semantik einzelner Modellelemente um spezielle charakteristische Eigenschaften erweitern.

Einfachvererbung ⇨Vererbung
Bei der Einfachvererbung erbt eine Unterklasse nur von einer direkten Oberklasse.

Einsatzdiagramm ⇨Verteilungsdiagramm

Einschränkung ⇨Zusicherung

Enthältbeziehung (UML: include)
Mit einer Enthältbeziehung wird ein Anwendungsfall in einen anderen Anwendungsfall eingebunden und logischer Teil von diesem.

Entwurfsmuster
Entwurfsmuster sind generalisierte und bewährte Lösungsansätze zu wiederkehrenden Entwurfsproblemen. Sie sind keine fertig kodierten Lösungen, sie beschreiben lediglich den Lösungsweg bzw. die Lösungsidee.

Enumeration (UML: *enumeration*)
Eine Enumeration ist eine Menge fester Werte ohne weitere Eigenschaften.

Ereignis (UML: *event*)
Ein Ereignis ist ein zu beachtendes Vorkommnis, das in einem gegebenen Kontext eine Bedeutung hat, sich räumlich und zeitlich lokalisieren lässt und gewöhnlich einen Zustandsübergang (Transition) auslöst.

Erweiterungsbeziehung (UML: *extend*)
Mit einer Erweiterungsbeziehung lässt sich ausdrücken, dass ein Anwendungsfall unter bestimmten Umständen und an einer bestimmten Stelle (dem sog. Erweiterungspunkt, engl. extension point) durch einen anderen erweitert wird.

event ⇨Ereignis

Exemplar ⇨Objekt, ⇨Instanz
Ein Exemplar ist eine im laufenden System konkret vorhandene und agierende Einheit. Für den Hausgebrauch können Instanz, Objekt und Exemplar synonym betrachtet werden. Jedes Objekt ist Exemplar einer Klasse.

framework ⇨Rahmenwerk

Fachklasse ⇨Klasse
Fachlich motivierte Klasse, die einen Begriff aus dem Problembereich des zu entwickelnden Systems repräsentiert. Sie ist Bestandteil der Analysemodelle zur Systementwicklung. Fachklasse und Geschäftsklasse werden oft synonym verwendet.

Fachklassenmodell ⇨Domänenmodell
Ein Klassenmodell, das ausschließlich oder vorwiegend Fachklassen enthält.

Fundamentalklasse ⇨Fachklasse

Gebundenes Element ⇨Parametrisierte Klasse

Generalisierung *(UML:* generalization*)*
⇨Spezialisierung /Konkretisierung

generalization ⇨Generalisierung

Generische Klasse ⇨Parametrisierbare Klasse

Generisches Design
Anwendung von Schablonen oder Makros zum Design (in CASE-Tools).

Generische Programmierung
Anwendung von Schablonen (engl. *templates*), ⇨parametrisierbaren Klassen u.Ä. bei der Programmierung.

Geordnete Assoziation ⇨Assoziation
Assoziation, bei der die Objektverbindungen in bestimmter Weise geordnet sind.

Gerichtete Assoziation ⇨Assoziation, ⇨Navigation
Eine Assoziation, bei der von der einen beteiligten ⇨Assoziationsrolle zur anderen direkt navigiert werden kann, nicht aber umgekehrt.

Geschäftsanwendungsfall
Ein Geschäftsanwendungsfall beschreibt einen geschäftlichen Ablauf, wird von einem geschäftlichen Ereignis ausgelöst und endet mit einem Ergebnis, das für den Unternehmenszweck und die Gewinnerzielungsabsicht direkt oder indirekt einen geschäftlichen Wert darstellt.

Geschäftsobjekt ⇨Businessobjekt

Geschäftsprozess ⇨Workflow
Ein Geschäftsprozess ist eine Zusammenfassung einer Menge fachlich verwandter Geschäftsanwendungsfälle. Dadurch bildet ein Geschäftsprozess gewöhnlich eine Zusammenfassug von organisatorisch evtl. verteilten, fachlich jedoch zusammenhängenden Aktivitäten, die notwendig sind, um einen Geschäftsvorfall (z.B. einen konkreten Antrag) ergebnisorientiert zu bearbeiten. Die Aktivitäten eines Geschäftsprozesses stehen gewöhnlich in zeitlichen und logischen Abhängigkeiten zueinander.

Geschäftsvorfall (Vorgang)
Ein Geschäftsvorfall bezeichnet das von einem konkreten, aktiven Geschäftspartner initiierte Ereignis, z.B. „Gabi Goldfisch beantragt eine Mitgliedschaft". Ein Auslöser kann mehrere Geschäftsvorfälle nach sich ziehen. Ereignisse, die innerhalb des Geschäftssystems entstehen, sind keine Geschäftsvorfälle.

GUI
Graphical User Interface, Grafische Benutzeroberfläche

Hilfsklasse (UML: *utility*)
Hilfsklassen sind Sammlungen von globalen Variablen und Funktionen, die zu einer Klasse zusammengefasst und dort als Klassenattribute und -operationen definiert sind. Insofern sind Hilfsklassen keine echten Klassen. Das ⇨Stereotyp *«utility»* kennzeichnet eine Klasse als Hilfsklasse.

Identität ⇨Objektidentität

Information Hiding
ist das bewusste Verbergen von Implementierungsdetails. Das heißt, nach außen wird eine Schnittstelle bereitgestellt, das Innere (z.B. einer Klasse) ist aber nicht sichtbar. Dadurch bleibt verborgen, wie die Schnittstelle intern bedient wird.

inheritance ⇨Vererbung

instance ⇨Instanz

Instantiierung
ist das Erzeugen eines Exemplars aus einer Klasse.

Instanz (UML: *instance*) ⇨Exemplar, ⇨Objekt

interface ⇨Schnittstelle

interaction diagram ⇨Interaktionsdiagramm

Interaktionsdiagramm (UML: *interaction diagram*)
Sammelbegriff für ⇨Sequenzdiagramm, ⇨Kollaborationsdiagramm, ⇨Aktivitätsdiagramm, ⇨Zeitdiagramm und ⇨Interaktionsübersicht.

Interaktionsübersicht (UML: *interaction overview diagram*)
Eine Interaktionsübersicht ist ein Aktivitätsdiagramm, in dem Teilabläufe durch referenzierte oder eingebettete Sequenzdiagramme repräsentiert sind.

Invariante
Eine Eigenschaft oder ein Ausdruck, der über den gesamten Lebenszeitraum eines Elementes, bspw. eines Objektes gegeben sein muss.

Kardinalität ⇨Multiplizität
Anzahl der Elemente.

Klasse (UML: *class*)
Eine Klasse ist die Definition der Attribute, Operationen und der Semantik für eine Menge von Objekten. Alle Objekte einer Klasse entsprechen dieser Definition.

Klassenattribut, Klassenvariable ⇨Attribut
Klassenattribute gehören nicht einem einzelnen Objekt, sondern sind Attribut einer Klasse (gilt z.B. für Smalltalk).

Klassenbibliothek
Eine Klassenbibliothek ist eine Sammlung von Klassen.

Klassendiagramm (UML: *class diagram*)
Ein Klassendiagramm zeigt eine Menge statischer Modellelemente, vor allem Klassen und ihre Beziehungen.

Klassenkarte ⇨CRC-Karte

Klassenmodell
Ein Klassenmodell beschreibt, welche Klassen existieren und in welchen Beziehungen sie zueinander stehen.

Klassenoperation, Klassenmethode ⇨Operation
Klassenoperationen sind Operationen, die nicht auf einem Objekt, sondern auf einer Klasse operieren (gilt z.B. für Smalltalk).

Klassenschablone ⇨Parametrisierbare Klasse

Klassenvorlage ⇨Parametrisierbare Klasse

Knoten (UML: *node*)
Ein Knoten ist ein physisches Laufzeit-Objekt, das über Rechnerleistung (Prozessor, Speicher) verfügt. Laufzeitobjekte und Komponenten können auf Knoten residieren.

Konkretisierung ⇨Spezialisierung

Kollaboration (UML: *collaboration*)
Eine Kollaboration ist der Kontext einer Menge von Interaktionen.

Kommunikationsdiagramm (UML: *communication diagram*)
Ein Kommunikationsdiagramm zeigt eine Menge von Interaktionen zwischen ausgewählten Objekten in einer bestimmten begrenzten Situation (Kontext) unter Betonung der Beziehungen zwischen den Objekten und ihrer Topographie.

Komponente (UML: *component*)
Eine Komponente ist eine fachliche Einheit, mit einer internen, aus Klassen oder wiederum Komponenten beste-

henden Struktur, die nach außen Funktionalität über Schnittstellen bereitstellt oder anfordert, die unabhängig verwendbar ist, d.h. Standardimplementierungen für die angeforderten Schnittstellen besitzen muss, die technisch von anderen Komponenten und der umgebenden Kopplungslogik unabhängig ist und dadurch prinzipiell (zur Laufzeit und zur Entwurfszeit) austauschbar ist. Im Gegensatz zur Komponente, deren Zweck die Definition einer fachlichen Einheit ist, ist der Zweck eines Subsystems die Definition einer architektonischen Einheit.

Komponentendiagramm (UML: *component diagram*)
Ein Komponentendiagramm zeigt die Organisation und Abhängigkeiten von ⇨Komponenten.

Komposition (UML: *composite*) ⇨Aggregation
Eine Komposition ist eine strenge Form der Aggregation, bei der die Teile vom Ganzen existenzabhängig sind.

Kompositionsdiagramm (UML: *composite structure diagram*)
Ein Kompositionsdiagramm zeigt die interne Zusammensetzung und die Gruppierung von Schnittstellen einer Komponente oder Klasse.

Konfigurationsdiagramm ⇨Einsatzdiagramm

Konkrete Klasse (UML: *concrete class*)
Eine ⇨Klasse, die ⇨Objekte instantiieren kann. Vgl. ⇨Abstrakte Klasse.

Konsistenzzusicherung ⇨Zusicherung
Eine Zusicherung zwischen mehreren Assoziationen, die teilweise redundante Sachverhalte repräsentieren. Die Zusicherung gibt die Konsistenzbedingung an.

link ⇨Objektbeziehung

Mehrfachvererbung ⇨Multiple Vererbung

Mehrgliedrige Assoziation (UML: *n-ary association*)
Eine ⇨Assoziation, an der mehr als zwei ⇨Assoziationsrollen beteiligt sind.

Mengenverarbeitung (UML: *expansion region*)
Ein Mengenverarbeitungsbereich ist ein zusammenhängender Teilbereich eines Aktivitätsdiagrammes über dessen Grenze mengenwertige Objektknoten fließen, deren Einzelelemente innerhalb des Bereiches nebenläufig oder sequenziell verarbeitet werden.

Merkmal ⇨Eigenschaftswert

message ⇨Nachricht

meta class ⇨Metaklasse

meta model ⇨Metamodell

Metaklasse (UML: *meta class*)
Eine Metaklasse ist eine Klasse, deren Exemplare wiederum Klassen sind. Dieses Konzept existiert nur in einigen objektorientierten Sprachen (z.B. in Smalltalk).

Metamodell (UML: *meta model*)
Ein Modell, das die Sprache definiert, mit der ein Modell definiert werden kann.

Metatyp (UML: *powertype*)
Ein Metatyp ist ein Typ (eine Klasse), dessen Instanzen Untertypen (Unterklassen) eines anderen Typs (einer anderen Klasse) sind.

method ⇨Methode

Methode ⇨Operation
Eine Methode implementiert eine Operation, sie ist eine Sequenz von Anweisungen. Für die Praxis ist es unkritisch, Methode und Operation synonym zu verwenden.

Methodik
Eine Methodik ist die Lehre von der Anwendung einer Methode

Methodologie
Eine Methodologie ist die theoretische Reflexion über Methoden eines Fachgebiets.

Multiple Klassifikation
Ein Objekt ist zur gleichen Zeit Instanz mehrerer Klassen (nicht möglich in C++, Java und Smalltalk).

Multiple Vererbung
Eine Klasse hat mehrere direkte Oberklassen (nicht möglich in Java und Smalltalk).

Multiplizität
Bereich erlaubter ⇨Kardinalitäten.

n-ary association ⇨Mehrgliedrige Assoziation

Nachbedingung
Eine Nachbedingung beschreibt einen Zustand, der nach Abschluss einer Tätigkeit, Aktivität, Operation o.Ä. gegeben sein muss.

Nachricht (UML: *message*) ⇨Operation, ⇨Methode
Nachrichten sind ein Mechanismus, mit dem Objekte untereinander kommunizieren können. Eine Nachricht überbringt einem Objekt die Information darüber, welche Aktivität von ihm erwartet wird, d.h. eine Nachricht fordert ein Objekt zur Ausführung einer Operation auf. Eine Nachricht besteht aus einem Selektor (einem Namen), einer Liste von Argumenten und geht an genau einen Empfänger. Der Sender einer Nachricht erhält ggf. ein Antwort-Objekt zurück. Durch ⇨Polymorphismus kann eine Nachricht zum Aufruf einer von mehreren gleichlautenden ⇨Operationen führen.

navigability ⇨Navigierbarkeit

Navigation, Navigierbarkeit ⇨Navigationsangaben
Navigation ist die Betrachtung von Zugriffsmöglichkeiten auf Objekte (und ihre Attribute und Operationen) innerhalb eines Objektnetzes. *Direkt navigierbar* werden solche Zugriffe genannt, die ohne Umwege möglich sind.

Navigationsangaben
Navigationsangaben sind Spezifikationen zur Navigation, d.h. Beschreibungen von Zugriffspfaden und –einschränkungen und der daraus resultierenden Zugriffsergebnisse (beispielsweise mit Hilfe der ⇨OCL).

Nebenläufigkeit
Zwei oder mehr Aktionen können zeitgleich (parallel) ausgeführt werden.

node ⇨Knoten

Notation
Eine Notation ist eine Sammlung bzw. Vereinbarung von bestimmten textuellen oder grafischen Symbolen, mit denen bestimmte Gegenstände oder Konzepte repräsentiert werden sollen. Beispielsweise enthält die UML ein Element, mit dem das Konzept der Klasse repräsentiert werden kann.

Notiz (UML: *note*)
Kommentare bzw. Annotationen zu einem Diagramm oder einem oder mehreren beliebigen Modellelementen ohne semantische Wirkung.

Oberklasse, Superklasse (UML: *superclass*) ⇨Generalisierung
Eine Oberklasse ist eine Verallgemeinerung ausgewählter Eigenschaften ihrer ⇨Unterklasse(n).

Oberzustand (UML: *superstate*) ⇨Zustand
Ein Oberzustand enthält andere Zustände bzw. Unterzustände.

object diagram ⇨Objektdiagramm

Object Engineering Process ⇨OEP

Objekt (UML: *object*)
⇨ Exemplar

Objektbasiert
Eine Programmiersprache oder Datenbank wird als objektbasiert bezeichnet, wenn sie das Konzept der Datenabstraktion unterstützt, weitergehende Konzepte wie Klassen, Vererbung, Polymorphie etc. aber teilweise oder vollständig fehlen.

Objektbeziehung (UML: *link*)
Eine konkrete Beziehung zwischen zwei Objekten, d.h. die Instanz einer ⇨Assoziation. Ein Objekt hat eine Beziehung zu einem anderen Objekt, wenn es eine Referenz darauf besitzt. Implementiert werden diese Referenzen gewöhnlich durch ⇨Attribute, was für die Modellierung jedoch unerheblich ist.

Objektdiagramm (UML: *object diagram*)
Ein Objektdiagramm zeigt eine ähnliche Struktur wie das Klassendiagramm, jedoch statt der Klassen, exemplarisch eine Auswahl der zu einem bestimmten Zeitpunkt existierenden Objekte mit ihren augenblicklichen Werten.

Objektidentität
ist eine Eigenschaft, die ein Objekt von allen anderen unterscheidet, auch wenn es möglicherweise die gleichen Attributwerte besitzt.

Objektorientierte Programmiersprache
Objektorientierte Programmiersprachen erfüllen folgende Basiskonzepte:

- Objekte sind abstrakte Einheiten,
- Objekte sind Exemplare einer Klasse, d.h. von einer Klasse abgeleitet,
- die Klassen vererben ihre Eigenschaften und bilden so eine Vererbungshierarchie,
- auf Objekte wird dynamisch verwiesen, d.h. die Bindung ist dynamisch und ermöglicht so Polymorphie.

OCL, Object Constraint Language
Die OCL definiert eine Sprache zur Beschreibung von ⇨Zusicherungen, ⇨Invarianten, ⇨Vor- und Nachbedingungen und ⇨Navigation innerhalb von UML-Modellen.

OCUP
OCUP ist die Abkürzung für *OMG Certified UML Professional*, d.h. OMG-zertifizierter UML-Profi.

OEP
ist die Abkürzung für Object Engineering Process. Der OEP ist ein UML-basiertes Vorgehensmodell der Firma oose (www.oose.de/oep).

OMG
ist die Abkürzung für Object Management Group. Die OMG ist ein Industriekonsortium, das unter anderem die Rechte an der UML hält und die Weiterentwicklung der UML organisiert.

OO
ist die Abkürzung für Objektorientierung.

operation ⇨Operation

Operation (UML: *operation*) ⇨Methode, ⇨Nachricht
Operationen sind Dienstleistungen, die von einem Objekt angefordert werden können. Sie werden beschrieben durch ihre Signatur (Operationsname, Parameter, ggf. Rückgabetyp).

Ordnungszusicherung ⇨Zusicherung
Eine Zusicherung zu einer Assoziation, die angibt, dass ihre Elemente (⇨Objektverbindungen) in bestimmter Weise geordnet sind.

package ⇨Paket

Paket (UML: *package*)
Pakete sind Ansammlungen von Modellelementen beliebigen Typs, mit denen das Gesamtmodell in kleinere überschaubare Einheiten gegliedert wird. Ein Paket definiert einen Namensraum, d.h. innerhalb eines Paketes müssen die Namen der enthaltenen Elemente eindeutig sein. Jedes Modellelement kann in anderen Paketen referenziert werden, gehört aber zu genau einem (Heimat-) Paket. Pakete können wiederum Pakete beinhalten. Das
oberste Paket beinhaltet das gesamte System.

parameter ⇨Parameter

Parameter (UML: *parameter*)
Ein Parameter ist die Spezifikation einer Variablen, die Operationen, Nachrichten oder Ereignissen mitgegeben, von diesen verändert oder zurückgegeben wird. Ein Parameter kann aus einem Namen, einem Typ (einer Klasse) und einer Übergaberichtung (in, out, inout) bestehen.

parameterized class ⇨Parametrisierbare Klasse

Parametrisierbare Klasse (UML: *parameterized class*)
Eine parametrisierbare Klasse ist eine mit generischen formalen Parametern versehene Schablone, mit der gewöhnliche (d.h. nicht-generische) Klassen erzeugt werden können. Die generischen Parameter dienen als Stellvertreter für die aktuellen Parameter, die Klassen oder einfache Datentypen repräsentieren.

Parametrisierte Klasse ⇨ Parametrisierbare Klasse
Als parametrisierte Klasse wird die Instanz einer ⇨Parametrisierbaren Klasse bezeichnet, d.h. das Ergebnis einer konkreten Parametrisierung.

Parameterliste
Aufzählung der Namen von Argumenten sowie ggf. ihres Typs, Initialwertes u.Ä.

Partition
Eine Partition (Verantwortlichkeits- bzw. Eigenschaftsbereich) beschreibt innerhalb eines Aktivitätsmodells, wer oder was für einen Knoten verantwortlich ist oder welche gemeinsame Eigenschaft sie kennzeichnet.

pattern, design pattern ⇨Entwurfsmuster

Persistentes Objekt
Persistente Objekte (persistent: lat. „anhaltend") sind solche, deren Lebensdauer über die Laufzeit einer Programmsitzung hinausreicht. Die Objekte werden hierzu auf nichtflüchtigen Speichermedien (z.B. Datenbanken) gehalten.

Polymorphismus
Polymorphismus (Vielgestaltigkeit) heißt, dass gleichlautende Nachrichten an kompatible Objekte unterschiedlicher Klassen ein unterschiedliches Verhalten bewirken können. Beim dynamischen Polymorphismus wird eine Nachricht nicht zur Compilierzeit, sondern erst beim Empfang zur Programmlaufzeit einer konkreten Operation zugeordnet. Voraussetzung hierfür ist das dynamische Binden.

powertype ⇨Metatyp

Problembereich ⇨Domäne
Anwendungsgebiet bzw. Problembereich, innerhalb dessen die fachliche Modellierung stattfindet. Als Problembereichsmodell (Domänenmodell) wird in der Regel der Teil des Gesamtmodells verstanden, der sich auf den eigentlichen fachlichen Problembereich bezieht (auch fachliches Modell genannt). Technische, querschnittliche u.ä. Aspekte gehören nicht dazu. Im Kontext von Anwendungsarchitektur ist zumeist das fachliche Klassenmodell gemeint (d.h. ohne Framework-, GUI-, Controler- u.ä. Klassen).

Propagation ⇨Delegation
Ausdehnung der Eigenschaften einer Klasse durch Verwendung von Operationen anderer Klassen.

property ⇨Eigenschaftswert

Protokoll
Eine Menge von Signaturen.

Protokollautomat (UML: *protocol machine*)
Ein Protokollautomat ist eine spezielle Form des Zustandsdiagrammes, die dazu dient, lediglich die möglichen und verarbeitbaren Ereignisse ohne weitergehendes Verhalten zu beschreiben.

qualifier ⇨Qualifizierendes Attribut

Qualifizierendes Attribut (UML: *qualifier*)
⇨Qualifizierte Assoziation
Das Attribut, über welches in einer Assoziation der Zugriff auf die gegenüberliegende Seite erfolgt. Das qualifizierende Attribut ist definiert als Teil der Assoziation, jedoch muss in der Klasse, auf die darüber zugegriffen wird, dieses Attribut definiert sein.

Qualifizierte Assoziation ⇨Assoziation, ⇨Qualifizierendes Attribut
Eine qualifizierte Assoziation ist eine Assoziation, bei der die referenzierte Menge der Objekte durch qualifizierende Attribute in Partitionen unterteilt wird, wobei vom Ausgangsobjekt aus betrachtet jede Partition nur einmal vorkommen kann.

Rahmenwerk (UML: *framework*)
Ein Rahmenwerk ist eine Menge kooperierender Klassen, die unter Vorgabe eines Ablaufes (*„Don't call the framework, the framework calls you"*) eine generische Lösung für eine Reihe ähnlicher Aufgabenstellungen bereitstellen.

Realisierung (UML: *realize*)
Eine Realisierung ist eine Beziehung zwischen einem Element, das eine Anforderung beschreibt, und einem Element, das diese Anforderungen umsetzt.

Referentielle Integrität
Regel, die die Integrität von Objektbeziehungen beschreibt, vor allem für den Fall, dass eines der beteiligten Objekte oder die Objektverbindung selbst gelöscht werden sollen.

refinement ⇨Verfeinerungsbeziehung

Reifegradmodell
Ein Reifegradmodell stellt Forderungen an ein Vorgehensmodell, um die Qualität des Prozesses zu bewerten. Es dient vorrangig der Bestimmung von Verbesserungsmaßnahmen.

relationship ⇨Beziehung

Rolle ⇨Assoziationsrolle

Sammlung (UML: *collection*)
Sammlungen sind Objekte, die eine Menge anderer Objekte referenzieren und die Operationen bereitstellen, um auf diese Objekte zuzugreifen.

Schablone ⇨Parametrisierbare Klasse

Schichtenmodell
Ein Schichtenmodell beschreibt, aus welchen grundsätzlichen Hard- und Softwareschichten die auf dieser Architektur basierenden Lösungen bestehen.

Schnittstelle (UML: *interface*)
Schnittstellen beschreiben mit einer Menge von Signaturen einen ausgewählten Teil des extern sichtbaren Verhaltens von Modellelementen (hauptsächlich von Klassen und Komponenten).

Schnittstellenvererbung
Innerhalb einer ⇨Spezialisierungsbeziehung wird lediglich eine ⇨Schnittstelle vererbt.

Schritt ⇨Aktionsknoten

scenario ⇨Szenario

Sekundärer Anwendungsfall
Ein sekundärer Anwendungsfall ist ein Anwendungsfall, der einen unvollständigen Teilablauf beschreibt, der in gleichartiger Weise Teil mehrerer Anwendungsfälle ist und deren Vollständigkeits- und Abgrenzungskriterien ggf. nicht erfüllt sind.

Selbstdelegation
Zur Ausführung einer Operation wird eine Teilaufgabe an eine Operation der selben Klasse delegiert (d.h. ein Objekt sendet sich selbst eine Nachricht).

Self
Self (Smalltalk) und *this* (Java, C++) sind vordefinierte Programmiersprachen-Schlüsselwörter. Mit this bzw. self kann sich ein Objekt selbst eine Nachricht senden, d.h. es ruft eine andere seiner eigenen Methoden auf. Nachrichten, die ein Objekt mit this bzw. self an sich selbst sendet, werden genauso behandelt, wie solche von außen. Ebenso kann damit auf Attribute der eigenen Klasse zugegriffen werden.

sequence diagram ⇨Sequenzdiagramm

Sequenzdiagramm (UML: *sequence diagram*)
Eine Sequenz zeigt eine Reihe von Nachrichten, die eine ausgewählte Menge von Beteiligten (Objekten und Akteuren) in einer zeitlich begrenzten Situation austauscht, wobei der zeitliche Ablauf betont wird.

Spezialisierung, Generalisierung ⇨Vererbung
Eine Generalisierung (bzw. Spezialisierung) ist eine taxonomische Beziehung zwischen einem allgemeinen und einem speziellen Element (bzw. umgekehrt), wobei das speziellere weitere Eigenschaften hinzufügt, die Semantik erweitert und sich kompatibel zum allgemeinen verhält. Generalisierung und Spezialisierung sind Abstraktionsprinzipien zur hierarchischen Strukturierung der Modellsemantik unter einem diskriminierenden Aspekt (⇨Diskriminator).

Sichtbarkeitskennzeichen
schränken die Zugreifbarkeit von Attributen und Operationen ein (*private, protected, public* etc.).

Signal (UML: *signal*)
Ein empfangenes Signal ist die Benachrichtigung über ein zu beachtendes Vorkommnis. Ein gesendetes Signal ist ein Vorkommnis über das benachrichtigt wird.

Signatur
Die Signatur einer Operation setzt sich zusammen aus dem Namen der Operation, ihrer Parameterliste und der Angabe eines evtl. Rückgabetyps.

Standard-Implementierung
Konkrete Implementierung einer eigentlich abstrakten Operation, um für Subklassen ein Standardverhalten bereitzustellen.

state ⇨Zustand

state diagram ⇨Zustandsdiagramm

Statische Klassifikation
Ein Objekt ist und bleibt Instanz genau einer Klassen, d.h. es kann seine Klassenzugehörigkeit während seiner Lebenszeit nicht ändern. Vgl. ⇨Dynamische Klassifikation.

stereotype ⇨Stereotyp

Stereotyp (UML: *stereotype*)
Stereotypen sind formale Erweiterungen vorhandener Modellelemente des UML-Metamodells. Entsprechend der mit der Erweiterung definierten Semantik wird das Modellierungselement, auf das es angewendet wird, direkt semantisch beeinflusst. Stereotypen führen kein neues Modellelement im Metamodell ein, sondern versehen ein bestehendes mit zusätzlicher Semantik.

subclass ⇨Unterklasse

Subklasse (UML: *subclass*) ⇨Unterklasse

Subsystem ⇨Komponente
Ein Subsystem ist eine spezielle Komponente, deren Zweck die Repräsentation einer architektonischen Einheit darstellt.

superclass ⇨Oberklasse

Superklasse *(UML: superclass)* ⇨Oberklasse

superstate ⇨Superzustand

swimlane ⇨Verantwortlichkeitsbereich

Systemanwendungsfall
Ein Systemanwendungsfall ist ein Anwendungsfall, der speziell das für außen stehende Akteure (Benutzer oder Nachbarsysteme) wahrnehmbare Verhalten eines (Hard-/Software-) Systems beschreibt.

Systemkontextdiagramm
Ein Systemkontextdiagramm ist ein Komponentendiagramm, das alle Akteure dieses Systems zeigt.

Szenario (UML: *scenario*)
Ein Szenario beschreibt einen möglichen konkreten Ablauf von etwas. In der Praxis werden Szenarien durchgespielt, um aus der hypothetischen Aufeinanderfolge von Ereignissen Erkenntnisse über kausale Zusammenhänge zu gewinnen. Ein Szenario ist eine konkrete mögliche Ausprägung eines Anwendungsfalles.

tagged value ⇨Eigenschaftswert

template ⇨Parametrisierbare Klasse

Ternäre Assoziation ⇨Mehrgliedrige Assoziation
Eine Assoziation, an der drei Assoziationsrollen beteiligt sind.

this ⇨self

Token
Ein Token ist eine symbolische Markierung in einem Zustands-, Aktivitäts- oder Petrinetz und zeigt an, an welcher Position sich ein Kontrollfluss befindet. Es können auch mehrere Tokens an einer Stelle sein.

Transition (UML: *transition*)
Eine Transition ist ein Zustandsübergang (⇨Zustand), häufig ausgelöst durch ein ⇨Ereignis.

type ⇨Typ

Typ (UML: *type*)
Definition einer Menge von Operationen und Attributen. Andere Elemente sind typkonform, wenn sie über die durch den Typen definierten Eigenschaften verfügen. Wird in der Praxis häufig gleichgesetzt mit der Beschreibung von ⇨Schnittstellen.

Ungerichtete Assoziation ⇨Bidirektionale Assoziation

Unidirektionale Assoziation ⇨Gerichtete Assoziation

Unterklasse, Subklasse (UML: *subclass*)
Eine Unterklasse ist die Spezialisierung einer Oberklasse und erbt alle Eigenschaften der Oberklasse.

Untermengenzusicherung ⇨Zusicherung
Eine Zusicherung/Abhängigkeit zwischen zwei Assoziationen. Die Elemente (⇨Objektverbindungen) der einen Assoziationen müssen Teil der Elemente der anderen Assoziation sein.

use case ⇨Anwendungsfall

utility ⇨Hilfsklasse

V-Modell XT
Das V-Modell XT beschreibt beispielsweise die vertragliche Zusammenarbeit und Abgrenzung der Verantwortlichkeiten von Auftragnehmer und Auftraggeber entlang des Lebenszyklus eines Projektes. Es enthält aber zusätzlich auch die Beschreibungen, was ein Anwendungsfall ist und wie das Konzept des Anwendungsfalles eingesetzt werden kann oder soll.

Verantwortlichkeit
Verantwortlichkeit beschreibt, für welche fachlichen Aufgaben eine Klasse verantwortlich ist.

Verantwortlichkeitsbereich (UML: *partition*) ⇨Partition

Vererbung (UML: *inheritance*) ⇨Einfachvererbung, ⇨Multiple Vererbung, ⇨Multiple Klassifikation, ⇨Dynamische Klassifikation
Vererbung ist ein Programmiersprachenkonzept für die Umsetzung einer Relation zwischen einer Ober- und einer Unterklasse, wodurch Unterklassen die Eigenschaften ihrer Oberklassen mitbenutzen können. Vererbung implementiert normalerweise ⇨Generalisierungs- und Spezialisierungsbeziehungen. Alternativen: ⇨Delegation, ⇨Aggregation, ⇨generische Programmierung, ⇨generisches Design.

Verfeinerungsbeziehung (UML: *refinement*)
Verfeinerungsbeziehungen sind Beziehungen zwischen gleichartigen Elementen unterschiedlichen Detaillierungs- bzw. Spezifikationsgrades. Verfeinerungsbeziehungen sind Stereotypisierungen von ⇨Abhängigkeitsbeziehungen.

Verteilungsdiagramm (UML: *deployment diagram*)
Verteilungsdiagramme zeigen, welche Hard- und Software grundsätzlich vorhanden ist, auf welcher Hardware welche Software läuft und welche Verbindungen zwischen den einzelnen Einheiten bestehen.

Virtuelle Klasse ⇨Abstrakte Klasse

Virtuelle Operation ⇨Abstrakte Operation

Vorbedingung
Eine Vorbedingung beschreibt einen Zustand, der vor dem Ablauf einer Tätigkeit, Aktivität, Operation o.Ä. gegeben sein muss.

Vorgehensmodell
Ein Vorgehensmodell hingegen beschreibt die Abwicklung eines Entwicklungsvorhabens und orientiert sich dabei zumeist am Lebenszyklus des Vorhabens bzw. zu erstellenden Produktes. Vorgehensmodelle sind mehr oder weniger strukturierte Beschreibungen und Sammlungen von Aktivitäten, Ergebnissen, Beteiligten, Organisations-, Entscheidungs-, Berichts- und Verantwortungsstrukturen, Werkzeugen/Hilfsmitteln, Best- oder Good-Practices, Richtlinien, Standards, Mustern (z.B. Formulare) und Beispielen.

Workflow ⇨Geschäftsprozess
Ein Workflow ist die computergestützte Automatisierung und Unterstützung eines Geschäftsprozesses oder eines Teils davon.

Workflow-Engine
Die Workflow-Engine ist eine Software, die Workflows steuert. Sie erzeugt, aktiviert, suspendiert und terminiert Workflow-Instanzen (d.h. die computergestützte Manifestation eines Geschäftsvorfalles).

Workflow-Instanz
Eine Workflow-Instanz ist die computergestützte Manifestation eines Geschäftsvorfalles; sie wird durch eine Workflow-Engine gesteuert.

Zeitdiagramm (UML: *timing diagram*)
Ein Zeitdiagramm beschreibt die zeitlichen Bedingungen von Zustandswechseln mehrerer beteiligter Objekte.

Zusammensetzungsdiagramm
⇨Kompositionsdiagramm

Zusicherung (UML: *constraint*)
Eine Zusicherung ist ein Ausdruck, der die möglichen Inhalte, Zustände oder die Semantik eines Modellelementes einschränkt und der stets erfüllt sein muss.

Zustand (UML: *state*)
Ein Zustand ist ein Ausdruck, der die möglichen Inhalte, Zustände oder die Semantik eines Modellelementes einschränkt und der stets erfüllt sein muss. Bei dem Ausdruck kann es sich um einen Stereotyp oder einen Eigenschaftswert handeln, um eine freie Formulierung oder einen OCL-Ausdruck. Zusicherung in einer Form reiner boolescher Ausdrücke werden auch Assertions genannt.

Zustandsdiagramm (UML: *state diagram, state machine*)
Ein Zustandsmodell wird dargestellt durch Zustandsdiagramme. Ein Zustandsmodell zeigt eine Folge von Zuständen, die ein Objekt im Laufe seines Lebens einnehmen kann, und gibt an, aufgrund welcher Stimuli Zustandsänderungen stattfinden. Ein Zustandsmodell beschreibt eine hypothetische Maschine (endlicher Automat), die sich zu jedem Zeitpunkt in einer Menge endlicher Zustände befindet. Sie besteht aus einer endlichen, nicht leeren Menge von Zuständen, einer endlichen, nicht leeren Menge von Eingabesymbolen (Ereignissen), Funktionen, die den Übergang von einem Zustand in den nächsten beschreiben, einem Anfangszustand und einer Menge von Endzuständen.

5.2 Übersetzungen

Immer wieder kommt es zu Auseinandersetzungen darüber, wie die „richtigen" Übersetzungen der englischen Originalbegriffe lauten. Während „class" noch zweifelsfrei übersetzt werden kann, sind „deployment diagram" und „stakeholder" nicht mehr so einfach einzudeutschen. Es stellt sich sogar die Frage, ob denn überhaupt deutsche Begriffe notwendig sind.

Solange Informatiker unter sich sind, werden häufig die Originalbegriffe verwandt. Bei den Anwendern handelt es sich gewöhnlich jedoch um Nicht-Informatiker, dafür aber beispielsweise um Versicherungsexperten, Buchhaltungsmitarbeiter u.Ä. Um die Kommunikation mit dieser Gruppe möglichst fehlerarm zu führen, sollte deren Sprache verwendet und Informatik-Fachjargon vermieden werden. „Anwendungsfall" ist auf Anhieb leichter zu verstehen als „use case".

Dass Informatiker untereinander häufig die Orginalbegriffe verwenden, ist weniger problematisch, wenngleich auch hier berücksichtigt werden muss, dass Begriffe nicht nur abstrakt *verstanden* werden müssen, sie müssen auch *gefühlt* werden, d.h. spontan das richtige innere Bild auslösen. Solange Informatiker für sich die Begriffe immer noch gedanklich übersetzen müssen, ist die Kommunikation nicht optimal. Das ist meistens jedoch nur eine Frage der Zeit – d.h. die Übersetzung wird allmählich automatisiert, der Originalbegriff verbindet sich dann sofort mit dem richtigen inneren Bild.

Etwas anders stellt sich das Problem für deutschsprachige Publikationen. Gewöhnlich findet hier keine Kommunikation zwischen gleichwertigen Partnern statt, wie vielleicht im Projektalltag zwischen Informatikern. Hier werden vorrangig Informationen transportiert, die für den Leser neu sind – das Lernen und Verstehen steht im Vordergrund. Der Autor kann nicht davon ausgehen, dass der Empfänger der Information den gleichen Kontext und ein vergleichbares Hintergrundwissen hat. Deshalb sind treffende und einheitliche Übersetzungen für Fachbücher u.Ä. ein wichtiges Thema.

In der auf den nächsten Seiten folgenden Übersicht finden Sie alle wichtigen Originalbegriffe und die hier verwendete und gängige Übersetzung.

Original	Deutsch
(association) role	(Assoziations-)Rolle
action	Aktion
action state	Aktionszustand
activity	Aktivität (vgl. activity node)
activity diagram	Aktivitätsdiagramm
activity edge	Kante
activity final node	Endknoten
activity node	Aktivitätsknoten, Schritt, Aktivität
activity partition	Partition
actor	Akteur
aggregation	Aggregation, Teile/Ganzes-Beziehung
artifact	(das) Artefakt, Ergebnis
assembly connector	Kompositionskonnektor
association	Assoziation (ungerichtet)
association class	Assoziationsklasse
attribute	Attribut
behavior	Verhalten
behavior diagram	Verhaltensdiagramm
behaviored classifier	Verhaltensspezifischer Classifier
bidirectional association	bidirektionale Assoziation, beidseitig gerichtete Assoziation
bound element	gebundenes Element
cardinality	Kardinalität
class	Klasse
class diagram	Klassendiagramm
collaboration diagram	Kollaborationsdiagramm
communication diagram	Kommunikationsdiagramm
communication path	Kommunikationspfad
compartment	Abteilung
component	Komponente
component diagram	Komponentendiagramm
composite structure diagram	Kompositionsdiagramm, Zusammensetzungsdiagramm
composition	Komposition
concurrent	nebenläufig
constraint	Einschränkung
control edge	Ablaufkante
CRC-Card	CRC-Karte, Klassenkarte
decision	Entscheidung
dependency	Abhängigkeit
deployment diagram	Einsatz- und Verteilungsdiagramm
design model	Entwurfsmodell
Device	Gerät
discriminator	Diskriminator.

Original	Deutsch
	Unterscheidungsmerkmal
domain model	Problembereichsmodell
end point	Endpunkt
entry action	Eintrittsaktion
event	Ereignis
execution environment	Ausführungsumgebung
execution occurrence	Ausführungsfokus
exit action	Austrittsaktion
feature	Feature, Merkmal
final state	Endzustand
flow final node	Ablaufende
focus of control	Steuerungsfokus
generalization	Generalisierung
guard	Bedingung
implementation dependency	Implementierungsbeziehung
information item	Informationseinheit
initial node	Startknoten
initial state	Anfangszustand
instance	Exemplar (Instanz, Ausprägung)
instance diagram	Ausprägungsdiagramm
instantiated class	instantiierte Klasse
interaction	Interaktion
interaction diagram	Interaktionsdiagramm
interaction overview diagram	Interaktionsübersicht
interface	Schnittstelle
interruptable activity region	Unterbrechbarer Aktivitätsbereich
Lifeline	Lebenslinie
Link	Objektbeziehung
message	Nachricht, Botschaft
method	Methode
multiplicity	Multiplizität
navigability	Navigierbarkeit
node	Knoten
node diagram	Knotendiagramm
note	Notiz, Anmerkung
object	Objekt
object diagram	Objektdiagramm
object edge	Objektkante
object node	Objektknoten
operation	Operation
Partition	Partition (Verantwortlichkeitsbereich)

Original	Deutsch
package	Paket
package diagram	Paketdiagramm
parallel	nebenläufig
parameterized class	parametrisierte Klasse
pattern	Muster
port	Port
predecessor	Vorgänger, Voraussetzung
problem domain	Problembereich
property	Eigenschaft
property string	Eigenschaftswert
protocol state machine	Protokoll-Zustandsautomat
qualified association	qualifizierte Assoziation
qualifier	Qualifizierung
realization dependency	Realisierungsbeziehung
refinement	Verfeinerung
relationship	Beziehung
restriction	Restriktion
scenario	Szenario
sequence diagram	Sequenzdiagramm
state	Zustand
statechart diagram	Zustandsdiagramm
state machine	Zustandsautomat
stereotype	(das) Stereotyp
structure diagram	Strukturdiagramm
subclass	Unterklasse

Original	Deutsch
substate	Teilzustand
superclass	Oberklasse
swimlane	Partition, Verantwortlichkeitsbereich (Schwimmbahn)
synchronization bar	Synchronisationsbalken
tagged value	Eigenschaftswert
template class	Template-Klasse, parametrisierbare Klasse
timing diagram	Zeitdiagramm, Timing-Diagramm (Zeitverlaufsdiagramm)
token	Token
transition	Transition, Übergang (Zustandsübergang)
type	Typ
UML	(die) UML
unidirectional association	(einseitig) gerichtete Assoziation
Unified Modeling Language	Unified Modeling Language
usage dependency	Verwendungsbeziehung
use case	Anwendungsfall, Use-Case
use case diagram	Anwendungsfalldiagramm, Use-Case-Diagramm
view	Sicht
visibility	Sichtbarkeit
wait state	Wartezustand

5.3 Literatur

Eine aktuelle und ggf. ausführlichere Bibliographie finden Sie unter http://www.oose.de/bibliographie. Die fett hervorgehobenen Titel empfehlen wir zur Vertiefung oder Ergänzung.

[Alexan1977]
C. Alexander et al.: *A Pattern Language*, Oxford University Press, New York, 1977.

[Alexan1979]
C. Alexander et al.: *The Timeless Way of Building*, Oxford University Press, New York, 1979.

[Alexandrescu2001]
A. Alexandrescu: *Modern C++ Design: Generic Programming and Design Patterns Applied*, Addison-Wesley, Boston, 2001.

[Ambler2002]
S. W. Ambler: *Agile Modeling*, John Wiley & Sons, 2002.

[Beck2002]
K. Beck: Test-Driven Development by Example. Addison-Wesley, 2002

[Beck2000]
K. Beck, M. Fowler: *Planning Extreme Programming*, Addison-Wesley, 2000.

[Beck1997]
K. Beck: *Smalltalk best practice patterns*, Prentice Hall, Upper Saddle River, 1997.

[Beck1999]
K. Beck: *Extreme Programming explained*, Addison-Wesley Longman, 1999. Deustche Ausgabe: *Extreme Programming*, Addison-Wesley Longman, 2000.

[Booch1991]
G. Booch: *Object-oriented design with applications*, Benjamin/Cummings, Redwood City, 1991.

[Booch1994]
G. Booch: *Object-oriented analysis and design with applications*, 2nd ed., Benjamin/Cummings, Redwood City, 1994. Deutsche Ausgabe: *Objektorientierte Analyse und Design; Mit praktischen Anwendungsbeispielen*. Addison-Wesley, Bonn, 1994.

[Booch1999]
G. Booch, J. Rumbaugh, I. Jacobson: *Unified Modeling Language User Guide*, Addison Wesley Longman, 1999.

[Booch2005]
G. Booch, J. Rumbaugh, I. Jacobson: *The Unified Modeling Language User Guide*. 2nd Edition, Addison-Wesley, 2005.

[Buschm1996]
F. Buschmann, R. Meunier, H. Rohnert, P. Sommerlad, M. Stal: *Pattern-Oriented Software Architecture: A System of Patterns*, Wiley, New York, 1996.

[Chen1976]
P. Chen: *The Entity-Relationship Model, Toward a Unified View of Data*, ACM Transactions on Database Systems, Vol. 1, 1976.

[CoadYourdon1991a]
P. Coad, E. Yourdon: *Object-Oriented Analysis* (2nd ed.), Prentice-Hall, Englewood Cliffs, 1991.

[CoadYourdon1991b]
P. Coad, E. Yourdon: *Object-Oriented Design*, Prentice-Hall, Englewood Cliffs, 1991.

[Cockburn1998]
A. Cockburn: *Surviving Object-Oriented Projects, A Manager's Guide*, Addison-Wesley Longeman, 1998.

[Cockburn2001]
A. Cockburn: *Agile Software Development*, Addison-Wesley, 2001. In Deutsch: *Agile Software-Entwicklung*, Mitp-Verlag, 2003.

[Coleman1993]
D. Coleman, P. Arnold, S. Bodorff, C. Dollin, H. Gilchrist: *Object Oriented Development: The Fusion Method*, Prentice Hall, Englewood Cliffs, 1993.

[Constantine1999]
L. Constantine, L. Lockwood: *Software for Use, A Practical Guide to the Models and Methods of Usage-Centered Design*, Addison-Wesley Longman, 1999.

[Cook1994]
S. Cook, J. Daniels: *Designing Object Systems: Object-Oriented Modeling with Syntropy*, Prentice Hall, 1994.

[Dahl1966]
O.-J. Dahl, K. Nygaard: *Simula, an Algol-based simulation language*, Communications of the ACM, 9(9), 1966.

[Döbele-Martin]
C. Döbele-Martin, P. Martin: *Ergonomie-Prüfer, Handlungshilfen zur ergonomischen Arbeits- und Technikgestaltung*, Technologieberatungsstelle beim DGB Landesbezirk NRW, Reihe Technik und Gesellschaft, Heft 14, S. 93ff.

[Dörner1989]
D. Dörner: *Die Logik des Mißlingens. Strategisches Denken in komplexen Situationen*, Rowohlt Verlag, Reinbek, 1989.

[Eckstein2004]
J. Eckstein: *Agile Software Entwicklung im Großen: Ein Eintauchen in die Untiefen erfolgreicher Projekte*, dpunkt.Verlag, Heidelberg, 2004. In Englisch: *Agile Software Development in the Large: Diving into the Deep*, Dorset House, New York, 2004.

[Fowler1997]
M. Fowler, K. Scott: *UML Distilled, Applying the Standard Object Modeling Language*, Addison-Wesley, 1997. Deutsche Ausgabe: *UML konzentriert*, Addison-Wesley, 1998.

[Fowler1999]
M. Fowler et. al: *Refactoring, Improving the Design of Existing Code*, Addison-Wesley Longman, 1999.

[Frühauf1988]
K. Frühauf, J. Ludewig, H. Sandmayr: *Software-Projektmanagement und -Qualitätssicherung*, Teubner, Stuttgart, 1988.

[Gamma1996]
E. Gamma, R. Helm, R. Johnson, J. Vlissides: *Design Patterns: Elements of Reusable Object-Oriented Software*, Addison-Wesley, Reading, 1995. Deutsche Ausgabe: *Entwurfsmuster: Elemente wiederverwendbarer objektorientierter Software*, Addison-Wesley, Bonn, 1996.

[Goldberg1995]
A. Goldberg, K. S. Rubin: *Succeeding with Objects, Design Frameworks for Project Management*, Addison-Wesley, Reading, 1995.

[Graham1997a]
I. Graham, J. Bischof, B. Henderson-Sellers: *Associations considered a bad thing*, in: JOOP 2/1997, S. 41ff.

[Graham1997b]
I. Graham, B. Henderson-Sellers, H. Younessi: *The OPEN Process Specification*, Addison Wesley (ACM Press), Harlow, 1997.

[Gryczan1992]
G. Gryczan, H. Züllighoven: *Objektorientierte Systementwicklung, Leitbild und Entwicklungsdokumente*, in: Softwaretechnik-Trends, 5/1992, S. 264.

[GUI-Guide]
Microsoft: *The GUI-Guide.*

[Habermas1987]
J. Habermas: *Theorie des kommunikativen Handelns*, 2 Bd., 4. Aufl., Suhrkamp, Frankfurt, 1987.

[Harel1987]
D. Harel: *Statecharts: A Visual Formalism for Complex Systems*, in: Science of Computer Programming 8, 1987, S. 231ff.

[Heisenberg1942]
W. Heisenberg: *Ordnung der Wirklichkeit (1942)*, Piper, 1989.

[Henderson1997]
B. Henderson-Sellers, I. G. Graham, D. G. Firesmith: *Methods unification: The OPEN methodology*, JOOP, May 1997, S. 41ff.

[Highsmith2002]
J. Highsmith: *Agile Software Development Ecosystems*, Addison-Wesley, 2002.

[Irion1995]
A. M. Irion: *Regelwerk und Qualitätscheckliste zur Bildung von Fachbegriffen bei der Entwicklung und Administration einer normierten Unternehmensfachsprache*, Diplomarbeit, Universität Konstanz, 1995.

[ISO/IEC19501]
Informationstechnik - Offene verteilte Verarbeitung - Vereinheitlichte Modellierungssprache (UML) Version 1.4.2, 4/2005

[Jacobson1992]
I. Jacobson, M. Christerson, P. Jonsson, G. Övergaard: *Object-Oriented Software Engineering, A Use Case Driven Approach*, Addison-Wesley, Workingham, 1992.

[Jacobson1999]
I. Jacobson, G. Booch, J. Rumbaugh: *The Unified Software Development Process*, Addison Wesley Longman, 1999.

[Joos1997]
S. Joos, S. Berner, M. Glinz, M. Arnold, S. Galli: *Stereotypen in objektorientierten Methoden – Einsatzgebiete und Risiken*. Vortrag im GROOM-UML-Workshop, Mannheim, 10.10.1997.

[JUnit]
K. Beck, E. Gamma, http://www.junit.org

[Kruchten1998]
P. Kruchten: *The Rational Unified Process, An Introduction*, Addison-Wesley, Longman, 1998.

[Larman1997]
C. Larman: *Applying UML and Patterns, An Introduction to Object-Oriented Analysis and Design,* Prentice Hall, New Jersey, 1997.

[Leffingwell2000]
D. Leffingwell, D. Widrig: *Managing Software Requirements, A Unified Approach,* Addison-Wesley, Reading, Massachusetts, 2000.

[Lübber1987]
H. Lübber: *Politischer Moralismus, Der Triumph der Gesinnung über die Urteilskraft*, Berlin, 1987.

[Martin1992]
J. Martin, J. Odell: *Object-Oriented Analysis & Design*, Prentice-Hall, Englewood Cliffs, 1992.

[McMenamin1984]
S. M. McMenamin, J. F. Palmer: *Essential System Analysis*,

Prentice Hall, Englewood Cliffs, 1984. Deutsche Ausgabe: *Strukturierte Systemanalyse*, Hanser, München, 1988.

[Meyer1988]
B. Meyer: *Object-Oriented Software Construction*, Prentice Hall, Englewood Cliffs, 1988. Deutsche Ausgabe: *Objektorientierte Softwareentwicklung*, Hanser, München, 1988.

[Miller1956]
G. Miller: *The Magical Number Seven, Plus Minus Two: Some Limits on Our Capacity for Processing Information*, The Psychological Review vol. 63.

[Miller1975]
G. Miller: *The Magical Number Seven after Fifteen Years*, Wiley, New York, 1975.

[OEP2]
oose innovative Informatik GmbH
***Object Engineering Process*, http://www.oose.de/oep**

[Oestereich2001a]
B. Oestereich (Hrsg.) et al.: *Erfolgreich mit Objektorientierung, Vorgehensmodelle und Managementpraktiken für die objektorientierte Softwareentwicklung,* 2. Auflage, Oldenbourg Verlag, München, 2001.

[Oestereich2003a]
B. Oestereich et al.: *Objektorientierte Geschäftsprozessmodellierung mit der UML.* dpunkt.Verlag, Heidelberg, 2003.

[Oestereich2005c]
B. Oestereich: *Beweglich bleiben: Möglichkeiten und Grenzen des iterativen Vorgehens*, Objekt-Spektrum, 1/2005.

[OestereichWeiss2007]
Bernd Oestereich und Christian Weiss: *APM – Agiles Projektmanagement,* dpunkt.Verlag, Heidelberg, 2007

[Pasch1989]
J. Pasch: *Mehr Selbstorganisation in Softwareentwicklungsprojekten*, in: Softwaretechnik-Trends 2/1989, S. 42ff.

[Pichler2007]
Roman Pichler: *Scrum - Agiles Projektmanagement erfolgreich einsetzen,* dpunkt.Verlag, Heidelberg, 2007

[Quibeldey-Cirkel1994]
K. Quibeldey-Cirkel: *Paradigmenwechsel im Software-Engineering: Auf dem Weg zu objektorientierten Weltmodellen*, in: Softwaretechnik-Trends 2/1994, S. 47ff.

[Raasch1993]
J. Raasch: *Systementwicklung mit Strukturierten Methoden*, 3. Auflage, Hanser, München, 1993.

[Robertson1999]
S. Robertson, J. Robertson: *Mastering the Requirements Process,* Addison-Wesley, Harlow England, 1999.

[Royce1998]
W. Royce: *Software Project Management, A Unified Framework,* Addison-Wesley, Reading, Massachusetts, 1998.

[Rumbaugh2004]
J. Rumbaugh, I. Jacobson, G. Booch: *Unified Modeling Language Reference Manual*, 2nd Edition, Addison Wesley Longman, 2004.

[Rumbaugh1991]
Rumbaugh, J., Blaha, M., Premerlani, W., Eddy, F., Lorenson, W.: *Object-Oriented Modelling and Design*, Prentice-Hall, Englewood Cliffs, 1991.

[Rumbaugh1993]
Rumbaugh, J., Blaha, M., Premerlani, W., Eddy, F., Lorenson, W.: *Objektorientiertes Modellieren und Entwerfen*, Hanser, München, 1993.

[Rumbaugh1996a]
J. Rumbaugh: *A state of mind: Modeling behavior*, in: JOOP July 1996, S. 6ff.

[Rumbaugh1996b]
J. Rumbaugh: *A matter of intent: How to define subclasses*, in: JOOP Sept. 1996, S. 5ff.

[Rumbaugh1996b]
J. Rumbaugh: *A search for values: Attributes and associations*, in: JOOP June 1996, S. 6ff.

[Rumbaugh1996b]
J. Rumbaugh: *Packaging a system: Showing architectural dependencies*, in: JOOP Nov. 1996, S. 11ff.

[Rumbaugh1997b]
J. Rumbaugh: *OO Myths: Assumptions from a language view*, in: JOOP, Febr. 1997, S. 5ff.

[Rumbaugh1997c]
J. Rumbaugh: *Modeling througt the development process*, in: JOOP May 1997, S. 5ff.

[Rupp2001]
C. Rupp et al.: *Requirements Engineering*, Hanser, München, 2001.

[Schienmann2001]
B. Schienmann. Kontinuierliches Anforderungsmanagement. Prozesse, Techniken, Werkzeuge, Addison-Wesley, 2001.

[Schuldt]
R. Kelly, J. Roubaud, Schuldt: *Abziehbilder, heimgeholt. Essay 27.* Literaturverlag Droschl, Graz, 1995.

[Schwaber2001]
K. Schwaber, M. Beedle: *Agile Software Development with Scrum*, Prentice Hall, 2001.

[ShlaerMellor91]
S. Shlaer, S. J. Mellor: *Object Lifecycles – Modelling the World in States*, Prentice-Hall, Englewood Cliffs, 1991. Deutsche Ausgabe: *Objektorientierte Systemanalyse, Ein Modell der Welt in Daten,* Haser, London, 1996.

[Sims1994]
O. Sims: *Business Objects: Delivering Cooperative Objects for Client-Server.* McGraw-Hill, New York, 1994.

[Sommerville1997]
I. Summerville, P. Sayer: *Requirements Engineering, A good practice guide,* Wiley, Chichester, 1997.

[UM0.8]
J. Rumbaugh, G. Booch: *Unified Method for Object-Oriented Development, Documentation Set 0.8*, Rational Software Corporation, Santa Clara, 1995.

[UML0.9]
J. Rumbaugh, I. Jacobson, G. Booch: *The Unified Modeling Language for Object-Oriented Development, Documentation Set 0.9 Addendum*, Rational Software Corporation, Santa Clara, 1996.

[UML1.0]
J. Rumbaugh, I. Jacobson, G. Booch: *The Unified Modeling Language, Documentation Set 1.0*, Rational Software Corporation, Santa Clara, 1997.

[UML1.1]
J. Rumbaugh, I. Jacobson, G. Booch: *The Unified Modeling Language, Documentation Set 1.1a6*, Rational Software Corporation, Santa Clara, 1997.

[UML1.2]
OMG UML Revision Task Force: *OMG UML 1.2*, 1998.

[UML1.3]
OMG Unified Modeling Language, 1999, http://www.omg.org/uml

[UML1.4]
OMG Unified Modeling Language, 2000, http://www.omg.org/uml

[UML2.0]
OMG Unified Modeling Language, 2003, http://www.omg.org/uml

[UML2.1.x]
OMG Unified Modeling Language, 2007, http://www.omg.org/uml

[UML2.2
OMG Unified Modeling Language, 2009, http://www.omg.org/uml

[UML2a]
Object Management Group, *Unified Modeling Language: Superstructure*, Version 2 beta R1, Revised submission, ad/2002-09-02.

[UML2b]
Object Management Group, *Unified Modeling Language: Infrastructure*, Version 2.0, Updated submission, ad/2002-09-01.

[UML2c]
Object Management Group, *Unified Modeling Language: Superstructure*, Version 2.2 Beta 1, Updated submission, ad/2008-05-05.

[UML-oose]
Verschiedene Informationen zur UML: www.oose.de/uml.

[V-ModellXT]
Der Beauftragte der Bundesregierung für Informationstechnik: V-Modell XT, Internetseite www.v-modell-xt.de, 2008

[Vigenschow2009]
Uwe Vigenschow, Björn Schneider: *Soft Skills für Software-Entwickler: Fragetechniken, Konfliktmanagement, Kommunikationstypen und -modelle* , dpunkt.Verlag, Heidelberg, 2009

[Waldén1995]
K. Waldén, J.-M. Nerson: *Seamless Object-Oriented Software Architecture, Analysis and Design of Reliable Systems*, Prentice Hall, London, 1995.

[Weilkiens2003a]
T. Weilkiens, B. Oestereich: *UML 2.0: Jetzt wird alles gut?* Objekt-Spektrum 01/2003.

[Weilkiens2004]
T. Weilkiens, B. Oestereich: *UML 2-Zertifizierung, Test-Vorbereitung zum OMG Certified UML Professional (Fundamental)*, dpunkt.Verlag, Heidelberg, 2004.

[Weilkiens2005]
T. Weilkiens, B. Oestereich: *UML 2-Zertifizierung, Test-Vorbereitung zum OMG Certified UML Professional (Intermediate)*, dpunkt.Verlag, Heidelberg, 2004.

[Weilkiens2008]
T. Weilkiens: *Systems Engineering mit SysML/UML*, dpunkt.Verlag, Heidelberg, 2008.

[WeissGrass2009]
C. Weiss, A.Grass, B. Oestereich: *Geschäftsprozes modellierung mit der BPMN & Co.*, dpunkt.Verlag, Heidelberg, 2009.

[Wirfs-Brock1990]
R. Wirfs-Brock, B. Wilkerson, L. Wiener: *Designing Object-Oriented Software*, Prentice Hall, Englewood Cliffs, 1990. Deutsche Ausgabe: *Objektorientiertes Software-Design*, Hanser, München, 1993.

[Wirfs-Brock1990]
R. Wirfs-Brock, R. E. Johnson: *Surveying current research in Object-Oriented Design*, in: Commun. ACM 33, No. 9, 1990.

[Yourdon1989]
E. Yourdon: *Structured Walkthroughs*, Prentice Hall, Englewood Cliffs, 1989.

[Züllinghoven1998]
H. Züllighoven: *Das objektorientierte Konstruktionshandbuch nach dem Werkzeug und Material-Ansatz*, dpunkt.Verlag, Heidelberg, 1998.

Bibliographie des Autors (Auszug):

[Oestereich1988]
B. Oestereich: *Softwaremachen mit System – praktische Entwicklungshilfe für anspruchsvolle Programmierer.* In: c't-Magazin 8/1988, S. 88ff. und 9/1988, S. 190ff.

[Oestereich1994]
B. Oestereich: *Den Kinderschuhen entwachsen – Methoden für Analyse und Design der oo Software-Entwicklung sind praxisreif.* In: Computerwoche-Focus, 1.7.1994, S. 10ff.

[Oestereich1995]
B. Oestereich: *Objektorientierte Softwareentwicklung – von der Analyse bis zur Spezifikation*, Oldenbourg, München, 1995.

[Oestereich1996]
B. Oestereich: *Objektorientierung braucht ein evolutionäres Vorgehensmodell*, in: Computerwoche 12, 22.3.1996, S. 22.

[Oestereich1997a]
B. Oestereich: *Objektorientierte Softwareentwicklung: Analyse und Design mit der UML*, 2. Auflage, Oldenbourg, München, 1997.

[Oestereich1997b]
B. Oestereich: *Objektorientierte Softwareentwicklung mit der UML*, 3. Auflage, Oldenbourg, München, 1997.

[Oestereich1998a]
B. Oestereich et al.: *UML auf gut deutsch.* In: Objekt-Spektrum 5/1998.

[Oestereich1998b]
B. Oestereich: *Objektorientierte Softwareentwicklung: Analyse und Design mit der UML*, 4. Auflage, Oldenbourg, München, 1998, Englische Ausgabe: *Developing Software with UML, Object-Oriented Analysis and Design in Practice,* Addison-Wesley Longman, 1999.

[Oestereich1998c]
B. Oestereich: *Objektorientierte Geschäftsprozessmodellierung mit der UML.* in: Objekt-Spektrum, 2/1998, S. 48.

[Oestereich1999]
B. Oestereich: *Wie setzt man Use-Cases wirklich sinnvoll zur Anforderungsanalyse ein?* In: Objekt-Spektrum 1/1999.

[Oestereich2000]
B. Oestereich: *Die Macht des Rhythmus: das OEP-Timepacing-Verfahren.* in: Objekt-Spektrum, 2/2000, S. 57.

[Oestereich2001a]
B. Oestereich (Hrsg.) et al.: *Erfolgreich mit Objektorientierung, Vorgehensmodelle und Managementpraktiken für die objektorientierte Softwareentwicklung,* 2. Auflage, Oldenbourg Verlag, München, 2001.

[Oestereich2001b]
B. Oestereich: *Objektorientierte Softwareentwicklung: Analyse und Design mit der UML*, 5. Auflage, Oldenbourg, München, 2001, Englische Ausgabe: *Developing Software with UML, Object-Oriented Analysis and Design in Practice, 2nd ed.,* Addison-Wesley Longman, 2001.

[Oestereich2002]
B. Oestereich: *Klärung sozialer Risiken in Softwareentwicklungsprojekten mit Hilfe systemischer Organisationsaufstellungen*, Software-Management 2003, 11/2003.

[Oestereich2003a]
B. Oestereich et al.: *Objektorientierte Geschäftsprozessmodellierung mit der UML.* dpunkt.Verlag, Heidelberg 2003.

[Oestereich2003b]
B. Oestereich: *Objektorientierte Softwareentwicklung: Analyse und Design mit der UML 2.0,* 6. Auflage, Oldenbourg, München, 2003,

[Oestereich2005a]
B. Oestereich: *Objektorientierte Softwareentwicklung: Analyse und Design mit der UML 2.0*, 7. Auflage, Oldenbourg, München, 2005.

[Oestereich2005b]
B. Oestereich: *Objektorientierte Geschäftsprozessmodellierung und modellgetriebene Softwareentwicklung*, Heft 241, HMD- Praxis der Wirtschaftsinformatik, Heidelberg, 2005

[Oestereich2005c]
B. Oestereich: *Beweglich bleiben: Möglichkeiten und Grenzen des iterativen Vorgehens*, Objekt-Spektrum, 1/2005.

[Oestereich2005d]
B. Oestereich, M. Klink: *Das neue V-Modell XT*, Objekt-Spektrum, 4/2005.

[Oestereich2005e]
B Oestereich: *Anforderungsmodellierung, Best Practices für die Anwendung der UML*, IT-Fokus, 09/2005.

[Oestereich2005f]
B. Oestereich, F. Westphal: *Interview mit Bernd Oestereich über Soziales in Softwareprojekten*, Tonabnehmer, Podcast http://www.frankwestphal.de/Tonabnehmer.html, 4/2005.

[Oestereich2006]
B. Oestereich: *Der agile Festpreis, Preis- und Vertragsmodelle*, Objekt-Spektrum, 1/2006.

[Weilkiens2003a]
T. Weilkiens, B. Oestereich: *UML 2.0: Jetzt wird alles gut?* Objekt-Spektrum 01/2003.

[Weilkiens2004]
T. Weilkiens, B. Oestereich: *UML 2-Zertifizierung, Test-Vorbereitung zum OMG Certified UML Professional (Fundamental),* dpunkt.Verlag, Heidelberg, 2004.

[Weilkiens2005]
T. Weilkiens, B. Oestereich: *UML 2-Zertifizierung, Test-Vorbereitung zum OMG Certified UML Professional (Intermediate),* dpunkt.Verlag, Heidelberg, 2004.

5.4 Index

Aktivitätsdiagramm

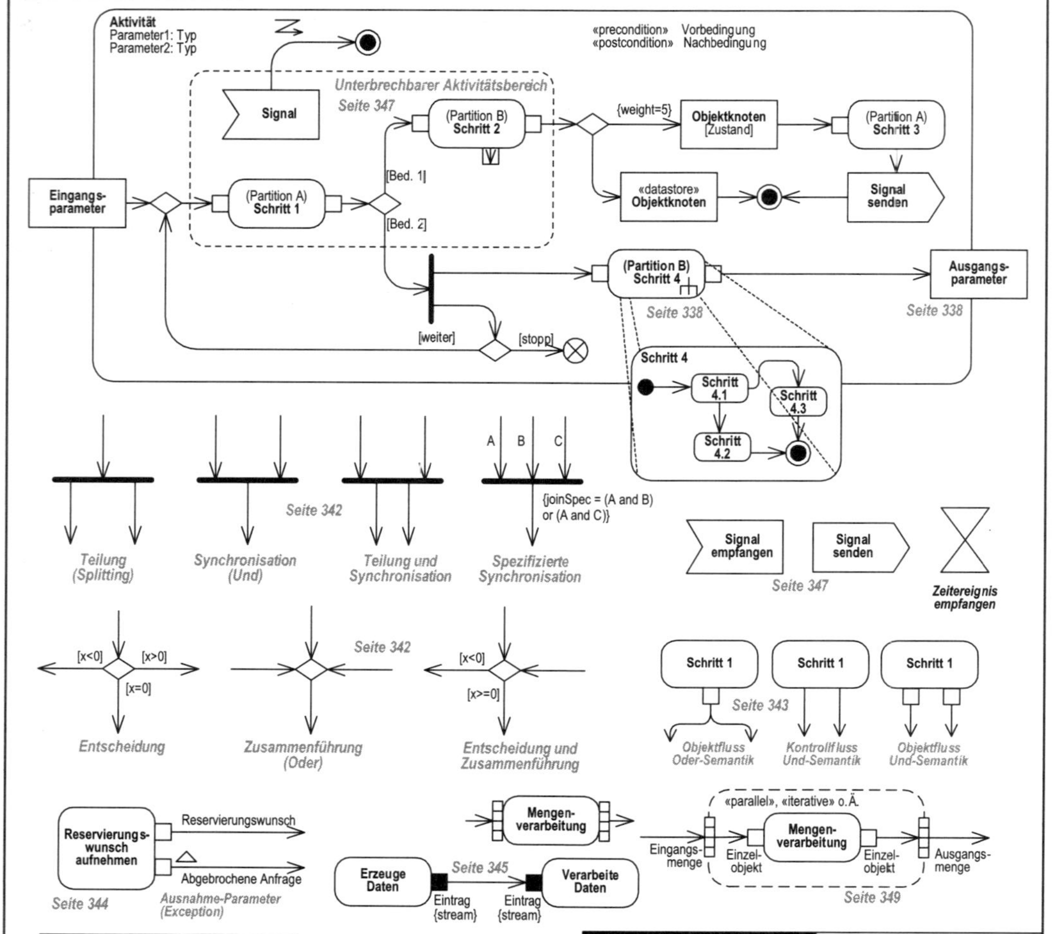

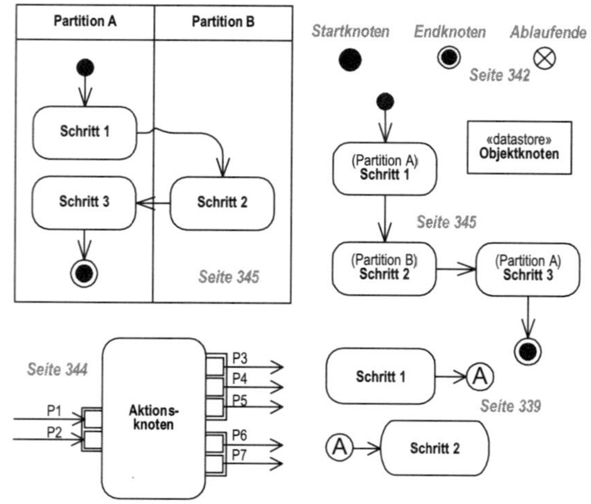

Interaktionsübersicht

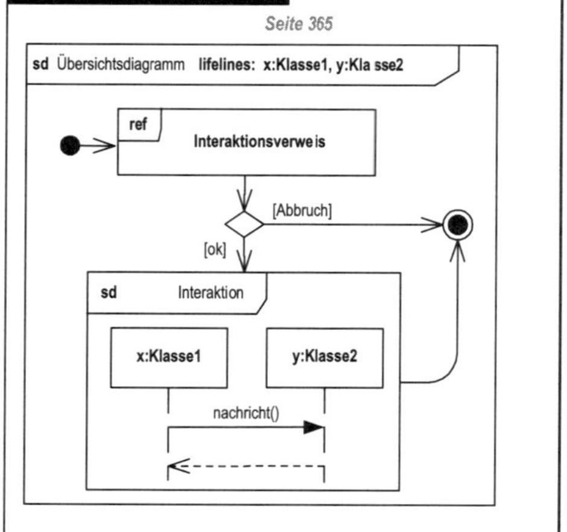

Aktuelle Fassung, Info und Download: http://www.oose.de/uml